新型城镇化与新型城乡空间研究丛书 | 王兴平主编

国家自然科学基金（51078071）、江苏省社科基金（11CSJ005）、江苏省社科联研究课题（12SYB-030）等部分研究成果；东南大学江苏省优势学科经费资助出版

高铁驱动的区域同城化与城市空间重组

王兴平　朱秋诗　等著

东南大学出版社
SOUTHEAST UNIVERSITY PRESS

南京 · 2017

内容提要

在高铁的带动下，区域和城市的空间结构、空间关系和居民的空间出行、产业的空间联系与集聚等均发生了显著的变化，由此诱发的空间转型与拓展正在形成新的区域与城市空间重组规律和模式，这既是城乡规划学科面临的关键科学问题，也是中国特色当代城乡空间研究的重要切入点。本书在大量搜集相关资料，整理和借鉴相关学术成果、规划成果、政策文件等的基础上，立足长三角、沪宁高铁走廊、宁镇扬地区和京沪高铁沿线等中国高铁网络建设的先行地区，对高铁影响下区域与城市空间重组的基本模式、区域就业通勤方式、基于高铁的区域同城化发展和高铁站点地区的空间利用等进行了基于实证的系统调研、分析和提炼总结，提出了高铁三角、高铁走廊等概念，并结合具体区域对高铁促进的区域同城化发展进行了深入探讨，这在一定程度上填补了中国高铁时代城市与区域空间研究的空白。

本书可供城乡规划学、经济贸易、地理学、交通学、管理学等领域的科学研究、规划设计、行政管理和高等教育等专业人员和高校学生参考，也可供相关经济管理、交通管理、土地管理、城乡规划管理人员参考使用。

图书在版编目（CIP）数据

高铁驱动的区域同城化与城市空间重组 / 王兴平等著．—南京：东南大学出版社，2017.6
ISBN 978-7-5641-7178-0

Ⅰ．①高… Ⅱ．①王… Ⅲ．①高速铁路－影响－城市发展－研究－中国②高速铁路－影响－城市规划－研究－中国 Ⅳ．①F299.2 ②TU984.2

中国版本图书馆 CIP 数据核字（2017）第 116474 号

书　　名：高铁驱动的区域同城化与城市空间重组
著　　者：王兴平　朱秋诗　等
责任编辑：孙惠玉　徐步政　　编辑邮箱：894456253@qq.com

出版发行：东南大学出版社　　社址：南京市四牌楼 2 号（210096）
网　　址：http：//www.seupress.com
出 版 人：江建中

印　　刷：虎彩印艺股份有限公司　　排版：南京新洲制版有限公司
开　　本：787mm × 1092mm　1/16　　印张：15.25　　字数：368 千
版 印 次：2017 年 6 月第 1 版　　2017 年 6 月第 1 次印刷
书　　号：ISBN 978-7-5641-7178-0　　定价：59.00 元

经　　销：全国各地新华书店　　发行热线：025-83790519　83791830

目录

总序

在人类社会漫长而无限的时空演进场景中，城镇的出现虽然历史悠久，但是它主导、引导人类社会的发展进程和城镇化成为人类社会演进的主旋律和主推力，却是最近两三百年的事情。然而，在这数百年波澜壮阔的城镇化发展进程中，人类社会发展变化的节奏、速度和程度，远远超过了此前数千年。一方面，城镇化的发展推动了人类社会的快速发展，另一方面则是人类社会迭次涌现的新技术、新制度、新观念等不断改变着城镇化的模式和方向,新型城镇化模式也由此而阶段性地出现，并随之改变着城乡空间的类型、功能、图景和关系。

在全球层面来看当下的世界新型城镇化模式，其中既包括全球新技术革命带来的城镇化方式的创新，也包括由于中国快速崛起、中国城镇化迅猛推进带来的全球城镇化重心的转移，也就是中国特色城镇化模式。从演进历程来看中国城镇化正在迈入的新型城镇化阶段，我们看到的是中国最近 30 多年快速城镇化所达到的城镇化水平超过 50% 的现实基础、所累积的复杂的资源环境与社会问题，以及所面临的老龄化、机动化和国际环境变化带来的挑战。这与 30 多年前中国城镇化水平在 20% 以下时的处境大不相同，也与 10 多年前中国城镇化水平跨越 30% 门槛时面临的形势有本质区别。如果说，中国在达到城镇化水平 50% 以前，还可以借鉴，甚至照搬与模仿西方工业化、城市化高峰时期的理论、模式、经验来指导中国城镇化发展的话，现在我们面临的许多问题，是西方既往城镇化“教材”所没有的，我们只能依靠对自身特点、经验、教训的深刻解读和对未来的超前预判和分析，来设计出适合中国发展的新型城镇化路径，这是我们面临的重要理论问题，也是中国学术界的历史责任，需要极大的创新勇气和艰苦的探索才可能找到答案。

和新型城镇化相对应，世界和中国城乡空间的变革也日新月异，这其中既包括新的城乡关系，也包括新的城乡空间类型、功能、景观，以至于新的城乡空间需求和理念，以及新的城乡空间研究视角和规划模式。仅就中国而言，计划经济、传统产业时期的城乡空间规划与建设理念和模式，与改革开放以来的市场经济、外向型产业和观念多元化变革时期的城乡空间规划与建设理念和模式截然不同，物质空间为本时期与以人为本时代的城乡空间建设与规划模式也不同，加上新技术带来的空间变革，一个新型城乡空间关系、空间类型、空间建设与规划模式涌现的新时代正在来临，需要我们见微知著、详加研判。

城镇化模式与城乡空间类型的创新既有阶段性的质变，也有连续性的渐变，学术研究要遵循事物发展客观具有的“承前启后”的因果链条。因此，本丛书所指的“新”，其历史起点定格在 20 世纪 70 年代全球化和新技术革命开启的新阶段以后，特别是中国改革开放以来，既包括对已经走过的 30 多年所积累的与传统阶段相比有所不同的“新型”的既往式总结，也包括当下即将进入 21 世纪第二个 10 年、中国城镇化进入加速发展后期以及迈向成熟期之时，对即将面临的“新”时期的预见性展望。希望通过对已经走过的 30 年新实践诸如开发区建设、新城开发、都市圈与城市群等培育进行系统总结和提炼，构筑当代“中国特色城镇化模式”的科学起点，通过对正在成为共识的“以人为本”新阶段所蕴含的新型城镇化的新趋势、新型城乡空间的新类型等进行基于国情现实的预判，改变长期的“拿来主义”倾向和重新确立基于发展自信的文化自信，在面向未来、寻求新路的同时更加对准中国历史原点，逐步建立起未来真正意义上“中国特色城镇化模式”的科学内涵与理论构架。

本丛书是一个动态扩展的开放式学术专著集成平台，围绕“新型城镇化和新型城乡空间”这一总的方向，立足时代前沿、扎根中国实践进行理论探索。丛书既包括21世纪以来对中国城镇发展与规划进行探索的中青年学术骨干的著作，也包括不断涌现的“80后”年轻学人的学术专著，预计“90后”新学人的专著也为时不远。欢迎学术同仁、社会各界对丛书进行指导和支持，也欢迎对本丛书有兴趣的高水平学术新作不断充实进来，汇集涓涓细流，形成推动中国城乡空间与规划研究的新力量。

王兴平

东南大学建筑学院教授、博士生导师

东南大学区域与城市发展研究所所长

2013年于东南大学建筑学院

序言

科学技术的发展推动了社会进步。高铁作为一种新型的交通运载工具，以时空压缩为特征大大丰富和便利了社会经济联系和人们的出行活动（就业、居住、交往、游憩等），从而也影响和改变了相关区域的空间结构、空间格局、空间关系和空间利用。

作者通过大量的实地调研、经验借鉴、数据分析、理论提升，对我国高铁最发达、最密集的长三角地区进行了以人的活动为中心、从流动空间的视角，就不同空间尺度、不同节点在高铁驱动下的空间变化（空间联系、空间组合、空间利用）的系统的、深入的研究。无疑地，这对于区域空间理论和空间规律的探索、时空关系的深化以及相关区域和节点的空间利用和建设发展都将有重要的学术价值和实践意义。

纵观全书，就内容而言大致可以分为三个部分：第一部分是长三角尤其是16市组成的核心区的区域交通和空间演化以及职住空间关系重组的研究。通过长三角区域交通网络的历史演变分析和高速交通与空间关系的系统研究，揭示和阐述了高速驱动下时空距离重塑、空间结构重构、要素流动重组的现象。这部分中以就业空间为主的职住空间关系的研究是很有价值的成果。本书中以16市大量的实地调研数据，详细分析了长三角就业特征、通勤者社会属性、通勤行为、流动方向与频率、居住与就业匹配分析，以及区域空间组合模式与比例关系等，描绘了一幅长三角城市间职住空间关系清晰的流动而变化的场景。其指标数据的内容、分析方法、逻辑关系均可作为同类研究和借鉴。

第二部分是高铁走廊（沪宁高铁走廊）的同城化研究。作者以“高铁三角”和“高铁走廊”的论点进行同城化和空间重组研究，这既是本书重点也是颇具新意的特色。首先仍以职住关系为主，在解释了流动空间视角下高铁走廊空间体系后，即就通勤角度阐明了空间重组的特征，按高铁走廊三种空间类型概括其区域化职住组合模式。本书重要的贡献是关于同城化及相关的空间变化重组的研究。

作者把同城化作为一种新型的地域协作组合形式和城市相互作用的一种模式，以及城市间空间重组的重要工具，对此进行了十分系统和深入的研究：（1）梳理和拓展了同城化的内涵，明确了以“地域邻近”为主的基本特征，指出了同城化由空间—服务—功能同城化的发展过程。（2）从以时空距离远近作为衡量实现同城化的重要标志的观点出发，提出了“同城化门槛”的概念，并以小时交通圈作为标准划分了同城化核心区和影响区、初级阶段和成熟阶段，提供了同城化范围划分的量化的方法。（3）首次提出“高铁走廊同城化”的概念，并对沪宁高铁走廊划分了走廊整体（巨型城市区域）、都市圈、都市区三个空间层次，进行了包括同城化的区域背景、历史回顾、现状评估、效应判断和策略确定等在内的系统化论述，构建了区域同城化研究的基本框架，其提出的包括时间距离、空间联系、社会联系、同城化效应测度指标等在内的同城化现状评估体系和效应评估体系也具有现实的应用价值和学术价值。（4）宁镇扬同城化的研究。宁镇扬同城化是江苏省推进区域一体化和同城化的重点和先行，已经有过多种研究和规划。作者在借鉴其他研究成果的基础上进行了系统的梳理、现状评估、问题解析和社会调查，提出了推进同城化的具体行动建议。本书应当是迄今对同城化研究最具特色和内容丰富的研究成果。

第三部分是高铁站点地区的空间利用。作者以高铁站点 1.5—2.0 km 作为站点空间利用的范围，对高铁站点地区的功能发展、空间形态、开发强度、交通联系和空间效应等进行了系统的分析研究。其分析的思路和内容，尤其是对站点地区的功能结构、功能布局模式、功能成长和开发模式的分析、开发建设的效应分析等都有一定的启示意义。

总之，本书是在多项国家和省的科研基金项目的支撑下，综合了各项研究成果、科研报告、学位论文等多种学术文献的基础上形成的，是一本具有理论和实践价值的学术著作，是高铁时代城市及区域研究的新作。它的出版对于城市与区域理论建设、规划实践和开发利用均有现实的推动作用。

南京大学建筑与城市规划学院教授
中国城市规划学会荣誉理事
2017 年 2 月 8 日于南京

高铁的建设极大地改变了区域间的联系方式，进一步压缩了时空距离，并与其他交通方式和信息网络形成叠加效应，区域的通勤出行范围、出行模式随之而改变，基于个体就业、居住和公共服务等日常通勤的行为活动及其空间格局也发生了不可逆转的新的变化。依托区域综合性、公交化的高速交通走廊和网络，区域的同城化步伐随之加快，城际间的日常联系更加频繁，地域性城镇体系格局趋于扁平化和网络化。在此背景下，区域层面、走廊层面和都市圈、都市区层面，以及伴随高铁产生的高铁站点地区层面，其空间联系、空间结构等均出现了新的特点，需要立足实践加以研究。

长三角地区是我国综合经济实力最强的地区之一，工业基础雄厚、市场经济繁荣、水陆交通发达。近年来，长三角地区的高速铁路和高速公路网络、跨江跨海大桥和快速轨道交通等现代化大型基础设施建设迅速推进，特别是2007年沪宁动车的开通运行、2010年“公交化”沪宁城际高速铁路的开通运行等，使长三角各城市之间的时空距离大大压缩，区域内部的“同城化”效应日渐凸显，特别是长三角核心区已经形成了在全球具有领先和示范意义的“沪宁杭”高铁三角区。而国内开行时间最早、发车数量最多和发车频率最高的高铁客运专线所串联的巨型都市连绵区——沪宁高铁走廊地区，其各城市之间的人流、物流、技术流、信息流、资金流的流量与流速迅速提升，产业、就业和居住空间也开始发生区域化的组合与重构，出现了“城际通勤候鸟族”“企业跨界增长联盟”等典型现象。就更大区域而言，京沪高铁作为世界上最早一次建成和开通距离最长的高铁线路，横跨我国多个自然和社会经济区域以及不同等级规模的城镇，其沿线类型丰富的高铁站点地区集中反映了我国高铁新城、新区的空间特征以及高铁站点地区与所在城市、区域的多元化空间关系。在此背景下，我们选择两个互有关联但又各有侧重的研究对象，即高铁网络化区域——长三角核心区和全球最早建成的跨区域高铁线路——京沪高铁沿线，立足流动空间视角，以区域通勤为研究切入点，分析评判交通与区域空间重组的关系以及基于同城化的区域空间重组模式，并对高铁新城、新区等站点地区的空间利用进行研究，探究从区域到节点不同尺度的空间重组和利用特征。

作为本书研究成果的支撑，2011年1月，我们获得国家自然科学基金资助开展《新型城市化阶段长三角城市区域就业空间演化与重组研究》（项目编号为51078071，负责人为王兴平）；2011年5月，我们获得江苏省社科联研究课题《长三角地区城市同城化效应研究：以沪宁高速走廊为例》（项目批准号为11CSJ005，负责人为王兴平）；2012年9月，我们获得江苏省哲学社会科学界联合会研究课题《推进宁镇扬同城化的策略研究》（项目批准号为12SYB-030，负责人为王兴平）；2012年，我们获得国家社会科学基金重点项目《中国创新型都市圈发展的路径设计与规划导控研究》（项目编号为12AZD100，负责人为王兴平）。在上述课题的支持下，课题组全体成员相继展开了对沪宁高铁走廊八市、宁杭高铁和京沪高铁沿线各市及南京都市圈有关城市的全覆盖调研，通过大量问卷发放与典型访谈，获得了翔实的一手数据，详细了解了研究对象区域居民的区域通勤与出行特征、对同城化的认知以及城际之间的知识合作状况等，并深入解读了沪宁高铁走廊同城化的背景和趋势，梳理了国内外同城化的相关研究与实践经验，提出了沪宁高铁走廊同城化的内涵，评估了沪宁高铁走廊同城化的现状及效应，探析了沪宁高铁走廊同城化的动力机制，并在此基础上提出了产业分工重组、空间重组与优化、支撑体系优化以及实施模式和机制等策略与建议，以应对沪宁高铁走廊地区这一同城化效应及发展趋势。此外，课题组先后多次与江苏省哲学社会科学规划办公室以及相关政府部门、同类课题研究单位进行座谈与交流，包括南京市经信委、商务局、教育局、科技局以及中国科学院南京地理与湖泊研究所、东南大学经济管理学院等，有效地推动了课题研究工作的进展与研究成果的优化与完善。

本书整合了本人主持的四个课题研究报告的相关内容、本人指导的作为课题成果的本书合作者朱秋诗的硕士学位论文以及谢亚、许闻博、王承磊、何彦东的本科毕业论文和调研报告成果等，以高铁和区域交通方式改变—就业空间为核心的通勤空间变化—区域同城化与空间重组—高铁站点地区的空间利用为主线，串联了对高铁驱动下不同空间尺度的空间联系、空间利用和空间重组的基本特征的研究。本书各章分工如下：

全书由王兴平拟定提纲和修改、定稿，各章具体内容分工合作完成。其中第 1 章、第 6 章、第 7 章由王兴平执笔（第 6 章沈思思参与、第 7 章周军参与），第 2 章由王兴平、朱秋诗执笔，第 3—5 章由朱秋诗执笔，第 8 章由王兴平、谢亚、许闻博执笔。

此外，2011 年至今，由本人指导先后在东南大学攻读博士学位的赵虎、胡畔、朱凯、周军和硕士研究生袁新国、李蔚然、蒋瑞明、吕冬敏、戎一翎、张一凡、李迎成、胡亮、张译丹、沈思思、贺志华、顾惠等以及东南大学城乡规划专业的部分本科生，先后参与了课题报告部分内容的撰写或者问卷调研，对本书相关内容也有贡献，硕士研究生赵胜波等协助绘制了部分插图，本书的出版还得到了江苏省优势学科建设经费的资助，特此说明和致谢。

作为在实践调研基础上总结形成的研究成果，由于笔者学术水平有限，在理论概括和分析等方面有所欠缺，同时由于高铁作为一种正在兴起的新型区域交通方式，其带来的后续影响尚有一定的不确定性，加之课题组仅仅局限在长三角核心区和京沪高铁沿线进行了相对比较随机的问卷调研，研究对象的有限性和问卷样本的局限性决定了研究成果相关研究结论的相对性，本书还有待于进一步完善，敬请批评指正！此外，本书第 6 章、第 7 章对策、策略和行动等研究部分，参考借鉴了宁镇扬、广佛等相关地区同城化规划成果的内容，在此予以说明和致谢。

王兴平

2017 年 1 月于东南大学建筑学院

1 总论

交通运输方式的变革和进步，是推动区域与城乡空间结构、城乡聚落体系格局变迁的重要力量，也是引导人类生产、生活及关联的交通出行模式变革的重要因素。21世纪以来，发自于中国大陆的高速铁路的建设，又一次深刻改变了区域城际间的时空距离和通勤模式，并逐渐向全球扩展。有学者推断，21世纪世界将进入高铁时代[①]。在率先实现高铁动脉全面贯通和区域成网的中国东部沿海发达地区，高铁效应下的宏观层面的区域空间重组与同城化、微观个体的就业和日常通勤区域化扩散等现象已逐步凸显，形成了新的区域和城市内部空间联系方式与空间关系模式。而高铁网络和站点的建设，在区域层面形成了高铁发展轴带与走廊、高铁三角区和高铁城市节点等新的区域空间类型，并在高铁城市内部形成了高铁新城、高铁站点地区等新的城市空间类型。上述基于高铁建设产生的新的空间联系、空间关系与空间类型，是亟须立足实践加以研究和关注的新的区域与城市科学问题。

1.1 研究背景与意义

1.1.1 研究背景

1）区域一体化时代：高铁助推区域发展格局重塑

伴随经济全球化的纵深推进，国家、城市的竞争力日趋依赖于所在区域的竞争力，催生区域、城市间各种合作的深化。受金融危机的影响，中国经济正逐渐由外向型的经济发展向扩大内需型的发展模式转变，进一步凸显区域经济地位的重要性。与之相应的是，近10年也是我国区域规划密集发布、国家战略全面开花的时期。从2005年上海浦东新区综合配套改革试验区的获批开始，截至2012年9月批准的广州南沙新区，全国共计批复53项重点地区的区域规划。尤其是2007—2009年，陆续出台包括珠江三角洲、海峡西岸经济区、江苏沿海地区、关中—天水经济区等在内的37项国家战略性区域规划文件[②]，范围涵盖我国东部、中部、西部和东北部的大部分省区，类型涉及改革发展、产业转移、经济协作等多项内容，加快了中国区域经济格局的调整与重塑。

上述阶段实际上也是中国高铁建设迅速推进、跨越发展的时期，高铁在其中无疑发挥了“链合”各大区域板块、“疏通”加速各类要素流、“弥合”经济高地与洼地的作用，为促进区域内部的融合发展以及区域之间的竞争协作搭建起重要的战略通道。目前，建成通车的高速铁路网已基本串联起中国主要的经济发达地区和人口稠密区，形成沟通联系中国区域经济主骨架的快速通道（表 1–1）。根据国家“四纵四横”的高速铁路客运专线规划，到 2020 年，高铁将连接所有省会城市和 50 万人口以上城市，覆盖全国 90% 以上的人口[③]，这将助推区域发展由单城市群的资源整合走向跨城市群的发展协作，加快新时期区域经济格局的调整重组与跨区域间的融合发展。

表 1–1　中国建成运营的高速铁路与各大城市群的关系

通车年份	通车里程（km）	客运专线	串联城市群
2003	405	秦沈客运专线	京津冀、辽中南
2007	300	依托沪宁既有铁路线的沪宁城际动车组	长三角核心区的沪宁间沿线城市区域
2008	634	合宁铁路；胶济客运专线	长三角、长江下游；山东半岛
2009	2 504	石太客运专线；合武铁路；达成铁路；温福铁路；甬台温铁路；武广客运专线	京津冀、太原；长江中游；川渝；长三角、海峡西岸；长三角；长江中游、珠三角
2010	2 176	郑西客运专线；福厦铁路；沪宁高速铁路；沪杭客运专线；宜万铁路	中原、关中；海峡西岸；长三角；长江中游
2011	1 540	京沪高速铁路；广深（港）高速铁路（广州—深圳）	长三角、长江下游、山东半岛、京津冀；珠三角
2012	2 473	汉宜铁路；石武客运专线（郑州东—武汉）；合蚌客运专线；哈大客运专线；京石客运专线；石武客运专线（石家庄—郑州东）	长江中游；中原、长江中游；东北；京津冀；京津冀、中原
2013	2 108	遂渝铁路二线；宁杭客运专线；杭甬客运专线；盘营客运专线；津秦客运专线；西宝客运专线；渝利铁路；厦深铁路	川渝；长三角；辽中南；京津冀；关中；川渝；珠三角、海峡西岸

2）交通同城时代：高铁催化个体职住区域分离

由于区域、城市整体经济实力的提升，人们对连接各大城市和门户枢纽的快速交通系统需求随之增强，全国各地的高速公路网络、快速轨道交通等现代化大型交通基础设施建设迅速推进。以秦沈客运专线为发端，短短 6 年时间，中国高铁的通车里程就已赶超世界其他国家运营高铁里程的总和，跨越世界长达 50 年的高铁发展史。截至 2013 年 9 月，全国高速铁路运营里程达 10 463 km，中国高铁的已建里程、在建规模和运行时速均已跃居世界榜首（图 1–1）[④]。高铁对区域空间组织的影响直接体现在对城市人口与区域空间布局的改变上，大大提升了各城市之间、城乡之间的人流、物流、技术流、信息流、资金流的流量与流速，并促使产业、就业和人口居住空间等在区域空间尺度上发生结构性重组。

如今，中国东部沿海尤其是长三角、珠三角等发达地区，正由传统制造业向战略性新兴产业、高端服务业转型升级，新产业经济格局及其相应的就业岗位布局特点将直接影响区域和城市功能及其内部空间结构的调整。同时，由于快速城际轨道交通的完善，城市区域之间交通出行的高效、快速和便捷性进一步催化个体职住通勤的区域化分离，居民对居住与就业的区位选择更为多样化，尺度更加扩大化，日常性的跨城商务、通勤流动现象更为频繁，“城际通勤候鸟族”“企业跨界增长联盟”等跨界职住或组织生产等典型现象随之出现。

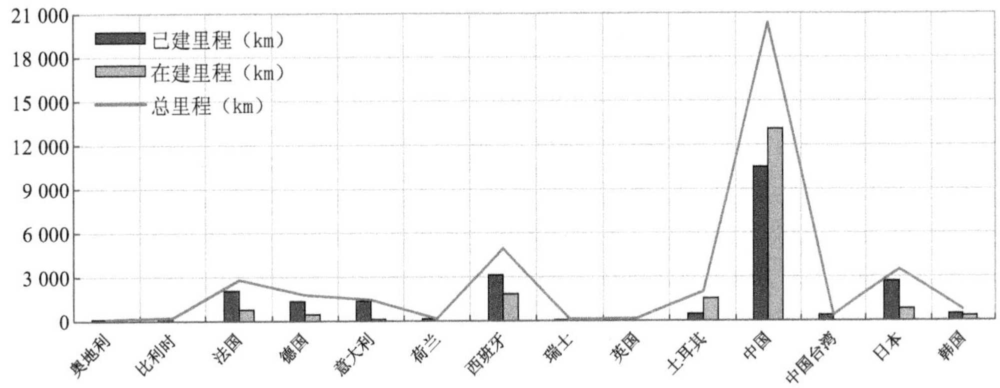

图 1-1　世界主要国家和地区的高速铁路建设情况比较

伴随着城市化进程，过去 10 余年，我国就业人口数量及其占总人口规模的比重持续上升（图 1-2）。庞大的就业人口规模及快速的增长趋势无疑给刚迈过 50% 城镇化水平的中国带来巨大的压力。过去，就业、住房市场化引发的居住人口郊区化、过剩通勤和职住分离等一直是各界对就业问题的关注热点；现今，高铁建设促使职住分离的尺度进一步从“城市—郊区”扩展到“城市—区域”，催生了大量区域尺度上的离散型家庭，引发学者对家庭视角下居住—就业—公共服务耦合的新型城镇化内涵进行重新思考与认识[⑤]。“宜居”“适业”是新型城镇化质量提升的关键，也是促进社会和谐、体现人文关怀的重点。因此，探讨高铁时代城市区域空间分布的特征规律及其变动趋势，制定相应的政策，对于现阶段中国的新型城镇化建设具有重要意义。

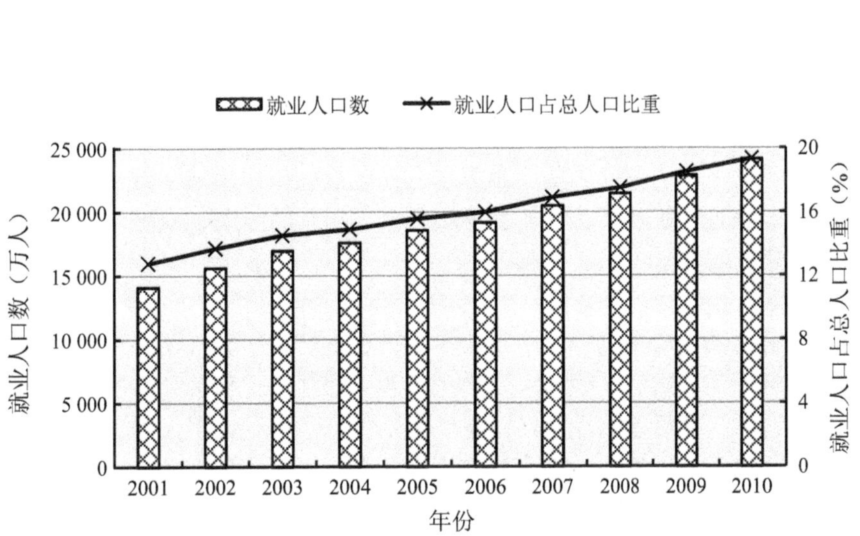

图 1-2　中国就业人口数及占总人口比重（2001—2010 年）

3）城市扩张时代：高铁站点驱动城市空间裂变

高铁建设不仅改变了区域发展格局和居民的空间行为格局，也对城市空间格局产生了重要影响。在一定意义上，高铁站点地区、高铁新城或者新区的开发已经成为开发区建设热潮之后中国城市扩张的新的动力。老城区、开发区、高铁新区成为诸多城市在这个时代的“标配”，已经有高铁通达的城市随之掀起了高铁新城的建设热潮，而没有高铁通达的城市则掀起了此起彼伏的“保路运动”，举全市之力争取高铁过境。以京沪高铁沿线城市为例，沿线各个城市均规划建设了规模不等、功能高端、区位相对独立的高铁新城或者新区，并均着力于将其打造为所在城市的标志性区域、门户型节点，以及涵盖商务、物流、居住等功能的城市新区。更值得关注的是，高铁站点被看作牵引城市开发不可错过的“触媒”和拉大城市框架、做大城市规模的重要手段，一些中小城市的高铁站点地区远离既有的城区布点，于是先结合站区开发新城与城市新区，然后再规划建设“气派”的联系站区与主城区的大道，沿大道建设城市各种新的高端功能区域。在高铁的驱动下，沿线城市集聚性的发展空间产生裂变，普遍形成了“一城多区”的空间格局。由此带来的一个广受关注的问题是，高铁在缩短城际间和区域尺度时空距离的同时，也拉长了城市内部的空间联系。这种城市的新扩张，带来了高铁站点地区、高铁新城与城市建成区、城市开发区等空间之间复杂的空间、功能、交通等关系，需要加以深入研究。

1.1.2 研究意义与目的

高铁带动下不同空间尺度的空间重组以及区域同城化等是实践发展带来的新命题，既有与历史上每一次重大交通和通讯方式变革带来的影响相一致的方面，也有其特殊性。立足实践进行研究和总结，在理论和实践方面均具有一定的创新价值和意义。

1）理论价值

本书以超大型廊道式的都市连绵区和走廊内部交通节点地区为研究对象，针对区域性的走廊整体、都市圈、都市区层面和城市节点性的高铁站点地区层面，从时空行为联系、经济社会联系、政策制度等角度，对其空间重组进行研究。研究成果旨在应用、验证并拓展高铁驱动下的区域空间理论与规律，具体包括：其一，结合本书研究地域的特征，借鉴“流空间”和“廊道效应”的理论概念，探讨其在高铁时代的实证应用；其二，借鉴同城化的概念和模式，构架一个高铁驱动下的同城化发展评价指标体系和同城化效应科学评价模型，对既有的同城化研究的量化测度、效应机制和作用路径等方面的理论进行了补充和完善；其三，通过人的空间行为和行为空间建构地理时空与社会空间相叠合的理论研究框架，探析高铁驱动下流动空间内的要素流动及功能空间组织形式。这无疑是在高速城际轨道交通公交化、信息网络社会化和新型城镇化的新时代背景下，对城市与区域间相互作用进行的与时俱进的研究。

2）实践意义

通过对开通高铁（动车）的多个层次典型地区的实证研究，明确沪宁高铁走廊及其内部不同层次的城市区域生产、生活以及居民择业、居住和出行等方面的空间重组及同城化规律，并厘清京沪高铁沿线站点地区的空间利用特征和问题，不仅可以为沪宁、京沪等高铁走廊的多层次空间发展策略和规划制定提供参考，还可为珠三角、京津冀等其他区域尤其是巨型高铁走廊区域的空间规划、空间治理等提供一定的经验借鉴。

1.2　研究概念与范围

1.2.1　相关概念

1）高铁走廊与空间重组

走廊是一种地域经济空间系统，是由高度发达的多模式的交通网络连接至少两个以上的大中城市或城市群而形成的廊道状地域经济空间系统[⑥]。根据“走廊”的定义，本书中的“高铁走廊”是指以高速铁路[⑦]作为骨干，由高速铁路、高速公路、航空港、城市轨道交通等高快速的现代综合交通网络连接，并由至少两个以上设有枢纽站点或高速出入口的大中城市或城市群串联形成的廊道状巨型城市区域空间系统。

空间研究通常包括以下几个方面：① 空间的构成要素，包括各种自然要素和人文要素；② 空间尺度，即空间距离尺度和时间距离尺度；③ 空间主体，强调空间中的人，以人为本；④ 空间过程，即各种空间现象的形成与发展；⑤ 空间类型或空间结构，任何一种空间要素的空间分布即构成一种空间结构[⑧]。本书所言的空间重组是指人口及其行为活动等在城市与区域空间上进行重新组合与配置，产生新的空间联系形式，构成新的空间布局模式的发展过程。

2）高铁走廊同城化

（1）同城化的基本内涵

纵观全球范围，大至超国家或国家尺度，小至都市圈或都市区，均存在不同程度的区域协调与合作。在实现区域经济一体化的过程中，区域合作成为城市发展战略的主导方向。西方国家针对区域合作模式进行了诸多制度创新，如专题项目合作、专门委员会、区域委员会、大都市区合并以及城市联盟等不同层次的区域合作模式，而“同城化”则是国内学界和政府部门结合国外的先进经验所探索的一种实现良性区域合作的新型制度安排[⑨]。2005 年，深圳市政府在其发布的《深圳 2030 城市发展策略》的区域发展策略中提出“加强与香港在高端制造业、现代服务业以及其他领域的合作，与香港形成‘同城化’发展态势”，这是国内首次提出“同城化”这一概念[⑩]。继“深港同城化”之后，国内各大经济区域的同城化战略热潮纷纷涌现，与此同时，越来越多的专家学者从不同视角对同城化的内涵进行了探究。尽管不同学者对同城化概念的界定存在一定差异，但综合不同视角下的同城化的定义，可发现同城化的主要内涵离不开几个基本特征——地域相邻、交通便捷、功能相连、社会认同等，即一个城市与另一个或几个城市由于具备地域邻近及交通便捷的基础，具备实现相互功能高度共享的可能条件，同时随着时空距离与行政隔阂的逐渐淡化，城市基础设施、服务功能等被更多的城市共享，区域交流更加频繁，资源要素共同配置，从而在城市定位、产业发展、要素流通、生态环境、政策措施、社会事业等各方面形成高度协调和统一。在此过程中，居民的属地观念逐渐弱化，区域认同感逐渐增强，共享同城化所带来的发展成果，从现实上形成同城化发展的局面。其中，空间邻近仅为相邻城市提供了区域一体化实现的可能性而非区域一体化实现的必然性，而同城化则作为一种推进区域合作的新型制度安排，实际上为区域一体化的实现提供了一种实施路径或模式。

根据同城化的基本内涵，其实施内容一般包括硬环境和软环境建设两大板块，其实现内涵主要体现为空间同城化、功能同城化以及服务同城化三个部分。由硬环境到软环境再到软硬环境一体化，为实现空间、服务到功能的同城化内涵提供支撑。从实施进程来看，在空间上，由初级阶段的交通、通信等设施对接到高级阶段的协调区的整体设施和布局的共建共享；在服务上，由初级阶段一卡通、漫游费等服务项目的无障碍互通到高级阶段公共服务、社会保障等制度安排的协调共融、共享；在功能上，由初级阶段简单的功能错位协调到高级阶段区域功能的高度一体，并以社会功能的高度融合为核心特征（图 1–3）。

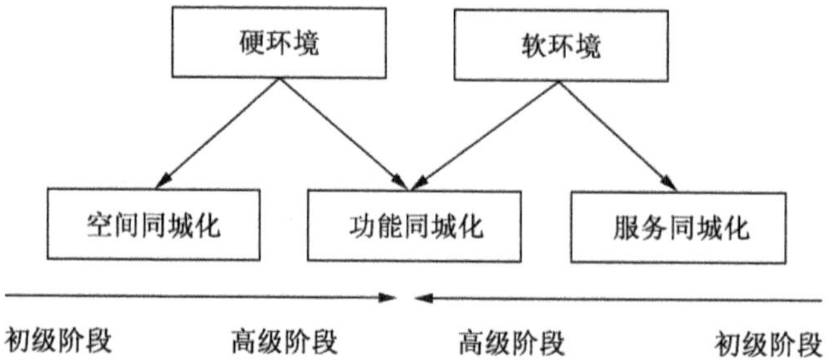

图 1–3　同城化的实施内容与阶段

（2）同城化门槛

同城化是城市相互作用的一种新型模式。地理学认为，城市间的空间距离越近，越能降低运输费用和促进生产要素与商品、服务的交易，加强城市间的相互作用，可见时空距离的远近是衡量同城化可否实现的重要标志。区域内部城镇之间的联系强度取决于城镇间是否可以一日往返，国内有学者认为一日交通是城镇间联系的门槛[11]。根据国际相关经验，《日本第四次全国综合开发规划》提出重要城市之间的联系时间应控制在 3 h 以内，以实现一日交流圈，可见 3 h 交通圈是实现跨城一日交流的重要前提；国际大都市交通圈的通勤出行范围一般达到 100 km 左右，通勤时间通常在 60 min 之内[12]。此外，课题组关于“可接受的最大通勤时间”的调查显示，小于 1 h 者占 50%，1—3 h 者占 42%，大于 3 h 者占 8%，可见 0—1 h 是人们普遍接受的通勤时间，3 h 则是可接受的通勤时间临界点，超出 3 h 的通勤出行则通常不被接受。

参照上述标准，可按时空联系的紧密程度以 1 h 和 3 h 为节点，将同城化区域划分为同城化核心区和影响区，依次对应“一日通勤圈”与“一日交流圈”。以 3 h 为界的“一日交流圈”是同城化的潜在效应发挥（紧密区）的时空距离门槛，作为同城化初级阶段的门槛标准；以 1 h 为界的“一日通勤圈”则是同城化核心效应发挥（核心区）的时空距离门槛，作为成熟阶段同城化的实现目标。通过“一日通勤圈”的构筑，最终在区域内实现一日日常就业—居住通勤往返，居民的生活通勤仿若一座城市。

（3）高铁走廊地区同城化的具体内涵与层次

高铁走廊地区的同城化首先符合同城化的固有内涵，是走廊城市间打破城市行政分割和居民属地意识，以“同城”标准创造“同质”环境，变“抗性竞争”为“互补双赢”，由“区域优势”代替“个体优势”，而形成的紧密联系、共存共荣的“新型地域协作组合形式”，并是一种以实现区域综合竞争力提升为目标的“新型城市发展战略”。同时，高铁走廊的同城化又具有典型的特性，其鲜明特征在于依托高密度、高快速、公交化的城际轨道交通走廊，是区域时空距离收缩催化下的产物，具有地域空间的“层次性”和发展时序的“阶段性”。依据走廊各区域之间的现状联系和发展趋势，走廊内部各层次推进同城化的重点各不相同，可将其同城化发展界定为三个层次：走廊整体、都市圈和都市区（图 1–4）。各层次同城化的推进面临的任务和内涵有所不同，具体如下所述：

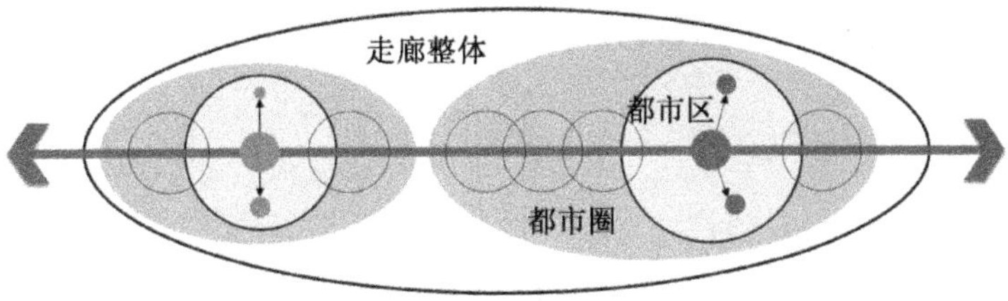

图 1-4　沪宁高铁走廊地区同城化的层次体系

① 走廊整体层面：该层次推进同城化的重点在于构建区际协商的务实机制，协调走廊城市功能与优化要素流动，促进走廊整体竞争能力和对周边地区辐射带动功能的提升，通过走廊大交通网络体系、物质及非物质体系的建设，打造适应走廊内部的人流、商务、商贸、资金、信息快速流动的系统平台，为构建走廊“1 h 快速通勤圈”、打造“大走廊”品牌及合力建设城市群提供强有力的支撑。

② 都市圈层面：该层次具备优先推动和实现同城化的基础条件，其推进同城化的重点在于构建都市圈内部的同城化合作框架，协调领域之间的恶性竞争和重复建设等问题，加速城际轨道交通、通讯信息网络等基础支撑条件的空间对接，为都市圈内更紧密的通勤、生活联系提供支撑，尤其注重优化城市连接带的协调发展，可成立跨界重点合作示范区，在实现走廊地区同城化上取得率先突破。

③ 都市区层面：该层次是指走廊内部各大城市的都市区范围内部。该层次的同城化是都市区的中心城区与郊县地区 / 卫星城或乡村地区 / 边缘区之间的同城化，意味着都市区范围内不同等级或相同等级的不同行政单元间的协调以及城乡统筹。其重点在于通过边缘区 / 外围区交通可达性的提升、城乡一体化发展等，形成都市区内部均衡发展、高度一体的格局，连同走廊地区的核心连接带实现连接节点自身内部同城化的全面提升。

综上分析，高铁走廊同城化是以走廊整体、都市圈和都市区为层次体系，以软、硬环境建设为手段，实现从空间、服务到功能高度融合的同城化过程；是构筑“1 h 通勤圈”，实现公众规模化、常态化、区域化的交通出行同城化、就业通勤同城化以及生活居住同城化的过程；是实现走廊整体城市功能统筹协调、社会服务趋同均优、社会时空扩大、社会隔阂缩小以及“大走廊”的品牌竞争提升的过程。

1.2.2　研究对象及其概况

针对不同的研究问题，本书选择了两类研究对象，一是我国甚至全球高铁网络化的先行区域——长三角核心区，二是全球首条长距离高铁——京沪高铁沿线的各站点地区。

1）长三角核心区及沪宁高铁走廊地区研究范围的界定

对于长三角核心区，现有的大量理论研究与实践工作基于不同的目的，对长三角空间范围的界定也不尽相同。这些范围的界定，主要包括沉积学和自然地理学等自然意义上的长三角，以及区域经济和经济地理等经济意义上的长三角，其具体范围如图 1-5 所示。沉积学角度的长三角是指由长江口的河口沉积物组成的冲积扇，冲积扇北缘到扬州—泰州—海安—吕泗一线，南抵镇江—江阴—太仓—松江—金山—漕泾一线[13]；自然地理学角度的长三角北至新通扬运河，南至杭州湾，西达宁（南京）镇（镇江）丘陵，东至海域，呈碗形向太湖倾斜，又称太湖盆地[14]。在经济意义上的范围界定中，由长三角城市经济协调会界定的空间范围最为普遍采纳，其随着区域经济一体化的发展，在不同时期地理范围不一且不断扩大，长三角经济区的范围经历由 1992 年成立之初的 14 市不断扩容为 2013 年的 30 市，如图 1–6 所示。

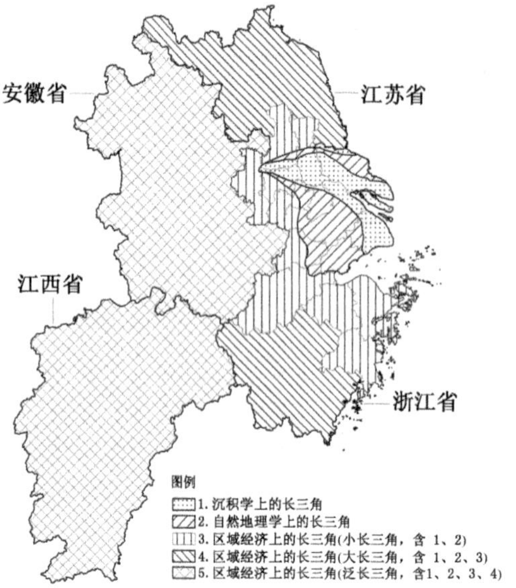

图 1–5　不同意义上的长三角范围

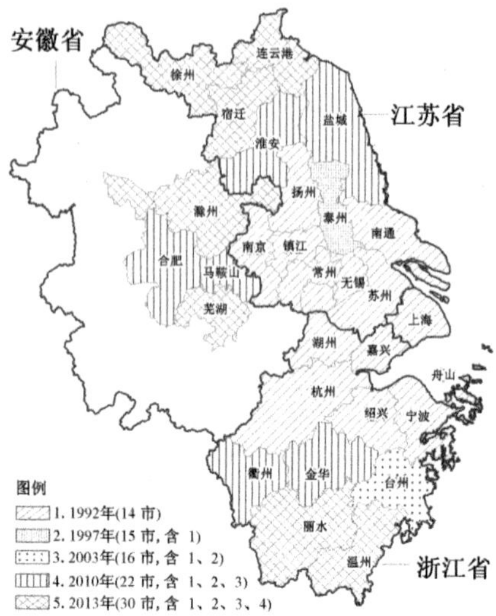

图 1–6　长三角经济区范围示意

就空间尺度而言，经济意义上的长三角经济区通常还有小长三角、大长三角和泛长三角等不同提法。其中，“小长三角”与 2003 年长三角城市经济协调会成员 16 市的范畴一致⑮；“大长三角”指苏、浙、沪两省一市，2008 年印发的《国务院关于进一步推进长江三角洲地区改革开放和经济社会发展的指导意见》（国发〔2008〕30 号）正式明确该空间范围，2010 年批准实施的《长江三角洲地区区域规划（2009—2020 年）》中的长三角规划范围与之一致；“泛长三角”由胡锦涛同志于 2008 年在皖考察工作时首次提出，各界对其范畴明确为以上海为龙头，包括江苏、浙江和安徽的全域范围，形成“1+3”的泛长三角模式，或者在此基础上，将长江中下游的江西省也全部纳入，形成“3+2”的泛长三角模式。

本书从当前时空和社会经济联系的紧密程度出发，选取《长江三角洲地区区域规划（2009—2020 年）》所确定的核心区（小长三角），即上海、无锡、宁波、舟山、苏州、扬州、杭州、绍兴、台州、南京、南通、常州、湖州、嘉兴、镇江、泰州 16 市作为此次研究的长三角范围。

进一步确定在长三角核心区的主要高铁走廊范围。交通走廊的地域范围应包含走廊本身及其辐射的腹地区域。在交通走廊的空间范畴界定中，较经典的有两个方面：① 欧洲共同体公路网络的走廊度量方法，即以公路沿线 40 km 范围作为走廊范围，其中一个重要条件是到达时间不超过 1 h⑯；② 著名地理学者周一星提出的划分方法，即交通走廊是以中心城市为中心、50 km 为半径的圆形区域⑰。还有学者提出，交通走廊是一种交通经济带，可将其影响范围看作交通走廊上各中心城市经济影响区域范围（1 h 都市圈）的叠加⑱。

本书采纳后一种划分方法。从 1 h 都市圈的空间分布来看（图 1–7），1 h 等时交通圈基本覆盖了长三角地区的各主要市县，其中在北翼各市县基本实现全覆盖，而南翼杭甬线以南的市县覆盖率则相对较小。考虑到研究单元的完整性和相关统计资料的可获得性，本书将小长三角内部的 16 个城市全部纳入长三角高铁走廊的研究范畴，故长三角高铁走廊（简称长三角走廊）指由沪宁、京沪（沪宁段）、宁杭、杭甬、甬台温等高速铁路，沪宁、宁杭、沪杭甬、宁通等高速公路，以及航空港等现代大型综合交通枢纽共同组成的多条复合交通走廊，并串联 16 个中心城市所形成的巨型城市区域空间系统（城市群）。

长三角走廊主要包含沪宁、沪杭、杭甬、宁杭、宁通、甬台六大交通廊道。根据内部各主要交通轴线上交通网络的发达程度及其串联的城市等级[19]，对长三角走廊范畴内的廊道级别进行划分，可分为核心走廊、次级走廊及边缘走廊（图 1–8，表 1–2）。

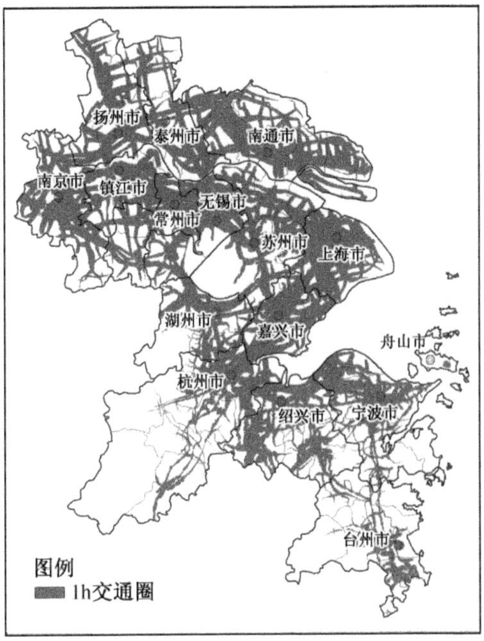

图 1–7　长三角城市 1 h 交通圈的分布

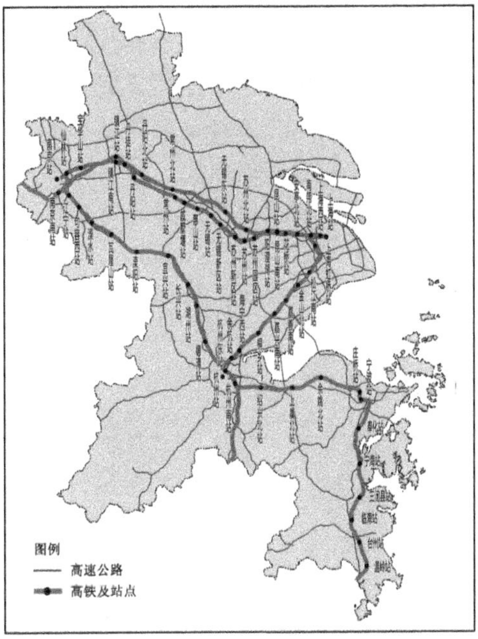

图 1–8　长三角高速交通网络的分布

表 1–2　长三角走廊的等级筛选

筛选指标	沪宁	沪杭	杭甬	宁杭	宁通	甬台
核心城市（上海）	√	√	×	×	×	×
区域性中心城市（两个或以上）	√	√	√	√	√	√
高速公路	√	√	√	√	√	√
高速铁路	√	√	√	√	√	√
等级	核心走廊		次级走廊		边缘走廊	

（1）核心走廊——由高速铁路和高速公路等高速交通干线组成的交通廊道，且沿线串联核心城市（上海）以及至少两个区域性中心城市，包括沪宁、沪杭走廊。

（2）次级走廊——由高速铁路和高速公路等高速交通干线构成的交通廊道，与核心走廊连接数至少为一个，且沿线串联至少一个区域性中心城市，包括杭甬、宁杭走廊。

（3）边缘走廊——由高速铁路和高速公路等交通干线共同组成的交通走廊，与次级走廊连接数至少为一个；或由高速公路交通干线组成，但走廊与核心走廊连接数为一个及以上，且沿线均串联至少一个区域性中心城市，包括宁通、甬台走廊（图 1–9）。

长三角走廊包含1个直辖市（上海）、3个副省级城市（南京、杭州、宁波）和12个地级市（包括江苏省的镇江、常州、无锡、苏州、南通、泰州、扬州7市，以及浙江省的嘉兴、湖州、绍兴、舟山、台州5市），共16个城市，土地面积总计10.99万km^2。长三角走廊是我国综合经济实力最强劲的地区之一，其人口和经济总量规模与分布密度、人均与地均的生产效益等均位居国内前列，且远超全国平均水平，被誉为世界第六大城市群；同时，该地区也是我国综合交通运输体系最完善的地区之一，既是国内高等级公路建设覆盖水平最高的地区之一，又是国内民用航空运输机场分布密度最大的地区之一，更是国内高速铁路客运专线开行时间最早、运营里程最长、站点数量最大、发车次数最多和发车频率最高的区域之一（表1–3）。

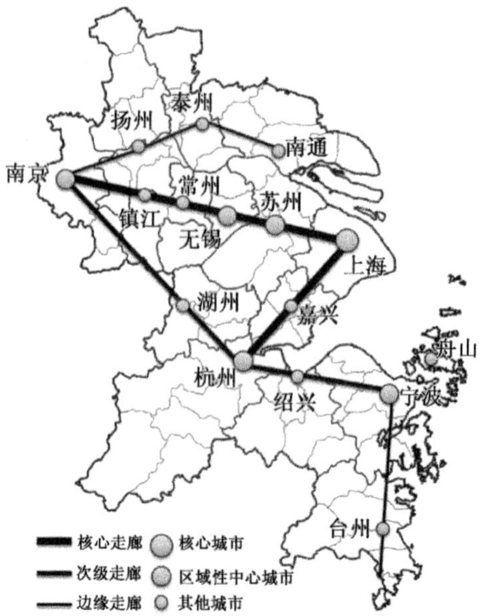

图1–9　本书研究范围示意图

表1–3　长三角走廊与全国人口、经济等相关指标的比较（2011年）

地区	人口密度（人/km^2）	就业人口密度（人/km^2）	人均生产总值（万元/人）	地均生产总值（万元/km^2）	高速公路密度（km/百km^2）	高速铁路密度（km/百km^2）
长三角走廊	987.88	582.16	77 004	7 470.63	5.37	1.29
全国	140.75	15.06	35 181	494.00	0.89	0.11

公交化的沪—宁—杭—甬高铁动车组覆盖面的全面扩延，杭州湾大桥、苏通大桥、长江四桥等跨海跨江大桥的先后建成，高速公路网络的进一步扩延加密，使得长三角主要城市之间的时空距离大大压缩。尤其是2013年7月1日宁杭、杭甬高速铁路客运专线通车运营以后，目前长三角主要的中心城市就已实现高铁全覆盖，其高铁运营里程约为1 477.3 km，占全国高铁运营里程的14.1%，沿线设置站点多达57个，平均每一个高铁覆盖的城市就有将近5个停靠站点（表1–4），成为全中国乃至世界范围内高铁密度最大的区域之一，这意味着该地区正逐渐步入"交通同城时代"，同时其也催生了城际通勤"候鸟族""钟摆族"等一批"特殊群体"，涌现了"双城生活""跨城就医""跨城购物"等典型现象。可见，高速铁路的网络化建设切实影响了长三角地区所在城市居民的居住、就业空间组织。

此外，该地区的区域协作由来已久，从长三角地区范围的不断扩容及城市成员的不断新增，到陆续编制或批准实施的区域规划如《长江三角洲地区区域规划（2009—2020年）》等，均意在借此实现城市功能、空间和产业发展的协调，使区域城市间的交易门槛弱化，以利于构建一个扁平化的城市区域空间格局与网络体系、降低城市区域的空间要素流动成本等，这势必将会影响区域内城市间的社会经济活动联系及区域空间结构。

表 1-4　长三角核心区高铁沿线的各城市站点设置情况

城市	站点名称（高铁站 / 城铁站）	数量（个）
上海	上海虹桥站、上海站、上海西站、松江南站、金山北站、安亭北站、南翔北站	7
南京	南京南站、南京站、仙林站、江宁站、溧水站、南京北站（规划）	6
苏州	苏州北站、苏州站、苏州新区站、昆山南站、苏州园区站、花桥站、阳澄湖站	7
无锡	无锡东站、无锡站、惠山站、无锡新区站、宜兴站	5
常州	常州北站、常州站、溧阳站、戚墅堰站、瓦屋山站	5
镇江	镇江南站、镇江站、丹徒站、丹阳北站、丹阳站、宝华山站、句容西站	7
杭州	杭州东站、杭州站、余杭站	3
宁波	宁波站、庄桥站、余姚北站、奉化站、宁海站	5
嘉兴	嘉兴南站、嘉善南站、桐乡站、海宁西站	4
绍兴	绍兴北站、上虞北站	2
台州	台州站、三门县站、临海站、温岭站	4
湖州	湖州站、德清站、长兴站	3
舟山	白泉站、勾山站（均为规划中新建的站点）	2
扬州	仪征站、扬州站、扬州东站、江都站、扬州南站（规划）	5
泰州	泰州南站（规划新建）、泰州站（老站改造后可通动车）	2
南通	南通站（旧站改建）	1
合计	—	68

沪—宁—杭高铁三角区三大核心城市间双向每天均有密集的高铁班次，具有高快速和公交化运营的特征。沪宁高速铁路（动车组）单日发车 422 次，其中沪宁方向 208 次，宁沪方向 214 次；沪杭高速铁路（动车组）单日发车 286 次，其中沪杭方向 144 次，杭沪方向 142 次；宁杭高速铁路（动车组）单日发车 172 次，其中杭宁方向 86 次，宁杭方向 86 次（图 1-10 至图 1-12）。

作为本书的核心研究对象，沪宁高铁走廊是长三角核心区的重要发展廊道，包括沪宁城际铁路沿线的南京、镇江、常州、无锡、苏州、上海和与沪宁城际铁路沿线密切相连

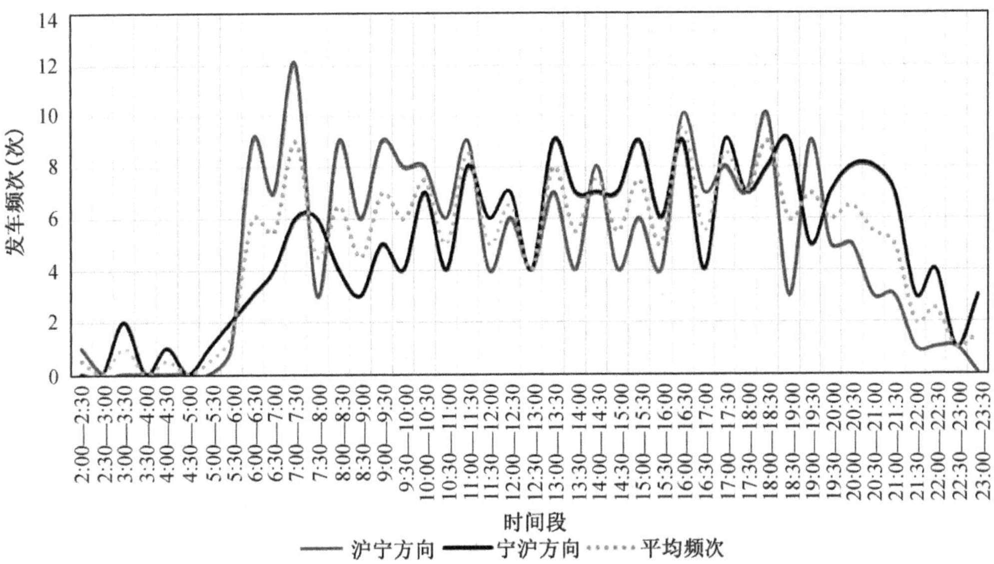

图 1-10　沪宁高速铁路（动车组）每 30 min 发车频率

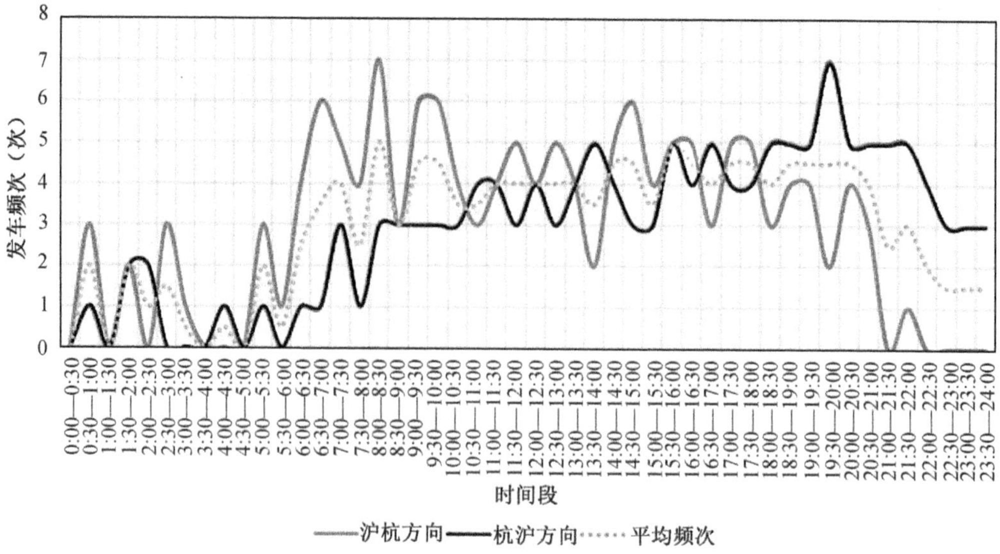

图 1-11　沪杭高速铁路（动车组）每 30 min 发车频率

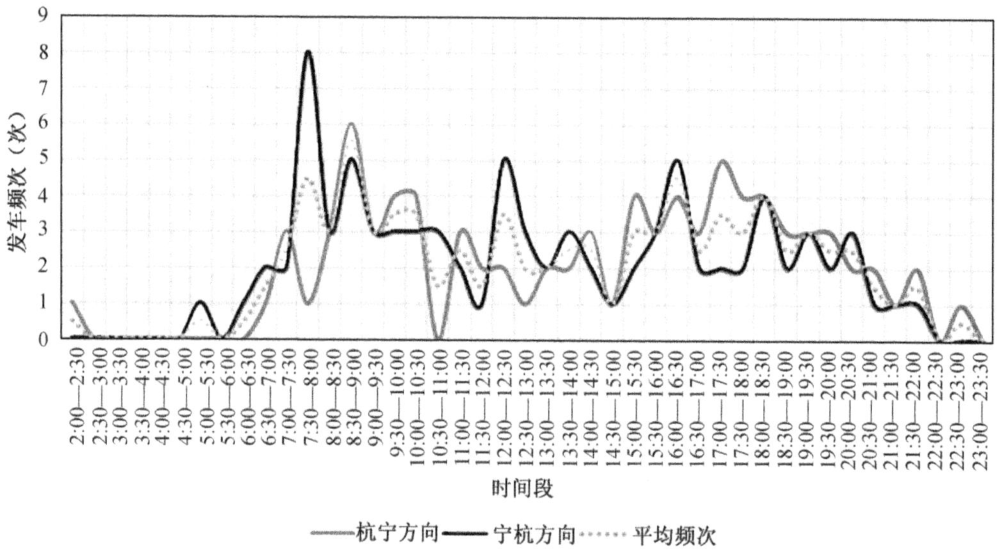

图 1-12　宁杭高速铁路（动车组）每 30 min 发车频率

的嘉兴。宁镇扬同城化发展区是长三角核心区的西部门户和南京都市圈的核心区，正在形成依托高铁和城际铁路的南京都市圈内和沪宁高铁走廊西段高度一体化的次区域。

2）京沪高铁沿线地区研究范围的界定

京沪高铁是中国“四纵四横”客运专线网的其中“一纵”。在国内高铁线路中，其开工时间早，从中国沿海与内陆间的腹地穿越并联通国家经济中心与政治中心以及重要的区域中心城市，沿线城市数量众多、类型丰富、发展条件各异。自 2008 年京沪高铁开工建设和 2010 年通车运营以来，沿线多数站点周边已经进行了较大规模的开发建设，初步具备了进行实证研究的可能性与可行性。本书研究团队对 16 个有较大规模开发的站点进行实地调研，收集各站点空间地区的城市规划以及目前的土地开发状态、利用强度、空间布局和交通联系等资料，并对站点旅客、站区周边居民与从业者进行了典型问卷调查。在各站点空间调查的具体范围方面，高铁站点地区的空间开发分为站点两侧开发与站点单侧开发，本书以实际建设的范围以及山体、水系、重要道路等空间要素为边界，大致按照高铁站半径 2 km 来具体划定各站区实际的调研范围（图 1–13）。

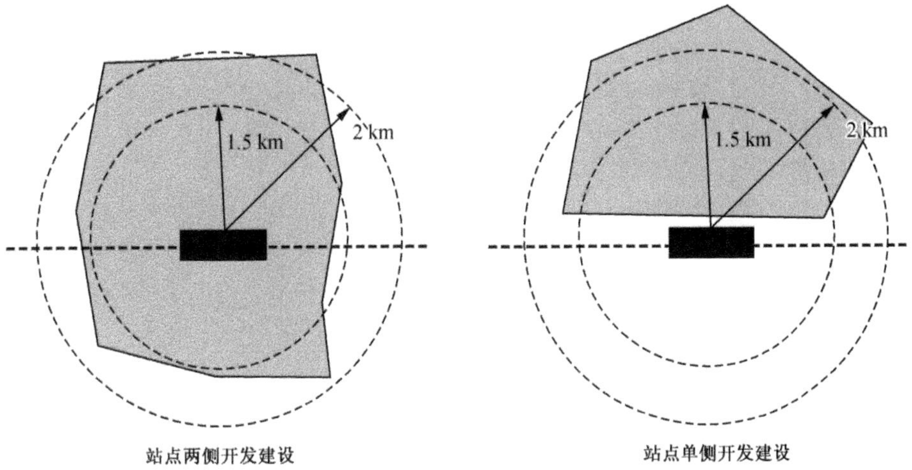

图 1–13 京沪高铁沿线站点周边地区调研范围

自 2007 年高铁新城建设陆续启动以来，各地建设情况不尽相同，开发增长量差异明显。从开发基础来看，部分站点周边地区在高铁建设之前就有一定的建设基础，如昆山南、南京南、常州北、天津南、泰安、蚌埠南六个站点地区在 2007 年就已形成一定规模的开发建设。部分则是与京沪高铁同期规划建设，还有部分是京沪高铁建成通车后开始系统规划建设站点周边地区。从建设速度来看，部分城市的规划能够迅速实施，在短期内完成建设并集聚人气，部分城市则在进行了一轮投资建设之后陷入停滞，开发呈现出明显的阶段性。从建设的空间形态特征来说，各个高铁新城也体现出了较大的差异性。京沪高铁沿线城市和站点的概况如表 1–5 所示。

表 1–5 京沪高铁沿线城市（县）与站点概况（2014 年）

编号	城市	市域面积（km^2）	建成区面积（km^2）	市域人口（万人）	GDP（亿元）	站区名称	日高铁班次（次）
1	北京	16 410.54	1 445.0	2 168.90	23 000.0	北京南站	382
2	廊坊	6 500.00	64.0	420.00	2 230.0	廊坊站	46
3	天津	11 946.90	722.0	1 516.80	17 200.0	天津南站	77
4	沧州	13 419.00	61.0	680.00	3 420.0	沧州西站	88
5	德州	10 356.00	105.0	586.20	2 793.0	德州东站	123
6	济南	8 177.21	363.0	706.70	6 280.0	济南西站	245
7	泰安	7 761.00	113.0	558.00	3 292.0	泰安站	90
8	曲阜（县级市）	895.93	27.0	64.00	370.0	曲阜东站	88
9	滕州（县级市）	1 485.00	54.9	160.30	1 010.0	滕州东站	55
10	枣庄	4 563.00	143.0	394.20	2 215.0	枣庄站	75
11	徐州	11 258.00	214.0	950.00	5 250.0	徐州东站	211
12	宿州	9 787.00	66.0	651.60	1 126.0	宿州东站	62
13	蚌埠	5 952.00	114.0	358.00	1 108.0	蚌埠南站	110

续表 1-5

编号	城市	市域面积（km^2）	建成区面积（km^2）	市域人口（万人）	GDP（亿元）	站区名称	日高铁班次（次）
14	定远（县）	2 998.00	21.0	96.70	129.8	定远站	17
15	滁州	13 398.00	87.0	393.80	1 313.0	滁州站	48
16	南京	6 597.00	753.0	818.30	9 600.0	南京南站	408
17	镇江	3 843.00	120.0	313.40	3 560.0	镇江南站	57
18	丹阳（县级市）	1 047.00	35.0	96.00	1 085.0	丹阳北站	19
19	常州	4 385.00	175.0	468.70	5 200.0	常州北站	78
20	无锡	4 787.60	278.0	638.00	8 500.0	无锡东站	89
21	苏州	8 488.00	433.0	1 047.00	14 400.0	苏州北站	104
22	昆山（县级市）	927.20	150.0	164.70	3 080.0	昆山南站	202
23	上海	6 340.50	1 563.0	2 347.50	25 300.0	上海虹桥站	463

1.3 国内外相关研究综述

围绕本书研究的主要内容，本节对高铁建设与城市区域空间发展、区域同城化等国内外相关研究进行系统梳理，了解相关研究的基本进展，归纳既有研究的特点，以期为本书研究的开展提供一定参考。

1.3.1 高铁与区域发展的相关研究

高铁发端于 1964 年日本的东海道新干线，世界高铁建设的序幕自此拉开（表 1-6）。目前，国内外就高铁对城市与区域发展的影响已开展了不少研究，研究范畴包括国家、区域、地方（城市）和站点地区等不同层面[20]。由于国外高铁建设起步较早且发展较为成熟，研究成果相对较多；而国内高铁建设主要集中在 2008 年至今的几年，与之相关的研究也主要在这一阶段集中涌现。可达性被视为区域空间、经济结构再组织的“发生器”[21]，高铁就是通过改变区域的空间可达性，对不同社会经济发展空间产生影响[22]。与本书直接相关的研究主要包括高铁对区域空间和社会经济发展的影响两个方面。

表 1-6　世界范围高铁建设的几次浪潮

时期	建设时间	参与国家或地区	总里程（km）
第一次浪潮	1964—1990 年	日本、法国、德国、意大利	3 198
第二次浪潮	20 世纪 90 年代	法国、德国、意大利、西班牙、荷兰、比利时等	1 426
第三次浪潮	20 世纪 90 年代中后期	法国、德国、意大利、西班牙、中国台湾、澳大利亚、韩国、英国、荷兰等	3 509
第四次浪潮	21 世纪初	欧盟、中国、美国等	10 000 以上

1）高铁对区域空间的影响

在高铁建设之前，曹小曙等对综合交通支撑下的穗深港巨型城市走廊空间演化进行研究[23]。高铁对区域空间发展影响的研究主要集中在分析高铁交通设施网络对区域空间结构、空间相互作用、城镇体系的影响，城镇群的空间演化及新区域空间形态的形成等方面，这些研究的背景或分析基础均建立在高铁对区域可达性的改变上。布鲁姆（Blum）等[24]认为高铁一方面在提升点对点的空间联系上占据显著优势，另一方面将多个城市联结起来，形成一个跨区域的新型高速交通走廊。金斯利（Kingsley）[25]指出，高铁使区域联系与区域工业综合体的空间相互作用和方式发生变化。黄（Kwang）[26]以韩国为例，通过 64 个分区的人口和就业数据，研究首尔—釜山的高铁对韩国首都地区空间结构重组的影响。波尔（Pol）[27]认为高铁对欧洲城镇体系的影响包括垂直层面的城镇体系两极分化、水平层面的专业分工发展和城市网络形成；高铁对区域空间的影响不全是完全积极的。维克曼（Vickerman）[28]和佐佐木（Sasaki）[29]等不少学者认为，高铁虽加强了落后区与发达区的联系，但可能引发负溢出效应，对区域发展具有双重影响。随着国内高铁建设的推进，国内有关研究逐渐增加且主要以京津、京沪和武广等率先开行高铁的沿线区域为研究对象。吴昊[30]指出，京津城际铁路加速了北京与天津的同城化和一体化进程。鲁瑞虎[31]基于武广高铁对湖南省沿线区域空间结构的形成机理、重组与调控进行研究。张萃[32]、伍业春[33]分别以京沪高铁和武广高铁为例，探讨了高铁对城镇体系发展所产生的影响。这些研究同样集中在对宏观的区域空间结构和城镇体系影响进行研究，对特定城市区域功能空间的影响鲜有涉及。

2）高铁对区域社会经济的影响

此类研究主要包括高铁与区域经济和社会发展的互动关系研究。首先，高铁对区域经济发展的影响方面，归纳来看主要有高铁对区域经济增长的影响、对相关产业的升级带动效应及对产业空间布局调整的影响等，总体上认为高铁建设促进了区域间的要素流动，并加快了城市区域间的发展联系及其经济一体化水平。如蒂姆（Tim）[34]对佛罗里达州的高铁走廊的研究显示，高铁对促进国民经济发展、提升国家和地区的综合科技水平具有巨大的推动作用。博纳富斯（Bonnafous）[35]、胡天军等[36]分别以法国巴黎—里昂高铁和京沪高铁为研究对象，认为高铁对沿线的旅游业、知识经济和第三产业等影响最为明显，有利于促成沿线经济的一体化。张楠楠等[37]同样认为高铁建设对沿线城市产业结构转型升级、新兴产业快速发展、产业布局优化和就业人数增加等具有显著促进作用。梁成柱[38]指出，高铁对都市圈内生产要素的流动具有促进作用，其加强了都市圈内部经济空间的联系。周孝文[39]认为，高铁将缩短城市之间的时空距离，增强区域间要素的聚集和辐射能力，增强城市之间的融合程度。

其次，伴随着国内高铁建设的逐步成熟，其对城市区域的累积效应逐步显现，直接体现在与居民生产、生活有关的活动上。近年来，国内相关研究开始关注高速交通时代典型地区跨城市间的功能空间共享与可流动要素的空间联系，以及产生的新型社会流动问题与规划应对等，如国内学者对高铁效应下城际出行活动的典型讨论：侯雪等[40]通过高铁影响下的京津城际出行行为研究，发现越来越多的人接受职住分离的就业生活方式；赵渺希等[41]基于长吉城际动车乘客群体调查，发现市民的居住、就业、高等级休闲等活动发生在不同城市；王兴平等[42]通过对沪宁动车组乘客的典型调查，发现轨道交通走廊地区居民的就业、居住在区域尺度上组合的现象，并认为一个职住区域化组合地带正在兴起。

3）高铁站点及其对城市空间的影响研究

20 世纪 70 年代末，高铁在欧洲兴起后，极大地改变了欧洲的时空地图。区域可达性的改变带来了巨大的社会经济效益[35]，也对城市本身的土地利用和空间形态产生了很大的影响[43]。很显然，对于高铁一类的综合交通枢纽，不能只关注其交通价值而忽略其对城市空间发展的价值，在城市功能价值中应该注重从宏观到微观，从社会经济到城市空间发展的综合功能[44]，应该充分利用高铁效应拉动城市发展。在我国现阶段经历的高铁大规模建设与快速城市化同步推进的过程中，高铁站点发挥了“放大器”的功能，推动了以高铁新城为主体的城市郊区化进程[45]。高铁站点地区拥有绝佳的交通区位和大量的经济与政策资源，兼具城市交通枢纽地区、城市门户地区、城市新的增长极等多种角色，是发挥高铁建设效应、推动区域与城市发展的最重要的空间载体。通常认为，站点地区开发与城市发展是一种双向互动的关系，成功的站点地区开发总是与城市整体空间的发展趋势保持一致。一方面，发展势头良好或潜力较大的片区容易成为高铁站的选址地点；另一方面，站点地区开发可以带动城市整体的发展[46]。通过对京沪高铁的系统研究可以发现，高铁沿线站点地区与主城区间的联系主要表现为站点与城市中心的距离、站点是否在建成区范围内、站点与城市其他交通设施的联结等[47]。在现阶段，高铁站点地区的建成面积与高铁和城市的区位关系显著相关，多数高铁对于城市发展和周边地区城镇的影响没有预期中显著[48]。

1.3.2 区域同城化相关研究

从可检索的文献来看，国外并无与“同城化”直接对应的概念，与之相近的主要有“大都市区化”“都市圈”和“城市群”等，国内有学者认为“同城化”源于上述概念[49][50]。此外，还有“跨境双城”“双子城”等概念，强调跨越两国或一国之内的两个城市在社会、政治、文化层面的融合[51]。从具体实践来看，诸如美国的双子城明尼阿波利斯与圣保罗、旧金山与奥克兰和伯克利、达拉斯与沃斯堡，德国的柏林与勃兰登堡州、孟哈姆与奈克等城市组合[52]均具有与同城化类似的特征。可以认为，“同城化”系国内首创的概念，是伴随城市建设和区域经济一体化而出现的[53]。伴随着国内各大区域同城化实践的不断涌现，越来越多的专家学者从不同视角对“同城化”进行了研究，主要包括针对概念内涵、效应特征、动力机制、发展模式和策略建议等同城化共性问题的理论研究，以及针对某个实施同城化战略区域的典型案例的综合研究，或对特定同城化区域中某一特定领域或特定背景的具体问题的研究。

1）共性理论研究

目前，对同城化的理论研究主要集中在同城化的概念界定、动力机制、效应特征、发展模式和策略建议等方面。刑铭[54]、高秀艳等[55]从不同角度对同城化的概念进行了概括。王德等[56]对 2007 年前提出且正在实施的七个同城化战略区域的横向比较分析，系统总结了同城化的产生背景、基本特征以及实施进展。宋煜[57]对同城化产生的动因、同城化的共性特征进行了系统探讨。李王[58]对国内三大典型城市经济圈同城化的开发经验的同城化效应的共性特征进行了概括。杨海华、胡刚[59]认为，广佛同城化的动力机制主要来自市场机制的驱动力和政府作用的推动力。段德罡、刘亮[60]通过对当前同城化案例的梳理，归类出“毗邻型”和“遥望型”（共筑新城、分散组团、生态绿核 + 卫星城镇）两种同城化模式。焦张义、孙久文[61]归纳总结了目前我国城市的四种同城化模式及各自的利弊，最后提出一种改进的同城化模式。从这些已有的理论研究来看，对同城化的基础条件、特征或策略的讨论离不开便捷的交通联系、广泛的社会认同、产业的错位互补、功能的互融共享和长效的政策支撑。

2）典型区域研究

国内最早的同城化理念和实践始于“深港同城化”[62]，由于全球化的纵深发展，空间、经济、社会和文化紧密联系的城市之间，为寻求综合竞争力的提升，进一步提出了“同城化”的战略目标，成为促进区域竞争力提升的务实途径。据本书作者不完全统计，近年来提出同城化战略并有一定研究成果的区域数量不少于20个。针对这些特定同城化区域的既有研究，可主要归纳为以下两种类型：

第一类是对同城化的发展条件、存在问题、意义或对策等的综合研究。此类研究主要包括沙蓉等[63]对滇中城市圈的研究，丁睿等[64]对成都经济区的研究，吴瑞坚[65]对广佛区域的研究，钟春洋[66]对宁波都市经济圈的研究，牟勇[67]对合淮地区的研究，秦尊文[68]对汉孝地区的研究，以及邢铭[54]对沈抚地区的研究等。第二类是对某一特定领域的同城化问题或某一特定背景下的同城化效应和趋势的研究。其一，针对特定领域问题的研究，如阎泽[69]对京津同城化下的天津城市文化建设的研究，黄英婉[70]、卢丹[71]、朱京海等[72]分别对沈抚同城化中的装备制造业产业转移、房地产业以及大气污染控制等进行了探索，秦广庆[73]分别对广佛同城化中的政府间合作和产业合作协调机制进行了研究。其二，对特定背景的研究主要是高铁建设下的同城化效应分析，以2008年为临界点，即自京津城际等高铁的建设开通以来，对同城化效应的研究成果显著增加。此类研究集中在对高铁先发区的研究，如武广、京沪高铁或京津城际等的沿线城市或区域。吴学彬[74]分析了高铁建设背景下的同城化效应及其影响因素，并提出依托高铁的城市与区域整合和一体化对策；李恒鑫[75]研究了城际铁路对城市圈同城化的促进作用。

就研究区而言，关于同城化的研究及实践早期主要围绕江苏省内三大都市圈的概念展开，近年来，随着交通网络化体系的初步形成，同城化研究开始扩展到整个长三角地区。江苏省在2005年编制的省域城镇体系规划中就提出了苏锡常、南京、徐州三大都市圈的概念，虽未明确同城化的发展战略，但是在各都市圈内部的产业分工、基础设施及空间架构方面已做出相应的考虑。而自2007年沪宁动车组开通运营以来，随之产生的同城化效应与现象研究明显增加，王馨[76]等对南京都市圈的同城化现象提出了积极的观点。张云霞[77]等对交通便利下的上海、苏州同城效应进行了报道。王兴平等[42]对沪宁动车开通后沿线居民的区域职住组合同城化现象进行了研究，并在城镇体系、配套机制方面提出相关策略。王振[49]指出，长三角地区日趋明显的同城化发展趋势具有四大特征：交通出行的同城化、产业布局的同城化、通勤就业的同城化和人口居住的同城化。严宽等[78]提出世博会将会推动长三角的同城化进程。唐启国[79]提出将宁镇扬同城化提升为国家战略的建议。由此可见，受新型高速交通方式驱动的区域功能交互乃至功能融合的现象正逐渐成为学者们关注的问题，这实际上是该地区在新区域发展背景下同城化效应的重要表征，也是该区域正面临和亟须审视的重要发展命题。

1.3.3 相关研究述评

上述对于高铁与区域空间、区域同城化两个方面的相关研究，总体呈现出以下特点：

（1）在高铁与区域空间发展层面，国内外学者目前在高铁与区域发展的研究方面形成了较为丰富的成果，认为高铁的建设与区域空间结构调整、产业发展和就业人口布局等有着密切关系，如高铁建设对经济增长、产业带动和就业人口的集聚扩散等，对具体的空间变动特征研究则相对不足，尤其是对新型区域交通条件和发展模式下的跨城就业常态化等空间组织方式所反映的新特征、发生的新变化、出现的新趋势等，鲜有被关注和深入分析。高铁被视为传统地方空间向流动空间转型的证据之一，城市区域空间联系与组织方式、要素资源的流动与分配等都将发生显著改变，但在流动空间视角下，高铁效应对城市区域之间的空间联系、空间组织特征等影响究竟如何，在既有的研究中仍然相对较少。有必要立足实证，从关注宏观空间结构转向微观个体通勤行为与空间的研究，从传统的区域发展条件转向新型区域交通与发展模式变动及其影响的研究，探索新区域发展背景下的空间演化规律及特征趋势，丰富流动空间的理论与实践研究。

（2）对同城化的研究主要停留在基于单个案例的实践研究层面，例如对同城化个案的现象进行描述总结和发展规划分析等，对同城化所面临的矛盾及问题分析缺乏对现状发展和社会认同等的量化评估和实证调研，也缺乏对同城化效果的系统研究和检讨。相比于当前国内大量的同城化实践，同城化的理论研究尚处于起步阶段，缺乏系统研究。既有的研究对同城化概念尚缺乏明确界定，各种相似的提法层出不穷；同时，未能将同城化从一体化的概念中分离出来，有必要对同城化的内涵进一步归纳总结。

长三角的沪宁高铁走廊作为快速轨道交通建设较早的地区，其高快速城际交通的开通运营及其公交化，加剧了城市区域的时空距离压缩，区域城市同城化效应初步显现。本书认为，对于该地区同城化的研究应该在既有研究的基础上，进一步将同城化从一体化的研究中分离出来，同时突出对高铁公交化的新区域背景下区域城市同城化的特征和效应的研究，在推进同城化的建设上结合既有问题从产业、空间等方向进一步深化，提出更具针对性的实施途径，以期为沪宁高铁走廊乃至长三角地区在新区域背景下的应对提供一定的参考。

（3）在高铁站点地区与城市空间研究方面，国外学者基于实证分析，提出了诸如高铁站点地区节点—场所理论模式等，但是受限于我国高铁新城自身的发育阶段，建设成熟的案例较少。目前对高铁站点地区的研究更多停留在规划层面，缺乏实证研究与对规划实施情况的反馈，对于高铁站点地区实际建设中的空间特征、空间规律的研究尚属于相对比较薄弱的环节。

因此，以长三角核心区这一全球高铁网络化的先行区和京沪高铁沿线站点为具体研究对象，以高铁带动下的区域通勤行为和空间关系变化为切入点，从高铁网络化的高铁三角区、高铁走廊地区、高铁都市圈次区域以及高铁站点地区等不同空间尺度，对高铁驱动的区域空间重组和区域同城化、站区空间与城市空间重组等进行基于实践的系统研究，具有重要的学术和实践价值。

1.4 研究方法与数据

1.4.1 研究方法

1）纵向梳理与横向比较结合

本书采取纵向文献资料梳理与横向案例分析比较相结合的研究方法。一方面，系统梳理国内外相关的学术专著、论文等文献资料，归纳既有研究进展，获得研究的理论与方法支撑，从而借鉴相关成果进行理论探讨和实证分析，与此同时，总结既有研究存在的缺陷与不足并挖掘可能存在的创新点，从而进一步丰富既有理论研究成果。另一方面，通过对日本、美国等典型高铁走廊地区的研究分析，归纳总结出高铁走廊沿线的城市与区域的通勤行为与空间组织的基本规律。此外，在实证分析中，对长三角走廊的交通设施网络发展及城市空间流强度等采取纵向梳理和横向比较的方法，以分析流动空间视角下就业空间重组的物质支持基础、节点体系以及城市空间流强度等空间特征发展与演化情况。

2）定性分析与定量分析结合

采用定性研究方法对高铁走廊等相关研究概念以及高铁建设背景下走廊沿线通勤空间的特征进行归纳分析和描述总结；采用定量分析方法主要是利用空间分析方法与计量统计分析方法来研究高速交通时代的时空格局演化、城市流空间特征，以及宏微观层面的通勤空间分布特征及其变化等。

（1）时空格局动态模拟追踪：运用地理信息系统（GIS）空间分析方法，对长三角走廊高速交通发展的几个重要时期，尤其是对高铁通车前后各城市间的交通可达性进行时间追踪和动态模拟，探讨走廊时空格局演化及效应等。

（2）宏观通勤空间特征分析：以城市的市县（区县）为空间分析单元，基于人口与经济普查数据，同时将长三角走廊的空间数据与相关的属性数据相关联，建立地理空间数据库，并进行空间可视化的直观表现，以分析长三角走廊通勤空间的基本特点。

（3）微观个体行为研究：以人的通勤出行行为研究为手段，以问卷调查数据为支撑，借鉴行为地理学的研究方法，量化分析微观个体的通勤行为及其关联空间在研究区内的城际交互和组织情况。

3）理论研究与实证研究结合

基于流动空间的视角，构建高速交通与城市区域空间重组的理论分析框架，探求高铁等高速交通运输方式对区域空间发展的影响及特征规律以及区域同城化的演化特征与路径。在总结理论的基础上，以长三角走廊为例进行实证研究，为研究区域未来的发展模式或路径选择，或其他同类区域、同类问题的研究与实践提供一定的指导。

1.4.2 数据来源

1）统计数据

本书采用的统计口径数据时间跨度较大，涵盖1978—2012年的时间序列，但主要以走廊的交通网络变化出现明显变化的年份为时间断面，选择1987年、1995年、2006年、2010年等主要年份的运输线路长度、客货运（周转）量、年末总人口、地区生产总值以及就业人口等数据，对长三角两省一市及走廊16市各市县单元的空间联系与发展情况进行系统分析。这些数据主要来源于1978—2012年或期间主要年份的《中国统计年鉴》《江苏统计年鉴》《浙江统计年鉴》《上海统计年鉴》《中国城市统计年鉴》《中国2010年人口普查资料》《江苏省2010年人口普查资料》《浙江省2010年人口普查资料》《上海市2010年人口普查资料》《江苏经济普查年鉴（2008年）》《浙江经济普查年鉴（2008年）》《上海经济普查年鉴（2008年）》等，这些数据以及其他的部分引用数据均将在本书后续部分进行详细标注。特别需要说明的是，本书中长三角走廊的基础地理研究单元以2010年的行政区划为依据，即包括16个城市（细分为75个市县或139个区县），其余年份的数据参照此区划进行相应的合并或分解处理。如无特殊说明，本书研究过程中统一采用这一行政区划。

2）调查数据

本书先后针对不同的高铁走廊区域组织了三次调研，包括对沪宁高铁和高速公路走廊各站点旅客出行的多次问卷调研、对宁杭城际高铁旅客出行的调研，以及对京沪高铁沿线高铁新城、新区建设情况和旅客出行情况的系统调研。相关调研情况如下：

一是根据同城化参与主体类型的不同，依次展开面向走廊城市内部“普通居民”和“行政决策者”的两类典型调研。从 2011 年 9 月开始，在持续 2 年多的时间里，笔者先后深入沪宁高铁走廊及邻近城市开展广泛调研，具体包括研究区 8 市以及南京都市圈的马鞍山、滁州 2 市共 24 个交通枢纽站点的城际出行居民以及南京、常州、无锡、宁波 4 市的行政职能部门的干部，共计发放 1 350 份问卷（表 1–7），旨在通过问卷调查和典型访谈等途径，以不同类型的同城化参与主体为视角，掌握当前居民对走廊社会经济联系变化、城际合作进展以及同城化发展的基本看法，同时比较研究区周边的南京都市圈或长三角范围内其他区域的同城化进程和效应，为沪宁高铁走廊同城化的研究提供翔实的一手信息。

表 1–7　问卷调查基本信息

城市	发放地点 / 调查对象	发放时间 / 星期	问卷量（有效 / 发放）（份）
南京	南京站、南京南站、中央门汽车总站	2011–10–30/ 周日	87/100
镇江	镇江站、镇江南站、镇江汽车站	2012–03–09/ 周五	128/135
常州	常州北站、常州汽车站	2012–04–17/ 周二	85/100
苏州	苏州站、苏州汽车东站	2011–10–02/ 周日	38/40
扬州	扬州站、扬州汽车站	2012–05–18/ 周五	97/115
马鞍山	马鞍山站、马鞍山汽车站	2012–03–23/ 周五	91/110
滁州	滁州北站、滁州汽车站、滁州南站	2012–03–25/ 周日	180/200
嘉兴	嘉兴站、嘉兴汽车北站、嘉兴南站	2012–11–22/ 周四 2012–11–23/ 周五	200/220
上海	虹桥汽车站、虹桥火车站、虹桥站、虹桥地铁站	2012–11–23/ 周五	140/150
无锡	无锡市干部培训班学员	2011–10–18	31/40
南京	南京市干部培训班学员	2011–10–25	33/40
常州	溧阳市干部培训班学员	2011–11–04	40/50
宁波	宁波市干部培训班学员	2011–11–09	46/50
合计			1 196/1 350

二是以长三角地区的通勤出行者为研究对象，在宁杭高铁开通后，深入高铁沿线城市进行调查，包括南京、湖州、杭州 3 市的 4 个交通枢纽节点，旨在通过问卷调查和典型访谈等途径，掌握高铁建设背景下研究区内城市居民的就业区位和关联空间的分布情况以及就业通勤出行行为和方式变化的可靠且翔实的一手信息。问卷调查开展于 2013 年 8 月 26 日至 9 月 3 日，为期近 10 天，共计发放问卷 620 份，实际收回有效问卷 600 份（表 1–8）。

表 1–8　实证调研的基本情况

城市	发放地点	发放时间 / 星期	问卷量（有效 / 发放）（份）
南京	南京站、南京南站	2013–08–26 至 2013–09–01/ 周一至周日	408/420
湖州	湖州站	2013–09–02/ 周一	97/100
杭州	杭州东站	2013–09–03/ 周二	95/100
合计			600/620

三是对京沪高铁沿线23个站点周边地区进行实地调查，结合调查问卷和典型访谈等途径，旨在实地了解各高铁站点周边地区的建设情况，并深入了解站点周边地区的人口集聚、产业发展、居民活动等情况，掌握高铁站点地区开发中居民人群特征等一手翔实信息。同时，课题组通过对京沪沿线的高铁旅客的问卷调研，获取高铁旅客人群及其出行行为信息，从而深入了解京沪高铁沿线的城际流动特征。2015年4月，课题组在京沪高铁沿线站点及站点周边地区进行调研，在6个站点周边地区以站点周边居民为对象共发放问卷191份，其中有效问卷172份；在京沪沿线16个站点以高铁旅客为调研对象共发放问卷508份，其中有效问卷457份（表1-9）。

表1-9 问卷调查基本信息

城市	发放地点	发放对象	发放时间	问卷量（有效/发放）（份）
廊坊	廊坊站	高铁旅客	2015-04-15	18/20
天津	天津南站	高铁旅客	2015-04-15	14/17
沧州	沧州西站	高铁旅客	2015-04-13	41/45
济南	济南西站	高铁旅客	2015-04-13	46/48
泰安	泰安站	高铁旅客	2015-04-11	25/26
曲阜	曲阜东站	高铁旅客	2015-04-11	27/30
枣庄	枣庄站	高铁旅客	2015-04-10	35/40
徐州	徐州东站	高铁旅客	2015-04-10	9/12
宿州	宿州东站	高铁旅客	2015-04-09	43/45
蚌埠	蚌埠南站	高铁旅客	2015-04-09	11/15
滁州	滁州站	高铁旅客	2015-04-08	11/15
镇江	镇江南站	高铁旅客	2015-04-01	38/40
常州	常州北站	高铁旅客	2015-04-02	36/40
无锡	无锡东站	高铁旅客	2015-04-02	39/40
苏州	苏州北站	高铁旅客	2015-04-03	29/35
昆山	昆山南站	高铁旅客	2015-04-03	35/40
高铁旅客问卷合计				457/508
廊坊	廊坊站周边地区	站点周边居民	2015-04-15	11/15
济南	济南西站周边地区	站点周边居民	2015-04-11	31/35
徐州	徐州东站周边地区	站点周边居民	2015-04-09	35/38
蚌埠	蚌埠南站周边地区	站点周边居民	2015-04-08	27/30
常州	常州北站周边地区	站点周边居民	2015-04-01	25/28
昆山	昆山南站周边地区	站点周边居民	2015-04-03	43/45
站点周边居民问卷合计				172/191

1.5 研究内容与框架

1.5.1 研究内容

本书选择极具先发意义和典型示范价值的长三角核心区高铁网络覆盖区域和京沪高铁

沿线站点地区为研究对象，主要内容为：其一，梳理总结在流动空间视角下高速交通与空间重组的规律，构建本书的基础理论分析框架；构建沪宁高铁走廊的同城化评价指标体系，通过定量和定性分析相结合，研究走廊城市间的同城化发展进程。其二，以长三角走廊这一特定地区为例，以高速交通流动空间的结构体系为脉络，深入研究其流载体（高速交通网络）及流节点的（走廊城市区域）特征与演化，挖掘流要素即城市空间流（人流、物流、通勤流）的空间格局特征等；通过对长三角大区域、南京都市圈、南京都市区多个层次的地域、居住、就业和出行等方面特征的系统实证，翔实分析了高速轨道交通所带来的同城化催化效应及其现实进展，进一步探析同城化的影响因素和效应机制，结合对同城化地区相关实践案例的分析，提出沪宁高铁走廊应对新区域背景下同城化趋势的发展思路和有效措施。其三，对我国高铁建设的先行区域——京沪高铁沿线站点地区的空间利用与规划进行专题研究，较为全面地分析了我国高铁所带动的区域、圈域和城市、站点地区等不同尺度的空间特征。

1.5.2 研究框架

本书研究的技术路线与框架如图 1-14 所示。

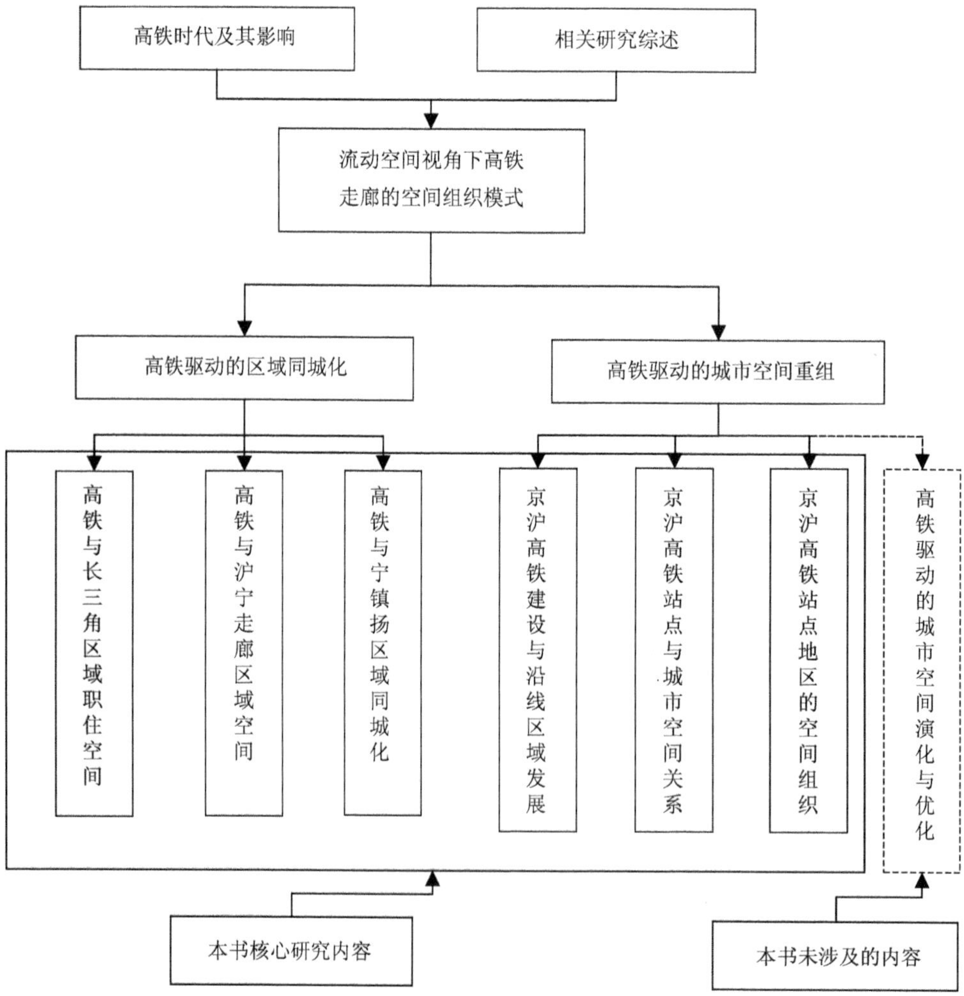

图 1-14　本书的结构框架

本章注释

① 张学良，聂清凯 . 高铁时代城市与区域发展——高速铁路建设与中国区域经济一体化发展 [J]. 现代城市研究，2010（6）：7–10.

② 刘云中，侯永志，兰宗敏 . 我国“国家战略性”区域规划的主要特点 [EB/OL].（2013–01–17）. http：//finance.sina.com.cn/roll/ 20130117/124414317655.shtml.

③ 中华人民共和国铁道部《中长期铁路网规划（2008 年调整）》。

④ http：//zh.wikipedia.org/wiki/.

⑤ 王兴平 . 就业—居住—公共服务耦合式家庭城镇化道路研究 [C]. 贵阳：第十五届中国科协年会产城互动与规划统筹研讨会，2013.

⑥ 曹小曙，闫小培 .20 世纪走廊及交通运输走廊研究进展 [J]. 城市规划，2003，27（1）：50–56.

⑦ 本书所指的高铁不仅包括高铁客运专线，还包括城际铁路（城际客运系统）、磁悬浮等设计时速在 250 km/h 以上的高速轨道运输系统。

⑧ Chapman K. People， Pattern and Process [M]. London： Edward Arnold， 1979：334.

⑨ 杨海华 . 同城化视角下的区域合作研究：广佛同城化例证 [J]. 广州城市职业学院学报，2011，4（2）：20–24.

⑩ 深圳市规划局 . 深圳 2030 城市发展策略 [Z]. 深圳，2005.

⑪ 王德，郭玖玖 . 北京市一日交流圈的空间特征及其动态变化研究 [J]. 现代城市研究，2008（5）：68–75.

⑫ 李仁涵 . 我国大都市交通圈发展模式的研究——以上海大都市为例 [D]：[博士学位论文]. 上海：同济大学，2007：12–17.

⑬ 吴传钧 . 中国经济地理 [M]. 北京：科学出版社，1998.

⑭ Huang P C. The Peasant Family and Rural Development in the Yangzi Delta，1935—1988[M].Stanford：Stanford University Press，1990.

⑮ 宋林飞 . 当前长三角发展面临的十大理论与实践问题 [J]. 学海，2006（3）：16–19.“小长三角”指上海，江苏省的苏州、无锡、常州、镇江、南京、南通、泰州、扬州，浙江省的嘉兴、湖州、杭州、绍兴、宁波、舟山，后加上浙江省的台州，共 16 个城市及其周围地区。

⑯ Gutierrez J，Urbano P. Accessibility in the European union: The impact of the trans–European road network [J]. Journal of Transport Geography，1996，4（1）：15–25.

⑰ 周一星 . 城市地理学 [M]. 北京：商务印书馆，1999.

⑱ 官卫华，姚世谋 . 基于交通走廊的城市群区域空间成长研究 [M]// 中国城市规划学会 . 规划 50 年：2006 中国城市规划年会论文集（上册）. 北京：中国建筑工业出版社，2006.

⑲ 参照《长江三角洲地区区域规划（2009—2020 年）》确定的核心区内各类城市的功能定位，其中上海为核心城市，区域性中心城市包括南京、苏州、无锡、杭州、宁波 5 市，剩余 10 个城市为其他城市。

⑳ Sands B. The development effects of high–speed rail stations and implications for California[J]. Built Environment， 1993，19（3/4）：257 – 284.

㉑ Mackiewicz A R. Towards a new definition of topological accessibility [J].Transportation Research B，2003（1）：47–79.

㉒ Moshe G. Development and impact of the modern high–speed train: A review [J]. Transport Reviews，2006（5）：593–611.

㉓ 曹小曙，等 . 穗深港巨型城市走廊空间演化研究 [M]. 北京：商务印书馆，2006.

㉔ Blum U，Haynes K E，Kalsson C. The regional and urban effects of high–speed trains [J].The Annals of Regional Science，1997，31（1）：1–20.

㉕ Kingsley E. Labor markets and regional transportation improvements：The case of high–speed trains [J]. The Annals of Regional Science，1997（31）：57–76.

㉖ Kwang S K. High-speed rail development and spatial restructuring：A case study of the capital region in South Korea [J]. Cities，2000（4）：251-262.
㉗ Pol P M J. The economic impact of the high-speed train on urban regions [C]. ERSA Conference Paper from European Regional Science Association，2003.
㉘ Vickerman R. High-speed rail in Europe：Experience and issues for future development [J].The Annals of Regional Science，1997，31（1）：21-38.
㉙ Sasaki K，Ohashi T，Ando A. High-speed rail transit impact on regional systems：Does the Shinkansen contribute to dispersion[J]. The Annals of Regional Science，1997，31（1）：77-98.
㉚ 吴昊 .C 篇：京津城际铁路对京津地区经济社会发展的作用 [J]. 铁道经济研究，2009（4）：15-19.
㉛ 鲁瑞虎 . 武广高铁对其湖南省沿线区域空间结构重组的影响研究 [D]：[硕士学位论文]. 长沙：湖南师范大学，2012.
㉜ 张萃 . 高速铁路对城镇体系发展影响的研究 [D]：[硕士学位论文]. 天津：南开大学，2009.
㉝ 伍业春 . 武广高速铁路对沿线城市体系发展的影响研究 [D]：[硕士学位论文]. 成都：西南交通大学，2009.
㉞ Tim L. Analysis of the Economic Impacts of Florida High Speed Rail[R]. Berlin：InnoTrans，UiC，CCFE_CER_GEB and UNIFE，1998.
㉟ Bonnafous A. The regional impact of the TGV[J]. Transportation，1987（14）：127-137.
㊱ 胡天军，申金升 . 京沪高速铁路对沿线经济发展的影响分析 [J]. 经济地理，1999，19（5）：101-104.
㊲ 张楠楠，徐逸伦 . 高速铁路对沿线区域发展的影响研究 [J]. 地域研究与开发，2005，24（3）：32-36.
㊳ 梁成柱 . 高速铁路对京津冀经济圈要素流动的影响 [J]. 河北学刊，2008，28（4）：228-230.
㊴ 周孝文 . 高速铁路对区域经济协调发展的促进作用 [J]. 铁道经济研究，2010（6）：19-22.
㊵ 侯雪，刘苏，张文新，等 . 高铁影响下的京津城际出行行为研究 [J]. 经济地理，2011，31（9）：1573-1579.
㊶ 赵渺希，刘珺，陈晨 . 长吉区域一体化的城际轨道交通出行表征 [J]. 城市观察，2012（5）：86-95.
㊷ 王兴平，赵虎 . 沪宁高速轨道交通走廊地区的职住区域化组合现象——基于沪宁动车组出行特征的典型调研 [J]. 城市规划学刊，2010（1）：85-90.
㊸ Campos de R. Some stylized facts about high-speed rail：A review of HSR experience around the world[J]. Transportation，2009（16）：19-28.
㊹ 段进 . 国家大型基础设施建设与城市空间发展应对——以高铁与城际综合交通枢纽为例 [J]. 城市规划学刊，2009（1）：33-37.
㊺ 于涛，陈昭，朱鹏宇 . 高铁驱动中国城市郊区化的特征与机制研究——以京沪高铁为例 [J]. 地理科学，2012，32（9）：1041-1046.
㊻ 殷铭，汤晋，段进 . 站点地区开发与城市空间的协同发展 [J]. 国际城市规划，2013，28（3）：70-77.
㊼ 王兰 . 高速铁路对城市空间影响的研究框架及实证 [J]. 规划师，2011，27（7）：13-19.
㊽ 王兰，王灿，陈晨，等 . 高铁站点周边地区的发展与规划——基于京沪高铁的实证分析 [J]. 城市规划学刊，2014（4）：31-37.
㊾ 王振 . 长三角地区的同城化趋势及其对上海的影响 [J]. 科学发展，2010（4）：101-109.
㊿ 曾群华，邓江楼，张勇，等 . 都市圈、城市群与同城化的概念辨析 [J]. 中国名城，2012（5）：4-11.
51 沈建法 . 城市跨界发展与融合：港深案例研究 [J]. 城市规划，2013，37（6）：20-25.
52 胡刚 . 共同开发：城市组合的途径 [J]. 现代经济探讨，2006（11）：49-52.
53 曾群华 . 新制度经济学视角下的长三角同城化研究：以上海、苏州、嘉兴为例 [D]：[博士学位论文]. 上海：华东师范大学，2011.
54 邢铭 . 沈抚同城化建设的若干思考 [J]. 城市规划，2007，238（10）：52-56.
55 高秀艳，王海波 . 大都市经济圈与同城化问题浅析 [J]. 企业经济，2007，324（8）：89-91.
56 王德，宋煜，沈迟，等 . 同城化发展战略的实施进展回顾 [J]. 城市规划学刊，2009（4）：74-78.

⑰ 宋煜．国内同城化战略的实施回顾及个案剖析[D]：[硕士学位论文]．上海：同济大学，2008.
⑱ 李王．城市经济圈同城化效应的国内比较及启示[J]．特区经济，2010（3）：143-144.
⑲ 杨海华，胡刚．广佛同城化的生成机制和合作模式研究[J]．南方论丛，2010（2）：88-89.
⑳ 段德罡，刘亮．同城化空间发展模式研究[J]．规划师，2010，28（5）：91-94.
㉑ 焦张义，孙久文．我国城市同城化发展的模式研究与制度设计[J]．现代城市研究，2011（6）：6-10.
㉒ 深圳市规划局．深圳2030城市发展策略[Z]．深圳，2005.
㉓ 沙蓉，刘加昆．地区同城化公共政策体系优化整合与滇中城市圈协调机制构建[J]．云南财经大学学报（社会科学版），2010，25（6）：51-56.
㉔ 丁睿，李海旗．成都经济区“同城化”规划建设工作的思考[J]．四川建筑，2010，30（4）：51-53.
㉕ 吴瑞坚．广佛同城化的协调机制研究——基于集团理论视角的分析[J]．探求，2010（6）：12-15.
㉖ 钟春洋．宁波都市经济圈同城化的战略思考[J]．宁波经济（三江论坛），2010（11）：22-25，32.
㉗ 牟勇．合（肥）淮（南）同城化：内涵、效应、障碍与实现[J]．消费导刊，2009（21）：124.
㉘ 秦尊文．武汉孝感同城化问题研究[J]．中国地质大学学报（社会科学版），2009，9（4）：13-16.
㉙ 阎泽．同城化环境和语境下的天津城市文化建设[J]．天津职业院校联合学报，2010，12（1）：131-135.
㉚ 黄英婉．沈抚“同城化”背景下沈阳装备制造业产业转移初探[J]．现代商业，2008（15）：124-125.
㉛ 卢丹．沈阳、抚顺房地产业同城化的设想[J]．建筑设计管理，2008（2）：22-23.
㉜ 朱京海，方志刚．沈抚同城化大气污染控制对策研究[J]．环境保护科学，2009，35（4）：108-110.
㉝ 秦广庆．同城化背景下广佛产业合作协调机制研究[D]：[硕士学位论文]．广州：广东商学院，2010.
㉞ 吴学彬．高铁建设背景下的同城化现象研究[D]：[硕士学位论文]．成都：西南交通大学，2012.
㉟ 李恒鑫．城际铁路对城市圈同城化的促进作用[J]．综合运输，2010（4）：36-40.
㊱ 王馨．都市圈同城化渐行渐近[N]．南京日报，2008-04-30.
㊲ 张云霞．高速路网催生“同城效应”上海人苏州扫墓上午搞定[N]．姑苏晚报，2009-03-22.
㊳ 严宽，于川江．长三角同城化的后世博效应研究[J]．城市，2010（11）：58-61.
㊴ 唐启国．关于宁镇扬同城化示范区提升为国家战略的思考[J]．城市，2010（12）：17-20.

2　流动空间视角下高铁走廊空间重组与同城化模式

伴随全球化、信息化和城市化的纵深发展，现代城市正加速由传统地方空间向流动空间这一新型空间形式转型。其中，快速交通流线被视为新型流动空间的重要物质支撑之一，以高铁为代表的高速交通廊道和网络形成的新的流动空间所引发的新的“时空压缩”效应，正在成为重塑区域空间的重要动力。本章基于流动空间的理论视角，构建现代高速交通对区域空间组织影响的解析框架，总结以高速交通为支撑的流动空间结构模式，归纳流动空间下高铁走廊空间重组的特征规律，并对基于流动空间和高铁网络的区域同城化模式进行梳理和总结。

2.1　流动空间视角的高铁走廊空间体系

2.1.1　流动空间的基本概念与内涵

地理学意义的流动空间（Space of Flows，也被部分学者翻译为流空间①）概念由曼纽尔·卡斯特（Manuel Castells）于1992年在普林斯顿大学召开的“新城市主义”研讨会上明确提出。他后来在其著作《网络社会的崛起》中对流动空间做了进一步的描述与解释，认为流动是指社会、经济与象征结构中，社会行动者所占有的物理上分离的位置之间的那些有所企图的、重复的、可程式化的交换与互动序列，流动空间乃是通过流动而运作的共享时间之社会实践的物质组织②。同时，他指出流动空间由三个层次共同构成，其中第一层次是由电子交换的回路所构成的物质支持（以微电子为基础的设计、电子通信、电脑处理、广播系统以及高速运输）。可以看出，高速运输是流动空间的基础物质支持之一，以高速铁路、高速公路、枢纽机场等为代表的高速交通方式协同信息通信媒介共同推动了流动空间的发展。此外，卡斯特将世界解构为流动空间与地方空间，通过流动空间与地方空间的相互耦合与相互作用，主要体现在协同作用、替代作用、增强作用和补充作用四个方面，从而将信息技术等物质支持系统（含高速运输）与城市区域的空间结构有效整合在一起，为信息时代（快速交通时代）的城市区域空间结构研究提供了重要的理论依据。

国内学者沈丽珍较为系统地阐述了地理学角度的流动空间理论体系，她认为流动空间的概念包含研究对象、基本过程、支撑媒介、重要组成和典型空间的内容解析，并指出流动空间是以信息技术为基础的网络流线，并以快速交通流线为支撑，围绕人流、物流、资金流、技术流和信息流等要素流动而建立起来的空间③。可以看出，快速交通系统是流动空间体系非常重要的组成部分和重要的基础性载体。

2.1.2　流动空间对区域空间的重构③

流动空间对区域空间的重构体现为对区域空间关系（空间相互作用与空间结构理论）的整合及其空间体系的重构。其一，通过现代高速交通、信息通讯技术，大幅压缩了交互的空间阻抗和时间成本，解放了传统区域关系中对物理邻近性的依赖（即传统空间是建立在邻近性基础之上的，交互主体在物理意义上应该聚在一起），进而重新定义了城市之间、城市与区域之间乃至全球城市区域之间的空间相互作用形式，改变和增强了其空间的相互作用。其二，流动空间更新了建构在区位论基础上的传统区域空间结构理论。通常来说，区域空间结构是区域中城市的各项功能活动区位选择的结果，不同的区位因子（主要包括原料、燃料、运费、劳动力、资金、市场等）通过其市场竞租曲线来影响城市空间配置；流动空间则改变了区位要素的空间组织与运行方式，如运输因子制约性的降低，劳动力对就业居住区位选择自由度的提升，也包括一些新空间，如高科技园区、经济开发区、大学城等对距离依赖的降低，而知识、信息等非物质资源在空间网络联系的位置与关系变得更为重要，形成了基于“关系连接”的区域空间结构。其三，流动空间重新组织了区域城市体系，传统中心地理论中的城市体系表现为纵向的等级联系，横向同级规模的城市交流则相对较少，而在流动空间作用下，城市职能结构与城际交互联系变得复杂起来，城市职能不一定与城市规模呈绝对正相关，城市之间的联系也可以发生多方向、跨等级的流动，即横向与纵向相结合的网络化联系，这种空间组织变化的结果是传统规模与等级重要性的下降，转向多中心与网络化的区域城市体系。

2.1.3　基于高速交通的流动空间结构体系

高速交通支撑的流动空间作为以高速交通流线为支撑所形成的流动空间，与以信息技术为支撑的流动空间所对应的纯粹虚拟空间类型不同，其仍然属于实体空间的类型属性，是流动空间与地方空间互相作用的反馈。董超认为，从“流空间”的物质组织空间形态来看，其内在的流要素本身以及物理运动过程，均需要物化的场所空间来支撑，网络、节点、流要素和矢量运动共同刻画了“流空间”的运动过程，并且经过沉淀和时间累积物化为一种动态均衡的“流空间”网络模式与路径④。参考这一论述以及流动空间研究领域对其空间体系的其他相关研究成果，可以看出，基于高速交通的流动空间结构体系，其空间要素包含三个不可分割的部分，即流载体、流节点和流要素，依次为流动空间的支撑体系、空间单元和基本内容，是构成流动空间结构的基础条件。

1）流载体：高快速交通网络

现代高速交通工具及其设施网络是流动空间的重要物质支撑基础，是流动空间形成和运行的先决条件。现代交通技术的不断升级，使得原本不相连续的地理空间因其高速运营而显得足够接近，并且这种物理邻近性的改变所带来的交互是面对面的。构成流动空间中的高速交通网络主要包括航空运输网络、高速铁路网络、高速公路网络和轨道交通网络（轻轨和地铁）几种类型，网络由枢纽站点和交通连接线共同构成。通常来说，四种高速交通网络模式所主导的空间活动范畴不同。此外，高速交通网络支撑体系除具备快速的基本属性外，还应当具有高频流动、多向连接的特征，由此构成高效密集的流动空间网络。

2）流节点：交通枢纽城市—区域

高速交通支撑的流动空间通常以枢纽型城市为节点，节点以其自身功能在周围各个方向上形成一个空间吸引域面，构成节点（城市）区域。节点的规模和等级不同，则层次级别也不同，体现在功能的差异化上，那些规模大、等级高的节点是流动空间的核心。节点（城市）与节点连线（流线）共同构成了流动空间的城市体系，通过网络化的形式组织起来，表现为纵向与横向的等级结构体系，这里的等级指节点（城市）的功能等级以及节点连线（流线）的等级。

3）流要素：城际通勤流

流要素所形成的要素流是流动空间的基本内容。流要素是节点（城市）所涉及的经济社会发展的各类要素，通常来说主要有人口、物质、技术、信息和资金五类要素，在城市空间系统中客观存在着各种“输入—交换或转化—输出”的流动过程，从而构成所谓的要素流，包括人流、物流、技术流、信息流和资金流，统称为“城市（空间）流”。以高速交通网络为支撑的要素流，首先主要集中在城际间的人口通勤流动与附带的物质流动，其次为这两者负载和促进的技术、信息和资金等要素流。其中，城际通勤流是基础，在高铁、高速公路和城际高快速交通网络的承载下，空间出行的范围得到扩大，突出表现在区域通勤圈的放大上，例如日常就业—居住—服务形成的生活圈、基于工作流的商务圈以及旅游圈的半径和时距均得到放大，跨城通勤流动构成了高快速交通流要素的核心。

总结来说，高速交通下的流动空间通过流要素——城际通勤流的产流机制，依托流载体——高快速交通网络发挥载流作用，依托流节点——交通枢纽城市—区域发挥聚流和引流效应，承载了城际之间密集的就业、居住和公共服务等活动的日常化、一体化流动和联系，从而改变了不同尺度区域空间的空间关系、空间功能与结构，并推动区域同城化的发展。也就是说，高铁网络和走廊作为一种新的流动空间，改变了所连接的节点空间之间的空间关系和功能结构等，是高速交通对区域空间重组机制的核心所在。

2.2 高铁走廊空间重组的主要特征

基于高速交通带来的流动空间效应，以区域人群的通勤流为核心，就业、居住、公共服务活动及其空间在区域层面呈现出新的特点。

2.2.1 扩大的区域通勤圈：居民区域出行的常态化

如果从通勤者的个体视角去分析，可以将影响其空间流动的因素归纳为机会层和成本层。机会层对应就业地、居住地和公共服务设施的空间分布，其中就业地受企业区位选择、家庭成员（配偶）工作地以及未来工作机会的不可预期性的变化影响；居住地受住房供给（位置、数量和面积等）、家庭居住地以及住房购买力（可支付购房成本）等的影响；而公共服务设施则包括基础型（教育、医疗、文化、体育等）、消费型（购物、娱乐、休闲等），随着城市居民对公共服务质量的要求逐渐提高，公共服务设施的偏好性（如设施水平、可达性等）对就业地和居住地选择的决策影响越来越大。成本层则对应通勤，区域人群通过在流动空间的通勤行为实现在不同功能、区位场所空间的移动，并衔接不同场所空间和形成不同的"空间关系"塑造。通勤主要受交通方式和通勤距离影响，首先，交通方式与通勤距离相互影响，不同的通勤距离所选择的交通方式有所差异；其次，这一选择直接影响了通勤成本，在不同的交通方式（速度、费用等不同）和通勤距离（耗时不同）条件下，所产生的时间成本和经济成本不同（图 2–1）。行为活动与空间布局基于上述机会、成本层及其对应的相互作用和反馈机制而产生。

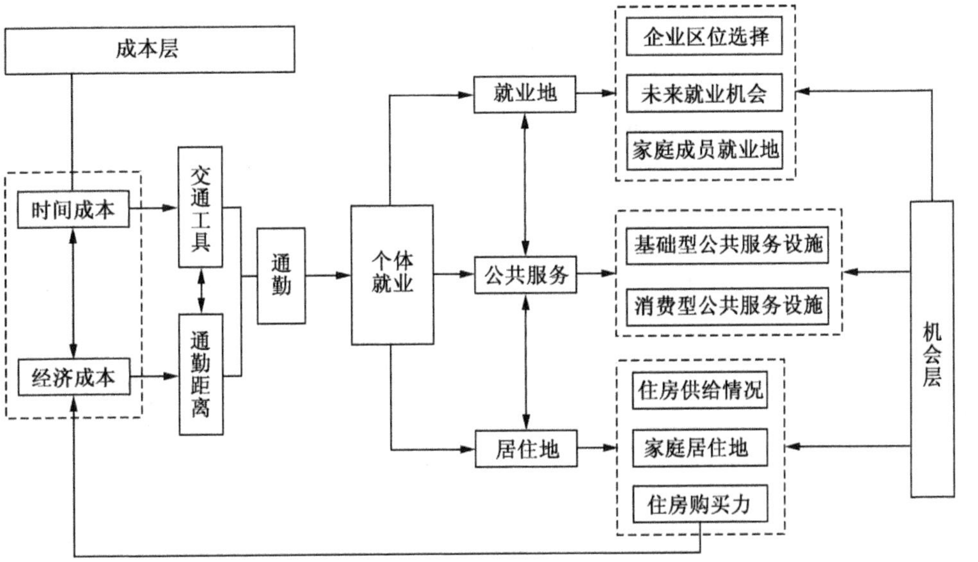

图 2–1　区域不同功能空间的相互作用和联系机理

就高铁走廊的区域空间而言，发达的高速交通网络提供了新的流动空间类型，降低了空间流动的阻抗和时间成本，提升了不同功能场所空间和居民的区位选择自由度，由此推动了劳动者地域分工形式的复杂化与居住区空间选择的多样化，进而影响了居民行为活动场所空间的空间组织与关系，居民的通勤流动行为在更广的地域范围内扩展并重组。这种以高速交通网络为流载体的模式，把更广范围的流节点和更多样化的场所空间相互接入，并诱发了更为广泛、多样和频繁的通勤流要素，从而推动区域空间与节点空间的空间重组。这种重组反映在不同空间尺度上，突出表现在高铁带动下区域层面"三圈"的扩大：一是生活圈扩大，多城安家、跨城通勤的人群正在增长；二是商务圈扩大，高铁沿线众多"高值低价"的小城市正在吸引企业由"单区位"向"多区位"发展；三是旅游圈扩大，快速交通网络提升了沿线地区旅游资源的可达性和居民出行的快捷性，大大激发了区域的旅游潜能。这"三圈"的扩大均以新的区域通勤模式和职住空间关系为基础；同时，高铁站点地区作为新的流动空间与场所空间的交互界面和新的场所空间类型，作为区域性职住关系的接口植入既有区域与城市空间，发挥触媒作用，这不仅形成了一种新空间模式，而且还改变了原有空间的结构与关系。就此，可以认为常态化的就业通勤流动以及由此形成的新职住空间组合模式是流动空间效应下高铁走廊区域空间重组的主要内容。

2.2.2 流动化的跨城就业：区域空间联系的重组

“流动化的就业”即高流动性就业，是就业主体（就业者）与相关功能场所空间（居住空间—居住地、生产空间—就业地、设施空间—公共服务设施等）相互影响的结果。受场所空间条件变动的影响，就业者主动适应或被动地接受常态化的就业通勤流动。居住地、就业地两大场所空间的条件变化对“流动化”就业所产生的影响，主要包括以下两个方面：

第一，职住空间分离产生的就业通勤流动。在中国，市场化背景和城市空间结构调整是驱动职住分离并产生和加剧常态化远距离通勤流动的重要原因。首先，计划经济时期单位制度下的“前场后院”的职住格局，是就业主导型的职住空间关系，此时的职住高度平衡，通勤流动微乎其微。改革开放后随着就业和住房的市场化，职住接近的单位大院转变为开放式的城市功能区块，职住均衡的格局随之瓦解，就业者的职住通勤流动性随之增加。其次，在土地和住房市场化背景下，土地有偿使用推动了城市功能分区、土地利用置换以及城市空间扩张（郊区化、城市蔓延）。在市场化环境和城市空间结构重塑的共同推动下，职住空间的分离进一步加剧：一是制造业的郊区化与居住区的内城或近郊集聚，二是住宅的郊区化与就业的中心区集聚（服务型经济趋向）。这两种郊区化过程中的旧区人口居住与就业岗位的不同步外移或新区空间功能的不耦合配套（如经济开发区、居住新城的功能单一化），使得就业者的通勤时间和通勤距离显著增加（表 2-1），职住分离下的潮汐式、高频率、远距离的通勤流动趋于常态化。在一些大都市区及其周边出现了跨界远距离通勤现象，即邻近大都市的中小城市由于较低的住房价格或优质的景观生态环境，吸引大都市就业者前去购房居住，这些地区逐渐发展成为大都市的远郊居住组团，这种跨城通勤流动以高速公路、高速铁路和轨道交通等高速交通网络为支撑。典型案例如燕郊的“京漂族”，有数据显示，每天晚上住在燕郊、白天在北京上班的跨省通勤族高达 30 万人之多，其中 50% 以上的人群的通勤时间超过 90 min⑤。

表 2-1 中国部分城市平均单程通勤时间（2010 年）（含长三角走廊 50 名以内的城市）

城市	时间（min）	排名	城市	时间（min）	排名
北京	52	1	南京	37	6
广州	48	2	杭州	34	9
上海	47	3	无锡	28	26
深圳	46	4	宁波	27	40
天津	40	5	南通	24	41

第二，企业多区位布局和协作带来的就业通勤流动。企业生产方式及其空间组织关系变化是促使就业流动化的另一个重要原因。企业通过纵向生产的前向、后向联系以及横向的广泛地域联系产生了新的劳动地域分工模式。首先，越来越多的企业由单区位布点向多区位布局发展，如大型企业的总部与分支机构设立，管理、研究和生产部门的独立设置等，进而形成了从全球到地方不同尺度的企业内部联系网络；其次，基于产业集群和产业链、产品链、创新链等分工的企业外部联系网络不断扩大，形成了不同地理尺度的空间合作和流动网络。在企业内部、外部空间上扩大的网络加强了城市区域的空间联系及相互作用，而现代信息通信技术与快速交通设施网络则支撑并促进了这种企业关系网络。依托高速交

通的流动空间，在实体空间层面，通勤流作为城市区域空间上企业关系网络交互的关键流要素之一，负载和促进了技术流、信息流和资金流等其他要素流，企业的就业者作为人流要素的构成主体，在城市区域的多节点之间的企业网络中形成频密化的通勤流动（商务出行或常规通勤）。

2.2.3 高速的区域通勤网：催生新的区域职住组合模式

交通是串联起就业者与就业地、居住地的纽带，这一动态联系过程构成了就业通勤。就业通勤的行为活动取决于就业主体，同时又受到时空条件的约束。影响时空条件的因素很多，与空间位置相对固定的就业地、居住地相比较，支撑通勤行为活动的交通条件则相对较为弹性，其可通过改善通勤的时空约束，从而对就业空间产生影响，并进一步反馈到就业地与居住地的区位选择上。理论上，当预期通勤是在就业者通常可接受的时间范围（或称耗时）以内，如果交通工具的技术能够支持其运行速度达到足够快的情况下，那么将可满足就业者将其就业空间扩展到任何地理可及的、足够远的空间范围。简单来说，就是如果两个流节点因为高速交通工具而显得空间足够接近的话（即时空压缩效应，如图 2-2 所示），那么就业者有可能在经过“机会—成本”的权衡后，将其就业活动扩展到空间邻近甚至空间不连续的流节点间完成，这意味着就业者的就业地和居住地的空间组合将变得更加灵活自由，可能形成一种个体职住空间的区域化组织现象。这是实体流动空间的一个具象表现，支撑实现这一假设的则是流载体，也就是高速交通网络体系，而这正是以高铁为核心的高铁走廊地区所具备的基础条件。

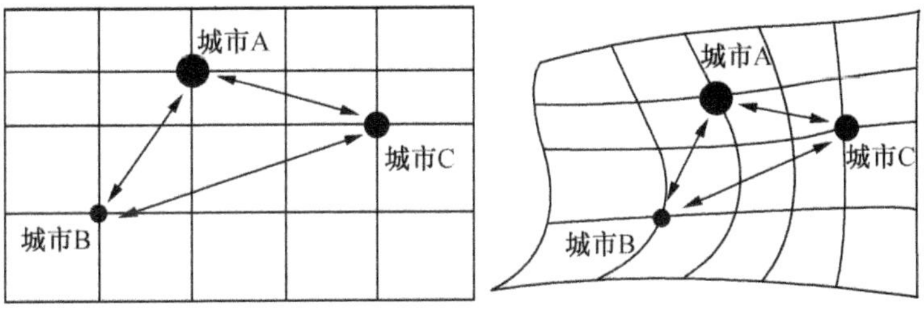

图 2-2 交通技术进步所带来的时空距离压缩

根据流载体的高速交通网络类型，对于高速走廊尺度的空间而言，实际影响较大的主要包括高速公路、高速铁路和城市轨道交通（航空网的影响主要体现在国家层面、全球层面的远距离、大都市节点的联系）。相关研究表明，通常情况下高速公路的优势距离区间为 0—200 km，高速铁路为 200—1 000 km；同时，由于交通方式自身的特性，航空交通点对点的模式使其影响仅局限于主要大都市区之间，而高速铁路等体现为廊道效应，其对节点间功能距离的缩减涵盖了沿线地区的大中小城市及其相互之间[⑥]。以高速铁路为例，图 2-3 为日本和西欧高铁开通前后的时空距离地图，在日本，除了北海道部分，其他三大本岛时空距离明显收缩（1962 年开通首条新干线——东京—新大阪）；在西欧，2010 年较 1991 年时空距离缩减将近一半［1991 年开通首条高速列车（TGV）线路——巴黎—里昂］。从单一的高铁线来看（表 2-2），日本、法国、西班牙、英国—法国的高铁线路串通后，沿线城市基本上均减少了 60% 以上的出行时间。另外，高铁对区域空间带来的时空压缩效应具有显著的等级化差异，即高等级节点的时空压缩程度大于低等级节点，城市大于乡村。

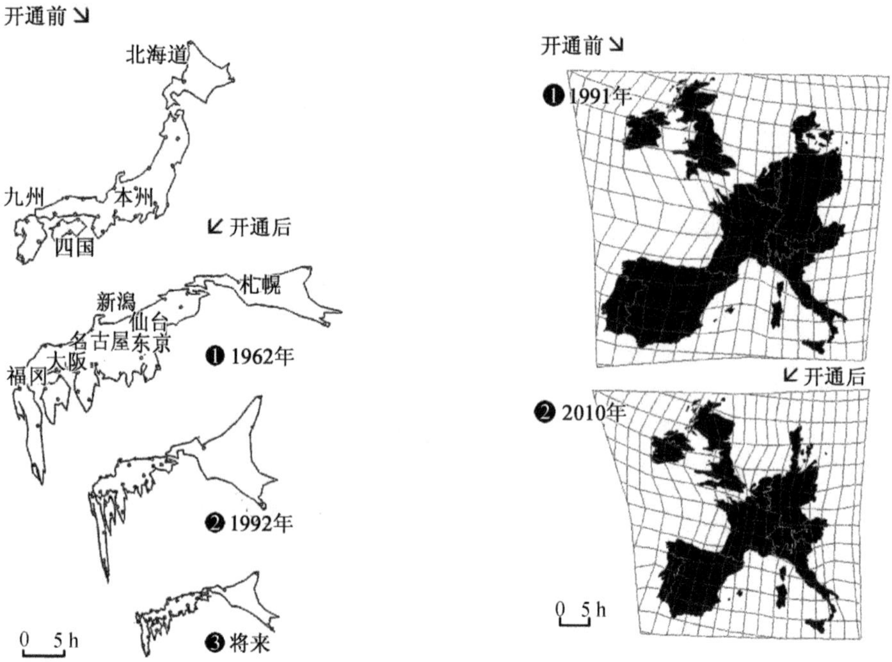

（a）日本：1962年、1992年和将来　　（b）西欧：1991年、2010年

图 2-3　高铁对不同地区的时间—距离的压缩

表 2-2　高铁开通后所节省的时间（几个典型案例）

线路	开通前（min）	开通后（min）	节省时间（min）	耗时减少（%）
东京—大阪	420	145	275	65
巴黎—里昂	227	135	92	41
马德里—塞维利亚	390	140	250	64
伦敦—巴黎	380—420	135	245—285	64—68

在高铁走廊的高速交通网络日趋完善的背景下，结合就业空间流动化的发展趋势，高铁走廊正日趋演化成为一个区域化的通勤地带，而由于在走廊内不同空间层次的交通设施特点的不同等，又呈现出不同的职住空间组合特征。依托高铁等新型的高速流动空间，就业者以日常通勤和商务出行为主要目的的通勤流动呈现出多尺度、多方向、常态化和网络化的特征（图 2-4）。

对高速走廊内部空间进行细致划分，大致包括大都市区、都市圈和巨型城市区域（城市群、城市带等）三个层次。以通勤特征为考察视角，从通勤方式、通勤频次和通勤目的三个方面归纳三个特定空间的区域化职住组合模式（图 2-5）：① 大都市区层面，在中心城区与近郊、远郊地区主要形成以高速公路（小汽车、公共汽车）+ 轨道交通（地铁、通勤铁路）为交通网络支撑的职住通勤模式，这种模式下以日常通勤（常规性就业、就学）、商务出行为通勤目的的频次分别处于较高、中间水平；② 都市圈层面，在中心城市（大都市区）与卫星城市（大都市区周围的中小城市）主要形成以高速公路（小汽车、公共汽车—城际公交、长途客车）+ 轨道交通（通勤铁路）或高速铁路（城际列车）为交通网络支撑的职住通勤模式，这种模式下以日常通勤（常规性就业、就学）、商务出行为通勤目的的频次分别处于中间、较高水平；③ 巨型城市区域层面，在城市与区域

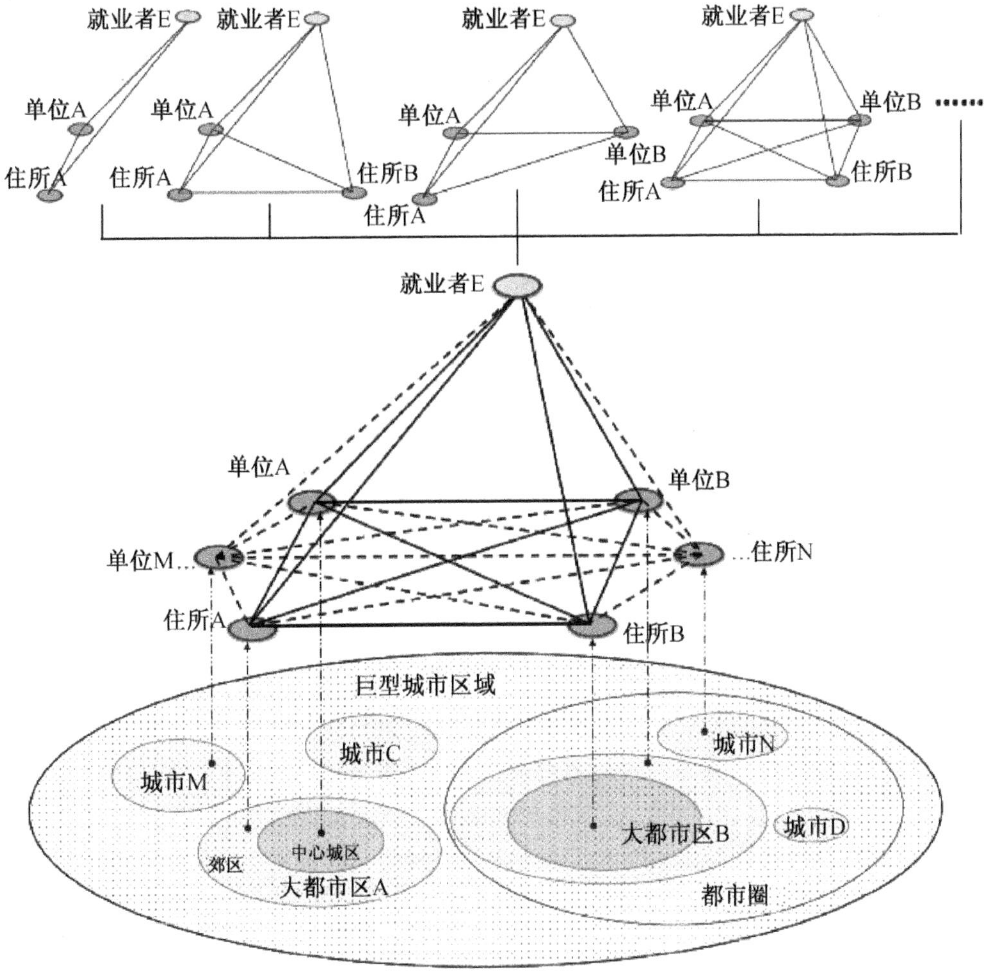

图 2-4 高速走廊基于就业通勤流的空间重组

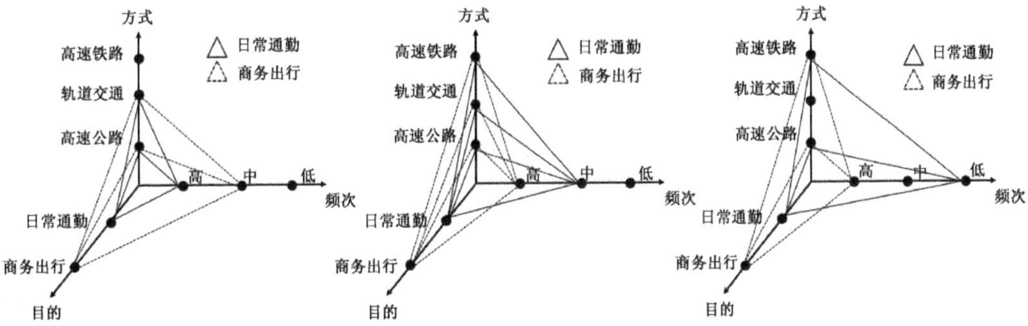

（a）大都市区　　（b）都市圈　　（c）巨型城市区域

图 2-5 高速走廊区域化职住组合的通勤特征

间主要形成以高速铁路为主，高速公路（小汽车、长途客车）为辅，并与城市公共交通互为衔接与支撑的职住通勤模式，这种模式下的通勤方式中商务出行频次较高，日常通勤频次较低，并以周期性的短期通勤为主。后文将通过相应的典型案例对以上三种职住通勤模式的具体特征进行深入分析。

2.3 高速走廊三种典型的区域化职住组合模式

高速走廊地区的快速交通流线是区域化职住组合的重要支撑，主要由高速公路网、高速铁路网和轨道交通网构成。自20世纪20年代以来，伴随着快速机动化交通的兴起与发展，在世界不同国家和地区出现了前文所归纳的三种典型的区域化职住组合模式，基于区域快速交通的支撑，实现了在大都市区、都市圈和巨型城市区域等不同空间尺度的职住联系。

2.3.1 大都市区尺度的“中心城—郊区”职住模式

在大都市范围内，形成了一种主要以小汽车为交通工具，以高速公路为交通网络，或叠加市郊通勤铁路为支撑的“中心城—郊区”区域化职住组合模式，最常见于北美地区以美国为代表的大都市，这一职住区域化模式的出现实际上是城市郊区化的结果。

在美国，早在19世纪末至20世纪初，由于一些富人对较高生活质量的追求，而在通勤铁路沿线上出现“卧城”或称“乡村别墅区”[⑦]，这是城市郊区化的萌芽阶段，在高速公路兴起以前，其影响相对局限。1920年以后，汽车和高速公路的发展，推动了郊区化进程以空前的速度在广泛的地域展开。尤其是1956年美国国会通过《联邦资助公路法案》以后，联邦和地方政府投入巨资进行大规模的洲际高速公路、环城状和辐射状的城市公路兴建，此时汽车亦得到迅速普及，1978年美国汽车保有量为1.4亿辆，平均每1.5人拥有1辆汽车[⑧]，这大大方便了城市与郊区之间的出行。在这一背景下，出于对高品质生活价值的追求，中产阶层和高收入蓝领也开始纷纷涌入郊区，使得居住逐渐由城市聚居转为郊区分散，此后大都市区内的郊区人口规模迅速扩张，其人口增速远超城市中心区（表2-3）。

表2-3 美国各类区域人口的增长速度（1950—1990年）（单位：%）

地域类型＼时间	1950—1960年	1960—1970年	1970—1980年	1980—1990年
非大都市区	0.7	0.7	1.4	0.4
大都市区	2.6	1.6	1.0	1.2
中心城市	2.2	0.6	0.1	0.6
郊区	4.7	2.3	1.7	1.3
总人口	1.8	1.3	1.1	1.0

尽管快速郊区化进程也带动了城市工业、商业的相续外迁，陆续兴建了大规模的郊区购物中心，逐渐形成具有复合城市功能的新都市——边缘城市（Edge City），并由此出现就业郊区化，但从20世纪中后期美国的经济结构演化来看，服务经济、信息经济逐渐取代制造业成为主导，生产性服务业、地方大型社会服务业和服务机构等仍主要集聚在大都市中心区内，中心区仍作为城市就业主中心。正是在郊区化的影响下，在都市区范围内形成了典型的中心城就业与市郊区居住的区域化职住组合模式，居住郊区化与就业向心化带来的大规模钟摆式通勤流是其显著特征，以休斯敦为例，早晨市中心方向的交通流达75%，郊区方向则只有25%，下午则刚好呈现为反向通勤的现象[⑨]。此外，在大都市区层面也形成了以高速公路加轨道交通的区域化通勤方式支撑的“中心城—郊区”职住组合模式，如美国纽约、英国伦敦、法国巴黎等世界大都市较为典型。

以纽约市为例，与美国整体的郊区化进程一致，纽约郊区化同样在“二战”后的高速公路建设浪潮中达到高潮，但其与美国绝大部分城市不同，其私人汽车的保有率为全美最低，依据 2009 年的调查，全美、纽约和曼哈顿的家庭汽车保有率分别为 92%、54% 和 25%[10]，而公共交通使用率则相对最高（表 2-4），并以轨道交通为主，1995—2005 年，载客量增长率达 36%。与此同时，纽约市是美国所有大城市中通勤耗时最长的城市，其平均就业通勤时间约为 40 min。从就业分布来看，曼哈顿是纽约的市中心及中央商务区（CBD）所在地，是纽约市域乃至世界范围就业密度最高的地区，而纽约市又是纽约大都会区[11]的就业主中心所在，由此形成了大规模由外围郊区和邻近地区向中心区潮汐式的区域化通勤，昼夜人口差异相当明显，白天是热力之都，夜晚则变为寂静之城（图 2-6）。据统计，2000 年，纽约市的就业人口为 370 万人，仅曼哈顿便占据了 56%，其中 73.5% 的就业者来自纽约市区其他 4 区，15.5% 则来自市域外大都会区的其他市县，更有 11% 来自康涅狄格州的费尔菲尔德（距曼哈顿约 80 km）等都会区外的其他地区；2009 年，纽约大都会区内的就业岗位约 800 万个，其中 24.3% 的通勤流发生在郊区至曼哈顿（约 150.4 万）或在曼哈顿内（约 45.1 万）[12]。

表 2-4　全美国与纽约就业通勤方式的比较（单位：%）

地区＼交通方式	私家车	公共交通	步行	其他	总计
全国	86.3	4.9	2.8	6.0	100
纽约大都会	61.3	27.0	5.5	6.2	100
纽约市	29.0	56.4	10.0	4.6	100

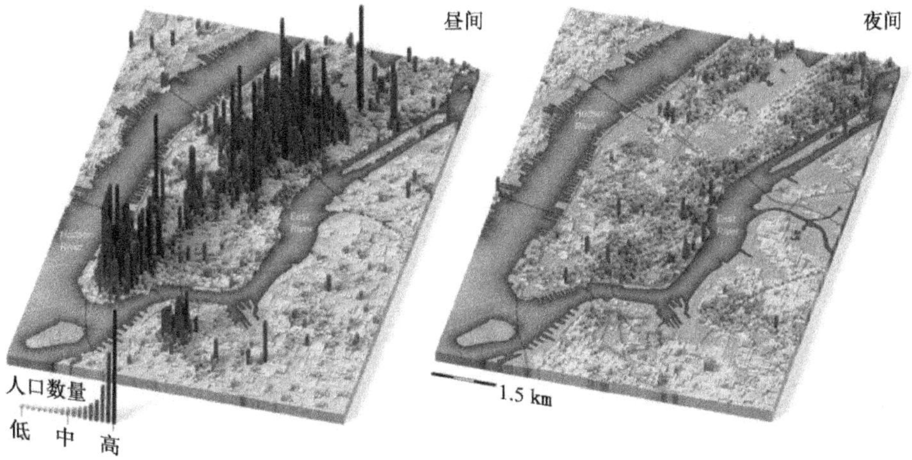

图 2-6　纽约曼哈顿的昼夜人口分布比较

在这一跨区域就业的过程中，通勤铁路系统是最重要的通勤方式之一，主要包括三条通勤铁路，即北方铁路（Metro-North Railroad，MNRR）、长岛铁路（Long Island Railroad，LIRR）、新泽西铁路（New Jersey Transit，NJT），以及美国铁路东北走廊（Amtrak's Northeast Corridor，联系了费城、纽黑文、波士顿和华盛顿等重要城市）；此外，还包括 Path Train（联系纽约、新泽西的地铁）。其中前三者是美国客运量位居前三的通勤铁路，主要承担纽约市中心区与外围地区之间的上下班通勤服务职能（表 2-5）。高速公路网络则主要包括 78 号、80 号、87 号和 95 号四条主要的州际公路。

表 2-5　纽约通勤铁路运营情况（2013 年）

项目	北方铁路	长岛铁路
年载客量（人）	82 953 628	81 753 411
平日载客量（人）	281 331	285 082
线路（条）	6	11
营运里程（里）	795	594
站点（个）	122	124

注：1 里 =500 m。

2.3.2　都市圈尺度的“中心城市—卫星城市”职住模式

在都市圈层面，较为典型的是区域通勤铁路主导的通勤方式所支撑形成的“中心城市—卫星城市”职住组合模式。该类区域化职住现象最典型的是日本的几大都市圈，又以东京都市圈（亦称“首都圈”或“东京圈”）最具有代表性。其依托于高密度、高容量、高频次的轨道交通，实现中心城市和卫星城市之间的便捷联系及其通勤、通学人流的快速疏导。

东京都市圈是指以日本首都东京为中心的城市群，其空间范围有 1 都 3 县、1 都 7 县、1 都 6 县（关东地方）等不同界定，本书中的东京都市圈是指东京都加外围的神奈川、埼玉和千叶 3 县，以东京 23 区为中心，向外辐射半径约为 80 km，由内而外依次为东京都区部（特别区，23 区）、东京都（23 区 + 多摩地方）、东京圈（东京都 + 周围 3 县），如图 2-7 所示。其范围与东京都市雇佣圈 [13]（Urban Employment Area，UEA）大体一致，其中一个重要标准是郊外（市町村）向中心城市的通勤率达到 10% 以上。2010 年，东京都市圈的常住人口为 3 561.86 万人，约占全日本的 27.8%，内部分布了日本最大和第二大城市——东京、横滨，东京都 23 区的人口密度高达约 1.44 万人 /km^2，接近全日本平均人口密度的 42 倍，是日本乃至全球人口密度最高的城市（图 2-8，表 2-6）。

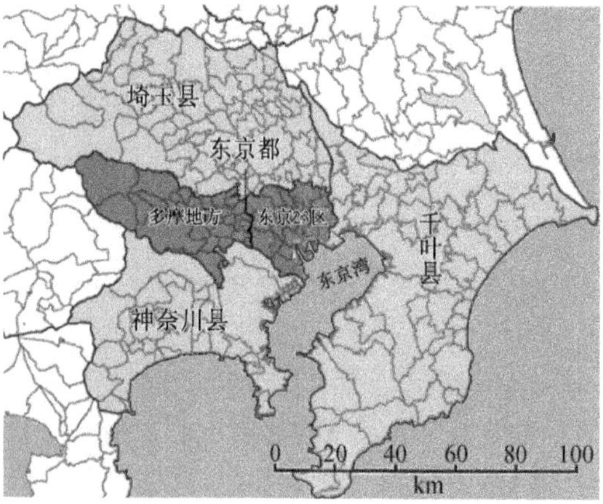

图 2-7　东京都市圈（首都圈）示意图

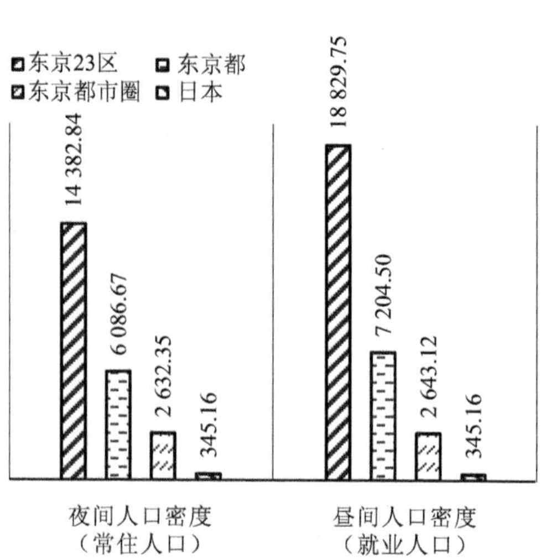

图 2-8　东京都市圈与日本人口密度比较（2010 年）

表 2-6　东京各空间层次人口（2010 年）

名称		面积（km^2）	人口（万人）
东京都 23 区		621.97	894.57
东京都		2 162.00	1 315.94
东京都市圈		13 531.07	3 561.86
其中	神奈川县	2 415.47	904.83
	埼玉县	3 797.00	719.46
	千叶县	5 156.60	621.63

从东京都市圈的空间结构来看，尽管其随着山手线环线上多个副都心的崛起，而逐渐由绝对单中心演化为多中心的布局结构，但从整体来看，其仍然属于中心高度集聚的中心—外围圈域结构。东京都是日本的政治、经济和文化中心，尤其在核心的 23 区内密集分布着日本绝大部分的政府行政办公和教育文化事业机构，以及超高密度的金融商务和商业购物区，是东京圈最核心的就业集聚区。随着都区部用地的日益紧缺，居住功能逐渐向外疏散，内部仅剩少量住宅区，从而形成大量的就业地与居住地分离的情况，东京都的多摩地方和外围的神奈川县、埼玉县、千叶县甚至邻近东京都市圈的茨城县、群马县、栃木县、等卫星城成为东京的“卧城”，市民白天乘坐 1—2 h 的轨道交通到东京都中心区内的工作地点上班的情况相当普遍。据 2010 年日本国土交通省的大都市交通调查，东京都市圈的通勤时间主要集中在 45—120 min，平均通勤时耗为 77 min，较 2000 年（73 min）和 2005 年（72.1 min）的平均时耗略有增加，如图 2-9 所示。

昼间、夜间人口大致对应了某一地区的就业与就学人口、常住人口，基于昼夜人口比[⑭]的指标，可以考察该区的人口流入、流出情况以及集聚、分散状态。根据 1990—2010 年东京 23 区、东京都、东京都市圈的昼夜人口比的变化（图 2-10），各空间层次的昼夜人口差异虽均有所缓解，但仍维持较大差别，并呈现出自外围郊县向中心依次变大的特征。值得关注的是，历年东京都市圈的昼夜人口比均维持在 1.0 左右，这表明东京圈内昼夜的高人口流动性主要发生在圈域内部，并在圈域内部达到平衡，即东京都和外围三郊县基本上构成了一个较稳定的通勤圈，这与中心城市—卫星城市互为各自就业地和居住地的职住空间组合特征相吻合。

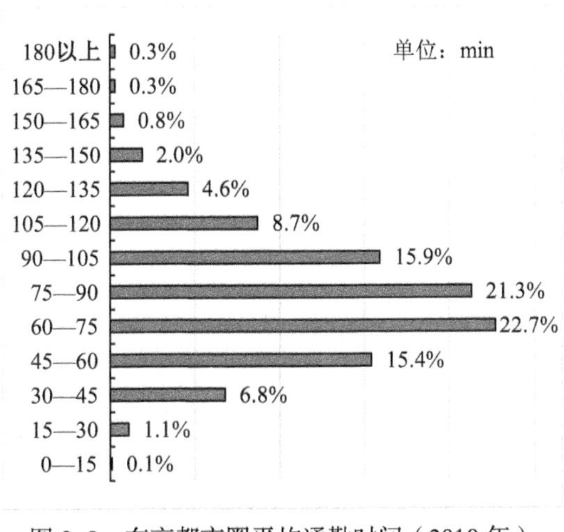

图 2-9　东京都市圈平均通勤时间（2010 年）

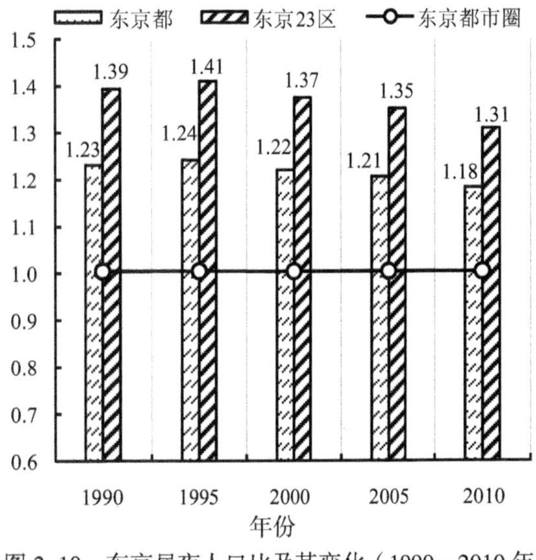

图 2-10　东京昼夜人口比及其变化（1990—2010 年）

根据日本2010年的国势调查（图2–11至图2–13），东京23区的昼夜人口比高达1.31，从分区上来看，山手线环线串联的各区（尤其是都心、副都心）昼夜人口差异明显较大，其中，千代田区高达17.39，可见23区具有较高的昼间人流吸引力。而东京都市圈的多摩地方、神奈川县、千叶县和琦玉县等外围地区则呈现相反的特征，其昼夜人口比仅分别为0.92、0.91、0.89和0.89，在这些外围地区内合计120个市（含44个区）、58个町和11个村里，当中昼夜人口比高于1的只有25个，昼夜人口比最低者仅为0.69，这一差异从东京都市圈昼间、夜间人口密度的空间分布来看最为直观（图2–11）。此外，平均每天从其他县流入东京都的人口达289.1万人，其中绝大部分（90.8%）流入23区，是东京都市圈的通勤、通学流中心。就东京23区的人口流动而言，在23区内各区间相互流动的人口为203.7万人，从多摩地方流入的人口为54.3万人，自周围其他县流入的人口为262.6万人，每日总人口流量达520.6万人（表2–7）。

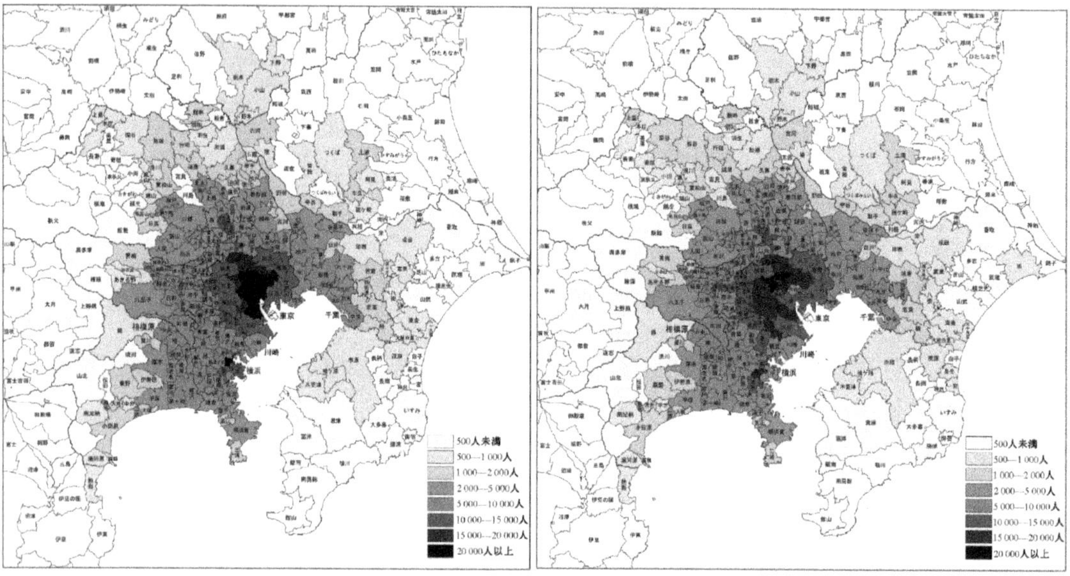

图2–11　东京都市圈昼间与夜间人口密度分布（2010年）

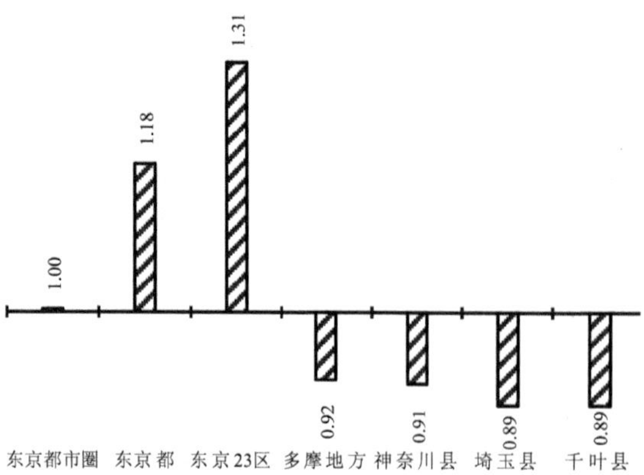

图2–12　东京都市圈内各市县的昼夜人口比（2010年）

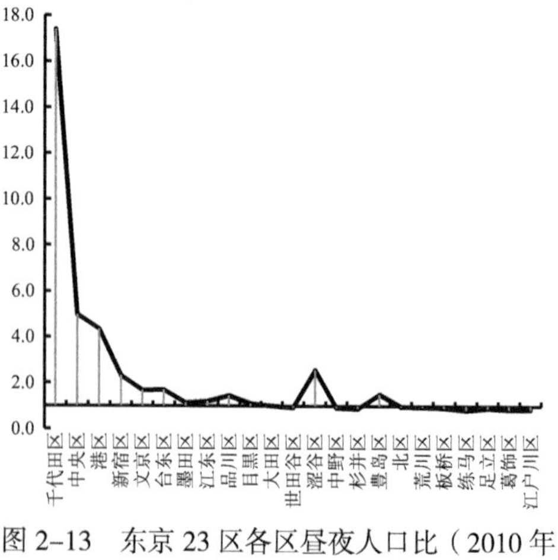

图2–13　东京23区各区昼夜人口比（2010年）

表 2-7　东京都、东京都市圈的人口流动情况（1990 年、2000 年、2010 年）

年份	地域	昼间人口变化	其他区县町村	自市内其他区	县内其他市区町村	其他县
2010	东京都市圈	3.17	29.67%	8.07%	11.46%	10.14%
	东京都	1.38	39.21%	13.08%	7.57%	18.56%
	东京 23 区	1.04	44.46%	17.39%	4.64%	22.43%
2000	东京都市圈	2.96	34.03%	9.21%	13.20%	11.62%
	東京都	1.30	45.96%	15.55%	8.97%	21.44%
	东京 23 区	0.99	51.71%	20.51%	5.50%	25.70%
1990	东京都市圈	2.82	35.66%	10.09%	13.29%	12.28%
	东京都	1.28	49.12%	17.49%	9.48%	22.15%
	东京 23 区	1.00	54.71%	22.44%	6.01%	26.26%

注：以 1990 年东京 23 区的昼间人口（1 128.79 万人）为 1.00，其余年份及地域范围昼间人口按其折算倍数。

基于人口昼夜变化、人口流动及其空间密度分布，东京都市圈显示出中心就业、外围居住的明显特点，构成了典型的中心城市—卫星城市的职住空间组合，而支撑这一区域化职住模式的是堪称全世界最复杂、最密集、最繁忙的轨道交通线网与通勤车站群，东京的轨道交通已延伸至几乎所有角落（图 2-14）。东京都市圈的轨道系统主要包括 JR 线（JR 东日本线，即电气化铁路，分为新干线和在来线）、地下铁、私营铁路（即轻轨）和新交通系统等几种类型，其轨道交通长度和密度均位居全球城市首位，构成巨型且复杂的轨道交通网络系统，是维系东京都市圈正常运转的生命线。据统计，东京都的轨道交通里程约为 2 300 km（不含新干线）⑮，东京都市圈则达到 3 400 km⑯，密度分别达到 1 100 m/km^2 和 250 m/km^2。

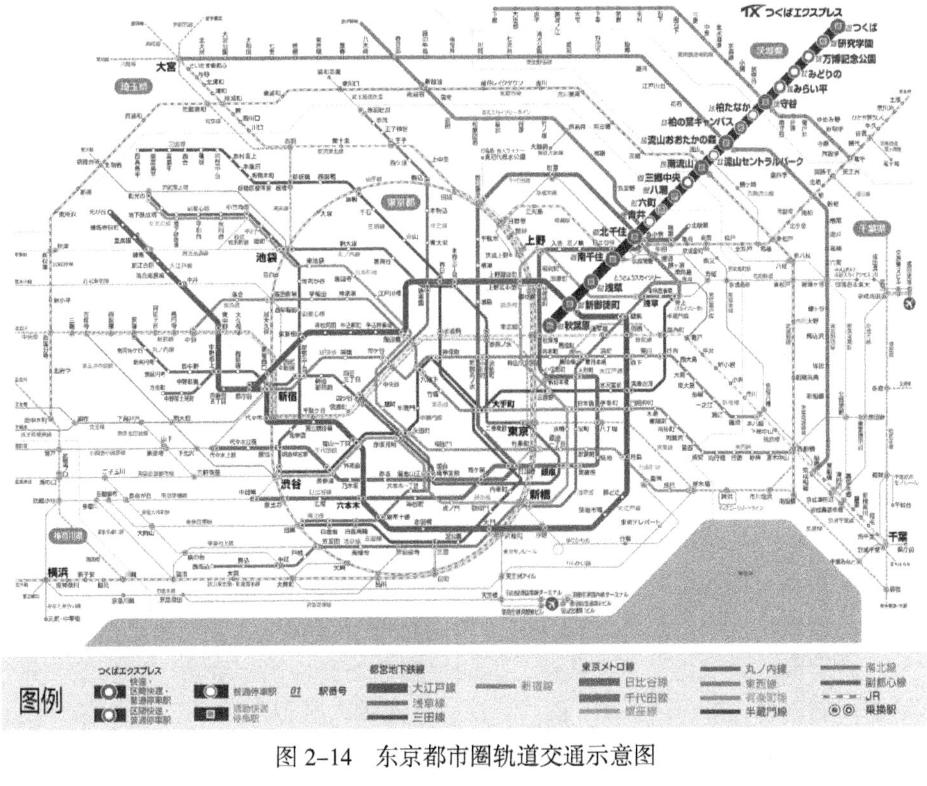

图 2-14　东京都市圈轨道交通示意图

东京都市圈的交通通勤具有高度的轨道交通依赖性，其客流量交通结构统计数据显示（2007 年），通过轨道交通出行的流量占总客流量的 58%。此外，根据东京都政府交通局的调查结果，通勤与通学者中采用轨道交通方式的人数占其总人数的 86%，尤其在上班高峰期，高达 91% 的通勤与通学者通过轨道交通进入东京都中心区[17]。从空间上可将东京都市圈的通勤圈划分为通勤内圈和通勤外圈，其中，通勤内圈是指东京都市圈的东京都区部（23 区）以内，即以皇宫为中心约 15 km 的内圈层，通勤工具以地铁为主，目前该圈域的地下铁共有 13 条线路、285 个站点，每日输送客流达 872 万人次（2013 年）；通勤外圈是指都区部以外的近远郊地区（多摩地方加外围三县），主要为距市中心 15—50 km 的外围圈域，通勤工具以私营铁路和 JR 线为主（即轻轨与市郊铁路），主要有京成电铁、京王电铁、京滨急行电铁等私营铁路和京叶线、中央线、总武线、埼京线、常磐线等快速线，大部分线路以山手线的各站点为起点向外圈层辐射，构成支撑郊县及邻近地区与东京都中心区之间区域化通勤的轨道交通系统。从轨道交通站点间的运营时间来考察，从山手线都心环线各站点为起点发散，通勤内圈的交通时耗主要为 30 min，而通勤外圈则为 30—90 min（图 2-15）。2010 年日本国土交通省的首都圈交通调查显示，在多摩地方与外围三县依托东京圈轨道交通的通勤、通学人群中，约有 57% 流向东京都 23 区，而其他邻近地区（栃木县、茨城县、群马县、山梨县）约 65% 流向东京都 23 区，但由于换乘时间等其他因素的影响，通勤时耗通常大于轨道交通运行时间，这些处于通勤外圈的地区实际通勤时耗主要为 30—120 min；此外，部分市町村的通勤时间甚至高达 150 min 或以上（图 2-16、图 2-17）。

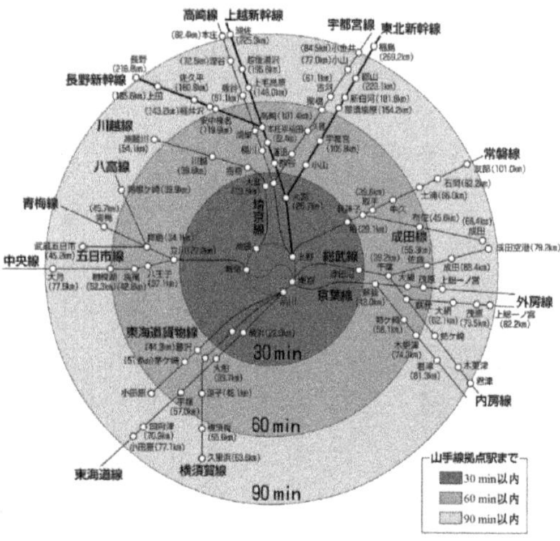

图 2-15　基于轨道交通的通勤时耗

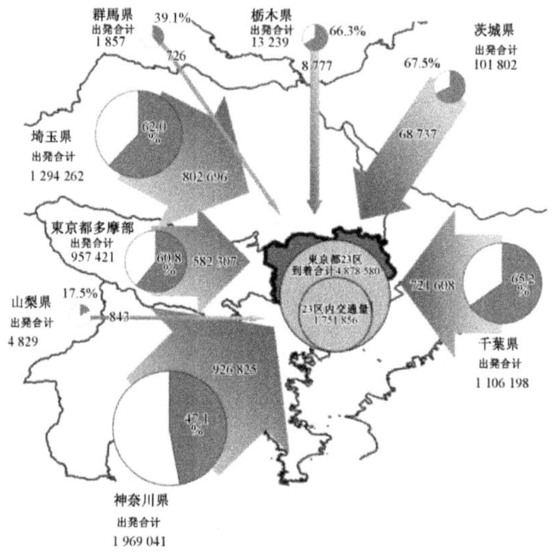

图 2-16　周边地区到东京都区部通勤通学流（人）

在东京都市圈的邻近都县与东京都中心区之间的职住组织中，最典型的是东京都与筑波科学城（日本最大的科学研究中心），这一区域化通勤主要以市郊铁路筑波快线（Tsukuba Express，TX）为主，其连接了东京都心的秋叶原和茨城县的筑波市，全长 58.3 km，最短时耗为 45 min。该铁路性质是市郊通勤铁路，主要服务于筑波科学城与东京都及沿线其他地区的通勤、通学流，快线行车分为普速、区间快速、通勤快速、快速四种类型，每日发车数量多达 365 趟，自 2005 年开通以来，每日运载通勤人数逐年上升，2012 年日均运送旅客量达到 30.6 万人次（图 2-18）。

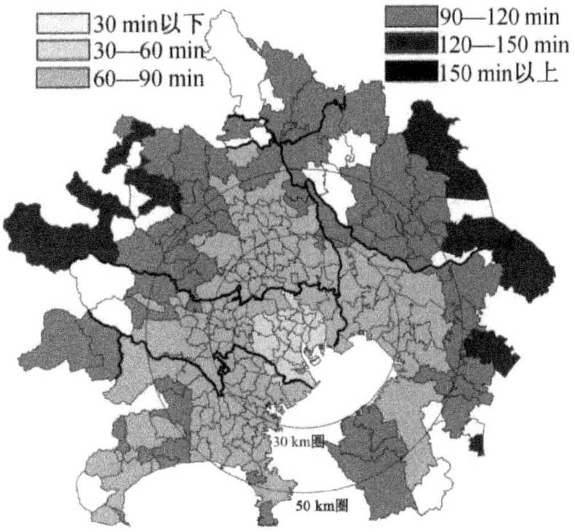

图 2-17　周边地区到东京都区部的通勤时间

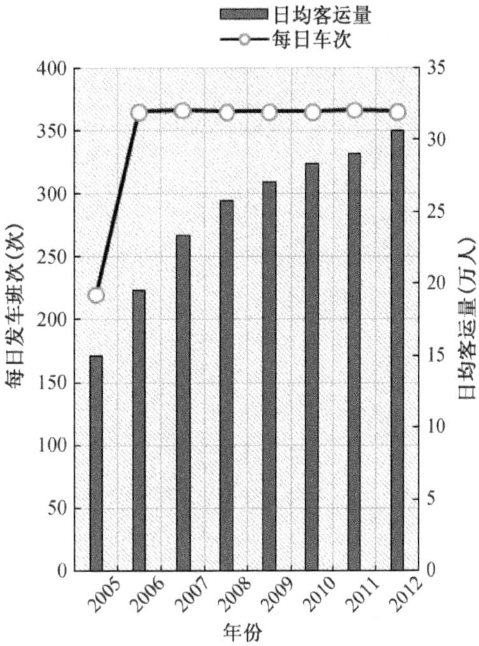

图 2-18　筑波快线每日运营情况（2005—2012 年）

2.3.3　巨型城市区域尺度的“城市—区域”职住模式

在巨型城市区域层面，区域化的职住模式主要是伴随高铁的出现而逐渐兴起的，其对地区区域尺度上功能活动的空间组织影响大于高速公路。以高快速、公交化的城际高铁（高铁客运专线、城际铁路系统等）列车与城市轨道交通工具互为衔接与支撑，居民日常性的就业居住活动开始扩散到区域层面两个相距不太远的区域核心城市或重要城市之间，形成一种城际＋城市轨道交通支撑的“城市—区域”职住空间组合模式。这种模式在一些高铁起步较早、发展较成熟的国家和地区比较普遍，如法国（TGV）、德国（ICE）、西班牙（AVE）、日本（新干线，图 2-19）、中国台湾（台湾新干线）和京津地区（CHR）等，但受限于高昂的交通费用成本或不便的换乘体系，这一通勤方式支撑下的区域职住组合仍以跨城商务或周期性的短期职住分离为主。相比较而言，日本由于其东海岸城市群高度发达的城市—区域轨道交通网络系统，这一职住组织现象最多见，如京阪走廊（东京—大阪的城市连绵带）。

日本首条新干线——东海道新干线（连接东京都和新大阪）于 1964 年开通，这也是世界上的第一条高铁。截至目前，全日本共有新干线 8 条（含 2 条迷你线），总里程为 2 874.4 km，加上在建的北海道新干线，高铁已覆盖且串联了日本四大本岛，线路分布如图 2-19 所示。其中，东海道新干线和山阳新干线串联了日本最主要的三大都市圈（东京圈、近畿圈和中京圈），沿线连接了日本几乎所有的重要城市，也是所有新干线中运输联系最为繁忙的线路（图 2-20）。新干线开通次年（1965 年），其旅客输送量为 3 097 万人次，此后以每年 13.26% 的速度递增。2011 年，新干线系统共运送旅客 3.38 亿人次，其中东海道—山阳新干线的客运量就高达 2.07 亿人次，贡献率达 61.2%；同时，由于该线路开通时间较早，其客运量已基本趋于稳定，近年来，每天搭乘东海道—山阳新干线的旅客数量基本维持在 55 万—59 万人次（图 2-21）。

图 2–19　日本新干线示意图

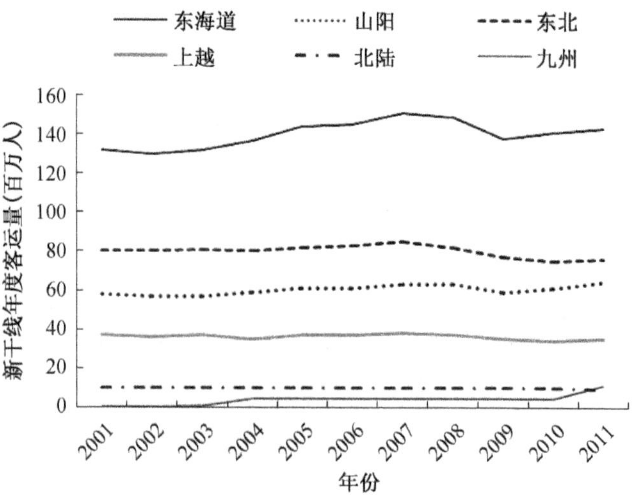

图 2–20　新干线的客运量变化（2001—2011 年）

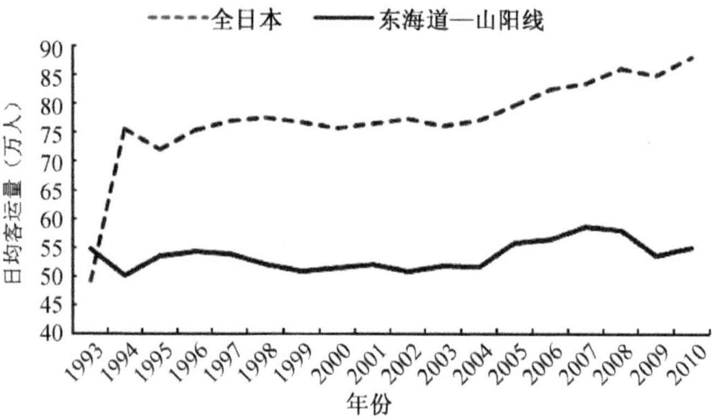

图 2–21　日本和东海道—山阳线的日均客运量变化

以东海道新干线及其沿线地区为例，在其开通以前，由东京至新大阪约 515 km 的距离耗时至少需 6.5 h（39 min），自新干线通车以后这一运行时间最快只需 145 min，每天沿东海道—山阳线到发列车达 437 次，最短间隔仅为 3 min，运营时间从早上 6：00（最早发车时刻）至晚上 23：57（最晚到站时刻）。据统计，2011 年全年新干线列车的平均延迟时间仅 36 s，高频、快速、准时的城际列车使得当日便捷往返于这两大城市成为可能。事实上，日本第二次国土综合开发规划（1969 年）提出的通过建设新干线等新网络实现由地方圈向首都圈的“一日交通圈”，以及第四次国土综合开发规划（1987 年）提出以首都圈为中心的“一日交通圈”进一步扩展为全国主要城市间的“一日交通圈”，均与新干线的兴起与发展有着密切关系，其也是推动这一目标实现的关键所在。“城市—区域”职住组合正是这一概念内涵的具象化。资料显示，基于新干线系统便捷的联系，日本一日交通圈（以某一地区为起点，单程 3 h 内的可达范围）可能覆盖的人口比率从 1975 年的 42.5% 提升到了 1998 年的 60.5%，日本交通政策审议会在 2000 年进一步提出在东京、大阪、名古屋、札幌和福冈等主要城市区域间实现 3 h 内通达的“一天旅行圈”倡议[18]，到 2004 年这一目标已基本实现。

根据日本铁道输送统计年报，持新干线定期券（相当于月票，可视之为搭乘新干线的日常性通勤者）的人数与平均乘距（通勤半径）均保持不断增加，2011 年，其年总乘客数量达到 4 426.8 万人，平均出行距离接近 90 km，如图 2–22 所示。若以东京或大阪为起点，可辐射至静冈县、栃木县或滋贺县、冈山县，均超出其所属都市圈的空间范围，大致处于三大都市圈或主要城市的相邻两节点之间的某一位置，相当于通勤引力范围的断裂点，这与日本 2010 年全国新干线旅客调查中的地区间旅客流动的分布特征大体相近（图 2–23）。从每个月份的一日乘客数和平均乘距及其变化来看，相较于持非定期券的波动状态，持定期券的人数基本保持稳定，反映出这一通勤模式的常态化。根据这一调查结果，相当于每天平均有 12.3 万人持新干线的日通勤卡，经由平均 90 km 左右的通勤半径到达上班地点，分线路来看，这一平均通勤半径在东海道线和山阳线上分别为 97 km 和 93 km，高于日本所有新干线的平均水平。此外，根据日本第五次全国新干线旅客流动调查结果，在东京都与大阪府之间的出行旅客中，72% 的人偏好选择铁道（新干线）作为出行工具，80% 的人的出行目的为工作，且出行旅客以男性（79%）和青年人（63%）为主。

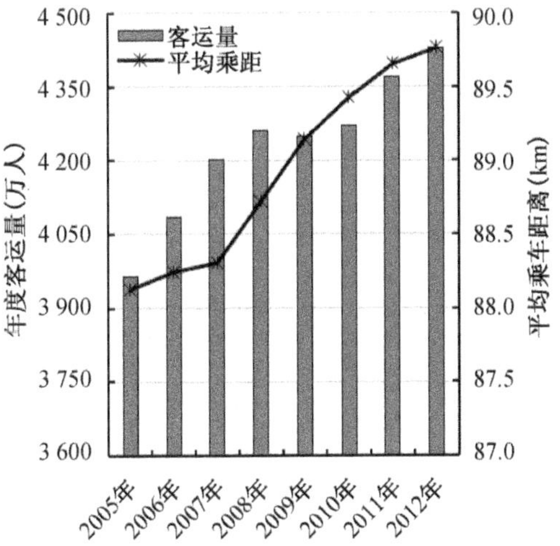

图 2–22　持新干线定期券年乘客量及其平均乘距变化（2005—2012 年）

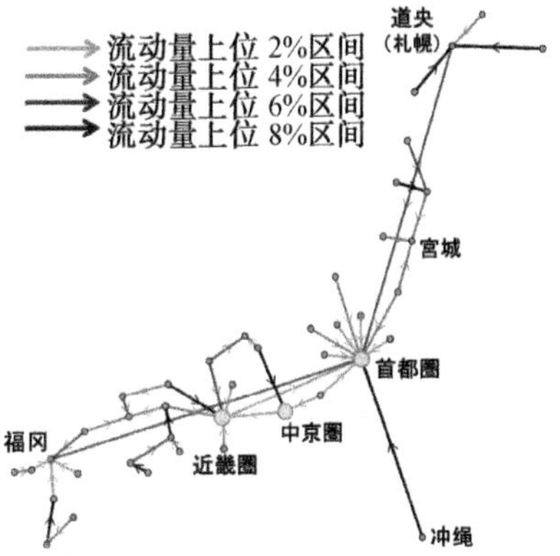

图 2–23　日本地区间旅客流动的空间特征

上述三个层次的区域化职住空间组织模式，既对应于不同的流动空间模式和场所空间分布尺度，也具有相互关联和支撑性，其作用是极大地强化了跨越城际的区域联系，催生了同城化现象的发生和程度的提升，呼应并解释了高速走廊地区就业空间在不同尺度重组的规律。将这种就业空间的流动化与新区域通勤兴起的现象聚焦在中国，高速交通网络体系，包括城市内部的轨道交通系统、城市与城际间的高速公路网络、城市间或区域间的高速铁路网络与航空运输网络等正在迅速发展（图 2–24、图 2–25，表 2–8）。在这些高速交通网络的叠加效应下，中国不同尺度的空间重组和区域同城化正在形成，本书将以国内最具代表的长三角核心区的骨干网络和走廊、核心都市圈板块和京沪高铁站点地区等为实证分析区域，基于高速交通的流动空间结构体系，解析流动空间视角下的高铁走廊地区的空间重组与同城化特征。

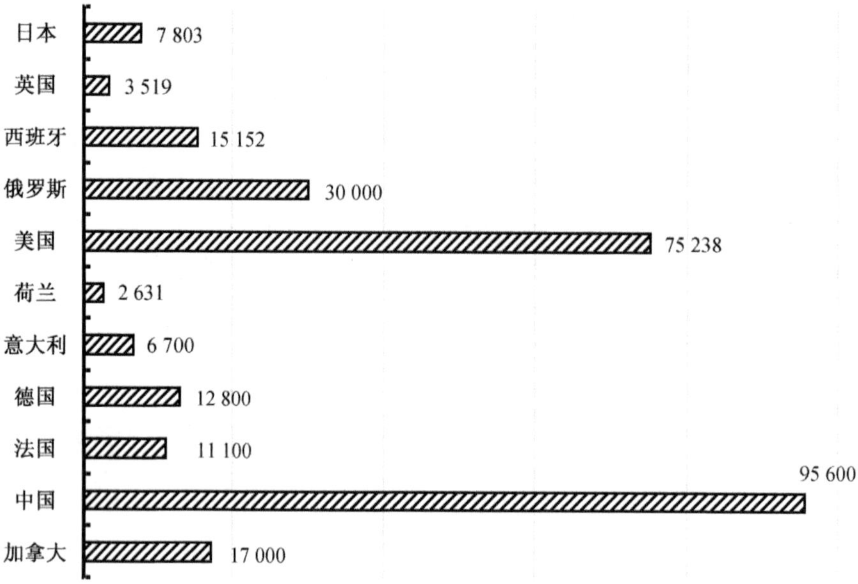

图 2-24　中国高速公路里程与其他国家相比较（km）

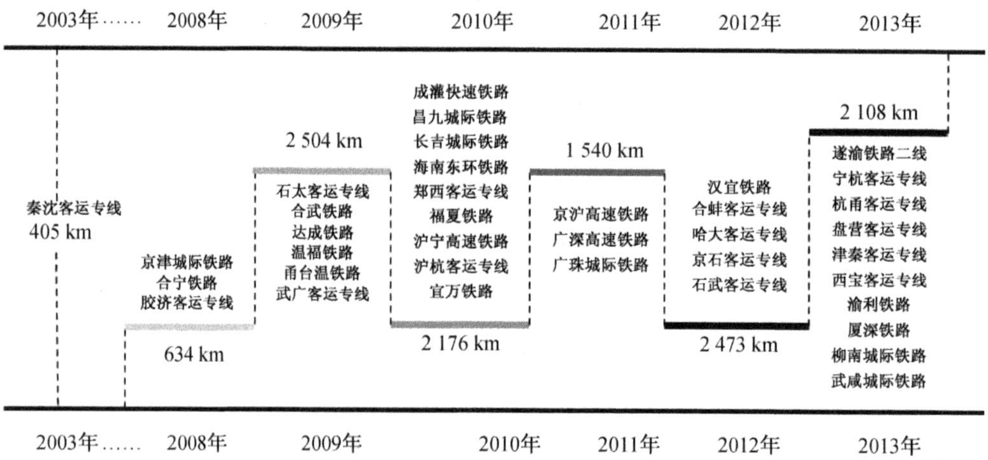

图 2-25　中国历年开通的高铁线路及运营里程（2003—2013 年）

表 2-8　中国开通地铁（含轻轨）城市的轨道线网及每日客运情况

城市	运营线路数（条）	车站数（座）	线网长度（km）	日均或日最高客运量（万人次）	城市	运营线路数（条）	车站数（座）	线网长度（km）	日均或日最高客运量（万人次）
北京	16	270	456.0	950.0—1 050.0	沈阳	2	40	50.0	—
香港	10	84	175.0	406.4	成都	2	43	49.7	92.3
天津	5	90	136.0	17.6	佛山	1	14	14.8	—
上海	14	329	538.0	889.8	西安	2	36	45.9	78.0
广州	7	130	260.0	784.4	苏州	2	46	52.3	63.8
长春	2	49	48.3	35.0	昆明	3	33	60.1	16.7
大连	2	20	63.0	12.0	杭州	1	31	48.0	80.6
武汉	3	60	73.3	127.2	哈尔滨	1	18	30.4	—
深圳	5	131	176.0	230.0	郑州	1	22	26.3	—

城市	运营线路数（条）	车站数（座）	线网长度（km）	日均或日最高客运量（万人次）	城市	运营线路数（条）	车站数（座）	线网长度（km）	日均或日最高客运量（万人次）
重庆	4	94	170.0	180.6	长沙	1	19	22.3	—
南京	2	55	87.0	131.1	—	—	—	—	—

2.4 中国区域同城化的实践发展

同城化的过程就是不断打破城际之间各种有形与无形阻隔、拉近城际间的时空距离和强化相互之间联系的过程，是城际之间日常通勤圈与生活圈相互融合的过程。交通方式的变化是同城化尺度扩大、力度加强的重要和基础手段。在中国大陆地区，早期的同城化主要依赖常规公交和小汽车通勤，主要表现为大都市核心区与郊区的同城化，伴随着郊区县市的区划调整和设区与城市行政地域的扩大。后来，随着高速公路的网络化和小汽车的普及，同城化的尺度扩大，都市圈成为同城化的重要模式。进入 21 世纪以来，高铁的建设和逐步网络化成为支撑更广大地域同城化的重要手段，长三角核心区的沪宁杭铁三角、京津冀等区域成为同城化的重要区域；同时，依托高铁走廊形成走廊型的同城化发展带，诸如沪宁高铁走廊以及主要高铁线路上的城镇密集带的同城化，城际铁路与城市内部轨道交通等的叠加，也提升了都市圈尺度同城化的力度和内涵。目前，区域同城化成为新的区域关系，区域间的组织模式得到广泛认同和有组织的推进，以规划为引领，以政府间的城际合作和政策的强力推进为特征，形成了值得借鉴和总结的多样化实践经验。

2.4.1 不同地区同城化的比较

初步统计，目前国内有不少于 20 个地区提出或实践了同城化构想，包括港深、广佛、沈抚、合淮、汉孝、京津、宁镇扬、太榆、厦漳泉、成都经济区、滇中城市圈、宁波都市圈、杭州都市圈等（图 2-26，表 2-9）。

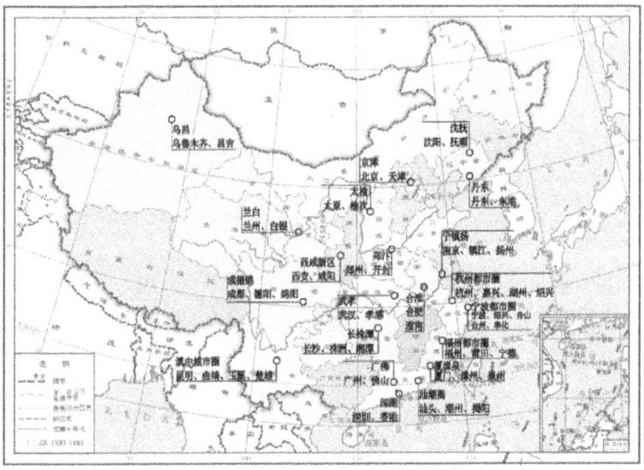

图 2-26　国内提出或实践同城化的典型地区［审图号：GS（2016）1600 号］

表 2-9 当前部分同城化城市区域一览表

名称	年份	组成	时空距离	区域位置 / 地位
太榆	2001[19]	太原、榆次	中心距离 25 km；铁路 20 min，城际公交 60 min	山西省中部，全省经济发展增长极
广佛	2002[20]	广州、佛山	接壤，中心距离 20 km； 公交、地铁直达，15 min	珠三角地区发展龙头
深港	2003[21]	深圳、香港	地铁、巴士直达，45 min	泛珠三角
长株潭	1982[22]	长沙、株洲、湘潭	长沙至株洲动车 13 min、至湘潭 1 h，株洲至湘潭 30 min	长株潭城市群，湖南经济发展战略重要组成部分
西咸	2002[23]	西安、咸阳	中心距离 30 km；铁路 20 min，城际公交 60 min	关中城市群龙头
乌昌	2004[24]	乌鲁木齐、昌吉	中心距离 32 km；公交 40 min	新疆经济发展增长极
郑汴	2004[25]	郑州、开封	中心距离 20 km；铁路 45 min，城际公交 75 min	中原城市群中心
沈抚	2007[26]	沈阳、抚顺	中心距离 30 km；城际铁路 38 min，公交 70—100 min	推动辽宁沿海与腹地互动发展、实现辽宁老工业基地全面振兴
合淮	2007[27]	合肥、淮南	中心距离 90 km；铁路 70 min，客运专线 25 min	承接东部地区产业转移示范区、长三角向西辐射门户、中部崛起的战略增长极
厦漳泉	2010[28]	厦门、漳州、泉州	厦漳距离 47 km、厦泉距离 68 km	国家海洋经济发展先行示范区、两岸经济文化融合发展的先行示范区
京津	2005[29]	北京、天津	中心距离 108 km；城际高铁 28 min	首都都市圈、京津冀都市圈中心
宁镇扬	2002[30]	南京、镇江、扬州	以城际铁路站距离计算，宁扬距离约 80 km，扬镇距离约 40 km，宁镇距离约 60 km	全国重要的经济、商贸、金融中心，长三角辐射中西部的门户枢纽，长江流域的现代产业中心，以及创新与人居环境良好的都市圈

从实施模式来看，主要有跨行政区理事会模式、地方政府首脑协商模式、上级政府派出机构模式和联合党委模式等几种类型[31]。其中，“地方政府首脑协商模式”和“上级政府派出机构模式”通常以上级政府或城市主要领导的磋商协议进行城市利益协调，具有较大的随意性和不确定性，协商成果的落实往往缺乏具有约束力的法制保障；“联合党委模式”则有“同一化”之嫌，违背了同城化的本质内涵。以上三种模式强调利用行政手段而非市场或其他手段进行城市利益协调（表 2-10）。

从实施措施来看，各地同城化普遍采取的战略主要涉及设施、空间、制度和服务等方面，包括交界处共建协调区、产业布局统筹、功能协调共生、空间发展共谋、设施共建共享（交通设施、重大公共设施）、生态共管共治、服务和制度同城等。

从实施进程和效果来看，国内各地区的同城化主要停留在规划、道路交通、跨界公交、取消电话漫游、旅游合作、区域合作论坛等同城化协作的初级阶段，在社会事业和公共事务等深层次协作上，由于利益分配机制的共识难于达成，各地尚未有深入推进（表 2-11）。

表 2-10　部分同城化地区的协调机构概况

名称	组织机构	备注
广佛	四人领导小组、市长联席会议、四个专责小组	两市发改委设立办公室作为日常办事机构
郑汴	两市各自成立郑汴一体化协调领导小组	建设郑东新区
沈抚	市委市政府同城化领导小组	在抚顺市发改委下设，并成立沈抚同城化连接带开发建设协调委员会，建设沈抚新城
长株潭	党政领导联席会议、两型办	制定条例，确保办公室的法律地位
西咸	西咸一体化领导小组办公室	陕西省发改委下设办公室，成立西咸新区管委会
乌昌	乌昌党委，设秘书处和五个工作小组	专设秘书处，配备五个工作组负责政策研究、经济社会发展、规划建设、财经工作和组织工作

表 2-11　各地区同城化实践的实施进展

内容			广佛	郑汴	沈抚	太榆	港深	京津	厦漳泉	丹东	长株潭	乌昌
设施同城	交通	跨界公交	√	√	√	√				√	√	√
		机场 / 高铁 / 地铁 / 轻轨	√		√		√	√				
		取消收费站	√		√						√	√
		路桥建设	√	√	√	√		√	√	√	√	
空间同城	产业	旅游同城	√	√	√			√	√		√	
		金融同城								√		
	生态	跨界河涌共治	√		√				√	√	√	
制度同城	机制	成立领导小组	√	√	√				√	√	√	√
		区域合作论坛	√	√	√	√	√	√	√	√	√	
	规划	同城化规划	√	√	√	√			√	√	√	√
		协调区规划		√	√					√		
服务同城	交通	一卡通	√				√	√	√		√	√
	通信	取消电话漫游	√		√					√	√	√
	信息	网络专栏	√	√	√				√		√	√
	医疗	医保互认	√						√			

2.4.2　各类同城化的普遍特征

尽管不同尺度的同城化区域所实施的策略各不相同，所处的实施进程与取得的效果也不尽相同，但各地区的同城化普遍具有以下几个共性特征：

1）具有便捷的城际间时空联系

交通是要素流动的载体，当前同城化实施进程较快、较成功的同城化城市间普遍建立了高密度的快捷交通网络联系。各同城化城市依托城际高铁（或者轻轨）和高速公路等，区间出行时耗一般为0.5—1 h，多数城市已实现城际公交等交通方式的跨界连接。总的来看，各同城化城市的时空联系较为便捷，在依托公共交通工具的出行方面，地理空间距离较近的城市一般依托常态化的城际公交实现两地的交通出行，而空间距离较远的城市则依托公交化的高铁或城际轻轨大幅缩短两地的时间距离和时空联系。例如，京津两市每天单向约有 115 次的高速城际铁路互通（其中城际列车 81 次），高峰时达到 5 min 1 次；广佛两地之间有城际地铁直接相连，发车频次高达每 3—5 min 1 次。

2）取得广泛的社会认同

既有的同城化实践城市间均具有文化同脉、人缘相亲等特征，为同城化地区的社会认同感培育奠定了良好的基础。共同的认同感和归属感使同城化城市更具有包容性，是推动同城化的深层要素，也是同城化进入高级阶段的重要表征。以太榆同城化为例，2008 年一项关于太榆同城化的支持度调查结果显示[32]，太原市民支持太榆同城化者的比例高达 92.78%，而榆次市民支持同城化的比例也达到 92.24%，两地市民对同城化的高度认同，为太榆同城化的顺利推进奠定了相当重要的基础。

3）因地制宜并循序渐进

同城化的有效推进是根据本地特征循序渐进、由易到难的过程。国内实施同城化的主要地区中，不乏同城化战略启动早但至今进展缓慢者。以太榆地区为例，两市自同城化启动之日即签订了包括旅游、教育、交通、技术开发等在内的八份协议，并且具备了较高的社会认同度，但由于对同城化的阶段特征和发展时序考虑不周，以致自 2002 年协议签订以来，两市同城化进程基本停留在公交车对接、旅游开发合作等一般项目合作层次，难以取得进一步突破。与之不同的是，广佛同城化的实施则进行了长期部署，从同城化构思的提出到确立每月协调工作会议，从合作协议签订到规划出台等历时将近七年，其从路网衔接到协调小组成立，循序渐进，是当前国内所有实施同城化战略地区中最为成功的区域之一。

4）长效的协调机制与政策保障

同城化在于弱化城市壁垒，从而实现要素在区域内的自由流通，以及资源在更大地域空间范围的有效配置。但凡成功的案例，均在统一的管理模式下实现了内部多样性之间的和谐，协调了内部不同发展水平、不同利益诉求之间的矛盾[33]。首先，区域协作应建立在平等合作的组织框架之上，确立多样化的协调机制和稳定的争端解决机制，建立管理委员会、区域协会或发展论坛等专门组织机构，签订政府间的合约、立法协调政府合作协议等。其次，同城化不是政府的同城化或仅由政府来推进的同城化，而是依靠政府、市场、社会三大系统力量推动，这三类主体共享同城化成果的同城化。

如果说高速交通网络为同城化提供了硬件支撑，区域化的通勤和职住联系以及相应的区域空间重组为同城化提供了客观机遇和基本动力，顺势而为、通过政策创新来形成政府、市场、市民三只手的跨界协同，则是同城化不可或缺的软性支撑和动力，也是高速交通所支撑的区域空间重组应该发展的积极方向和对其重组绩效加以评价的最佳标尺。

本章注释

① 高鑫，修春亮，魏冶．城市地理学的“流空间”视角及其中国化研究 [J]. 人文地理，2012（4）：32-36，160.

② 曼纽尔·卡斯特．网络社会的崛起 [M]. 夏铸九，王志弘，等，译．北京：社会科学文献出版社，

2003：504–526.

③ 沈丽珍 . 流动空间 [M]. 南京：东南大学出版社，2010.

④ 董超 . “流空间”的地理学属性及其区域发展效应分析 [J]. 地域研究与开发，2012，31（2）：5–8，14.

⑤ 赵琳琳 .30 万燕郊北漂族跨省上班 [N]. 广州日报，2014–02–12（A18）.

⑥ 何塞・乌雷尼亚，菲利普・梅内拉特，马迪・加门迪亚 . 从国家、区域和地方视角看高速铁路对沿线大城市的挑战 [J]. 黄勇，译 . 国际城市规划，2011，26（6）：30–41.

⑦ 张晓莲 . 美国城市郊区化与都市区发展 [J]. 城市问题，2001（4）：60–62.

⑧ 褚葆一 . 当代美国经济 [M]. 北京：中国财政经济出版社，1981.

⑨ 丁成日 . 城市规划与空间结构——城市可持续发展战略 [M]. 北京：中国建筑工业出版社，2005.

⑩ 2009 American Community Survey.

⑪ 基于大都市统计区（MSA），纽约大都会区名为 New York–Newark–Bridgeport；NY–NJ–PA 大都市统计区，范围包括纽约市、泽西市、纽瓦克市、白原市和纳苏县、苏福克郡、达奇斯县、普特南县。

⑫ Alain B.Labor Markets，Urban Structures and Transport[C].Beijing：World Metropolitan Development Forum，2012.

⑬ 金本良嗣，德岡一幸 . 日本の都市圏設定基準 [J]. 応用地域学研究，2002（7）：1–15.

⑭ 昼夜人口比 = 昼间人口 / 夜间人口，大于 1 表示就业吸引力较强，小于 1 表示居住吸引力较强，等于 1 则表示平衡。

⑮ 中华人民共和国交通运输部 . 公交都市创建示范工程国际经验：日本东京 [EB/OL].（2013–10–28）[2013–11–21].http：//www.moc.gov.cn/zhuanti zhuanlan /gonglujiaotong/ gongjiaods/guojijy/201310/t20131028_1503838.html.

⑯ 李春利 . 轨道交通出行率影响道路拥堵 [EB/OL].（2013–09–07）.http：//auto.ifeng.com/fangtan/20130907/1000612.shtml.

⑰ 王靓 . 世界城市启示录：城市融合必须多建轨轨道交通 [N]. 东方早报，2007–08–06.

⑱ 高津利次 . 日本高铁的历史与未来 [J]. 甘霖，译 . 国际城市规划，2011，26（6）：6–15.

⑲ 2001 年时任山西省委书记的田成平提出太原和榆次合作的想法，并委托省委秘书长牵头进行了同城化研究。

⑳ 2002 年初，广州提出构建“广佛都市圈构想”，得到佛山的积极响应，于 2009 年签署《广州市佛山市同城化建设合作框架协议》，标志着广佛同城正式启动，随后出台《广佛同城化发展规划（2009—2020 年）》，现已实现地铁的无缝对接。

㉑ 2003 年 1 月 27 日，深圳皇岗口岸旅检实行 24 h 通关；2005 年，《深圳 2030 城市发展策略》明确提出“深港同城”的战略构想。

㉒ 1982 年 12 月，长株潭城市群研究会会长张萍提出“把长沙、株洲、湘潭在经济上联结起来”，长株潭一体化首次进入决策层视野；1984 年，第一次启动；1997 年，第二次启动；2007 年，获批“两型社会”改革试验区。

㉓ 2002 年 12 月 28 日，在西安签订西安咸阳经济一体化协议；2006 年 9 月 15 日，通过电话并网展开一体化进程。

㉔ 2004 年 12 月，新疆维吾尔自治区宣布成立乌昌党委，标志着乌昌一体化正式启动，至今实现电讯同网、公交车对开、取消城际道路通行费，以及组织领导、发展规划、财政管理、区域建设等方面的统一。

㉕ 2004 年提出设想，2005 年 10 月郑汴城市通道开工启动，2006 年写入河南省“十一五规划”。

㉖ 2007 年 1 月 23 日，李克强在省人代会抚顺代表团讲话提出沈抚同城构想；同年，《沈抚连接带地区概念规划》出台。

㉗ 2007 年 11 月 2 日，淮南市政协十三届一次会议首次论述“合淮同城化”。

㉘ 2004 年 7 月 30 日，厦泉漳城市联盟第一次市长联席会议发布《厦漳泉城市联盟宣言》，这是厦漳泉同城化的雏形；2012 年《厦漳泉大都市区同城化发展总体规划》正式出台，标志着厦漳泉同城化迈

入新阶段。

㉙ 2005 年 7 月 4 日，京津高铁开工建设，2008 年 8 月 1 日运营通车，两地“同城效应”凸显。

㉚ 2002 年扬州市委市政府首次正式提出“宁镇扬”构想，2009 年三市签署同城化协议。

㉛ 焦张义，孙久文 . 我国城市同城化发展的模式研究与制度设计 [J]. 现代城市研究，2011（6）：6-10.

㉜ 宋煜 . 国内同城化战略的实施回顾及个案剖析 [D]：[硕士学位论文]. 上海：同济大学，2008.

㉝ 陈雯，陈顺龙，等 . 厦漳泉大都市区同城化：重塑发展格局 [M]. 北京：科学出版社，2012.

3 长三角区域交通与空间演化的历史分析

交通设施网络是区域人口、物质、资金、信息等转移、交流或交换的支撑载体，地域空间系统上的城市—区域节点则是要素空间交互的基本单元，区域间的各类要素依托载体与节点产生空间关联与相互作用。而交通设施网络自身的发展、演化又与社会经济发展紧密相连，其历史发展过程实际上亦是社会经济网络的嬗变过程。为研究长三角区域交通网络及其地域空间演化的特征，有必要对交通网络的历史发展过程进行系统回顾。本章将首先回顾长三角交通网络的历史演变，进而重点解析高速交通网络的时空格局重塑效应，以及在这一背景下城市区域节点体系的重组特征，从而揭示高铁对于长三角区域空间发展的影响。

3.1 长三角区域交通网络的历史演变

长三角的道路网络发展可追溯至春秋战国时期甚至更早以前，历史时期的道路交通发展对其后区域内外的交通联系具有重要意义。本书基于道路交通的发展特点，按照历史年代划分，从古代、近代与现代三大阶段对长三角交通网络演变历程进行回顾与分析。

3.1.1 古代道路交通发展

1）魏晋南北朝以前：起步开发时期

魏晋南北朝以前属于长三角道路交通的起步开发时期，可细分为先秦至秦汉时期的萌芽起步阶段以及魏晋南北朝（六朝）时期的开发拓展阶段。

（1）先秦至秦汉：萌芽起步阶段

古代交通多因军事需要而修建，春秋战国时期的诸侯战争直接促进了吴越地区水路、陆路的交通发展。春秋时期，凿邗沟①（沟通长江和淮河，即今扬州邗江）、修陵道②（“通江陵道”，前为今吴淞江至苏州，后为今江南运河平望至苏州段），周敬王时期（公元前482年），吴国都城对外的陆路交通北邸中原、西至楚国、南通越国；战国时期，吴越之间的道路主要自会稽郡（治所在今苏州市），南经今嘉兴、杭州达绍兴，北经今常州、镇江，渡江抵扬州，北上可达今徐州、山东南部［图 3-1（a）］。秦统一后，开始大规模修筑有中国古代“高速公路”之称的驰道，形成以咸阳为中心，“东穷燕齐，南极吴楚”[③]的道路网络，其中一支自咸阳以南，抵今江苏省、浙江省一带，并经过境内江胜（今句容）、会稽郡（今苏州）、钱塘（今杭州）等地［图 3-1（b）］。至西汉、东汉，进一步形成以长安、洛阳为中心的道路网，长三角内部道路交通无重大变化，主要在与外部联系上有所发展，向西、向南与今安徽、江西、福建等省（时称“九江郡”“豫章郡”“达冶县”等）逐步建立交通联系［图 3-1（c）］。

总体而言，先秦至秦汉时期属于长三角地区道路交通的萌芽起步期，在水路、陆路交通以及内部、外部交通联系上均开始有了一定的发展，出现横“V”字形的道路框架雏形，联系了该地区当时主要的城邑，自苏州向西北串联今常州、镇江、扬州乃至北部中原，向南串联今嘉兴、杭州、绍兴及南部地区，是后来长三角地区道路交通发展的基础。

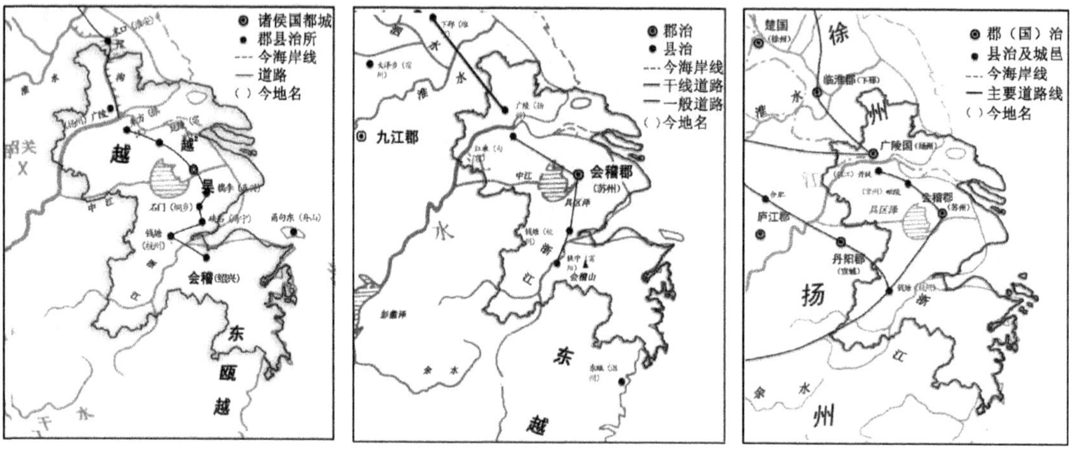

（a）春秋战国　　（b）秦代　　（c）西汉

图 3-1　萌芽起步阶段长三角道路交通示意图

（2）魏晋南北朝（六朝）：开发拓展阶段

古代道路交通发展的另一显著特征是以都城为中心，修建形成通往全国各地的道路网。魏晋南北朝（六朝）时期，部分政权立国于江东，建都于南京（六朝都城，故称建业、建康），长三角地区的水陆交通得到纵深发展。

东吴时期，修治丹徒水道[④]（今丹阳至长江），开凿破岗渎（今句容至丹阳）以通吴（苏州）会（绍兴），隋江南运河在此时已初具雏形。经过魏晋南北朝（六朝）时期对水道的修治与新辟，自长江西溯可抵长江中上游的荆楚、巴蜀一带，东向连通太湖流域并沟通长江与钱塘水系，扬州向北可连接徐淮的淮泗流域，水上交通网络四通八达。陆路方面，魏晋南北朝（六朝）时期东南偏安，稳定的经济社会和南迁的中原移民推动了这一时期陆路交通的快速发展。自东吴始，一方面承袭了秦汉既有的驰道基础，另一方面又在长江流域以南大规模开拓新的交通线路。东晋时期，横“V”字形的道路框架进一步向南、向西扩展延伸，除与杭绍甬轴向道路的连接外，太湖西岸的今湖州（今吴兴、长兴）等地也开始纳入长三角道路网络。此时，苏南、浙北、浙西、皖南、环太湖等地区形成了较为完善的交通联系。进入魏晋南北朝（南朝）时期后，道路开发更由主要城市扩展到一些交通落后的临湖、沿江、傍海的水网密集地区，至此，以今南京为中心向各州、郡、县驻所辐射的交通网络已基本形成，尤其是江浙皖三省间的陆路互通相当便捷，详见表 3-1。

表 3-1 南朝刘宋时期南京至各郡、县驿道里程表（单位：km）

起讫	里程	起讫	里程
建康—秣陵镇	30	建康—盱眙	250
建康—吴郡（苏州）	260	建康—彭城（徐州）	500
建康—会稽（绍兴）	675	建康—沛郡	500
建康—吴兴（湖州）	285	建康—下邳	400
建康—淮南（安徽当涂南）	70	建康—东海（连云港）	335
建康—宣城	250	彭城—下邳	90
建康—毗陵（常州）	200	彭城—沛郡	30
建康—义兴（宜兴）	245	彭城—东海（连云港）	400
建康—广陵（扬州）	90	广陵—海陵	65
建康—海陵（泰州）	195	广陵—山阳（淮安）	150
建康—山阳（淮安）	250	广陵—盱眙	145

经过春秋至秦汉时期的萌芽起步和魏晋南北朝（六朝）时期的开发拓展，长三角的水陆交通逐渐完善，以南京为西向门户、扬州为北向门户、绍兴为南向门户，内部自南京向东连接宁镇丘陵、太湖平原、杭嘉湖平原的主要城邑，对外北连徐淮及中原地区，西连荆楚乃至巴蜀，南经绍兴联系浙西、闽北乃至岭南地区。其中，内部经由今南京、镇江、常州、苏州、嘉兴、杭州、绍兴的“Z”字形道路骨架时至今日仍是长三角地区道路交通的主要框架。

2）隋唐至清中后期：繁荣鼎盛

隋唐至清中后期是中国古代交通的繁荣鼎盛期，随着国家经济中心的南移，长三角所在的江南地区的道路交通进入全方位快速发展的空前鼎盛期。其中，南京、杭州先后因国都布局之利，其道路交通得到空前发展，成为当时重要的国家交通中心。长三角核心区的交通走廊逐渐成为东南地区的交通要道，在全国交通格局中的地位举足轻重。

隋统一全国后，遂开挖系列运河（开凿山阳渎、通济渠等，疏浚江南运河），形成沟通黄河、淮河、海河、长江和钱塘五大水系，由今西安—洛阳向东北（至今北京）、东南（至今杭州）辐射的南北大运河（图 3-2）；同时，沿岸筑堤，堤成路就，是为“御道”。大运河与沿岸堤路的开通大大加强了南北联系，是此后历代王朝经济、文化联系的交通大动脉，可谓肩负“转运天下”之职，江南的道路交通得到了划时代的提升。

据《新唐书·地理志》记载，唐代新辟 5 条陆路、11 条水路交通，占当时全国新辟线路的 39% 和 42%。通过整治贯通江南和浙东运河，形成发达的水上交通网络，“东南诸邑，无不通水”⑤。陆路由扬州南行，经镇江（润州）、常州、苏州、杭州（余杭），后分两路，一路经今绍兴（越州）、宁波（明州）、台州至温州，一路起自钱塘江经建德、金华（婺州）至温州，当中今镇江至宁波段更可水陆兼行（图 3-3）。事实上，不仅在道、府、州级驻所之间，州县之间的驿路系统也逐步建立起来，如苏南几个城市之间，如图 3-4 所示。此时，因国都迁移，南京不再是全国交通中心，扬州则极尽位处长江与大运河交汇的地利之势，成为全国第一商会、东南交通总汇（漕运起点）和国际贸易的重要港埠，道路系统以扬州为中心，通达全国、沟通海外。

至北宋，长三角地区辖于江南东路、淮南东路和两浙路，交通以水路为主。两宋对运河管理尤为重视，特别是对浙东运河的进一步整治，使杭甬一线与大运河的交通更为通畅。南宋初年，迁都今南京（江宁），后又建都今杭州（临安），江南交通得到进一步开发。这一时期，杭州跃升为南宋国境内的交通总枢纽，以临安为中心，主要形成向今宁波、苏

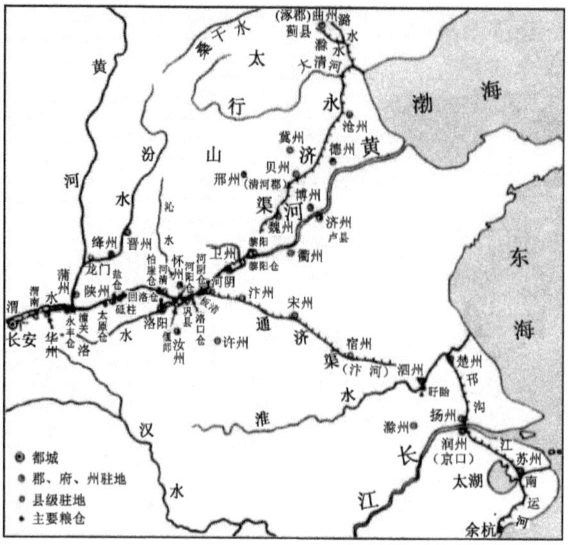

图 3-2 隋唐大运河形势图

图 3-3 隋唐时期道路交通示意图

州（经嘉兴）、徽州（经湖州）、福州（经建德、衢州）方向辐射的陆路交通（图 3-5）。同时，由于海外贸易的发达，各地区与海港码头联系的陆路交通也日趋繁荣，杭州、宁波是当时的“四大海口”之二。

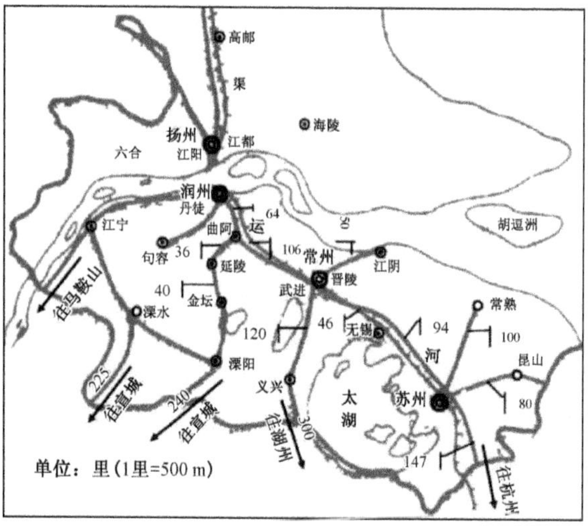

图 3-4 唐代苏南驿道分布示意图

图 3-5 南宋道路交通示意图

元大一统后，在水陆交通上展开重大建设。其一，为便于南北联系（尤其是南粮北运），对原运河截弯取直（开挖会通河、通惠河），形成闻名于后世的京杭大运河。自此，从杭州乘船北上可直抵大都，以运河为核心的江南河网水路更加发达，经济社会也更为富庶。其二，着力开发海运，沿海设市舶提举司七处[⑥]，江浙沪占据其中五处。此时，海港商贸持续繁荣，当时庆元港口“南通闽广，东接日本，北距高丽，商舶往来，货物丰溢”[⑦]；上海逐渐崭露头角，成为新兴商埠；刘家港（今太仓浏河）成为海运基地，时称“六国港口”。陆路方面，主要修建了杭州去往庐州、泉州的驿道，长三角内部的主要交通方向、线路并无重大改变，仍依托杭州至汴梁、福州、明州（宁波）、温州的道路干线相互通达（图 3–6）。

明初定都南京（明称“应天府”）后，再次修治以南京为中心向外辐射的通驿大道，由魏晋南北朝（六朝）时期辐射东南国境扩展至辐射全部疆域。由北京通往江浙一带的驿道合计三路汇于南京，后分两路至杭州，再分两路至浙西、浙南（图 3–7）。这一时期，全国性的主要交通干路首次延伸至今泰州、南通一带。此时，江南地区的市镇商品经济相当活跃，推动各府、州之间形成四通八达的商运流通网络。

图 3–6　元代主要道路示意图

图 3–7　明代主要道路示意图

进入清朝，古代道路交通在此时达到顶峰，亦趋于衰微。清统一后，形成以北京为中心，通达全国各省会，遍及各府、厅、州、县、城镇的道路网，包括官路（清中前期称为“驿道”）、大路（即官路支线）、小路三种等级。长三角内主要以官马南路（浙江、福建官路）境内段为主线，辅以大路、小路通达于各府、州、县间，如图 3–8、图 3–9 所示。

图 3–8　清代主要道路示意图

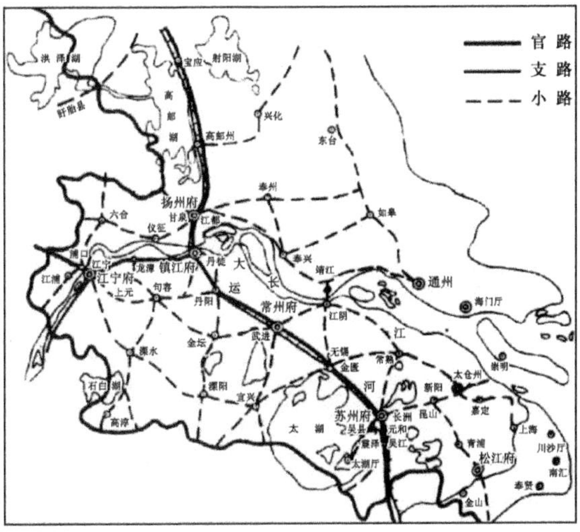

图 3–9　江苏部分地区官马大路分布示意图

"驿传制度"[⑧]也依托清代发达的交通网络而更为全面，清雍正年间，江苏一省有驿站 40 处、铺 582 处，全省各县均设铺，每 10—15 里（1 里 = 500 m）就有一铺。按照《大清律例》，"凡铺兵递送公文，昼夜须行三百里"[⑨]。更有私书贺禀者，以四百里、五百里，甚至六百里的速度递送，若按此计，一昼夜可由南京抵达常州，至此，长三角古代道路交通达到鼎盛。此后，随着西方资本主义势力的入侵，以第一次鸦片战争（1840 年）为标志，以上海开埠通商（1843 年）为发端，近代交通逐步在长三角地区兴起，古代交通则随之式微。

古代道路交通多因军事战争而修、因都邑设置而兴，其交通方式虽然单一，在时间、效率方面也存在诸多局限，后来又因为军事战争损毁、年久失修荒废以及近代交通兴替而衰微，但这些古代驿道系统为近现代公路的产生发展奠定了重要基础，一些早期的主要公路就是在古驿道的基础上整修建设而成，如沪太路（上海至太仓）、杭徽公路（杭州至徽州）、城闸路（南通）等；一些因交通而兴的城市（镇）带及其城市间的联系脉络对长三角地区今日的社会经济发展仍具有重要影响；而自魏晋南北朝以来便基本成型的"Z"字形道路框架至今仍是长三角最为重要的交通骨架。

3.1.2 近代道路交通发展

近代长三角道路交通的发展始于鸦片战争而止于新中国成立前夕，受资本主义生产扩张的影响，铁路、公路、内河轮运等新式交通开始在长三角地区兴起，一举打破这一地区传统的交通地理格局，同时引发其城市与经济发展格局的深刻变革。

在长三角地区兴起的新型区域交通中，影响力首推铁路运输。1876 年，英国商人在上海修筑"吴淞铁路"[⑩]，次年被清政府赎回拆除，在运营不到一年里，共计运送 16 万旅客[⑪]，旅行者皆称便。吴淞铁路这种传统交通无可匹敌的优越性，加快了近代铁路修筑热潮的到来。近代长三角铁路建设主要集中在晚清中日甲午战争后（1898—1911 年）和国民政府前期（1929—1937 年）。截至 1937 年，长三角核心区共建有沪宁、沪杭甬等 8 条主要铁路（表 3-2），合计约 1 180 km，占当时全国里程的 7%。这一时期，铁路便捷带来的时空距离压缩效应，使得西式精确时间（时、分、秒）开始广泛应用，而沪宁、沪杭甬、津浦等铁路的接轨、衔接或与其他交通方式的联运，也为此后长三角一体化的交通体系奠定了重要基础。

表 3-2 近代长三角地区主要铁路概况

序号	名称（起讫）		开工时间（年）	通车时间（年）	里程（km）	备注
1	沪淞铁路（上海—吴淞口）		1898	1898	16.1	前身为"吴淞铁路"
2	沪宁铁路（上海北站—南京下关）	上海—无锡	1905	1905	311.0	曾称为"京沪铁路"，初期沿途设有 37 站，最初时速约为 40 km/h
		无锡—常州	1905	1906		
		常州—镇江	1905	1907		
		镇江—南京	1905	1908		
3	沪杭甬铁路（上海—宁波）	江墅铁路	1906	1907	16.4	江墅铁路系浙江最早铁路，受曹娥江制约，当时萧甬铁路未全线贯通
		枫泾—杭州	1906	1909	125.0	
		上海—枫泾	1907	1909	61.2	
		甬曹铁路	1910	1914	77.9	
		萧绍铁路	1936	1937	69.1	

续表 3-2

<table>
<tr><th>序号</th><th colspan="2">名称（起讫）</th><th>开工时间（年）</th><th>通车时间（年）</th><th>里程（km）</th><th>备注</th></tr>
<tr><td>4</td><td colspan="2">宁省铁路（南京下关—市区）</td><td>1907</td><td>1909</td><td>12.0</td><td>又称京市铁路、江宁铁路，1936 年南延接江南铁路</td></tr>
<tr><td>5</td><td colspan="2">津浦铁路（天津—南京浦口）</td><td>1908</td><td>1912</td><td>1 009.5</td><td>长三角核心区内里程为 46 km，后与“沪宁铁路”接轨合称为“京沪铁路”</td></tr>
<tr><td rowspan="3">6</td><td rowspan="3">浙赣铁路（杭州—株洲）</td><td>杭江铁路</td><td>1930</td><td>1933</td><td>334.5</td><td rowspan="3">—</td></tr>
<tr><td>玉萍铁路</td><td>1934</td><td>1937</td><td>584.5</td></tr>
<tr><td>株萍铁路</td><td>1899</td><td>1905</td><td>89.0</td></tr>
<tr><td>7</td><td colspan="2">江南铁路（南京—芜湖）</td><td>1933</td><td>1935</td><td>175.0</td><td>又称“宁芜铁路”</td></tr>
<tr><td>8</td><td colspan="2">苏嘉铁路（苏州—嘉兴）</td><td>1934</td><td>1936</td><td>74.4</td><td>仅存在 8 年，后未重建</td></tr>
</table>

内河航运和公路建设对近代长三角地区的影响同样意义深远。受上海开埠后经济快速发展的影响，长三角地区尤其是太湖流域的杭、嘉、湖、苏等城市与上海形成了发达的内河小轮运线路和繁忙的业务往来（表 3-3），与近代兴起的铁路运输互为补充（图 3-10）。公路建设方面，主要集中于国民政府前期，修筑完成苏、浙、皖三省联络公路（后扩充为苏、浙、皖、赣、鄂、湘、豫七省），主要形成京（南京）杭路、沪杭路、杭徽（徽州）路、京（南京）芜路、沪太路、锡沪路等省道或干线公路，并催生了沪、苏、锡等地市区或市县之间的长途客运班线。但限于当时汽车的普及率、保有量，近代公路的影响相比铁路较为微弱。

表 3-3　上海经营杭、嘉、湖、苏航线的主要轮运企业一览表（1936 年）

公司名称	船数（艘）	航线	公司名称	船数（艘）	航线
招商内河轮船局	5	上海—杭州、无锡；上海—湖州；上海—杭州、清江、溧阳	永利化学工业公司	1	上海—杭州、宜昌
平沪轮船局	3	上海—平湖	永泰商号	1	上海—杭州、湖州、南京
夏如记	2	上海—平湖	永顺轮船局	1	上海—湖州
源通轮船局	4	上海—杭州、无锡；上海—杭州	和兴商号	1	上海—杭州、无锡、汉口
协记内河轮船公司	4	上海—平湖	光华火油股份公司	1	上海—杭州、汉口、无锡
大江南苏皖航运局	2	上海—杭州、南昌；上海—杭州	朱坤林	1	上海—杭州、南京、宜兴
王永贤	1	上海—杭州、川沙、常熟	朱根宝	1	上海—杭州、镇江
王宝良	1	上海—杭州、汉口	朱掌生	1	上海—杭州、汉口
史素记商号	1	上海—杭州	亨利电焊公司	1	上海—杭州、汉口、无锡
永安商轮	1	上海—湖州	利达轮船局	1	上海—杭州
永固轮船局	1	上海—湖州	协记商号	1	上海—杭州、苏州

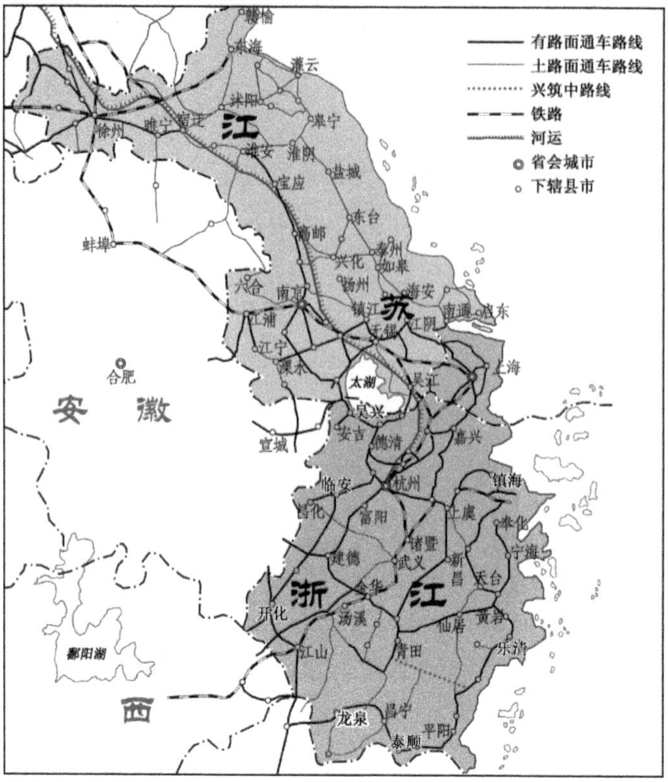

图 3-10　江浙沪三地公路分布图（1941 年）

3.1.3　现代道路交通发展

新中国成立至改革开放前夕，长三角地区的道路交通发展主要集中于战后破损道路的修复，期间还受到“大跃进”“文化大革命”的影响，曾一度缓慢甚至陷入停滞，道路交通建设整体进展不大。直至 1978 年改革开放以后，才真正进入全方位的快步发展，这一阶段是长三角地区现代多元交通发展和高速综合交通走廊形成的重要时期。

1）以公路提等升级为主（1979—1995 年）

20 世纪 80 年代中后期，随着《国家干线公路网（试行方案）》（1981 年）的颁布，长三角进入公路快速建设时期，这一阶段重在提升既有公路的道路等级，期间建成了国内首条高速公路——沪嘉高速（上海宝山至嘉定，1988 年通车），长三角核心城市间的道路交通首先得到了改善，而公路也逐渐取代铁路成为区域联系最主要的交通方式。

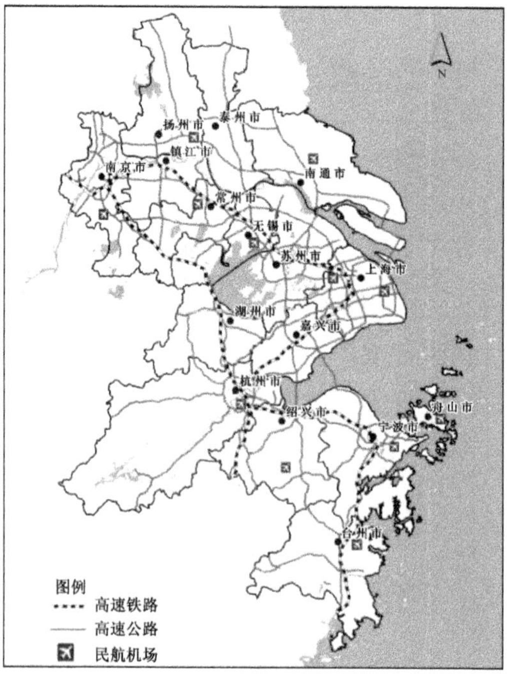

图 3-11　长三角现状高速交通网络分布图

2）以高速交通建设为主（1996 年至今）

20 世纪 90 年代中后期，长三角进入大规模的道路交通投资建设时期，依次以高速公路和高速铁路建设为主，区域交通格局发生了重大改变及提升。“九五”开局之年，建成长三角内首条跨省高速公路（沪宁高速）；此后随着国道、省道的提级扩延和高速公路的规模兴建，截至 2005 年，以高速公路为骨架的高等级干线公路网络基本串联了除舟山以外的长三角核心区其余全部城市，揭开了长三角交通高速化、网络化的序幕。2006 年以后，长三角进入以高速铁路（城际铁路、客运专线等）建设为主的阶段，伴之高速公路的继续覆盖、跨海跨江大桥的快速推进以及口岸港口、枢纽机场的建设升级，综合叠加为高度发达的长三角高速综合交通走廊，如图 3-11 所示。2012 年底，江浙沪的公路、高速公路、营业铁路和内河航道的营运里程与分布密度均位居全国前列且远超全国平均水平，较改革开放前夕增量巨大、增速惊人（表 3-4）。

表 3-4　长三角与全国主要交通运输线路指标比较及增长情况（1978—2012 年）

指标	单位	2012 年		1978 年		较 1978 年增长（%）	
		长三角	全国	长三角	全国	长三角	全国
铁路营业里程	km	4 599.6	97 625.0	1 949	51 700	136	89
铁路密度	km/ 百 km^2	2.16	1.01	0.91	0.54	137	87
公路里程	km	280 209	4 237 508	38 320	890 200	631	376
公路密度	km/ 百 km^2	131.54	43.93	17.99	9.23	631	376
高速公路里程	km	8 795	96 200	—	—	—	—
高速公路密度	km/ 百 km^2	4.13	1.00	—	—	—	—
内河航道里程	km	36 285.8	124 995.0	37 480	136 000	–3	–8

3.2　高速交通与长三角空间发展

根据前文区域交通网络历史演变的梳理，再结合不同时期交通方式与交通技术变革的阶段性特征，基本可将长三角的交通发展归纳为“单一交通方式”“交通技术进步”和“现代综合交通”等主要阶段。客观来说，从古代步行、舟楫及马车等“单一交通方式”主导阶段到现今的高速公路、高速铁路及航空等“现代综合交通”发展时期，交通设施的每一次进步都对城市区域的空间发展与社会经济联系产生深刻影响。毫无疑问，现代高速交通的崛起对长三角地域空间发展的影响最为深刻、最为迅速，突出体现在对时空距离、要素流动及空间结构等多个方面的影响。

3.2.1　高速交通驱动时空距离重塑

地域空间的交通时距受交通技术进步的影响最为直接，现代交通技术革新所引发的时空距离格局变化可谓空前。以上海和南京的交通时距历史演变为例，在两市空间距离不变的情况下，当前较历史时期的交通运行时速提升多达30余倍，运行时间的压缩则超过50倍，可见现代交通尤其是高速交通设施所产生的时空压缩效应对城市间时空联系格局的影响是重塑性的（图 3-12）。

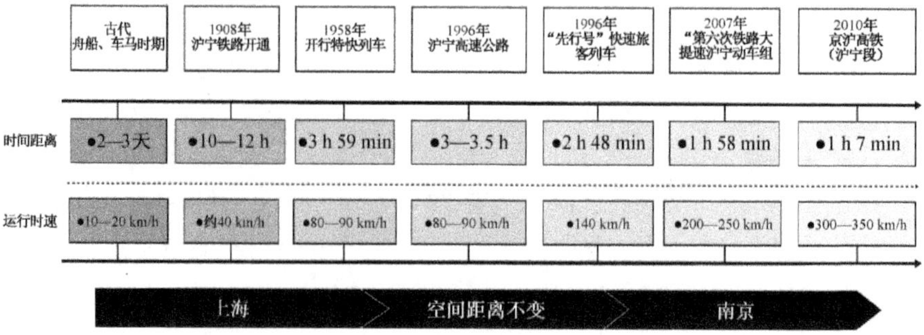

图 3-12　沪宁两市交通时距的历史演化

1）综合交通可达性模拟

本书选取了现代道路交通发展以来四个具有代表性的时间节点（1986 年、1995 年、2006 年、2013 年），依托 ArcGIS 技术平台构建相应的交通网络成本栅格数据集（图 3-13），

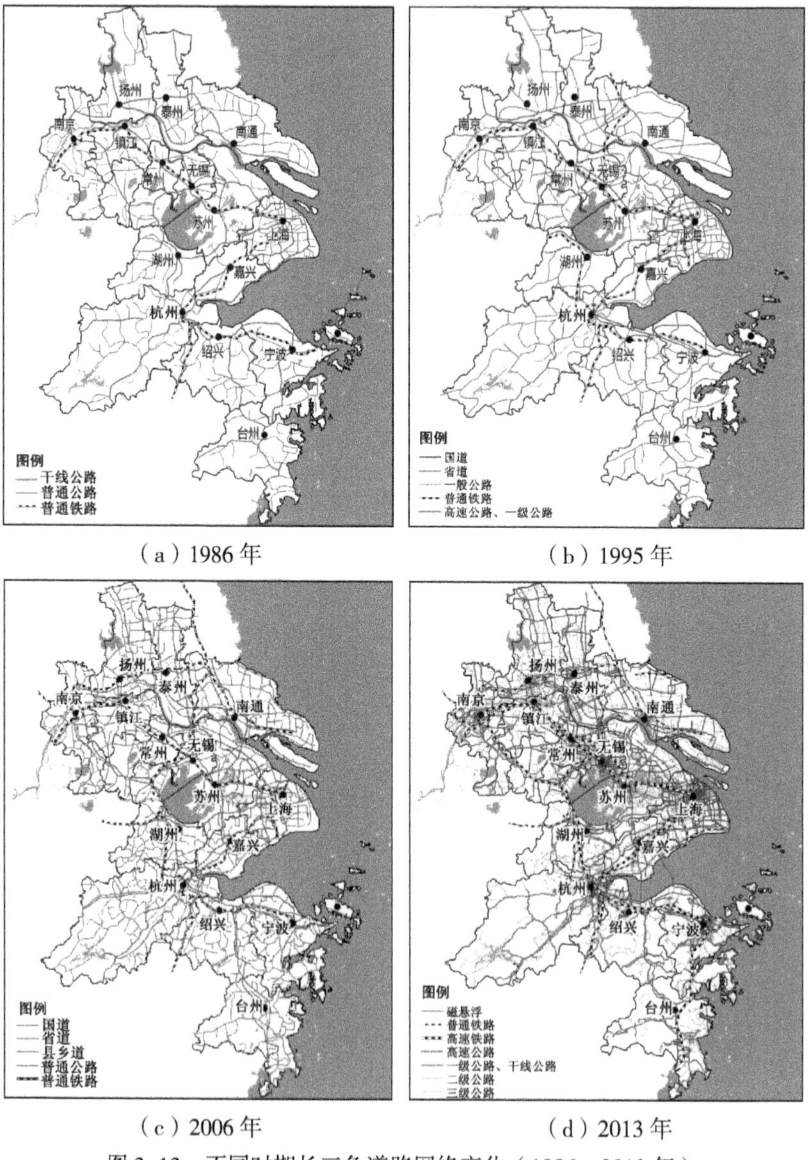

（a）1986 年　（b）1995 年

（c）2006 年　（d）2013 年

图 3-13　不同时期长三角道路网络变化（1986—2013 年）

采用加权（时间）成本距离算法对上述四个时间断面的长三角交通时空格局进行模拟，量化分析其交通时距的动态变化过程，进而揭示高速交通之于长三角地区间联系的时空重塑效应。在构建交通网络成本栅格数据集时，各交通方式的模拟时速如表 3-5 所示，同时还考虑了地形因素对交通时间成本的影响。

表 3-5　不同交通方式的平均时速（单位：km/h）

年份	普通铁路	高速铁路	电气化铁路	高速公路	干线公路	国道	省道	县乡道 / 普通公路 / 一般公路	跨江 / 跨海大桥
1986	45	—	—	—	50	—	—	30	15
1995	55	—	—	—	—	60	60	30	20
2006	150	—	200	100	—	75	65	40	40
2013	150	300	200	120	—	80	70	40	100

长三角地区四个时间节点的综合交通时空格局模拟结果如图 3-14 所示，以等时圈表征长三角地区任意一个城市节点到该城市单元内部或邻近城市节点的交通时耗。

2）时距演化及分布特征

从 1986—2013 年综合交通可达性演化及分布特征来看，空间时距与道路交通发展的时代特征紧密相关，具有明显的交通指向性。

（1）1986 年以前，由于道路交通以普通铁路为主，道路等级普遍较低，区域交通整体落后，这一阶段 1 h 交通圈占长三角面积尚不足 15%，且分布区域主要局限于城市单元内部的狭小范围或沪宁、沪杭和萧甬铁路通过的局部地区。

（2）至 1995 年，由于道路交通建设重在公路提等升级，交通网络格局变化不大，相应地，此时交通可达性提升也主要在核心城市之间，全局不便的交通格局逐渐转为“核心（轴线）—边缘”的不均衡便利格局，其余地区除了 1 h 交通圈略有扩大外，交通可达性并未得到明显提升。

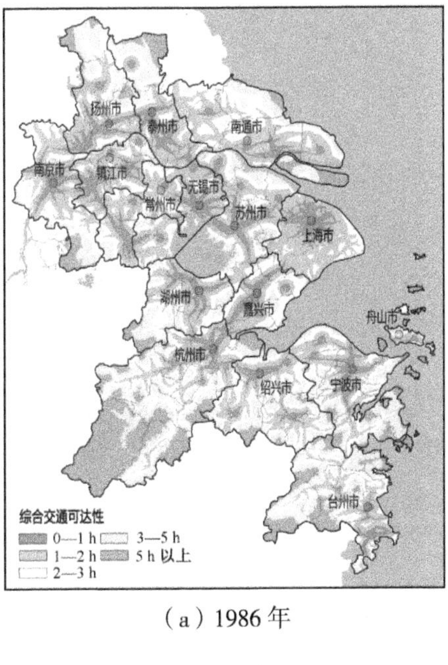

（a）1986 年

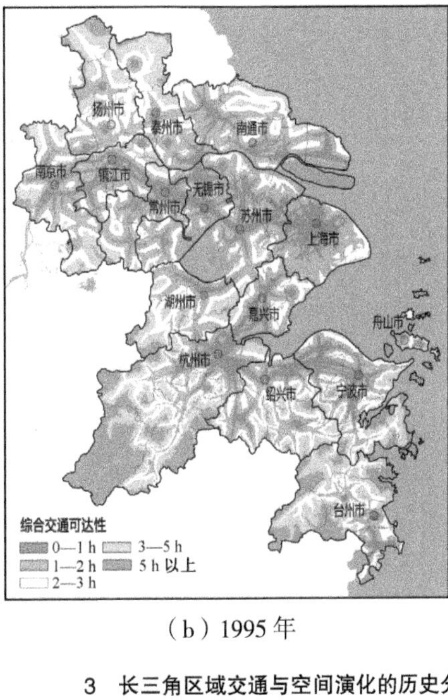

（b）1995 年

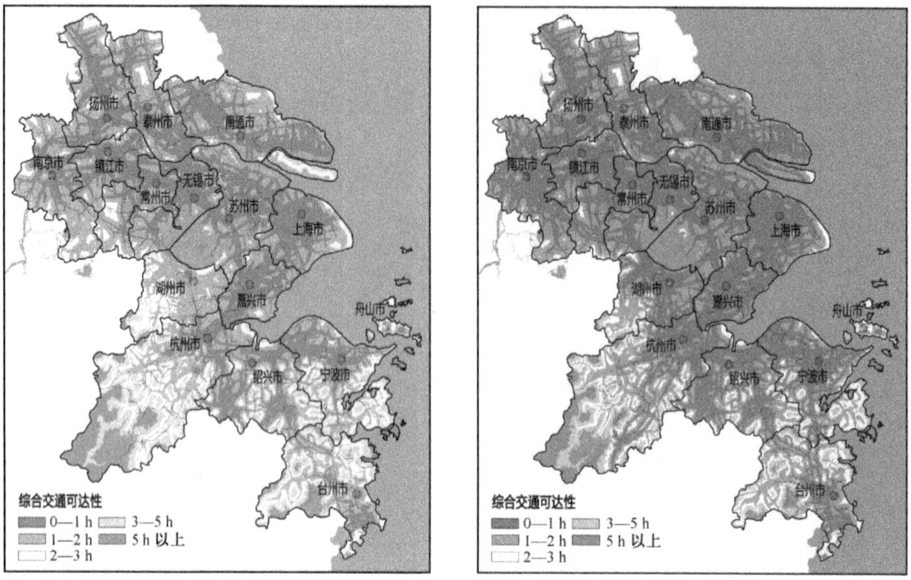

（c）2006 年　　　　（d）2013 年

图 3-14　长三角地区综合交通可达性演化（1986—2013 年）

（3）1996 年至 2012 年，是长三角地区道路交通大规模建设时期，由于高速公路、高速铁路和跨海跨江大桥建设的快速推进，长三角内部综合交通可达性提升极为明显，以 1 h 等时圈为例，2006 年的 1 h 交通圈较 1995 年增长 138%，较 1986 年增长 183%。

（4）至 2013 年，长三角地区 1 h 交通圈的覆盖率已接近 50%，达到 1986 年覆盖范围的 3.2 倍，在“沪宁杭”三角区已基本实现 1 h 等时圈的全覆盖（图 3-15）。

3）高速交通与时空距离重塑

对有无高铁通过的市（县）的交通可达性进行比较发现（表 3-6），有高铁通过的市（县）的交通可达性明显优于其余地区，且对区域可达性的提升也最为明显。高铁的覆盖将更多地域空间纳入长三角自身的“一日通勤圈”和“一日交流圈”范畴（以 1 h、3 h 等时圈分

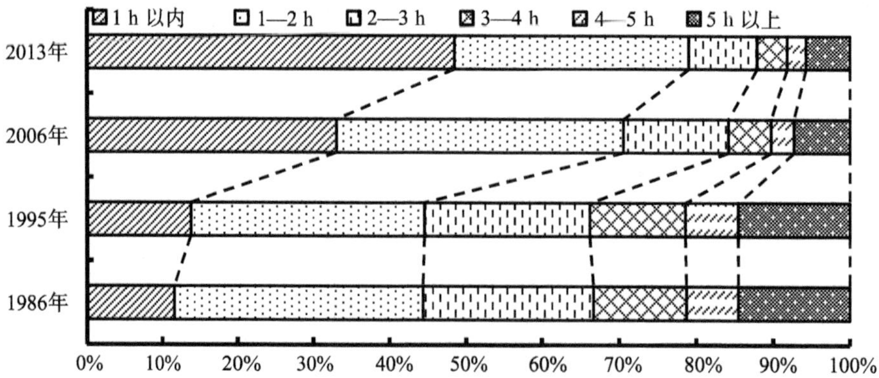

图 3-15　长三角地区不同交通时距占据比例的变化情况（1986—2013 年）

别作为其界定标准）。目前，长三角地区各主要城市（县）与邻近城市（县）基本处于相互的“一日交流圈”范畴，占比达88%，在发达的交通网络串联区域则基本进入相互的“一日通勤圈”范畴，集中分布于沪宁、沪杭、杭甬、宁杭、宁通的交通轴线门户区域之间，占比达58%（图3–16）。

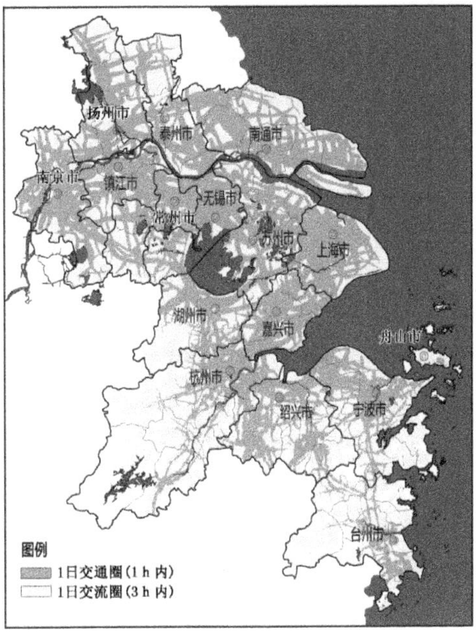

图3–16　长三角1日通勤圈与交流圈分布

表3–6　有无高铁通过区的1 h、3 h交通圈覆盖比较

地区	1 h交通圈覆盖率（%）	3 h交通圈覆盖率（%）
有高铁通过的市（县）	58	94
无高铁通过的市（县）	46	88

与1986年的1 h交通圈覆盖率相比，南通、绍兴和南京三市的交通可达性改善最大，其覆盖率增长超过四倍甚至达到七倍；其次为常州、扬州、宁波和嘉兴四市，其覆盖率增长多达三倍；除舟山市以外，其余城市的1 h交通圈覆盖率增长也达到两倍以上，而这些城市交通可达性的迅速跃升正是受益于1995年之后高快速交通方式尤其是高铁在长三角地区的快速兴起与建设（图3–17）。

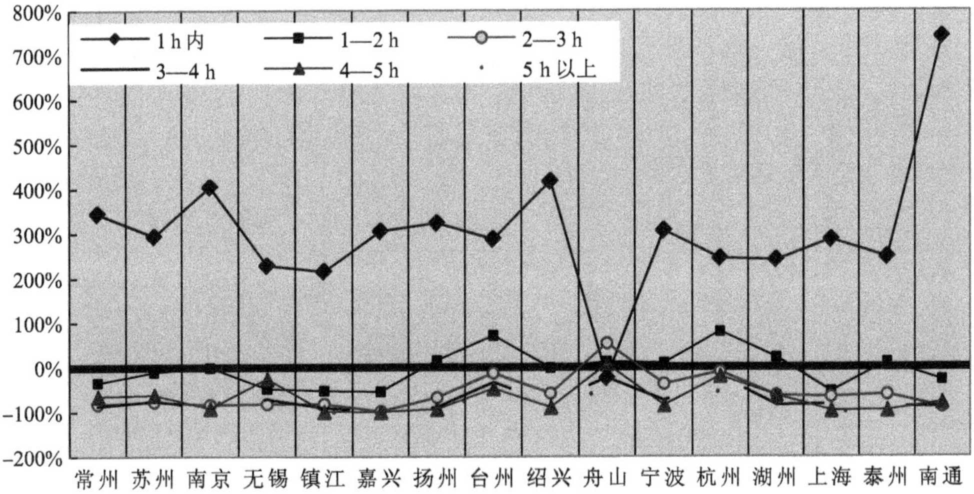

图3–17　长三角各城市的空间时距变化率（2013年与1986年比较）

总体来说，长三角城市间的交通时距分布格局呈现出明显的距离衰减规律，但由于城际轨道交通等高快速交通设施的建设，也存在主要城市中心城区间的时空距离小于某一城市市区到该城市郊县的情况，表现为与地理距离不相对应的非扁平化时空分布特征。这与特定时期高速城际轨道交通的布局特点有关，它促进了城市发展要素在城市与城市之间的流动，是长三角地区就业流动化、区域化组织趋势的重要基础。

3.2.2 高速交通驱动空间结构重构

1）交通网络与空间结构演变

（1）古代交通网络及其空间结构

在古代单一交通发展阶段，长三角地区以舟楫水运为主，形成了以运河（邗沟—江南运河—浙东运河）为主线的发达水运交通网络，沟通长江与钱塘江，襟带太湖流域。早期长三角地区的城市就是依托河网水运而发展壮大的，临长江或沿运河形成重要的城镇分布带，且伴随着江南经济的发展而得到不断强化。这一时期，长三角城镇空间由“点状独立发展”逐渐转变为“轴带松散联系”，萌芽成型的“>”“Z”字形［宁—镇—常—苏（申）—嘉—杭—绍—甬］交通轴带既是近现代这一地区陆路交通发展的主要方向和主体框架，也是现今长三角城镇经济带空间布局形态的重要基础。

（2）近代交通网络及其空间结构

近代交通无论在交通运输、城市形态、经济格局还是社会生活方面，对于长三角的影响都是具有革命性意义的。这一时期，传统的人力、兽力运输被先进的机器动力运输所取代，包括现代轮船对传统船舟的逐步取替，铁路运输对水上运输的逐步超越等。此时，京杭大运河的运输地位逐渐下降，过去因运河而兴的城市（如扬州）随之衰落。而受益于新式交通的建设，这一时期铁路沿线城市或对外海运枢纽城市快速崛起（如上海、无锡等），新建企业多在铁路沿线布局，逐渐形成沿铁路的经济密集分布带。经历王朝废替、政权变革且内忧外患、动荡不安的近代逾百年，基本形成了以铁路为主要交通运输方式，以上海为交通枢纽，沿沪宁、沪杭甬通道向区域辐射的新式交通网络。此时，上海逐渐超越南京、杭州等成为长三角首位城市，沪宁、沪杭甬铁路沿线城市及其工商业迅速繁荣，长三角城市群开始迅速发育，长三角内部的城镇主体形态仍呈现为“Z”字形格局。

（3）现代交通网络及其空间结构

进入现代，主要是改革开放后的30余年间，长三角地区的区域空间结构随交通网络结构的演化，经历了由封闭状的独立组群到点轴系统并向开放化的多中心网络格局演化的过程，如图3-18所示，在多中心网络的空间结构模式下，城市区域间一体化程度显著提升，城市区域功能空间联系明显加强。

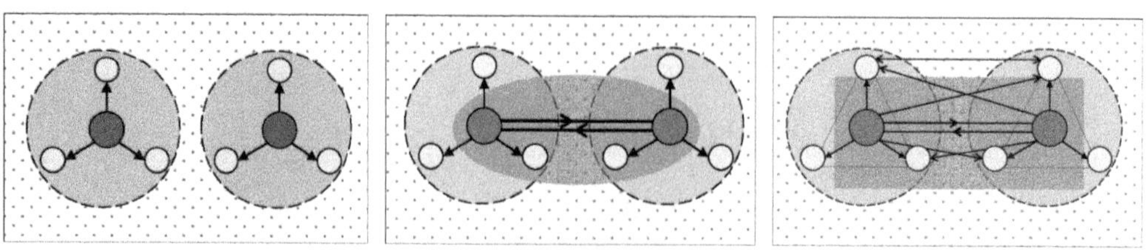

（a）组群独立　　（b）点轴系统　　（c）多中心网络

图3-18　长三角空间结构重组过程的模式总结

新中国成立之后，长三角地区的公路建设取得了一定进展，吸引城市由铁路、运河沿线或港口沿岸转向公路沿线布局，沪宁、沪杭甬等主要交通走廊两侧的城市数量与规模快速增长，长三角城市群的主体形态基本确立。但此时公路等级普遍偏低，限于区域交通条件及计划经济体制，在苏南、浙江等发展模式之下兴起的小城镇密集带形成了以上海、南京和杭州三个特大城市为主导的近沪、近宁和近杭等封闭状的独立组群发展格局［图3-19（a）］。

20世纪90年代末，随着高速公路的兴起和等级公路体系的完善，独立分割的发展格局被逐渐打破，形成以上海为龙头，上海、南京、杭州为中心，沪—宁—杭—甬通道为轴带的“Z”字形点轴式城镇群分布格局［图3-19（b）］。

至2005年，中心城市与次级城镇串联的高速公路网络体系基本完善，吸引优势产业的高度集聚并形成以高速公路为骨架的交通廊道式城市分布格局，沿线城市规模随之迅速扩张，上海单极中心的格局渐渐弱化。此时，传统“Z”字形的交通格局被逐渐打破，多中心网络结构逐步萌芽［图3-19（c）］。此后，随着高速公路的加密，大型跨江跨海桥梁通道以及高速铁路、城际铁路等快速交通的建设，使得区域高速交通网络进入新一轮升级重塑期，由此带动了长三角内部空间的剧烈重组，区域空间发展格局将转向更高程度的网络化结构体系。

在高速交通建设时期，由于宁杭、沪陕（宁通、通启）、沈海（沿江、杭浦、甬台温）等高速公路，宁通、新长铁路和宁杭高速公路，苏通、杭州湾、嘉绍、崇启、泰州等跨江跨海大桥的建设，使得宁通、宁杭、沿江、环杭州湾地区的交通廊道得到强化，区域交通格局逐渐由沪—宁—杭—甬的强“Z”字形向横“W”“B”“山”形乃至全局均衡、高效便利的“网络化”交通格局发展，长三角地区的区域空间结构随之由点轴延展模式向网络联结的多中心网络化结构体系演化［图3-19（d）］。

2）高速交通与空间结构重构

本书借鉴学者罗震东运用尼克·格林的功能多中心测度方法[⑫]来测算长三角功能联系

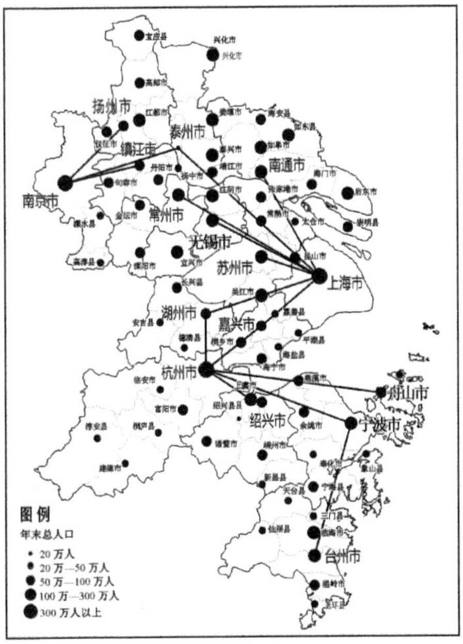

（a）组群独立

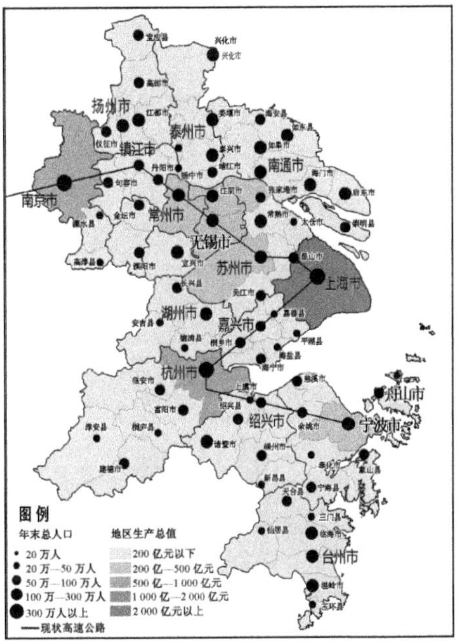

（b）点轴延展

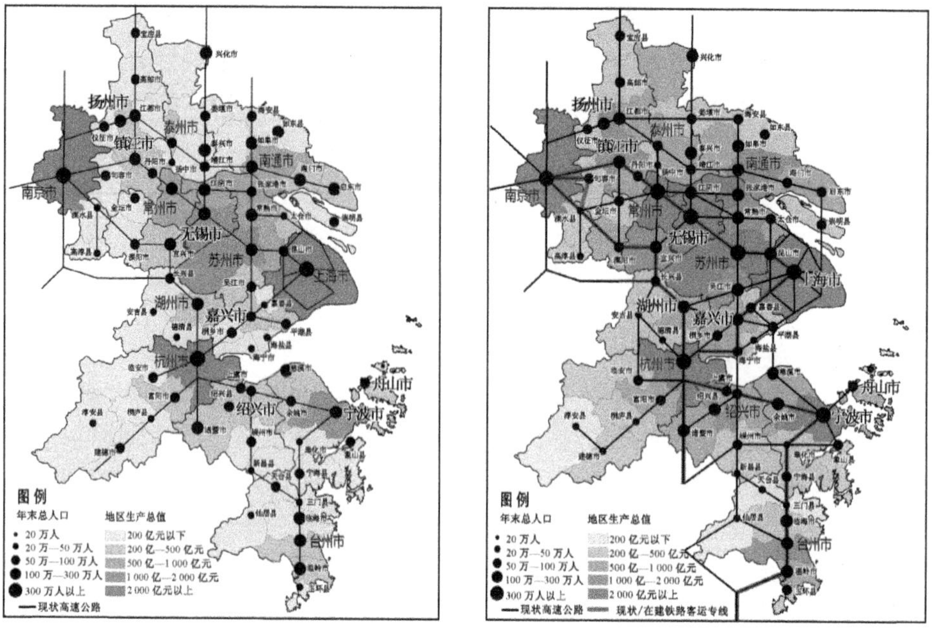

（c）网络联结Ⅰ　　　　（d）网络联结Ⅱ

图 3-19　长三角地区交通与区域空间结构的演化

注：图（a）至图（d）系作者基于 1986 年、1996 年、2006 年和 2013 年的交通路网简化绘制而成，反映各市镇间的高速交通联结关系。年末总人口及地区生产总值来自相应年份江苏、浙江和上海的统计年鉴，不同年份的数据以 2010 年的行政区划单元为统一测算标准进行拆分或归并，其中（a）、（b）图的年末总人口为三普、六普数据。

多中心程度的技术路线。本书基于 2013 年长三角每日高铁（含动车）的通勤车次流量数据，利用该方法对长三角地区的功能多中心程度进行测算，得出长三角城市区域的到达 / 出发通勤的专项功能多中心指数分别为 0.131 和 0.126，综合功能多中心指数为 0.127。与 2000 年彼得 · 霍尔对八个欧洲巨型城市区域的功能多中心程度测算的结果相比较（图 3-20），长三角城市区域的功能多中心程度要高于莱茵—美因、大都柏林、比利时中部、瑞士北部和巴黎等，接近英格兰的东南部和荷兰的兰斯塔德地区。虽然长三角城市内部的车次流量

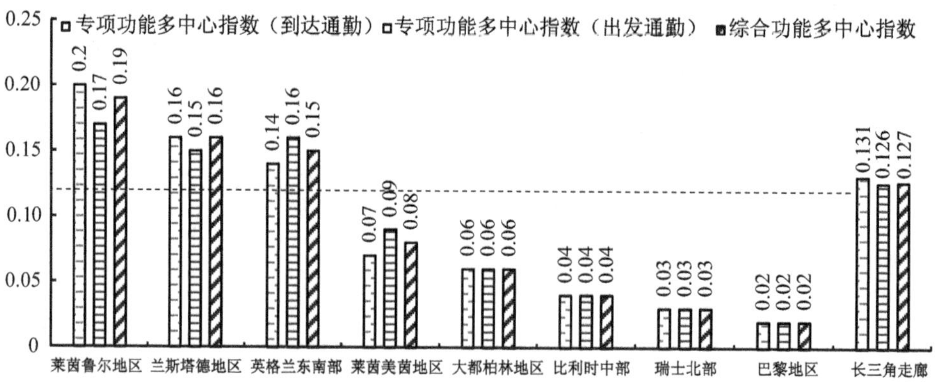

图 3-20　长三角与欧洲八大巨型城市区域的功能多中心程度比较

与实际旅客流量不完全对等，实际指数与测算数值之间也可能存在偏差，但该测算结果在一定程度上反映出长三角已成为一个功能多中心城市区域，也证实了当前长三角地区区域空间结构体系正向多中心网络化重组的事实。

3.2.3 高速交通驱动要素流动重组

1）基于客运的人口流空间分析

人口流动是城市空间流的重要形式之一，其城际流动与交互情况也是反映城市之间相互作用强度等有关信息的重要途径。在此，利用城市客运量、客运结构与客运强度变化等相关指标来反映人口城际流动情况。

（1）高速交通对客运的影响

以高速公路兴起为基点，高速交通方式先后引发两次陆路客运结构的显著变化（表 3-7）：其一为高速公路兴起后长途汽车客运对铁路客运的挤占，1995 年前后铁路客运占比下降了 4.2 个百分点，公路客运占比则上升了将近 10 个百分点；其二为高速铁路建设通车后对公路客运市场的分流，2010 年后铁路客运占比扭转下降趋势转为渐次上升，公路客运则出现小幅下降的态势。从高速公路、高速铁路对长三角客运结构及其客运量的影响来看，高速交通对城市间客运联系的提升效应是以往的普速交通方式所不可比拟的；同时，这种影响对长三角各城市间的内外联动亦是具有重塑性的。

表 3-7 长三角两省一市主要年份客运交通结构表（1978—2012 年）（单位：%）

年份	1978	1980	1985	1990	1995	2000	2005	2010	2011	2012
铁路	12.3	11.5	9.4	9.1	5.9	4.9	5.2	5.0	5.1	5.3
公路	66.0	70.9	77.7	83.2	91.1	92.9	92.9	93.0	92.9	92.7
水运	21.6	17.5	12.8	7.5	2.6	1.7	1.0	0.8	0.8	0.8
民用航空	0.1	0.1	0.1	0.2	0.4	0.5	0.9	1.2	1.2	1.2

为了进一步分析高速交通方式的兴起发展对长三角内外交通联动所带来的影响，引入了客运强度、行旅范围和人均行旅次数三个指标，以比较高速交通方式出现前后长三角城市之间交通联动的变化程度。其中，客运强度表示单位交通里程（运输线路长度）所承载的旅客人次，行旅范围表示出行旅客的平均乘距，人均行旅次数表示各行政单元年内人均出行频数，计算公式如表 3-8 所示，指标计算所涉及的数据来源于《中国统计年鉴》《中国城市统计年鉴》以及江苏省、浙江省和上海市统计年鉴。

表 3-8 几个客运交通指标的计算公式

指标	计算公式	单位
客运强度	客运强度 = 客运量 / 交通里程	万人 /km
行旅范围	行旅范围 = 旅客周转量 / 客运量	km
人均行旅次数	人均行旅次数 = 客运量 / 常住人口	次

不同时期长三角的铁路、公路客运强度总体处于高位波动平衡的状态，并远高于全国平均客运强度（图 3-21）。2011 年，其铁路、公路客运强度分别为全国同一指标的三倍和两倍，体现出高强度的城际客运联系水平。比较不同客运交通主导时期的旅客平均行旅

范围可以发现（图 3–22），在普速客运（“普通铁路 + 普通公路”）交通时期，两省一市旅客在各种交通方式下的总均乘距约为 60 km，进入高速客运（“高速公路 + 高速铁路”）交通时期，总均乘距跃升至 90 km 左右，平均出行尺度较前者增长 50%。从 2008 年以来铁路、公路客运交通方式下的旅客平均乘距来看，分别稳定在 330 km 和 50 km 左右，说明短距和中长距是两类陆路交通方式的优势客运距离，基本处于长三角内各城市到其余 15 个城市的范畴之内。

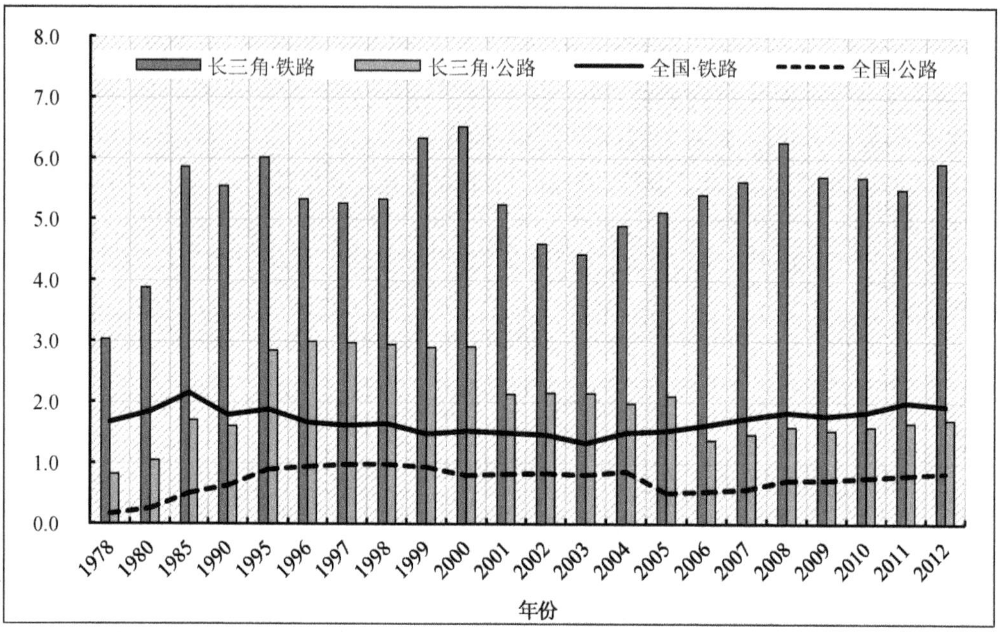

图 3–21 长三角与全国（铁路、公路）客运强度的比较

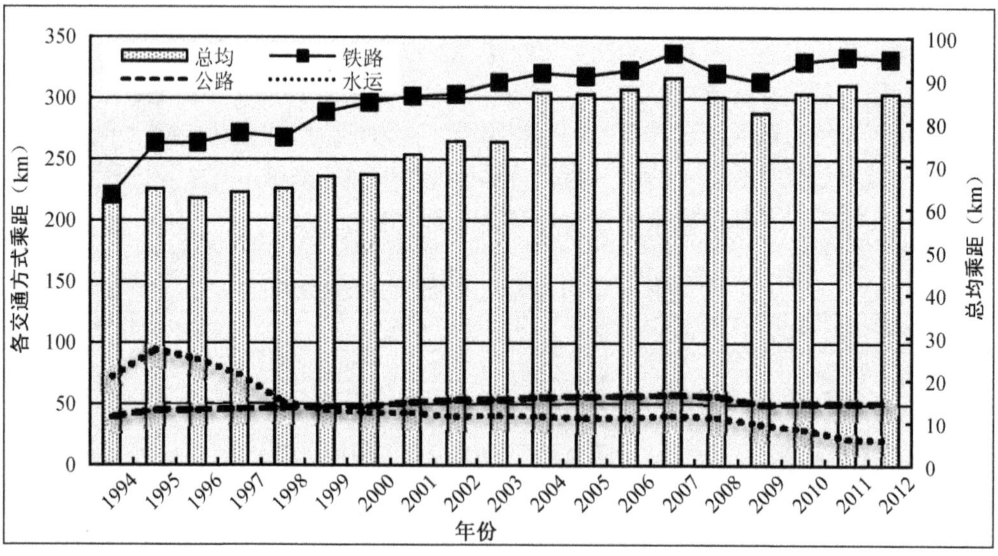

图 3–22 长三角两省一市主要年份旅客平均乘距

比较普速与高速客运时期的人均行旅次数（图 3-23），前者人均行旅次数在 10 次以下，后者则由高速公路兴起时的 15 次上升至高速铁路通车后的 33 次，可见高速交通方式显著提高了城市对外联系的强度，其对长三角核心 16 市的影响则更为明显。2011 年，长三角 16 市的人均行旅次数达 41 次，与长三角两省一市相比高出 10 次之多（图 3-24）。

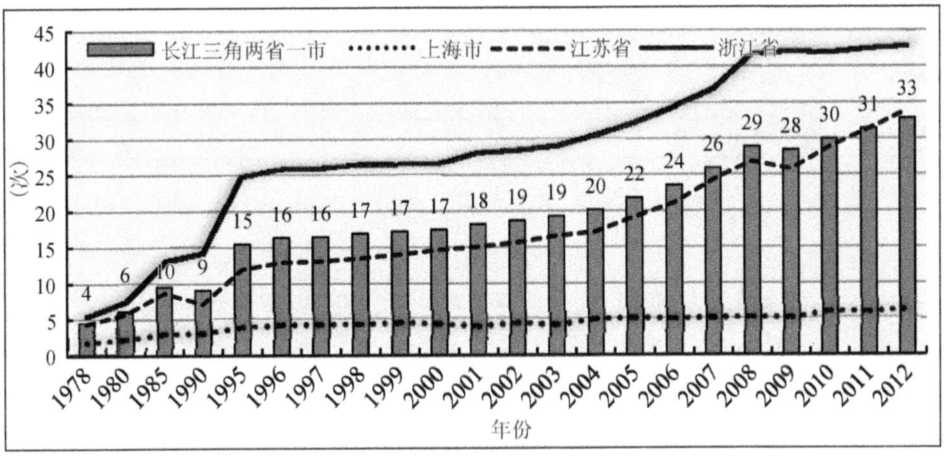

图 3-23　长三角两省一市主要年份人均行旅次数

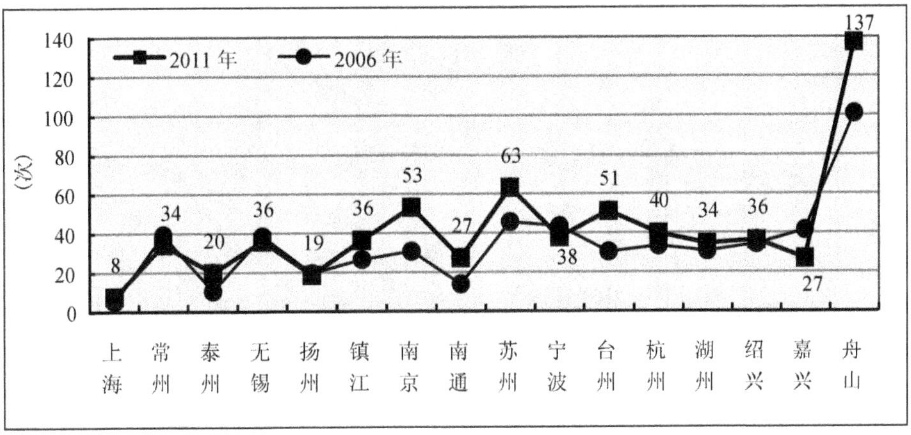

图 3-24　长三角 16 市人均行旅次数（2006 年、2011 年）

（2）人口空间流的网络结构

在城市区域内部，各城市节点及相互间的连线构成了区域城市网络，它是各类城市空间流运行的基础秩序框架。各城市节点与节点之间的人口空间流线构成其人口空间流网络，节点流规模及节点联系强度则反映这一网络的发育程度及运行情况。

① 人流规模等级

城市的客运量及其占总量的比重是判定其人口空间流规模的重要依据。按照 2011 年各城市的客运量及其占长三角总量的比重，对 16 市的人口空间流划分规模等级，具体如表 3-9 所示。位于第一梯队的城市包括苏州、南京、杭州、台州，4 市年客运量在 3 亿人次以上且占比大于 8%，其中又以苏州为一级客运枢纽，南京、杭州为二级客运枢纽；第二梯队城市客运量为 1.5 亿—3 亿人次且占比为 4%—8%，包括宁波、无锡、南通、绍兴、上海、常州、舟山 7 市；嘉兴、镇江、湖州、泰州、扬州 5 市隶属第三梯队，年客运量在 1.5 亿人次以下，且占比小于 4%（图 3-25）。

表 3-9　长三角 16 市客运规模等级划分（2011 年）

等级	客运量(万人次)	占比（%）	数量（个）	城市名称
第一梯队	>30 000	>8	4	苏州、南京、杭州、台州
第二梯队	15 000—30 000	4—8	7	宁波、无锡、南通、绍兴、上海、常州、舟山
第三梯队	<15 000	<4	5	嘉兴、镇江、湖州、泰州、扬州

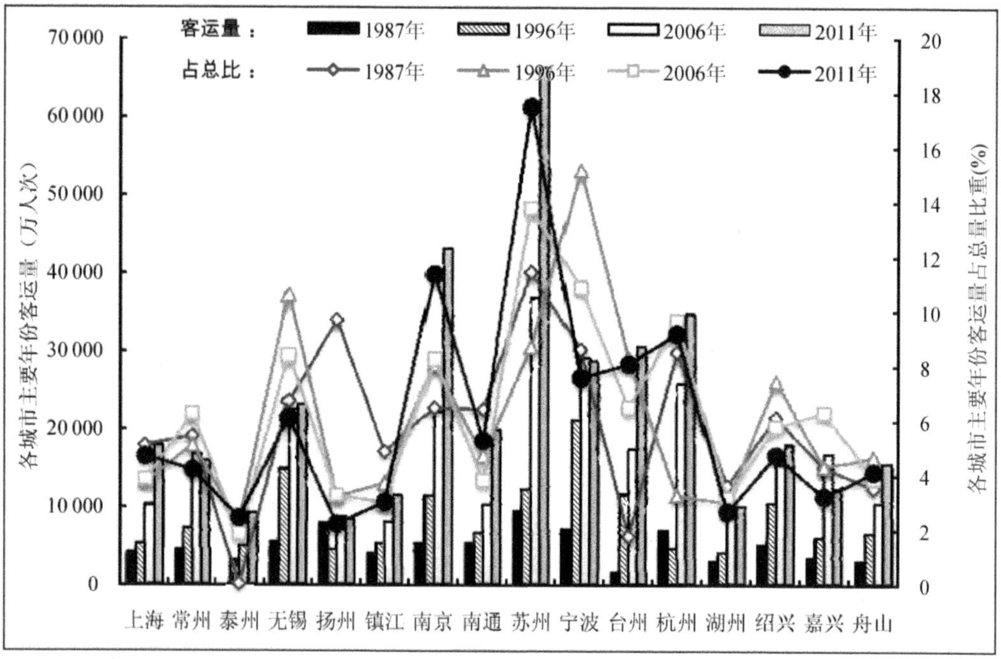

图 3-25　长三角 16 市客运量及其对客运总量贡献率的变化情况（1987—2011 年）

从空间分布来看，长三角地区的客运流动向交通轴线集聚的特征明显。1987—2011 年，宁通、沪宁、沪杭、杭甬（台）、宁杭五大交通轴线[⑬]的客运量在长三角 16 市和两省一市的占比总体呈现波动上升趋势，表明长三角内主要交通轴线城市间的客运联系日趋紧密（表 3-10）。沪宁线和杭甬（台）线的客运量一直位列首、次席位，是长三角地区的核心客运走廊，其占比基本都维持在 40% 和 30% 以上。沪杭线、宁通线与宁杭线的客运量排序则交替变化，系长三角地区的次级客运走廊，其中宁杭线客运量增势又最为明显，2006 年后取代宁通线成为长三角区域仅次于沪宁线、杭甬（台）线的重要交通通道；宁通线增速次之，沪杭线则略有下降。总体来看，目前长三角地区形成了以苏州、南京、杭州和台州四大城市为中心，以沪宁、沪杭、杭甬、宁杭和宁通五大交通轴线为主的客运分布格局。

表 3–10 长三角地区主要交通轴线的客运量情况（1987—2011 年）

主要交通轴线	1987 年		1996 年		2006 年		2011 年	
	占 16 市比重（%）	占两省一市比重（%）	占 16 市比重（%）	占两省一市比重（%）	占 16 市比重（%）	占两省一市比重（%）	占 16 市比重（%）	占两省一市比重（%）
宁通	24（3）	18（3）	19（3）	13（3）	17（5）	13（5）	22（4）	15（4）
沪宁	43（1）	33（1）	42（1）	30（1）	44（1）	33（1）	49（1）	34（1）
沪杭	19（5）	15（5）	12（5）	8（5）	20（4）	15（4）	18（5）	12（5）
杭甬（台）	27（2）	21（2）	36（2）	25（2）	33（2）	25（2）	31（2）	22（2）
宁杭	20（4）	15（4）	15（4）	11（4）	21（3）	16（3）	24（3）	17（3）

注：表中长三角指江浙沪两省一市；（ ）内为交通轴线占比排名次序。

② 节点联系强度

节点联系强度指各城市之间人口空间流线的强度，反映两两城市之间的人口空间流动规模、社会联系频密程度以及整体的人口空间流格局、区域人口流向偏好等相关信息，采用客运交通流数据来测算长三角各城市节点之间的人口空间流强度。由于统计上的客运交通数据通常指一个行政单元内的全体社会客运量，而不涉及城际间的客流量，部分城市所展开的大规模居民出行调查仅限于调查样本、内容等，难以获取并统计两两城市之间精确的客流交通数据。为了克服上述问题，在此构建城市客流分配模型和客流引力模型，以分析各城市节点间的客流联系强度。

研究假设在长三角地区内，各个城市的客流量按照一定的比例系数 k 运送到区内的其余各个城市。基于客运量和旅客周转量测算的 2011 年江浙沪旅客平均乘距显示，各类交通方式下两省一市的总均乘距为 89 km，仅在陆路交通方式（公路 + 铁路）下，两省一市的平均乘距则为 66 km。从分省市来看，上海、江苏和浙江的陆路平均乘距分别为 176 km、69 km 和 57 km（表 3–11）。根据客运量的交通结构，水路、航空交通方式的客运量仅占相当小的比重，2011 年合计 2%；同时，航空客运主要适用于远距离交通出行，长三角区域内的航班往来仅在上海—南京、上海—舟山每日各往返一趟（图 3–26）。因此，陆路交通下的出行范围与长三角的实际情况更加接近。以上海、江苏和浙江内各城市为节点，以平均乘距（陆路）为半径，对区域内居民的出行范围进行模拟（图 3–27），发现各城市居民的活动出行主要在长三角的空间范畴之内。上海第四次综合交通调查结果表明，长三角区域是上海对外客运的主要目的地，其与江苏、浙江两省的日均客运量达 74.5 万人次，占据全市对外客运总量的 68%[14]。综上所述，本书将客流量比例分配系数设定为 0.7，经系数折减后的客运量即为长三角某一城市到其余各城市的客运总量，以此作为客流分配模型和客流引力模型测算的基础数据。

表 3–11 长三角两省一市的旅客平均乘距（2011 年）（单位：km）

地区	铁路	公路	水路	民用航空	平均乘距	陆路平均乘距
上海	102	307	131	3 018	967	176
江苏	376	55	26	1 277	72	69
浙江	452	42	19	0	56	57
长三角（两省一市）	334	51	22	0	89	66

基于城市客流分配模型的客运联系强度测算方法如下：首先，假设两个城市间的客流

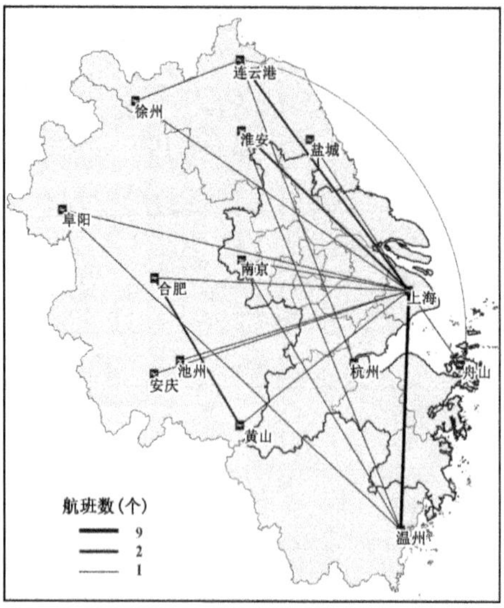

图 3-26　泛长三角内的航班客运联系

图 3-27　平均乘距下的行旅范围

量与其自身的客运规模成正比，即发生客运联系的两个城市，两者的客运规模越大，则表明两者间的客流量数值也越大。基于这一前提假设，根据交通运输地理学的网络分析原理，利用分配模式计算各城市间的客流量，基本公式为 $C_{ij}=P_iP_j/(P-P_i)(i=1,2,\cdots,16;j=1,2,\cdots,16)$，其中，$C_{ij}$ 为第 i 个城市运送到第 j 个城市的旅客数量，C_{ij} 与 C_{ji} 之和即为城市 i 与 j 的客流量值。其次，考虑到城市间的客流强度一般符合距离衰减法则，即认为两个城市之间的空间距离越小，则两者的客流量就越大，反之则越小，基于此，确立城市客流分配模式下的客运联系强度模型如下：$R_{ij}=(C_{ij}+C_{ji})/D_{ij}^2(i=1, 2, \cdots, 16; j=1, 2, \cdots, 16)$。

根据 2011 年长三角 16 市的客运量统计数据（按系数折减），测算客流分配模式下各城市之间的客流量（表 3–12）。同时，考虑距离影响，根据公式计算客运联系强度。为验证客流分配模式下各城市间客运联系强度计算结果的真实可靠性，进一步引入城市客流引力模型，在城市引力模型⑮的基础上进行转化，基本公式为 $F_{ij}=P_iP_j/D_{ij}^2$，其中 P_i、P_j 分别为折减后城市 i 和 j 的客运量，引力常数 K 为 1，距离摩擦系数为 2。

表 3–12　基于客流分配的长三角各城市间的客流量值（单位：万人）

	上海	南京	无锡	常州	苏州	南通	扬州	镇江	泰州	杭州	宁波	嘉兴	湖州	绍兴	舟山	台州
上海	—	611	315	218	1 023	277	113	156	126	478	400	166	136	248	183	433
南京	571	—	1 360	939	4 414	1 195	488	674	542	2 062	1 726	717	588	1 069	791	1 870
无锡	307	1 417	—	505	2 375	643	262	363	291	1 109	928	386	316	575	425	1 006
常州	215	992	512	—	1 662	450	184	254	204	776	650	270	222	403	298	704
苏州	906	4 180	2 159	1 490	—	1 896	774	1 070	860	3 273	2 739	1 138	934	1 698	1 255	2 968
南通	271	1 251	646	446	2 097	—	232	320	257	980	820	341	280	508	376	888
扬州	113	523	270	186	877	237	—	134	108	409	343	142	117	212	157	371
镇江	156	718	371	256	1 204	326	133	—	148	562	471	196	160	292	216	510
泰州	126	580	299	207	972	263	107	148	—	454	380	158	130	235	174	412
杭州	455	2 099	1 084	749	3 519	952	389	537	432	—	1 376	572	469	852	630	1 490

续表 3-12

	上海	南京	无锡	常州	苏州	南通	扬州	镇江	泰州	杭州	宁波	嘉兴	湖州	绍兴	舟山	台州
宁波	385	1 776	917	633	2 978	806	329	455	365	1 391	—	484	397	721	533	1 261
嘉兴	165	763	394	272	1 279	346	141	195	157	597	500	—	170	310	229	542
湖州	136	629	325	224	1 054	285	116	161	129	492	412	171	—	255	189	446
绍兴	244	1 125	581	401	1 885	510	208	288	231	880	737	306	251	—	338	798
舟山	182	839	433	299	1 407	381	155	215	173	657	550	228	187	341	—	596
台州	415	1 916	989	683	3 211	869	355	490	394	1 500	1 255	522	428	778	575	—

对以上两种模式测算得到的城市间客运联系强度值分别进行归一化处理，以便于结果的比较与验证，具体如图 3-28、图 3-29 所示，前后分别对应客流分配模式和客流引力模式。从联系强度的空间分布来看，两者强度值的分布格局基本相同，证明这一客运联系强度测算方法及结果具有较高的可行度。

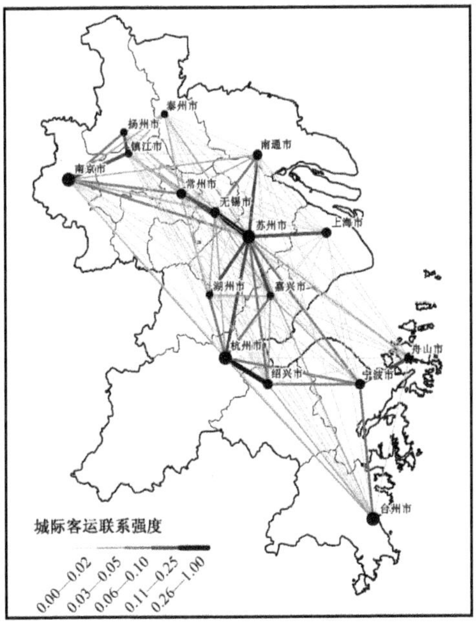

图 3-28　长三角城际客运联系强度（分配模式）

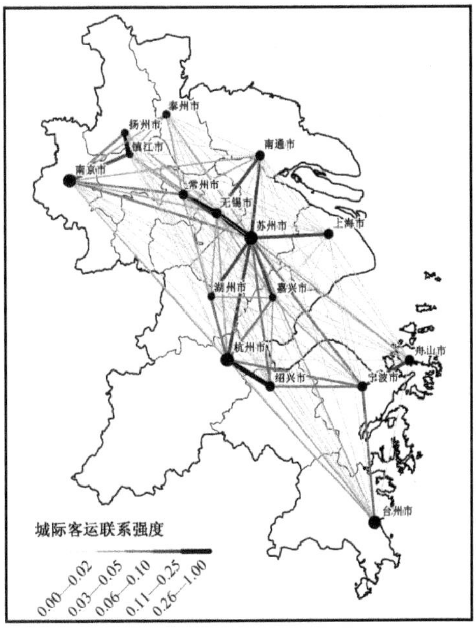

图 3-29　长三角城际客运联系强度（引力模式）

从节点客运的联系强度来看，苏州市在长三角地区占据绝对主导地位，苏州与其余 15 市的平均客运联系强度达 42.4，而各城市间的平均客运联系强度为 11.3；台州市与长三角其他城市的客运联系强度则最弱，其总体联系强度（47.5）仅略超苏州的平均联系强度。从城市间的联系强度来看，无锡—苏州的客运联系强度最高，比第二位的杭州—绍兴高出 188.51 个强度值（表 3-13）。南京、杭州则分别作为长三角北翼、南翼的副中心，与邻近城市间形成较为紧密的客流联系。从整体上来看，长三角主要交通轴线区域内城市之间的客运联系明显较强，区内城市联系明显大于其与区外城市，其中又以沪宁沿线城市最高，其联系强度值约是次位杭甬线的 4.2 倍，体现出交通轴线区域强客运联系的分布格局（表 3-14）。

表 3-13 长三角城市间的客运联系强度与排序（前 20 名）

排序	节点名称	客运联系强度	排序	节点名称	客运联系强度
1	无锡—苏州	255.78	11	南京—镇江	32.85
2	杭州—绍兴	67.27	12	苏州—上海	30.55
3	常州—无锡	63.97	13	南通—无锡	25.23
4	苏州—嘉兴	61.70	14	南京—苏州	23.36
5	扬州—镇江	61.56	15	湖州—杭州	23.14
6	南通—苏州	60.04	16	嘉兴—杭州	19.83
7	常州—苏州	47.16	17	南京—扬州	19.07
8	苏州—杭州	45.57	18	苏州—宁波	16.79
9	苏州—湖州	40.39	19	绍兴—宁波	16.75
10	宁波—舟山	34.75	20	苏州—绍兴	16.58

表 3-14 主要交通轴线城市间的客运联系强度

主要交通轴线	沿线节点	客运联系强度	节点联系强度前 20 名（名称）
沪宁	上海、苏州、无锡、常州、镇江、南京	517.20	无锡—苏州、常州—无锡、常州—苏州、南京—镇江、苏州—上海、南京—苏州
沪杭	上海、嘉兴、杭州	28.08	嘉兴—杭州
杭甬	杭州、绍兴、宁波、台州	123.87	杭州—绍兴、绍兴—宁波
宁通	南京、扬州、泰州、南通	51.48	南京—扬州
宁杭	南京、湖州、杭州	34.16	湖州—杭州

③ 空间结构特征

为进一步分析长三角地区人口空间流的组织结构特征，依次筛选出 16 个城市各自所对应的首位、次位客运联系城市，同时计算各个城市的关联首位度以及首次客流牵引线连接数，以反映长三角客流空间网络中的节点位置、节点主要流向及其节点间联系的活跃程度（表 3-15，图 3-30）。

表 3-15 长三角核心城市主要人流方向与客运联系强度

城市	排序	总联系强度	首位联系	联系强度	次位联系	联系强度	首位度	连接数（条）
上海	13	63.06	苏州	30.55	南通	5.03	6.08	0
南京	6	140.29	镇江	32.85	苏州	23.36	1.41	2
苏州	1	635.71	无锡	255.78	嘉兴	61.70	4.15	9
无锡	2	414.73	苏州	255.78	常州	63.97	4.00	3
常州	4	180.07	无锡	63.97	苏州	47.16	1.36	1
南通	7	137.15	苏州	60.04	无锡	25.23	2.38	1
扬州	11	113.19	镇江	61.56	南京	19.07	3.23	2
泰州	15	58.55	扬州	10.41	镇江	10.09	1.03	0
镇江	5	143.68	扬州	61.56	南京	32.85	1.87	3
杭州	3	216.41	绍兴	67.27	苏州	45.57	1.48	4
宁波	10	121.58	舟山	34.75	绍兴	16.75	2.07	3
绍兴	8	135.64	杭州	67.27	宁波	16.75	4.02	2
嘉兴	9	131.95	苏州	61.70	杭州	19.83	3.11	1

续表 3-15

城市	排序	总联系强度	首位联系	联系强度	次位联系	联系强度	首位度	连接数（条）
台州	16	47.50	宁波	14.00	杭州	6.22	2.25	1
湖州	12	105.30	苏州	40.39	杭州	23.14	1.75	0
舟山	14	62.32	宁波	34.75	苏州	6.51	5.34	0

结合各城市的总联系强度（某城市与其他各城市客运联系强度之和）与连接数（某城市作为其他各城市首位或次位联系），得出苏州是客流引力主中心，是客流汇集的主要方向，其城市总客运联系强度最高，与各城市的首、次客流牵引线连接数也最大。其中，首位联系城市 5 条，次位联系城市 4 条，以苏州为首位联系城市的关联首位度平均达 3.5。而南京、杭州则成为片区性的客流引力副中心。在客流空间组织特征上，以泰州—常州、湖州—嘉兴为客流引力的断裂点，可大致划分形成几大片区，包括以苏州为引力中心的沪—苏—锡—常—通—嘉—湖客流组群，围绕南京形成的宁—镇—扬—泰客流组群，以及以杭州为中心的杭—嘉—湖、杭—绍—甬（舟）—台等客流组群，这些客流组群之间形成较强的客运联系强度，实际上受地理空间的邻近性影响较大。从组群间的联系来看，苏、杭两大组群的联系程度更为密切，通过湖州、嘉兴进而形成两个网络的相互嵌套，其客流向杭州及以北、苏州及以东方向汇集的特征明显，南京组群则相对独立，几乎独自形成封闭网络，仅通过南京—苏州的次位客流牵引线来实现与苏州组群的关联。从人口空间流的结构特征来看，核心城市上海并不占据绝对的客运枢纽主导地位，这与其自身的客运规模大小有关。

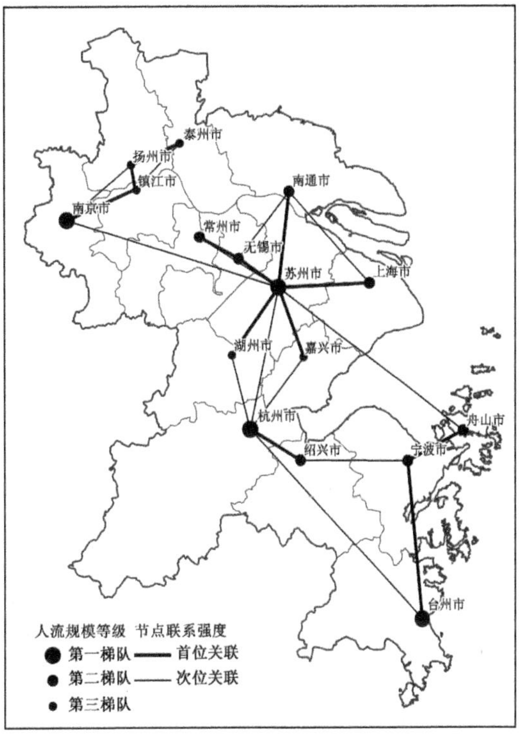

图 3-30 长三角核心城市人口空间流的组织结构

2）基于货运的货物流空间分析

物流是城市空间流的另一主要形式，城市区域间的货物运输联系是物流在该区域内部空间上的具体映射，是反映城市之间经济发展联系强度的一个有效途径。下面利用货运量、货运结构与货运强度及其空间分布来反映城市物流的发展变化情况。

（1）高速交通对货运的影响

从货运量的交通结构演化来看（表 3-16），铁路、公路、水运是现代以来长三角货物运输的主要方式。20 世纪 80 年代以前，水运占据首席地位；80 年代中期之后，公路运输增势迅速并超过水运总量，水运比重随之下降但仍长期占据次要位置，主要承担低附加价值或低时效要求的物资运输。2012 年，公路承担了当年超过 3/5 的货物运输量，这实际上是区域经济快速发展和经济联系日益紧密的趋势下，物流对快速交通方式需求增加的结果，而高速公路的兴起与发展则为这一快速物流需求奠定了重要基础，其快速而经济的运输特点使其在长三角地区各类货物流通中所占据的地位日益重要。铁路运输自 1978 年以后下降明显，并趋于低位波动的状态，2012 年长三角两省一市的铁路货运量仅为 1978 年的 15.3%。

表 3-16　长三角两省一市主要年份货运交通结构表（1978—2012 年）（单位：%）

年份	1978	1980	1985	1990	1995	2000	2005	2010	2011	2012
铁路	15.7	15.8	8.4	7.1	4.7	3.3	3.1	2.6	2.6	2.4
公路	36.2	35.9	47.3	56.9	60.8	67.3	62.4	62.3	60.8	61.4
水运	48.1	48.3	44.3	36.0	34.5	29.4	34.5	35.1	36.6	36.2

借鉴客运强度和行旅范围的计算方法，测算长三角 16 市历年尤其是高速交通方式兴起后的货运强度及平均运距，以反映单位运输线路所承运的货物量及货物流通的空间范畴与演化，该地区的货物运输效率及与周边地区经济联系的活跃程度。可以看出，除铁路运

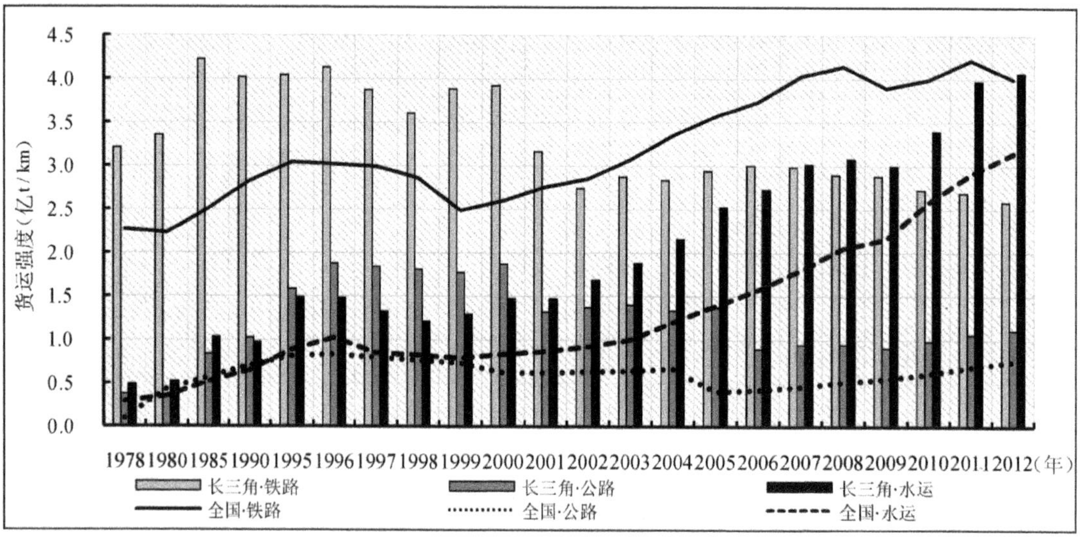

图 3-31　长三角与全国（铁路、公路、内河航运）的货运强度比较

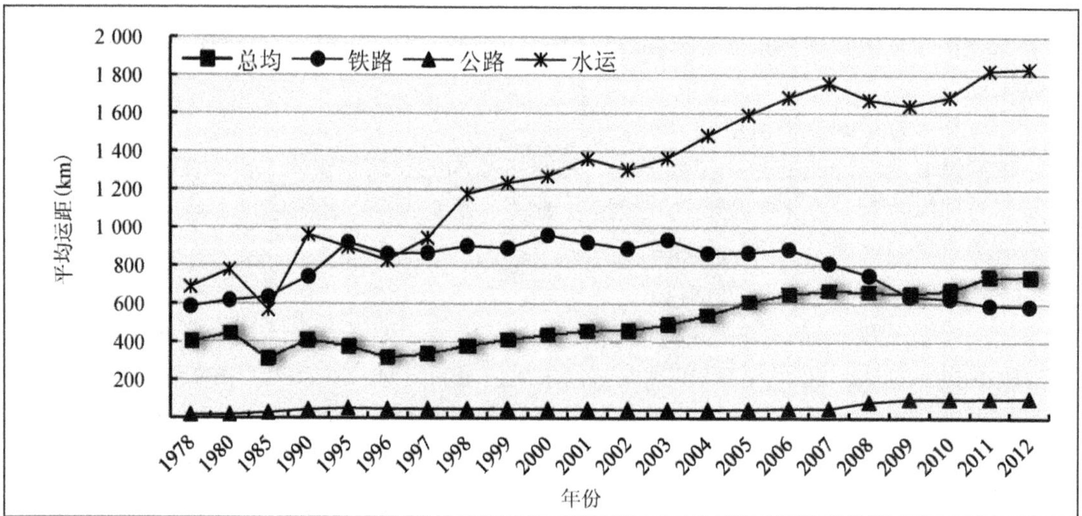

图 3-32　长三角两省一市主要年份的货物平均运距

输方式外，长三角其余运输方式下的货运强度均超出全国平均水平，其中公路货运强度在1996年以后出现较长时间的明显增幅。2012年，长三角公路、水运和铁路运输强度依次为全国的1.5倍、1.3倍和0.6倍，体现出长三角地区高强度的城际间货物流通和区域货物运输效率（图3–31）。从长三角历年的货物平均运距来看（图3–32），水运距离最远、铁路次之、公路最短。各类交通方式的运距扩大化趋势明显，其中公路运距1996年后基本保持连续增加，截至2012年，年均增长率约达4.9%，2012年的公路平均运距系1978年的6.2倍。各类交通方式的总均运距则由1978年的401 km跃升为2012年的737 km，体现出核心城市间及其与外围地区的经济活动联系日渐活跃。

（2）货物流空间的网络结构

长三角地区内各城市节点与节点之间的货物空间流线构成其货物流空间网络，在此利用节点的物流规模等级和联系强度反映这一空间流网络的结构特征。

① 物流规模等级

城市的货运量及其占总量的比重是判定其货物空间流规模的重要依据，根据2011年各城市的货运量及占总量的比重对16个城市的物流规模划分等级（表3–17）：第一梯队包括上海、南京、宁波和杭州4市，属于长三角地区的货运枢纽城市，并以上海为一级货运枢纽，南京、杭州连同宁波分别为二级货运枢纽，4市合计占据货运总量的半壁江山；第二梯队包括南通、湖州、台州、舟山、嘉兴、苏州和常州7市；第三梯队包括泰州、无锡、镇江、扬州和绍兴5市。

表3–17　长三角16市货运规模等级划分

等级	货运量（万t）	占总量的比重（%）	数量（个）	名称
第一梯队	>25 000	>7	4	上海、南京、宁波、杭州
第二梯队	15 000—25 000	4—7	7	南通、湖州、台州、舟山、嘉兴、苏州、常州
第三梯队	<15 000	<4	5	泰州、无锡、镇江、扬州、绍兴

从物流的空间分布来看，长三角地区货物运输联系向交通轴线区域集聚的特征趋势明显。1987—2011年，在宁通、沪宁、沪杭、杭甬（台）、宁杭五大交通轴线中，沪宁和沪杭交通轴线区域的货运规模长期位居首席，2011年，两者分别占据长三角货运总量的38%和28%；宁通、杭甬（台）和宁杭交通轴线在长三角货运总量占比次序则交替变化，其中杭甬（台）线和宁通线的货运占比增速较为明显，2006年后宁通线逐渐成为长三角地区仅次于沪宁及沪杭、杭甬（台）的重要货运通道。从近年来各交通轴线货运量的占比变化情况来看，沪宁、沪杭及杭甬（台）三大交通线的货运量出现小幅下降趋势，而宁杭、宁通两大交通轴线区域的货运量则表现出上升态势（表3–18，图3–33），表明长三角地区的货运格局逐渐由“沪—宁—杭—甬”的“Z”字形强集聚向外围交通轴线区域扩散，这与长三角交通网络格局均衡化与网络化发展趋势呼应，反映出城市间的经济发展联系日益紧密。在整体上来看，目前长三角形成了以上海、南京、宁波、杭州为货运集散枢纽，沪宁、沪杭、杭甬（台）、宁通和宁杭交通廊道为轴线的物流空间格局。

② 节点联系强度

节点联系强度是指城市节点之间的货运联系强度，用以分析两两城市间的物流规模、经济联系等信息。与客运联系强度测算方法相同，在此基于货运交通流数据，利用城市物

表 3-18　长三角主要交通轴线货运量情况（1987—2011 年）

年份	1987		1996		2006		2011	
主要交通轴线	占 16 市比重（%）	占两省一市比重（%）	占 16 市比重（%）	占两省一市比重（%）	占 16 市比重（%）	占两省一市比重（%）	占 16 市比重（%）	占两省一市比重（%）
宁通	18（3）	15（3）	20（5）	16（5）	16（5）	13（5）	23（4）	17（4）
沪宁	72（1）	59（1）	58（1）	47（1）	52（1）	40（1）	49（1）	38（1）
沪杭	48（2）	39（2）	40（2）	32（2）	43（2）	33（2）	36（2）	28（2）
杭甬（台）	12（5）	10（5）	23（3）	18（3）	26（3）	20（3）	24（3）	18（3）
宁杭	16（4）	13（4）	20（4）	16（4）	22（4）	17（4）	22（5）	17（5）

注：表中长三角指江浙沪两省一市；（　）内为交通轴线占比排名次序。

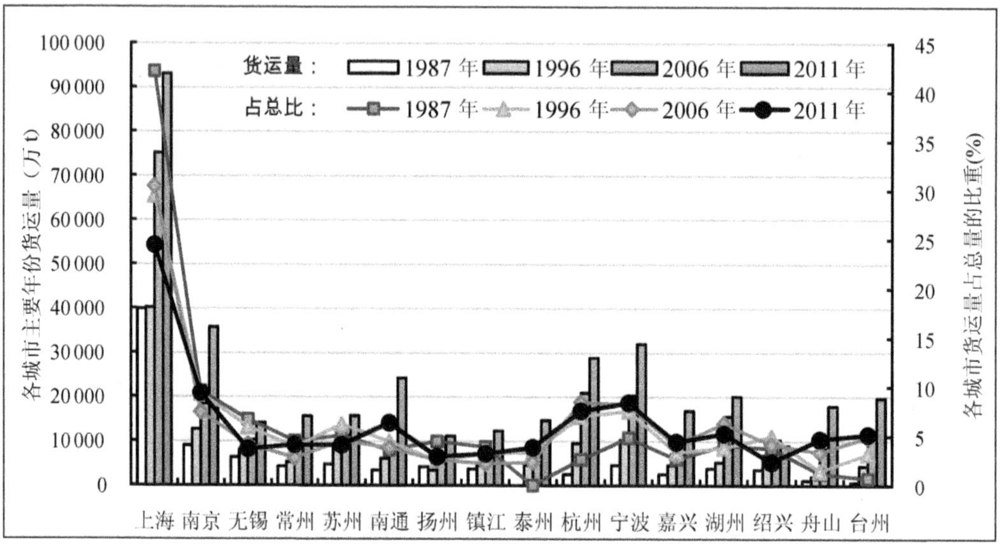

图 3-33　长三角 16 市货运量及其对货运总量贡献率的变化情况（1987—2011 年）

流分配模型和物流引力模型来计算各城市节点间的货运联系强度。鉴于前文已对两种模型公式和计算方法进行了详细描述，故此处不再赘述。对货运联系强度的计算除指标数据不同以外，其余直接按指标公式计算。需要特别说明的是，基于货运量和货物周转量计算的 2011 年江浙沪两省一市的货物平均运距显示（表 3-19），各类交通方式的总均运距为 743 km，陆路平均运距则为 124 km，考虑到货运量的交通结构及运输货物的特点，采取陆路平均运距对各城市的货物运输空间范围进行模拟（图 3-34），模拟后可以发现，货运联系同样主要集中在两省一市内部，故参照客运量折减系数 0.7 对长三角地区内部的货运流量进行数据预处理。

表 3-19　长三角两省一市中各类货运方式的平均运距（2011 年）（单位：km）

地区	铁路	公路	水运	平均运距	陆路平均运距
上海	236	67	4 050	2 183	70
江苏	547	93	970	353	116
浙江	812	127	933	465	155
长三角	593	104	1 823	743	124

根据2011年长三角16市的货运量统计数据（经系数折减），计算两种模式下的货运联系强度，其中，表3–20反映了物流分配模式下各城市之间的货运流量值，经过归一化处理的货运联系强度分布如图3–35、图3–36所示，前后依次对应物流分配模式和物流引力模式，可以看出，两者在联系强度的分布格局上基本一致。

图3–34　平均运距下的货物运输范围

表3–20　长三角16市间的货物流动规模

	上海	南京	无锡	常州	苏州	南通	扬州	镇江	泰州	杭州	宁波	嘉兴	湖州	绍兴	舟山	台州
上海	—	2 035	1 165	1 215	1 327	1 613	595	989	372	2 064	2 016	806	687	813	477	1 075
南京	2 216	—	537	560	611	743	274	456	171	951	929	371	316	374	220	495
无锡	1 305	552	—	330	360	437	161	268	101	560	547	219	186	221	130	291
常州	1 358	575	329	—	375	455	168	279	105	583	569	228	194	230	135	303
苏州	1 478	625	358	373	—	496	183	304	114	634	619	248	211	250	147	330
南通	1 780	753	431	450	491	—	220	366	137	763	746	298	254	301	177	398
扬州	679	287	164	172	187	228	—	140	52	291	285	114	97	115	67	152
镇江	1 114	471	270	281	307	374	138	—	86	478	467	187	159	188	111	249
泰州	427	181	103	108	118	143	53	88	—	183	179	72	61	72	42	95
杭州	2 244	950	544	567	619	753	278	462	173	—	941	376	320	379	223	501
宁波	2 196	929	532	555	606	736	272	452	170	942	—	368	314	371	218	491
嘉兴	913	386	221	231	252	306	113	188	71	392	383	—	130	154	91	204
湖州	781	331	189	197	216	262	97	161	60	335	327	131	—	132	78	175
绍兴	921	390	223	233	254	309	114	189	71	395	386	154	132	—	91	206
舟山	547	231	132	138	151	183	68	112	42	235	229	92	78	92	—	122
台州	1 207	511	292	305	333	405	149	248	93	518	506	202	172	204	120	—

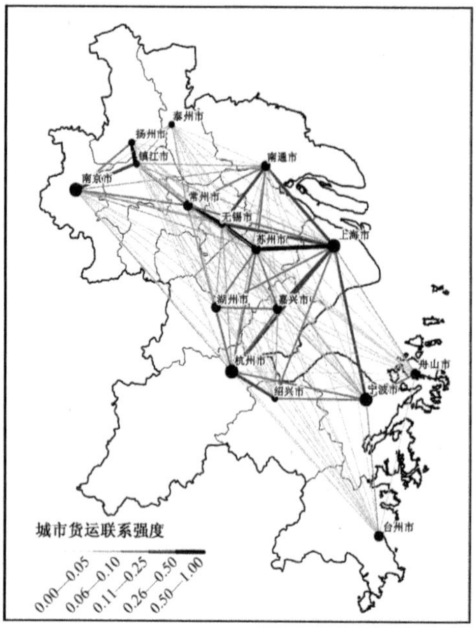

图 3-35　长三角城际物流分配模式

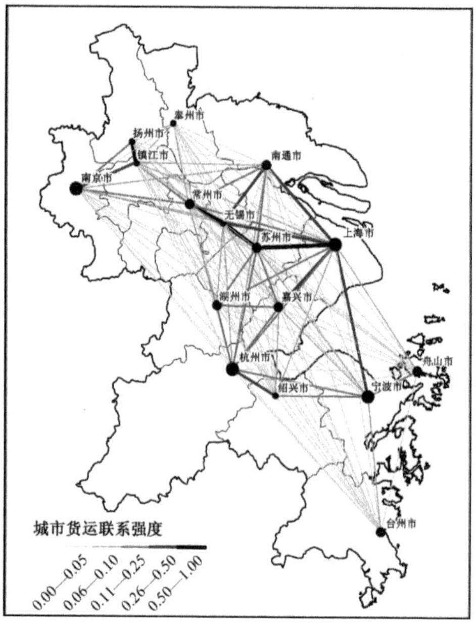

图 3-36　长三角城际物流引力模式

从节点货运联系强度来看，上海市在长三角占据主导地位，上海与其余 15 市的货运联系强度平均为 13.4，而其余各城市同一指标的平均值为 6.2；邻近上海的苏州、无锡、常州、南通等市也体现出较高的对外货运联系强度，这跟其与上海之间较高的货运联系强度有关。南京、杭州与宁波分别作为北翼、南翼的副中心，与邻近城市宁镇扬泰、杭绍甬舟等形成较为紧密的物流联系。从城市间联系强度来看，扬州与镇江之间的货运联系强度最高，在上海—苏州—无锡—常州一线则形成最强的货运联系连绵区（表 3-21）。此外，长三角货运流动向主要交通轴线汇聚的特征较为明显：其一，交通轴线城市之间的物流规模明显大于其与交通轴线外的城市；其二，核心交通走廊城市之间的物流联系明显大于次级交通走廊，这在沪宁交通轴线上表现得尤为显著，其联系强度值是次位杭甬线的 4.1 倍，是次级交通走廊宁通线、宁杭线的 8.7 倍和 11.2 倍，由此体现出核心交通轴线的强物流集聚效应（表 3-22）。

表 3-21　长三角核心城市间的货运联系强度与排序（前 20 名）

排序	节点名称	货运联系强度	排序	节点名称	货运联系强度
1	扬州—镇江	63.99	11	南通—无锡	17.01
2	苏州—上海	44.40	12	上海—杭州	16.61
3	常州—无锡	41.42	13	湖州—杭州	15.78
4	无锡—苏州	40.51	14	南通—苏州	14.83
5	上海—南通	31.11	15	宁波—舟山	14.35
6	杭州—绍兴	30.06	16	嘉兴—杭州	13.03
7	上海—嘉兴	24.11	17	苏州—嘉兴	12.75
8	南京—镇江	21.87	18	镇江—常州	12.43
9	无锡—上海	18.48	19	常州—南通	11.71
10	上海—宁波	17.90	20	常州—苏州	11.19

表 3-22 长三角主要交通轴线城市间的货运联系强度

主要交通轴线	沿线节点	货运联系强度	节点联系程度前 20 位（名称）
沪宁	上海、苏州、无锡、常州、镇江、南京	235.71	苏州—上海、常州—无锡、无锡—苏州、南京—镇江、无锡—上海、镇江—常州、常州—苏州
沪杭	上海、嘉兴、杭州	53.76	上海—嘉兴、上海—杭州、嘉兴—杭州
杭甬	杭州、绍兴、宁波、台州	57.51	杭州—绍兴
宁通	南京、扬州、泰州、南通	27.20	—
宁杭	南京、湖州、杭州	21.09	杭州—湖州

③ 空间结构特征

首先，从节点上来看，根据各城市的总联系强度（某城市与其他各城市货运联系强度之和）与连接数（某城市作为其他各城市首位或次位货运联系），上海是长三角地区物流的引力主中心，是城市物流汇集的主要方向及辐射的核心节点，其城市总货运联系强度最高，与其他各城市的首位、次位物流牵引线数也最大，包含首位联系城市 4 条，次位联系城市 3 条，以上海作为首位牵引城市的首位关联度均达 2.0，部分城市如台州、舟山等还与上海出现远距离、跳跃式的次位牵引联系；南京、杭州与宁波则作为物流引力副中心，与其他城市的首位、次位牵引线数在 2 条以上，与城市等级规模相对应，形成以区域中心城市为引力中心的强向心式货运联系格局（表 3-23）。

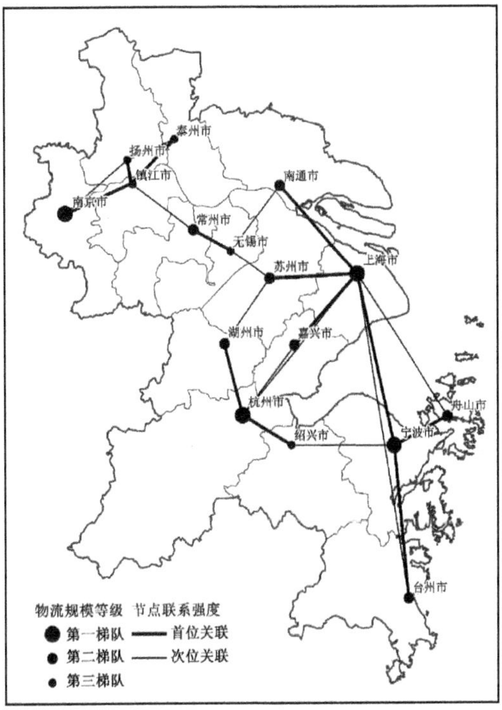

图 3-37 长三角核心城市货物空间流的组织结构

其次，从物流的空间组织特征上来看，基本上形成了以下几大物流集聚组群，包括以上海为引力中心的沪—苏—锡—常—通—嘉强物流联系组群，近南京的宁—镇—扬—泰强物流联系组群，以及以杭州为中心的杭—嘉—湖—绍和以宁波为中心的绍—甬—舟—台强物流联系组群，这些物流组群内的城市之间形成较强的货运联系，常州、嘉兴既是以上几大组群间的重要联系节点，也是几大组群形成相对独立联系的断裂点。总体上，长三角地区的物流联系形成了“多中心、小组群、大网络”的结构特征（图 3-37）。与人口空间流的空间组织特征相比较，除了空间流的引力主中心、节点联系强度上存在差异外，两者在各大片区的组群分布特征上基本相同。

表 3-23 长三角核心城市主要物流方向与货运联系强度

城市	排序	总联系强度	首位联系	联系强度	次位连接	联系强度	首位度	连接数（条）
上海	1	200.33	苏州	44.40	南通	31.11	1.43	7
南京	11	71.47	镇江	21.87	扬州	10.59	2.07	2
苏州	2	156.68	上海	44.40	南通	14.83	2.99	3

续表 3-23

城市	排序	总联系强度	首位联系	联系强度	次位连接	联系强度	首位度	连接数（条）
无锡	3	150.43	常州	41.42	苏州	40.51	1.02	2
常州	5	117.98	无锡	41.42	镇江	12.43	3.33	1
南通	7	101.60	上海	31.11	无锡	17.01	1.83	2
扬州	8	95.83	镇江	63.99	南京	10.59	6.04	3
泰州	14	26.11	镇江	5.92	扬州	5.10	1.16	0
镇江	4	126.09	扬州	63.99	南京	21.87	2.93	4
杭州	6	116.76	绍兴	30.06	上海	16.61	1.81	3
宁波	10	75.77	上海	17.90	舟山	14.35	1.25	3
绍兴	12	61.97	杭州	30.06	宁波	8.70	3.46	1
嘉兴	9	79.75	上海	24.11	杭州	13.03	1.85	0
台州	16	17.04	宁波	5.54	上海	2.77	2.00	0
湖州	13	60.04	杭州	15.78	苏州	8.67	1.82	0
舟山	15	25.87	宁波	14.35	上海	4.59	3.12	1

3）高速通勤流的空间格局分析

长三角核心城市间的人流、物流历来频密，且其流动规模保持持续增长，尤其是进入高速客运（货运）时代后，规模增速更为明显，具有城市空间流动规模化、频密化、快速化、扩散化等发展趋势。为进一步分析研究高速交通时代的城市就业人口流动特征，下文将对高速公路和高速铁路两种交通方式下的通勤流空间进行分析。

（1）高速通勤流的规模与特点

长途汽车和高铁（动车）是长三角地区出行的重要交通方式，两者具有一定的互补性，较为全面地反映了长三角城市区域间的通勤流动状况。由于难于获取精确的客流数据，本书利用两类交通方式下的每日客运车次数据来代替，用以分析高速公路、高速铁路通勤流的空间组织特征及其变化。长三角城市的长途汽车客运车次数据和高铁（动车）的每日往返车次数据共有三个版本，搜索时间分别为 2008 年 4 月、2010 年 5 月和 2013 年 12 月，对应于长三角动车组及高铁客运专线开通前后，时间跨度较小，与近几年长三角高速交通快速升级的变化特点吻合。

① 基本特点

长三角范围内一日通勤圈是区域空间重组的重要表征，依托日趋发达的高速公路和高速铁路等快速交通流线，以跨城商务或日常就业出行为目的的一日通勤逐渐成为可能，当前长三角高速交通设施网络初步具备了支撑这种高速通勤流的基础。

由于高速公路网络在长三角的全面覆盖，城市之间的长途汽车客运主要通过高速公路网络实现空间运输联系，从这一角度来看，长途汽车客运流表征了绝大部分基于高速公路的城市区域尺度的通勤流动，而高铁（动车）则代表了高速铁路客运专线下的跨区通勤流动。简言之，依托高速公路、高速铁路的长途汽车和高铁（动车）在长三角的高速通勤出行中互为补充或代替。2007 年以来，由于动车组的开行、城际铁路和高速铁路客运专线的建设覆盖，两者结构占比出现此消彼长。与传统的普速火车以及长途汽车相比，高铁在通勤时间成本上占据绝对优势，耗时约为前两者的 2/5，且在经济成本上与长途客运相差不大（表 3-24），故高铁（动车）在长三角高速通勤的结构占比逐年上升。尤其在 2010 年以后，高铁（动车）对长途汽车的分流尤为明显（图 3-38）。与 2010 年相比，2013 年长三角各城市的长途汽车车次基本上呈现下降态势，部分少量增加的城市主要为未通高铁的城市或其邻近城市，如扬州、泰州等。相反地，高铁（动车）的到发车流量则保持迅速上升，且其覆盖面逐渐扩大。至2013年，长三角核心区12个地级市（30个县级市）通有高铁，站点共计57个。毫无疑问，高速通勤流量结构的这一变化反映了时下长三角就业空间重组的特征与趋势。

表3-24 长三角中心城市间不同客运方式的交通成本比较

交通方式	高速铁路			普速火车		长途汽车		耗时比	
城市	最短时耗	最长时耗	票价（元）	最短时耗	票价（元）	最短时耗	票价（元）	系普速火车	系长途汽车
上海—南京	1：07	3：11	134.5	3：28	46.5	4：00	88	1/3	2/7
上海—杭州	0：45	1：33	73.0	1：37	28.5	2：00	60	1/2	3/8
上海—宁波	1：39	2：19	144.0	4：25	50.5	3：30	99	3/8	1/2
上海—苏州	0：23	0：44	39.5	0：43	14.5	1：30	30	1/2	1/4
上海—无锡	0：28	1：04	59.5	1：32	19.5	2：30	43	1/3	1/5
南京—杭州	1：14	4：09	117.5	6：01	69.0	4：40	120	1/5	1/4
南京—宁波	2：22	4：06	188.5	8：42	91.0	7：40	164	1/4	1/3
杭州—宁波	0：50	1：11	71.0	2：21	24.5	1：40	58	1/3	1/2
南京—苏州	0：49	1：46	99.5	2：02	32.5	2：30	71	2/5	1/3
南京—无锡	0：44	1：32	84.5	1：18	28.5	2：00	63	4/7	3/8
苏州—无锡	0：10	0：27	19.5	0：22	11.0	0：45	21	4/9	2/9
杭州—苏州	1：27	2：00	111.5	3：39	41.5	2：30	73	2/5	4/7
宁波—苏州	2：39	2：50	182.5	6：20	62.5	3：00	116	3/7	8/9
杭州—无锡	1：29	2：38	131.0	3：42	46.5	3：00	85	2/5	1/2
宁波—无锡	2：56	3：03	202.0	7：04	69.0	5：40	136	2/5	1/2

注：表中高速铁路票价为二等座票价、普速铁路票价为硬座票价。

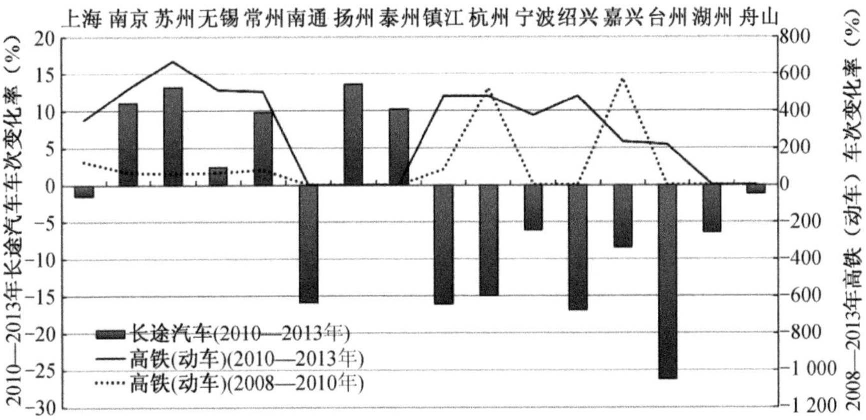

图3-38 长三角城市间长途客车与高铁（动车）的车次变化率（2008—2013年）

在城市间通勤车流的动态联系上（表3-25、表3-26），各个城市之间的到发通勤客车流高频且密集，其中，长三角中心城市与各城市间每小时平均长途客车数达7次以上、高铁（动车）数则将近9次，意味着每隔6—8 min就有出行者通过长途汽车、高铁（动车）与各个城市发生通勤联系。长三角各中心城市之间的通勤流则更为频密，比较同一指标，其长途客车、高铁（动车）的到发车次分别为11次、12次，高达每5 min 1次。进一步地考察长三角核心城市与区域性中心城市之间、各区域性中心城市之间通勤车流的一日变化特点（图3-39）：首先，长途汽车每日发车时间基本在6：00—19：30，高铁（动车）的运营时间则更长，主要在6：00—23：00，基本满足一日通勤往返的时间跨度需求；其次，从车次时刻变化来看，以高铁（动车）为例，每天7：00—12：00和15：00—20：00期

表3-25　每小时中心城市与各城市的平均到发长途汽车车次统计（2013年）（单位：次）

	上海	南京	苏州	无锡	杭州	宁波	常州	南通	扬州	泰州	镇江	绍兴	嘉兴	台州	湖州	舟山
上海	—	8	21	10	17	15	9	11	7	9	3	9	11	9	8	2
南京	8	—	13	9	10	2	15	5	10	12	15	1	1	3	2	0
苏州	21	13	—	18	9	4	9	7	3	8	5	2	7	1	7	0
无锡	10	9	18	—	5	1	9	5	5	7	4	1	4	1	3	0
杭州	17	10	9	5	—	15	4	2	1	1	2	11	12	8	11	2
宁波	15	2	4	1	15	—	1	1	2	0	0	6	2	14	1	6

表3-26　每小时中心城市与各城市的平均到发高铁车次统计（2013年）（单位：次）

	上海	南京	苏州	无锡	杭州	宁波	常州	镇江	绍兴	嘉兴	台州	湖州
上海	—	22.8	22.8	19.3	17.4	8.4	15.4	10.9	6.3	8.6	4.4	0.4
南京	22.8	—	21.7	14.2	8.9	4.9	16.1	11.9	4.2	1.5	2.1	5.0
苏州	22.8	21.7	—	20.1	3.9	1.9	17.8	6.9	1.6	1.7	0.9	0.0
无锡	19.3	14.2	20.1	—	3.7	1.9	17.4	12.2	1.5	1.7	0.9	0.0
杭州	17.4	8.9	3.9	3.7	—	11.7	2.3	1.6	9.1	7.4	5.9	4.3
宁波	8.4	4.9	1.9	1.9	11.7	1.2	1.5	1.1	8.0	3.1	5.7	2.0

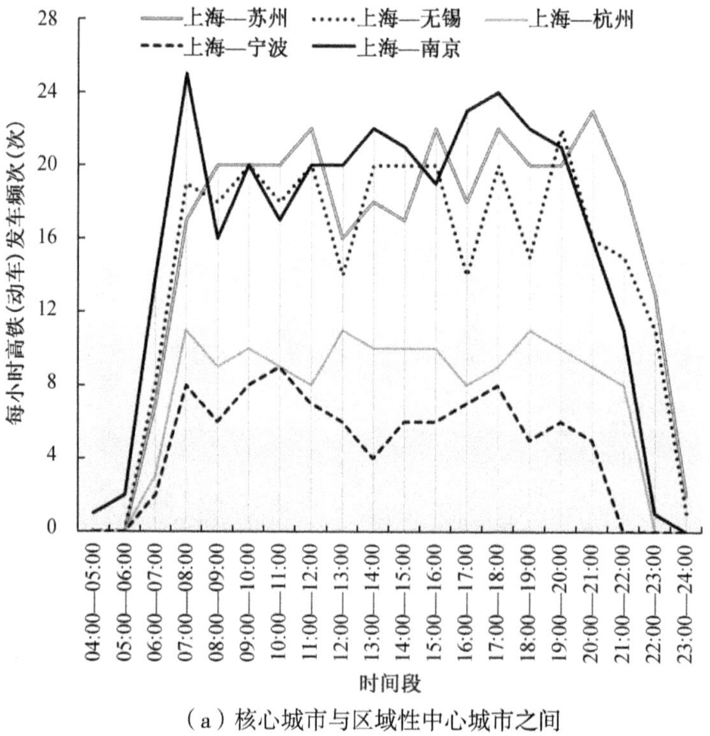

（a）核心城市与区域性中心城市之间

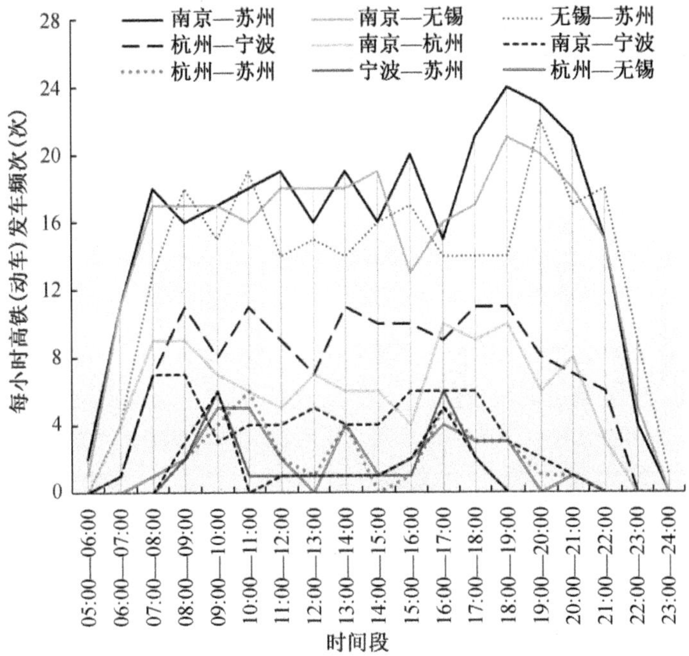

（b）区域性中心城市之间

图 3-39　长三角中心城市间每小时的高铁（动车）发车频次统计（2013 年）

间到发车次最为密集，符合朝发夕返的一日通勤要求。在每日各时段的到发车次频率分布上，上海往返北翼南京、苏州、无锡之间的车次基本处于高位波动，向南翼杭州、宁波的到发车流量则相对较弱，南北翼片区内各区域中心城市之间的通勤联系特点同样如此。

② 规模等级

基于长途汽车、高铁车次的长三角城市间通勤流量统计（图 3-40、图 3-41，表 3-27），从长三角整体来看，高速通勤流形成“一核两翼、北强南弱”的分布格局。2013 年核心城市（上海）、北翼片区与南翼片区的长途汽车和高铁（动车）通勤流的比例关系分别为 1∶4.1∶2.4、1∶3.2∶2.1，北翼的通勤流规模远高于南翼，尤其是高铁通勤流，在当时宁通

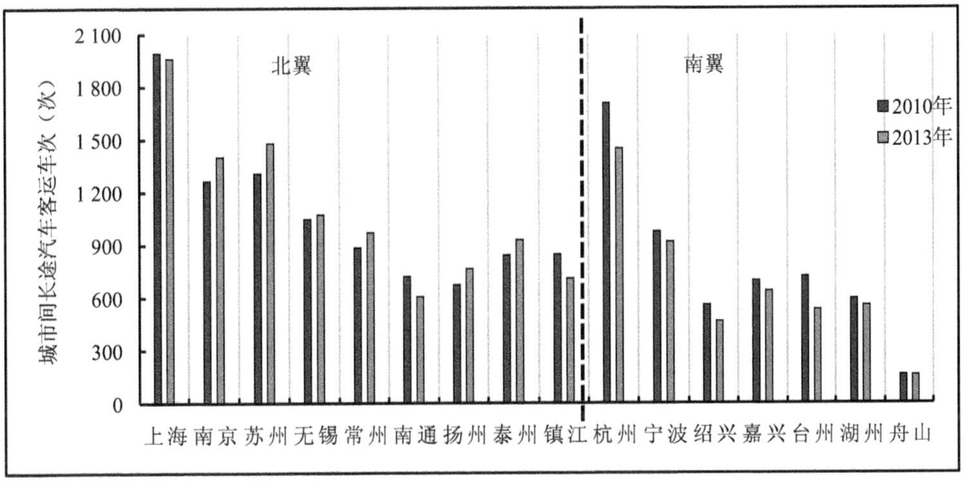

图 3-40　长三角主要城市与其余城市间的长途汽车客运车次统计

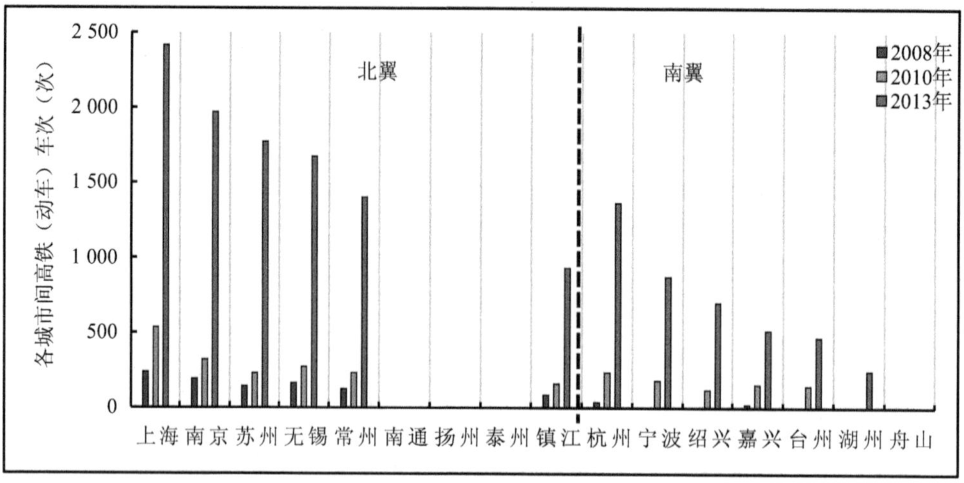

图 3–41　长三角主要城市与其余城市间的高铁（动车）车次统计

表 3–27　高速交通流规模与城市等级、交通轴线的关系（单位：%）

交通方式	与城市等级的关系			与交通轴线的关系				
	核心城市	区域性中心城市	其他城市	沪宁	沪杭	杭甬（台）	宁通	宁杭
长途汽车	13.41	43.25	43.34	51.97	27.70	23.02	25.33	23.33
高铁（动车）	16.83	53.38	29.79	73.90	29.97	23.78	13.74	25.00

线 3 个城市未通高铁的情况下，北翼的高铁通勤流仍高出南翼 52%。考察主要交通轴线的高速通勤流发现，核心交通走廊沪宁线最高，尤其在高铁方面，占据长三角 16 市将近 3/4 的高铁通勤流，是长三角地区高速通勤流最为密集的区域；沪杭线次之，长途汽车和高铁（动车）分别占据将近 30%；次级交通轴线则基本在 25% 左右浮动，其中宁杭线最高、杭甬（台）线次之、宁通线最低。

从城市节点来看，各城市的长途汽车和高铁的车次规模特征基本一致，核心城市上海占据高速通勤流量的龙头位置，南京、杭州、苏州、无锡、宁波等区域性中心城市次之，五市合计占据长三角两类高速通勤流量的 43.25%（长途汽车）、53.38%［高铁（动车）］，其中宁波的通勤流规模相比略小，稍低于沪宁高铁走廊上的常州市。除此之外，其他城市的规模相对较小，尤其是舟山等远离交通走廊核心区的城市，此类城市的长途汽车和高铁（动车）通勤流分别占据长三角的 43%（共 10 市）和 30%（共 6 市）。根据两类高速车次流量，可将长三角各城市的高速通勤流规模划分为三个等级，如表 3–28 所示。总体上，城市节点的高速通勤流量和该城市的等级及其与高等级城市的距离密切相关，城市等级越高，则其高速通勤流的规模越大；与核心城市或区域性中心城市的空间距离越近，则其高速通勤流的规模也越大，反之则越小。

表 3–28　长三角城市的高速通勤流规模等级划分情况

等级	名称	数量（个）
一级	上海、南京、苏州、杭州、无锡	5
二级	常州、宁波、镇江、绍兴、嘉兴、台州	6
三级	泰州、湖州、扬州、南通、舟山	5

③ 空间联系特征

首先，从长三角城市间通勤流空间联系的区域格局来看，北翼片区与其他各城市的通勤联系要高于南翼片区。2013 年各城市的每日长途客车及高铁（动车）到发车次统计显示，北翼 8 市、南翼 7 市与各城市间的平均长途客车车次分别为 992 次和 674 次；在高铁所覆盖的城市中，北翼 5 市、南翼 6 市与各城市间的平均到发车次分别为 1 550 次和 696 次。就片区性分布而言，北翼和南翼地区分别呈现“北强南弱”（2.5∶1）和“北弱南强”（1∶1.2）的联系特点。具体来说，在南北翼的城市之间，强客运班车流主要体现在区域性中心城市之间，如南京、苏州与杭州，其客运车次在 100 次以上，低等级城市的客运班车流较小甚至趋近于 0，如台州、舟山与北翼片区各城市之间；而在南北翼片区内的城市之间，邻近城市之间的客运班车流总体较强，且具有中心城市的指向性，如北翼的南京、苏州，南翼的宁波和杭州等。与此同时，强通勤车流还相对集聚在宁通、沪宁、沪杭、杭甬、甬台、宁杭等同一交通轴沿线内的各城市之间，非同一交通轴线城市间的联系明显较弱。

其次，在各城市节点之间高速通勤流的空间联系上，中心城市对高速通勤流具有强引力效应。分析不同级别城市节点间的车次联系情况（表 3–29），以高铁为例，在与中心城市、其他城市的通勤联系中，核心城市与前后两者的联系比例为 2∶1，区域性中心城市的联系比例为 1.2∶1，而其他城市则为 8.3∶1。具体来说，核心城市上海是高速通勤车流的向心强中心，其与各城市的通勤联系强度整体较高，但仍具有“北强南弱”的联系特征，与南北翼城市的长途汽车、高铁（动车）的到发车次比例分别为 1.1∶1 和 2∶1（图 3–42）。在片区内部，北翼、南翼各城市分别以南京、苏州、无锡三市和杭州、宁波两市为高速通勤流的核心节点和集聚中心，体现出区域中心城市的向心强联系特征。此外，从城市节点的到发车次也可看出，次一级城市发往高等级城市的车次通常高于后者至前者，如南京至上海的高铁车次为 163 次，而上海至南京则为 158 次；台州至宁波的高铁车次为 47 次，而宁波至台州则为 43 次。从城市间通勤联系的规模来看，长途汽车联系排名前列的主要为两中心城市或中心城市与邻近的其他城市，如上海、南京、杭州、宁波及其周边城市，分布较为分散；而高铁通勤联系排名前列者则高度集中于沪宁交通轴线，以上海、南京为端点，与苏州、无锡、常州、镇江四市形成高强度的通勤联系，系长三角最为核心的高铁通勤走廊，沪宁高铁走廊内的六市之间每日高铁车次基本均在 150 次以上，平均将近 270 次（表 3–30）。

表 3–29　长三角城市间的长途汽车、高铁（动车）车次联系情况（2013 年）（单位：%）

通勤方式	长途汽车			高铁（动车）		
城市等级	核心城市（上海）	区域性中心城市	其他城市	核心城市（上海）	区域性中心城市	其他城市
核心城市（上海）	0.00	12.78	14.04	0.00	22.14	11.23
区域性中心城市	12.78	15.51	42.70	22.14	22.73	37.97
其他城市	14.04	42.70	14.97	11.23	37.97	5.94

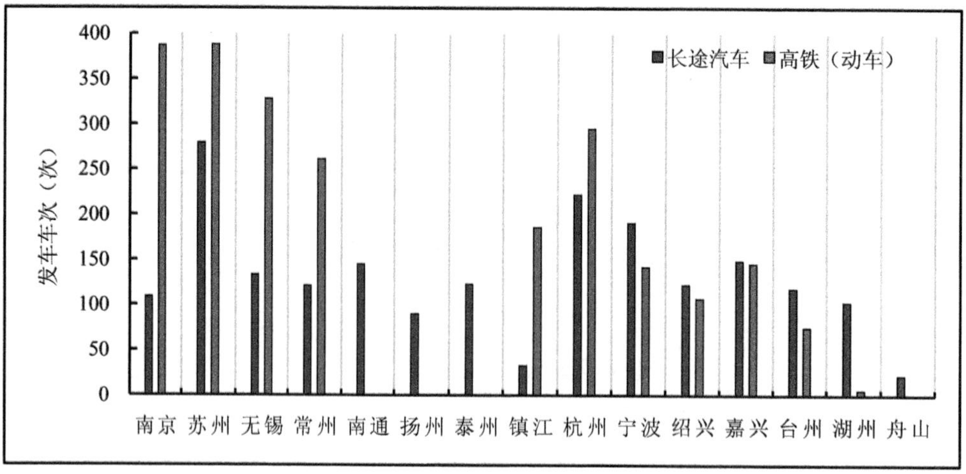

图 3–42　上海与其他城市之间的车次联系情况（2013 年）

表 3–30　长三角城市间的长途汽车、高铁（动车）的车次联系前 10 名（2013 年）

排序	长途汽车		排序	高铁（动车）	
	名称	联系度		名称	联系度
1	上海—苏州	279	1	上海—苏州	388
2	苏州—无锡	240	2	上海—南京	387
3	上海—杭州	222	3	南京—苏州	369
4	南京—镇江	196	4	苏州—无锡	342
5	上海—宁波	191	5	上海—无锡	328
6	杭州—宁波	191	6	苏州—常州	303
7	南京—常州	191	7	上海—杭州	295
8	宁波—台州	177	8	无锡—常州	295
9	南京—苏州	167	9	南京—常州	274
10	杭州—嘉兴	162	10	上海—常州	261

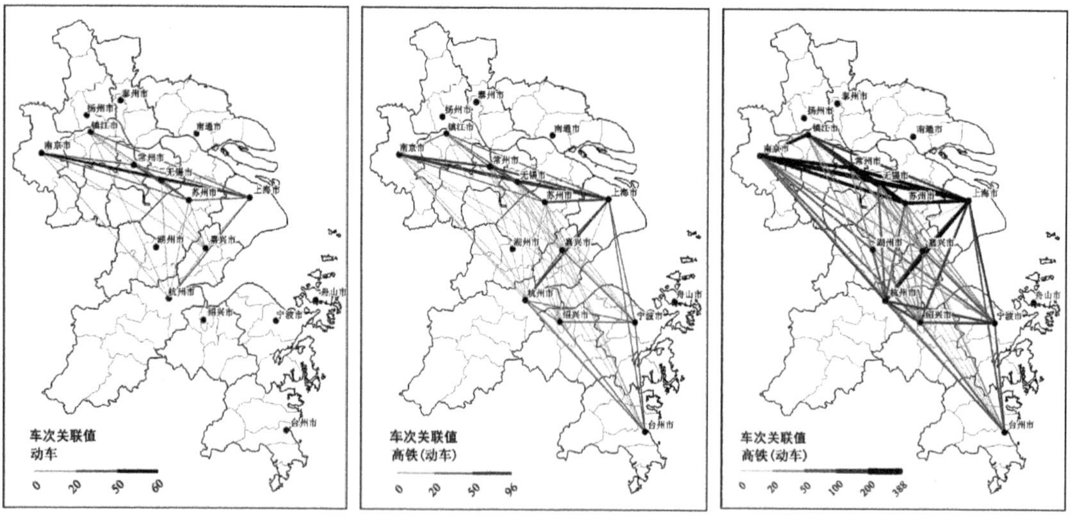

（a）2008 年　　（b）2010 年　　（c）2013 年

图 3–43　基于高铁（动车）的长三角主要城市间通勤流空间分布

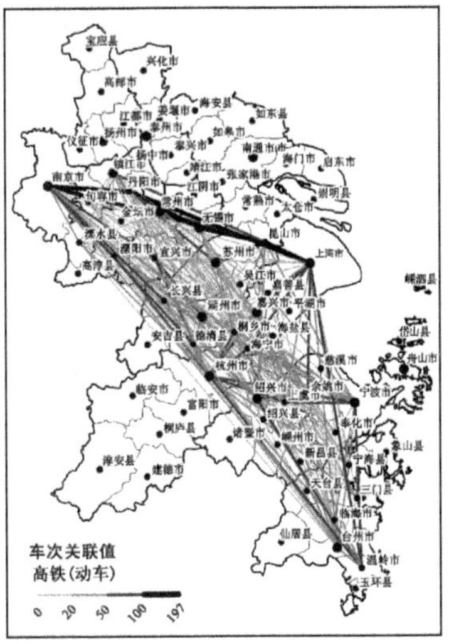

图 3-44 基于高铁（动车）的县市与地市的通勤流空间分布（2013 年）

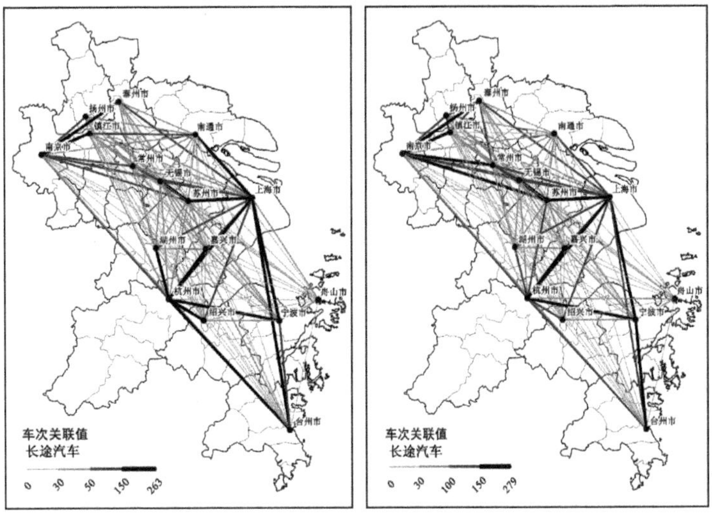

图 3-45 基于长途汽车的长三角城市间通勤流空间分布

注：左图为 2010 年；右图为 2013 年。

（2）高速通勤流的网络结构

从 2008—2013 年主要城市间高速通勤流的空间分布来看（图 3-43 至图 3-45），高速通勤流高度集聚于各主要交通轴线；从 2008 年、2010 年、2013 年的高铁通勤流变化来看，其空间格局先后由“>”“Z”向“M”“B”字形演化，反映了高铁通勤格局的日趋完善与网络化。从通勤流集聚特征来看，当前地级市之间、县级市与地级市之间的高铁通勤流仍主要集聚于沪宁、沪杭交通轴线，宁杭、杭甬与甬台则相对较弱。与之相比，基于长途汽车的高速通勤流在主要交通轴线的分布则相对均衡，这与两种高速交通方式的发展阶段不同有关，但可以预见，伴随高铁的网络化趋势，高铁通勤流在长三角城市间的联系分布必然日趋均衡化。

为进一步研究长三角各城市之间高速通勤流的主要流向、关联强度及其空间组织特征，根据 2008—2013 年中几个主要年份的各城市长途汽车和高铁（动车）到发车次，依次得到各个城市通勤流的首位、次位关联城市及其相应的连接数，并测算得到该城市的关联首位度，以深入分析各城市节点之间通勤流联系的结构特征。基于高铁（动车）和高速公路长途汽车的通勤流空间结构（图 3-46 至图 3-48），上海是长三角地区的高速通勤首位枢纽城市，2013 年各城市与上海的高铁和长途汽车的连接数分别为 6 条（4 条首位牵引线、2 条次位牵引线）和 10 条（4 条首位牵引线、6 条次位牵引线），中心极化的格局较为明显；南京、杭州则为长三角高速通勤的次位枢纽城市，与南京的高铁、汽运的首次牵引连接数分别为 5 条、4 条，而杭州则分别为 6 条、5 条，与上述两市的牵引联系分别主要为北翼、南翼片区城市。

与此同时，围绕首位、次位枢纽城市形成几个主要的高速通勤联系城市群组分布格局。在长三角北翼，上海与南京互为该片区其他城市主要的高速通勤流牵引方向。首先，在高铁（动车）通勤流上，既有高铁覆盖的沪宁沿线城市受上海的吸引作用大于南京，受上海经济辐射的苏、锡、常等市主要以上海为首位关联方向；同时，这些城市内部也形成了较强的关联，尤其是苏州，其具有长三角北翼准高速通勤枢纽城市的特征。其次，在高速公路通勤流上，则主要以泰州—镇江（或常州）为断裂点，形成两大相对独立的高速通勤联

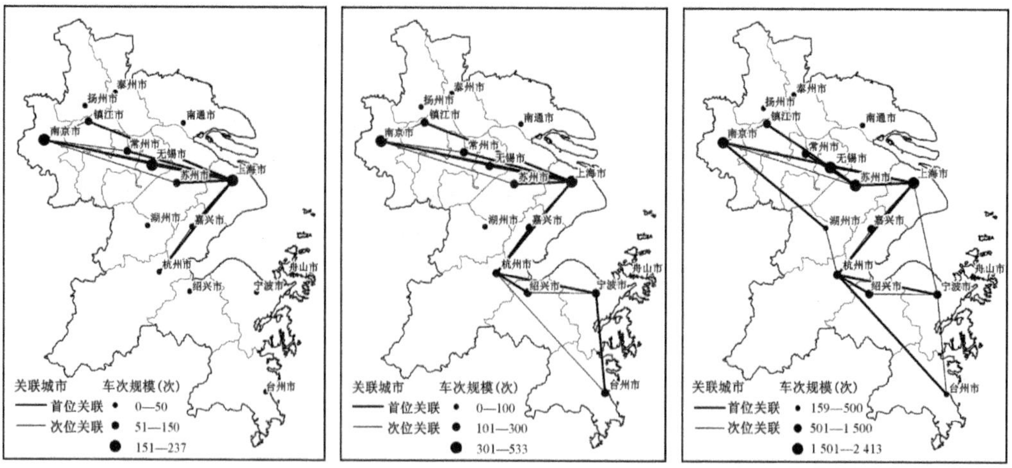

（a）2008 年　　（b）2010 年　　（c）2013 年

图 3-46　长三角主要城市间的高铁（动车）通勤流空间结构

图 3-47　主要县级市与地级市的高铁（动车）通勤流空间结构(2013 年）

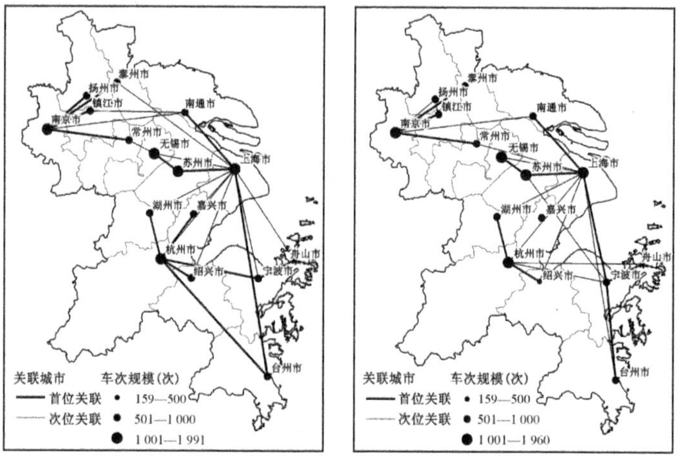

图 3-48　长三角城市间的长途客运通勤流空间结构

注：左图为 2010 年；右图为 2013 年。

系的集聚区。在长三角南翼，除该片区的首位引力中心杭州，南翼片区内各城市与宁波、上海的关联强度同样较大，其中宁波作为南翼又一高速通勤流枢纽的特征趋势较为明显，南翼各市与杭州、宁波、上海的长途汽车、高铁（动车）的首位牵引依次为 3∶2∶2 和 2∶3∶0，次位牵引则分别为 2∶3∶1 和 2∶1∶4，明显地，与上海关联较强的城市主要集中在杭州以北，受宁波辐射较强的城市则主要为绍兴及其以南的舟山、台州，由此在长三角南翼形成了以绍兴为临界点的两大高速通勤联系集聚区。

基于 2008—2013 年的城市关联首位度的指数及其变化进行分析（表 3-31、表 3-32）：首先，在基于高铁的城市关联首位度上，北翼片区整体低于南翼各市，可见北翼各城市之间的通勤联系相对均衡，相反地，南翼枢纽城市的向心强联系特征则较为明显。其次，在基于高速公路长途汽车客运的城市关联首位度上，主要呈现枢纽城市的关联首位度低，而与之邻近的其他城市的关联首位度高的特征，这与高铁的兴起与发展之后对长途汽车客运的挤占有关，由于公路客运车次的流向逐步转为向邻近大都市集聚，故形成较明显的中心—外围联系格局；此外，比较历年基于高铁（动车）通勤的城市关联首位度可以发现，该指标值基本呈现逐年下降的态势，意味着以上海、南京、杭州等高速通勤枢纽为中心的极化效应开始逐渐弱化，与之相应的是一个均衡联系的高铁通勤流格局的逐步成型，这与日益网络化的城市区域结构相互吻合。

表 3-31 长三角主要城市间高铁（动车）的主要流向及其关联度（2008 年、2010 年、2013 年）

城市	2008 年						2010 年						2013 年					
	首位关联	关联值	次位关联	关联值	首位度	连接数（条）	首位关联	关联值	次位关联	关联值	首位度	连接数（条）	首位关联	关联值	次位关联	关联值	首位度	连接数（条）
上海	南京	60	无锡	49	1.22	7	南京	96	无锡	77	1.25	7	苏州	388	南京	387	1.00	6
南京	上海	60	无锡	42	1.43	5	上海	96	无锡	63	1.52	5	上海	387	苏州	369	1.05	4
苏州	上海	41	南京	35	1.17	0	上海	73	南京	50	1.46	0	上海	388	南京	369	1.05	4
无锡	上海	49	南京	42	1.17	2	上海	77	南京	63	1.22	2	苏州	342	上海	328	1.04	2
常州	上海	35	南京	31	1.13	0	上海	62	南京	56	1.11	0	苏州	303	无锡	295	1.03	0
镇江	上海	21	南京	20	1.05	0	上海	41	南京	40	1.03	0	无锡	207	南京	202	1.02	0
杭州	上海	23	嘉兴	8	2.88	1	上海	67	宁波	46	1.46	4	上海	295	宁波	199	1.48	5
宁波	—	—	—	—	—	—	杭州	46	台州	39	1.18	3	杭州	199	上海	142	1.40	3
绍兴	—	—	—	—	—	—	杭州	28	宁波	28	1.00	0	杭州	155	宁波	136	1.14	0
嘉兴	上海	8	杭州	8	1.00	1	杭州	41	上海	39	1.05	0	上海	146	杭州	125	1.17	0
台州	—	—	—	—	—	—	宁波	39	杭州	38	1.03	0	杭州	100	宁波	97	1.03	0
湖州	—	—	—	—	—	—	—	—	—	—	—	—	南京	85	杭州	73	1.16	0

表 3-32 长三角各城市之间长途汽车客运的主要流向及其关联度（2010 年、2013 年）

城市	2010 年						2013 年					
	首位关联	关联值	次位关联	关联值	首位度	连接数（条）	首位关联	关联值	次位关联	关联值	首位度	连接数（条）
上海	苏州	241	杭州	225	1.07	10	苏州	279	杭州	222	1.26	10
南京	镇江	174	泰州	156	1.12	4	镇江	196	常州	191	1.03	5
苏州	上海	241	无锡	161	1.50	2	上海	279	无锡	240	1.16	2
无锡	苏州	161	上海	115	1.40	2	苏州	240	上海	133	1.80	1
常州	南京	146	无锡	113	1.29	0	南京	191	上海	121	1.58	1
南通	上海	162	镇江	102	1.59	1	上海	145	南京	89	1.63	0
扬州	南京	118	泰州	100	1.18	0	泰州	143	南京	132	1.08	2
泰州	南京	156	上海	114	1.37	2	南京	160	扬州	143	1.12	1
镇江	南京	174	南通	102	1.71	2	南京	196	扬州	112	1.75	1
杭州	宁波	263	嘉兴	226	1.16	6	上海	222	宁波	191	1.16	6
宁波	杭州	263	上海	204	1.29	2	上海	191	杭州	191	1.00	3
绍兴	杭州	211	上海	136	1.55	0	杭州	149	上海	122	1.22	0
嘉兴	杭州	226	上海	149	1.52	1	杭州	162	上海	149	1.09	0
台州	杭州	176	上海	151	1.17	0	宁波	177	上海	118	1.50	0
湖州	杭州	157	上海	113	1.39	0	杭州	144	上海	103	1.40	0
舟山	宁波	63	上海	48	1.31	0	宁波	77	杭州	32	2.41	0

综上对高速交通时代的长三角要素格局的影响分析，可归纳得到以下几个结论：

其一，无论是以人流还是物流为代表的城市要素流均在不断得到强化，尤其是进入高速客运（货运）交通时代以来，高速交通方式对长三角城市区域的要素空间流动具有强烈的重塑性，包括要素层面的流动规模、广度与速度，城市层面的空间流与相互联系强度,区域层面的联系格局与空间组织结构等多个方面。

其二，在高速交通时代及其流动空间效应的作用下， 一个显著的空间组织结构变化趋势是，传统单中心极化效应的结构模式弱化，代之以纵向与横向联系的多中心网络化的城市区域空间组织结构的兴起。

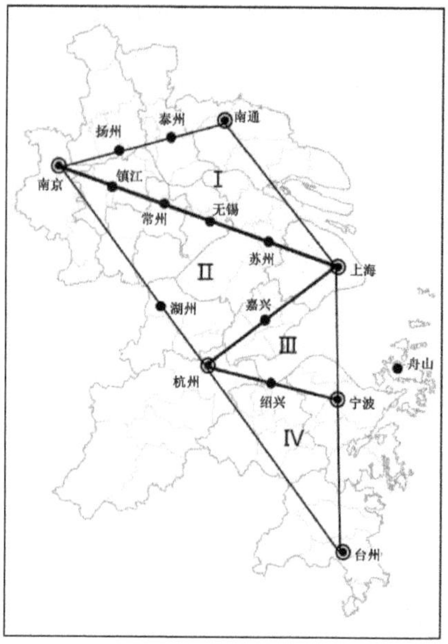

图 3-49　高速交通时代长三角通勤流的特征空间

其三，结合对高速通勤流的规模等级、联系强度及空间组织特征的分析，可将长三角地区的通勤格局划分成四大特征片区，由Ⅰ至Ⅳ依次为沪宁通三角、沪宁杭三角、沪杭甬三角和杭甬台三角。Ⅱ、Ⅲ都是长三角核心区，首先构成三角区域的三个顶点均为区域中心城市（含核心城市）和通勤流枢纽（准枢纽），其次由三个顶点围合的三条交通轴线中，至少有两条及以上的交通轴线有高速铁路 + 高速公路覆盖，而人口、货物空间流及高速通勤流的分析也反映出上述两区是长三角城市要素空间流动及相互联系最为密集的区域。Ⅰ、Ⅳ都是长三角要素空间流的影响区，首先构成三角区域的顶点至少有两个区域性中心城市，顶点联系中至少有一条交通轴线有高速铁路 + 高速公路覆盖，其余交通轴线应有高速公路串联。核心区与影响区串联的城市级别不一，顶点间连接的交通廊道等级不一，区内的通勤流强度、密度和频率、速率也不一，由此形成了通勤流的不同特征空间（图 3-49）。

本章注释

① 《左传》哀公九年（公元前 486 年）记载：“秋，吴城邗，沟通江淮。”

② 《越绝书 · 吴地传》记载：越王勾践（公元前 473 年）灭吴后，为加强对吴地的控制，在苏州南开凿“陵道”。

③ 《汉书 · 贾山传》记载：“秦为驰道于天下，东穷燕齐，南极吴楚，江湖之上，滨海之观毕至。”

④ 《南齐书 · 州郡志上》记载：“丹徒水道，入通吴会，孙权初镇之。”

⑤ 《国史补》卷下。

⑥ 见载于梁启超《中国文化史》《饮冰室合集》，元代市舶提举司有杭州、庆元（今宁波）、上海、澉浦（今嘉兴海盐）、温州、泉州、广州共七处。

⑦ 见载于元《至正四明续志》卷 1《土风》，引自陈高华 . 元史研究新论 [M]. 上海：上海社会科学院出版社，2005.

⑧ 驿传始于春秋战国时期，是中国古代由政府设置，供使臣出巡、官吏往来和传递诏令、文书等使用的交通组织系统。

⑨ 《大清律例》卷廿二《兵律 · 邮驿》。

⑩ 1898 年，吴淞铁路由清政府重建，更名为“淞沪铁路”。

⑪ 谢彬 . 中国铁道史 [M]. 北京：中华书局，1929.

⑫ 尼克·格林在其多中心测度方法中，定义功能多中心程度阈值为 [0,1]，该值越趋近于 1，表示功能多中心程度越高；反之，越趋近于 0，则表示功能多中心程度越低。

⑬ 在主要交通轴线的客货运量计算中，沪宁线指南京、镇江、常州、无锡、苏州、上海六市；沪杭线指上海、嘉兴、杭州三市；杭甬线指杭州、绍兴、宁波，外加台州共计四市；宁通线指南京、扬州、泰州、南通四市；宁杭线指南京、湖州、杭州三市。

⑭ 上海市城市综合交通规划研究所 . 上海市第四次综合交通调查总报告 [R]. 上海：上海市城市综合交通规划研究所，2010.

⑮ 此处引用康维斯城市引力模型，其计算公式为 $F_{ij}=K*P_iP_j/D_{ij}^r$，其中 K 为引力常数，r 为距离摩擦系数，一般情况 K 取值为 1，r 取值为 2。

4 长三角职住空间关系重组的实证研究

职住空间关系反映的是就业空间与居住空间之间的联系，是日常通勤联系的重要内容，也是日常通勤空间行为的结果。就业空间格局和居住空间格局，以及联系就业与居住空间的交通网络、交通方式等，是职住空间关系的重要内容。职住空间关系既有从区域性、总体性层面形成的宏观性空间结构关系，也有基于空间行为个体的就业地、居住地和就业出行行为形成的微观层面的职住空间关系。本章在概要分析长三角地区就业空间总体特征的基础上，以微观个体实际发生的区域化通勤出行为研究内容，通过对长三角地区多个枢纽站点的区域化通勤出行者的深入调查，解析区域高速交通时代背景下就业空间重组的特征。

4.1 长三角就业空间的特征概述

基于长三角两省一市的2008年经济普查数据和2010年人口普查资料中长表数据（10%抽样比例）的就业人口等统计信息[①]，选取其中隶属长三角16市分区县单元的基础数据，从就业人口规模、行业结构以及就业密度分布、职住空间匹配格局等方面对长三角地区整体的就业空间分布特征进行简要分析。

4.1.1 主要特征分析

1）就业人口规模

根据第二次经济普查资料，2008年长三角16市的就业人口为4 996万人，占同年两省一市就业人口规模的80.6%。其中，上海是长三角的首位就业城市，就业人口达1 041万人，占据总量的20.8%；苏州次之，占比达12.4%；其后为杭州、宁波、无锡、绍兴、南通和南京6市，各市对长三角就业规模的贡献率均达到5%以上；舟山为长三角地区就业人口最少的城市，所占比重仅为0.7%（图4-1）。2010年人口普查资料的长表数据资料显示（10%抽样比例），长三角地区的就业人口（抽样）总量为561万人，这一抽样比例所对应的常住人口总量为 1 056 万人，长三角地区的就业、居住人口分别占江浙沪两省一市的 75% 和 69%。各城市就业人口在长三角地区的位序与 2008 年经济普查的规模位序基本一致，如图 4-2 所示。

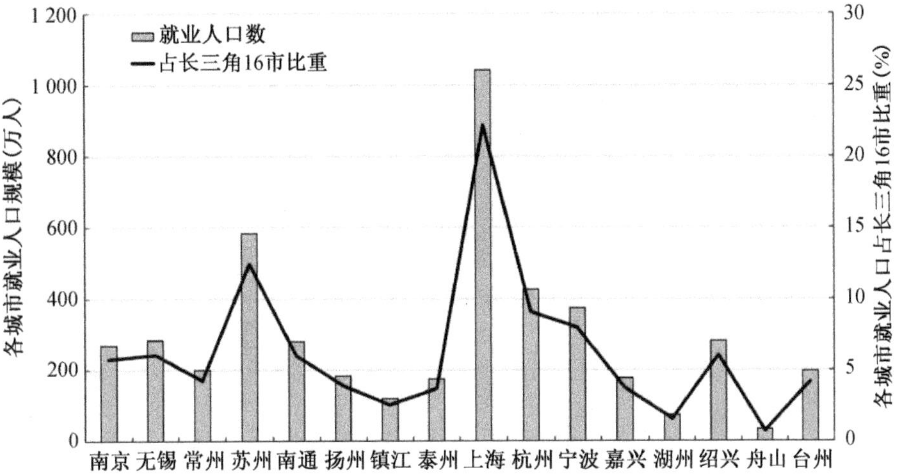

图 4-1　长三角 16 市的就业人口规模及其占总人口比重（2008 年）

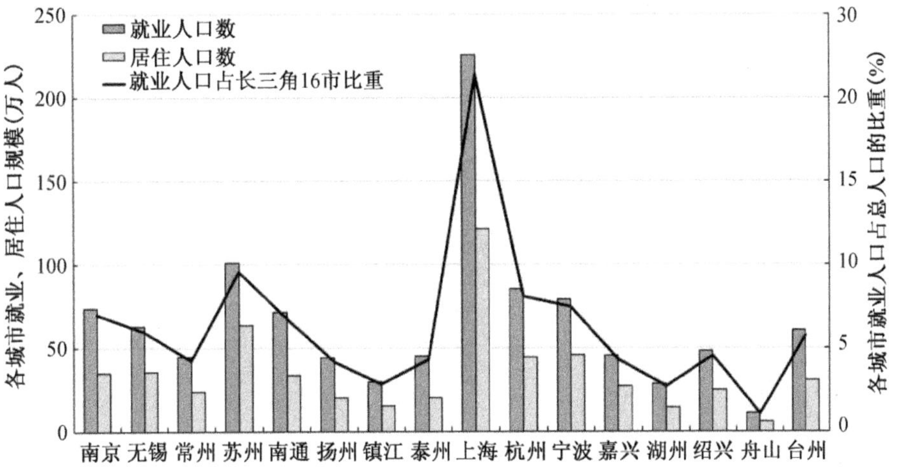

图 4-2　长三角 16 市的就业、居住人口规模及就业人口占总人口比重（2010 年）

2）就业行业结构

从分行业的就业结构来看，长三角 16 市的一产就业比重普遍较低，主要分为二产就业主导型和三产就业主导型。根据钱纳里的工业化阶段理论，长三角 16 市基本上均已步入工业化后期甚至后工业化阶段。这些城市中，三产就业人员超过二产的主要有上海、南京和舟山 3 市；杭州的二产、三产就业人员规模保持持平；其余城市均为二产主导型，其中苏州、无锡和宁波等市表现出超高的二产（工业）从业比重，南通、扬州、泰州、湖州等市的一产仍然占据较大比重（图 4-3），这与各行业就业人口密度的空间分布特征是一致的。

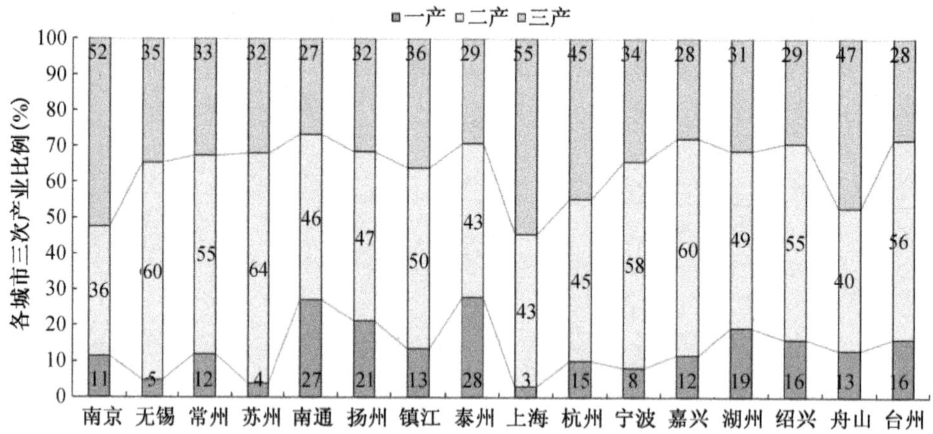

图 4-3　长三角 16 市就业人员所从事的行业结构特征

从分行业就业密度的分布来看，浙江西部、南部的大部分山区区县的就业人口规模较小，是三次产业就业人口密度均偏低的地区。除此之外，一产就业高值区主要集中分布在沿江的扬通泰地区，其余区县普遍较低；二产就业的高值区以上海为发散，形成沿苏锡常和嘉杭甬的就业密集区，尤其是上海、苏州和无锡三市体现为二产就业密度的全域性高值集聚；三产就业的集中区则主要分布在上海、南京和杭州三市的中心区，其余部分城市的核心城区内有点状独立分布的三产高值集聚区，如图 4-4 所示。

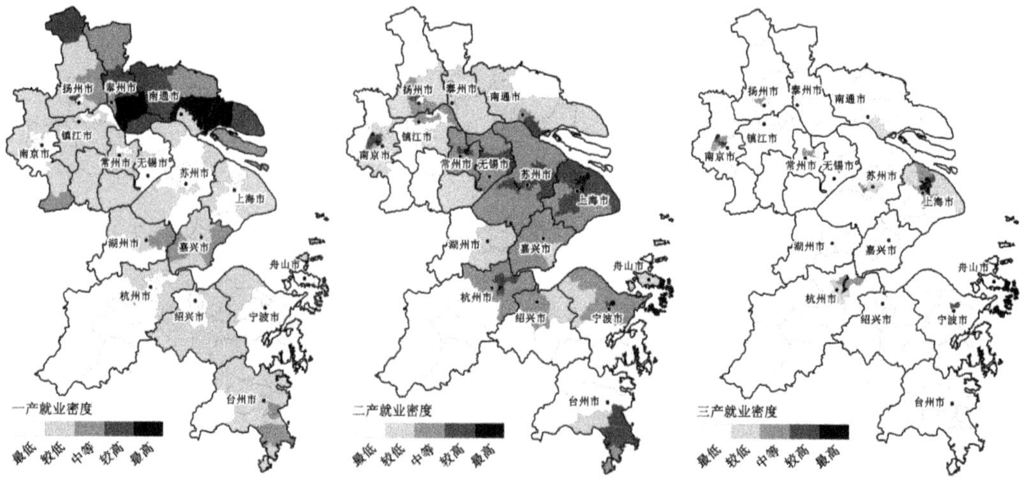

（a）一产　　（b）二产　　（c）三产

图 4-4　长三角城市各区县三次产业的就业密度分布（2010 年）

三次产业就业人口密度的空间分布实际上反映了各大行业的经济活动在长三角 16 市各区县单元的集聚特征。为进一步分析三次产业就业空间的集聚程度，引入区位熵指标对各城市的就业结构进行分析。计算结果显示，在 16 市的三次产业区位熵中，二产差异最小，基本在 1 上下浮动，表明各市从事二产的劳动力分布相对均匀，其中最高的为苏州、无锡、嘉兴和宁波，是长三角地区工业专业化程度最高的城市；在区位熵差异较大的其余两大产业中，除南通、台州、湖州、舟山、扬州等市外，其他城市的一产就业区位熵基本上小于1或接近于1，体现出去农业向工业、服务业转化的特征；三产同样相似，除南京、上海、杭州等市的就业区位熵大于1以外，其余城市均小于1，一方面反映了大都市就业结构的“服务化”特征，另一方面也体现了当前大部分城市就业结构仍以“工业化”为主要特征（图4–5）。

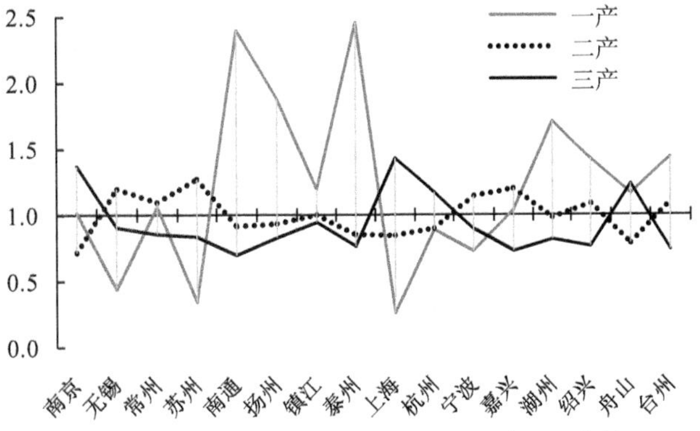

图4–5　长三角城市各区县三次产业就业区位熵

3）高端行业就业

结合各城市就业结构的服务化等趋势，以现代生产性服务业、高端制造业等为代表的行业是城市产业的转型发展方向。在此利用生产性服务业的就业密度来反映长三角地区高端行业就业的集聚特征，主要包括“交通、运输、仓储和邮政业信息传输”“计算机服务和软件业”“金融业”“租赁和商务服务业”以及“科学研究、技术服务和地质勘查业”五大细分行业。从生产性服务业的空间分布来看（图4–6），此类型行业的就业人员高度集中在上海、南京和杭州等市的中心区，其次为宁波、苏州、无锡、常州和南通的少量区域，其余地区偏低。将高学历就业人员的集聚特征与之对比，不难发现这些生产性服务业高集聚区同样是高学历人才的集中地，如图4–7所示。一方面，这些地区通常具备较高密度的高校科研院所，为其输送了大量的高素质从业人员；另一方面，由于高端产业的发展水平及其在就业劳动力市场中所占据的优势竞争力又吸引了高素质人才的进一步集聚。

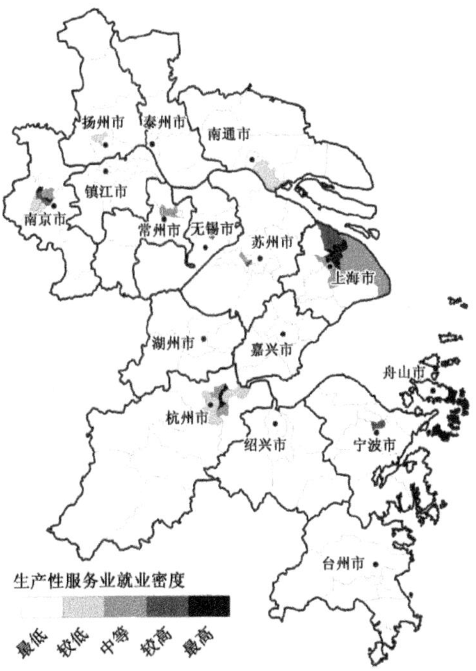

图4–6　长三角生产性服务业就业密度分布

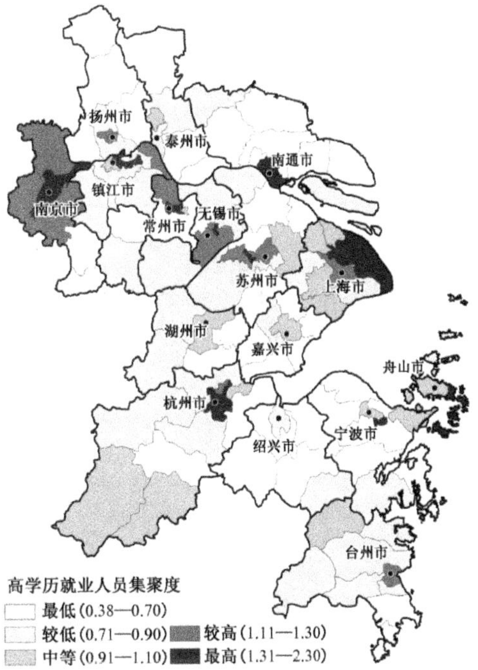

图4–7　长三角高学历就业人员空间集聚特征

4.1.2 就业空间格局

1）就业密度分布特征

以长三角 16 市各区县的就业人口密度与法人单位密度来反映就业空间分布格局。从空间分布来看，整体上以上海为核心，自常州至上海形成分布密度高值片区，尤其是近沪的苏州昆山、平江区（苏州工业园区）等就业人口和法人单位的密度与上海各区基本接近；在沪苏锡常以外的其余地区则形成城市层面的“中心—外围”分布格局，城市中心区的就业人口与法人单位密度大大高于外围区县（图 4-8、图 4-9）。

从密度分布来看，首先，就业人口密度的峰值区（1 万人 /km^2）集中分布在沪宁杭 3 市的中心区，共计 10 个区，其中 70% 位于上海市，最高者静安区的就业人口密度高达 3.9 万人 /km^2；黄浦区次之，达到 3.5 万人 /km^2，但与纽约（8.6 万人 /km^2）、东京（5.8 万人 /km^2）、伦敦（4.2 万人 /km^2）[②] 等国际大都市的中央商务区的就业人口密度相比，仍存在较大差距。其次，就业人口密度的高值区域（3 000—10 000 人 /km^2，合计 15 个）主要分布在长三角区域中心城市（上海、南京、杭州、宁波、苏州、无锡）的核心区内；人口密度在 1 000—3 000 人 /km^2（合计 52 个）的中间值区域主要为其他城市的核心区及沪—苏—锡—常的大部分区县；其余将近一半区县的就业人口密度在 500 人 /km^2 以下，共计达 62 个区县单元，呈“W”字形环绕“沪—苏—锡—常”的就业密度高值片区，主要为宁通、宁湖杭沿线和浙西、浙南的区县。在法人单位的密度上，其分布格局与就业人口密度的分布格局大体相近，密度峰值区（300 个 /km^2 以上）主要分布在区域中心城市的核心区；高值区（100—300 个 /km^2）仍主要集中于区域中心城市的中心城区内，除上海市与苏州昆山、工业园区、高新区等形成的高密度连绵区外，其他地区主要呈现为点状独立分布；除此以外，其余的区县普遍偏低，尤其在浙西或浙南的山地区县，每平方千米的法人单位数量不足 5 个。

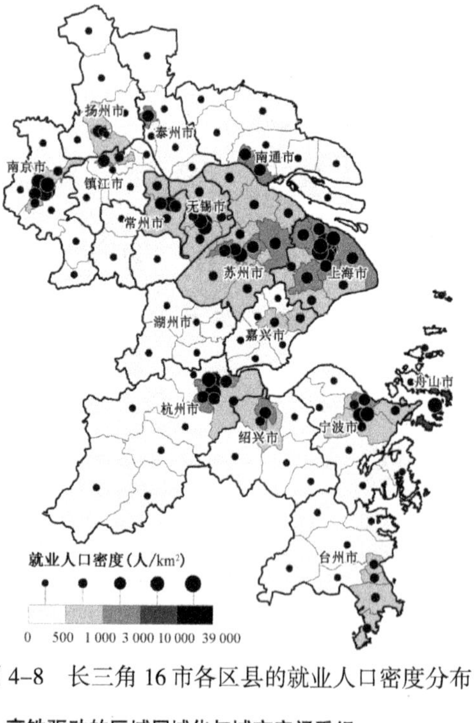

图 4-8 长三角 16 市各区县的就业人口密度分布

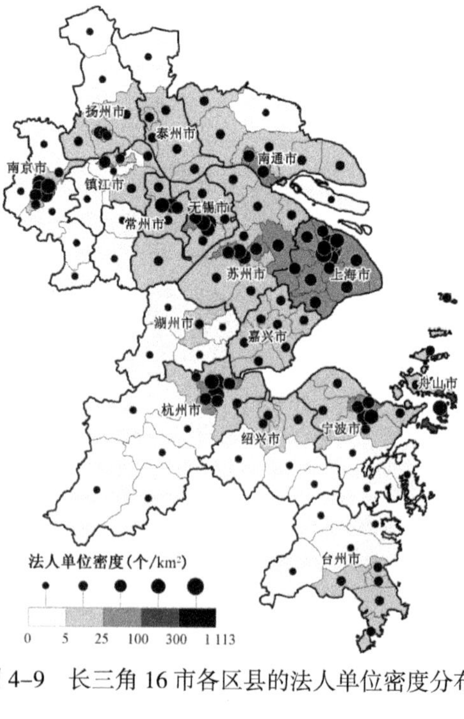

图 4-9 长三角 16 市各区县的法人单位密度分布

2）居住—就业匹配分析

通常来说，一个城市内部的空间单元中，就业集中地也应提供同样集聚程度的居住配套，这样便形成就业者的居住—就业空间匹配。从就业人口和居住人口规模的集聚程度来看，就业集聚的总体分布格局与就业密度的分布特征基本一致，而居住人口的集聚分布与就业中心高集聚的特征相比则较为分散，居住人口在就业集中地的外围区域也有较高的集聚程度，这在一定程度上反映出就业、人口分布的不平衡关系（图 4-10、图 4-11）。

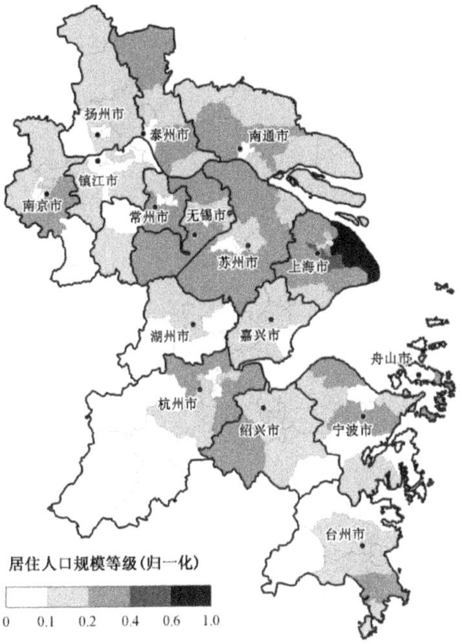

图 4-10　长三角 16 市各区县的居住人口规模分布

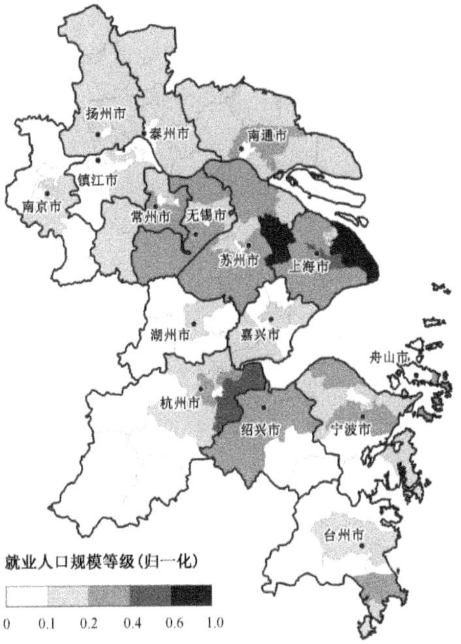

图 4-11　长三角 16 市各区县的就业人口规模分布

进一步地，引入就业—居住偏离指数[③]来测度长三角区县单元层面的就业岗位与居住人口的均衡关系，其中就业人口利用 2008 年经济普查年鉴中 16 市各区县的就业人口进行测算，居住人口则运用 2010 年人口普查资料中各区县的常住人口进行测算。根据就业—居住偏离指数值所对应的就业、居住功能的匹配内涵，将指数值按照 0.7 以下、0.7—0.9、0.9—1.1、1.1—1.3 和 1.3 以上划分为五个等级，分别对应了居住主导型、次级居住型、基本匹配型、次级就业型和就业主导型五个职住功能空间类型。

从职住功能空间类型的分布可以看出，以居住功能为主的空间单元主要为城市的近远郊区县，以就业功能为主的空间单元则主要集中在各城市中心区域。具体地，居住主导型的职住空间单元（18 个）主要为大都市近远郊（如南京六合区、上海崇明县）以及浙江西部、南部的区县（杭州淳安、临安，绍兴嵊州，宁波宁海等）；次级居住型的职住空间单元（36 个）是居住功能偏大于就业功能的职住次级配套区，主要包括镇江句容等临近南京的区县、扬州和南通北部与环太湖西岸区县、宁波余慈地区等；基本匹配型职住空间单元（37 个）是就业岗位与居住人口基本平衡的地区，主要集聚在宁镇扬常、沪苏嘉两大片区的郊区（县）和部分城市的外围区县；就业主导型（21 个）和次级就业型（27 个）主要包括两类，其一是城市的核心区尤其是大都市核心区［中央商务区（CBD）所在区］，如上海静安区、黄浦区、长宁区和徐汇区，南京的鼓楼区和白下区，杭州的西湖区和上城区等；其二是城市外围的开发区、科技园区所在区县，如无锡新区（滨湖区）、苏州高新区（虎丘区）、工业园区（平江区）以及临近上海的昆山市等，如图 4-12 所示。

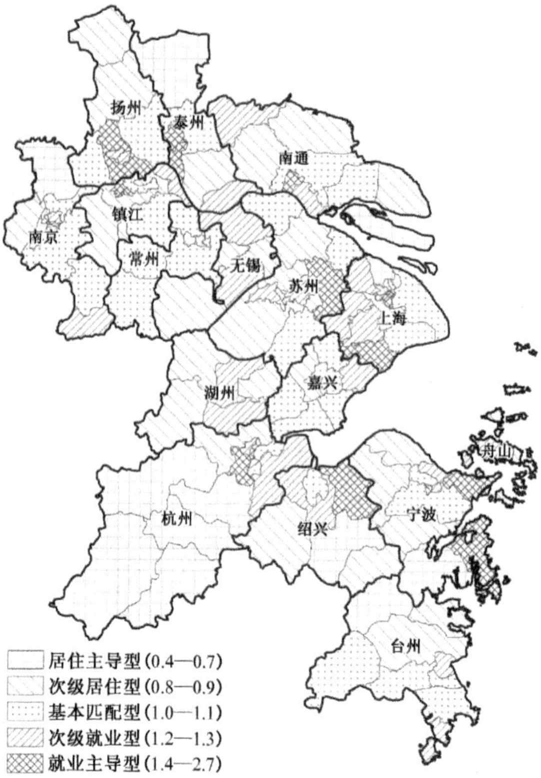

图 4-12　长三角 16 市各区县的居住—就业耦合情况

总体而言，长三角地区内的区域中心城市的就业功能指向性要高于居住功能，中心城市与其他城市就业功能偏离指数为 1.33∶1.19；职住偏离指数也高于长三角的其他中心城市，区域中心城市中的就业、居住功能偏离指数差值达 0.58，其他中小城市为 0.34。与此同时，从单个城市的就业密集区来看，这些首位、次位就业区普遍存在就业岗位规模远超出居住人口规模的情况，即就业—居住偏离指数大于 1，就业与居住功能的配套明显存在失衡情况，尤其是上海、南京等区域中心城市就业密集区的职住偏离则更大，如表 4-1 所示。

表 4-1　长三角 16 市首位、次位就业区的就业密度与职住偏离指数

城市	首位就业区	就业密度	职住偏离指数	次位就业区	就业密度	职住偏离指数	城市	首位就业区	就业密度	职住偏离指数	次位就业区	就业密度	职住偏离指数
上海	黄浦区	34 643	2.2	静安区	38 975	2.7	扬州	维扬区	2 987	1.2	邗江区	728	1.3
南京	白下区	10 909	1.5	鼓楼区	7 733	1.5	镇江	润州区	1 213	1.3	京口区	725	1.1
无锡	崇安区	9 757	1.7	南长区	4 753	0.6	泰州	海陵区	1 014	1.5	高港区	471	1.3
苏州	沧浪区	6 514	0.8	金阊区	2 623	0.6	嘉兴	吴兴区	266	1.2	德清县	170	1.3
杭州	上城区	13 118	1.4	下城区	10 312	1.2	湖州	平湖市	599	1.3	南湖区	539	1.0
宁波	海曙区	88 123	1.4	江东区	6 788	1.3	绍兴	越城区	1 121	1.1	绍兴县	679	1.2
常州	天宁区	3 575	1.0	钟楼区	2 744	0.8	舟山	定海区	298	1.2	普陀区	245	0.9
南通	崇川区	1 883	1.2	港闸区	1 223	1.6	台州	椒江区	951	1.2	路桥区	729	1.0

注：就业密度单位是人 / km^2。

基于对长三角16市以区县为单元的就业空间主要特征及空间格局解析发现：从规模上来看，就业人口与城市等级具有一定的对应性，高位就业规模城市主要为沪宁、沪杭甬两大走廊的沿线城市，其中上海是长三角地区的首位就业城市。在行业结构上，各城市整体上呈现出工业或服务业主导的就业结构，其中长三角区域中心城市占据了服务业或工业专业化程度的高位次序，形成相应的就业人口峰值集聚分布；同时，城市规模等级越高，在就业服务化的程度也越高；在高端行业就业上，高等级城市形成优势行业与高端人才的强集聚分布。在就业空间格局上，就业人口的空间集聚性明显高于居住人口，这种空间集聚特征具有高等级城市指向性和城市中心区指向性，即高等级城市的就业功能偏向程度高于低等级城市、城市中心区的就业功能偏向程度高于外围郊区（县），就业的相对集聚与居住的相对分散叠加形成了长三角整体较高的职住分离程度。虽然基于统计数据的就业、居住空间格局与实际的就业、居住活动的空间分布存在一定差异，但从统计口径数据所反映出来的就业的集聚分布特征，尤其是优势行业的集聚分布，高学历人才对优势行业集聚区的偏好选择以及就业—居住空间的不匹配分布等，均是加剧就业空间格局不平衡的影响因素，也是进一步加快长三角地区就业者职住流动性的重要推力。为进一步研究实际的职住区域化分离与通勤流动现象，下文将基于抽样调查数据，对高速交通影响下的个体就业空间重组及其空间关联特征进行实证分析。

4.2 长三角就业空间重组的实证分析

4.2.1 抽样调查概况

以长三角内的通勤出行人员为研究对象，通过问卷和访谈的实证调查方式，从出行群体及微观个体的行为特征视角来研究实际发生的、区域化就业通勤者的社会属性特征及其功能空间在城市区域内的组织关系。考虑到研究空间的大尺度、高速交通网络的多样性以及通勤出行人员的流动性等多重影响因素，在调查问卷设计与实地调查环节进行条件预设，同时通过小规模先验调研并及时调整调查中所存在的问题，以降低调查的无效成本，保证调查结果的可行度与针对性。

1）调查问卷设计

根据研究目的，调查问卷包含社会属性信息、职住空间信息和通勤出行信息三方面内容，以对长三角地区的跨城通勤出行者展开调查。

（1）社会属性信息。其包括受访者的性别、年龄、受教育程度、收入水平、职业和从事行业等，用于分析区域就业通勤流动群体的社会阶层属性特征。

（2）职住空间信息。其包括本人的工作地、配偶工作地、工作日居住地、周末居住地及家庭居住地等，用于分析区域功能空间的组织关系并归纳就业空间的组合模式。

（3）通勤出行信息。其包括乘车站点、出发地、此行目的地、平时目的地、出行方式、出行频率、出行目的等，用于分析城际通勤出行行为的空间移动特征等。

2）调查对象、地点与时间

在实地调查环节，主要是对调查对象的遴选、调查地点以及时间的选择进行预设。

（1）对象遴选。此次研究对象设定为通勤就业者，为保证调查样本的针对性，故受调查对象以中青年人为主，年龄为20—50岁，尽可能地将无业者（不发生就业地与居住地间的通勤出行），如儿童、学生、老人以及偶发性经过的游客等排除在外。

（2）调查地点。高铁是高速交通网络中对城市区域尺度大规模人口流动影响最大的交通方式之一，其枢纽站点又是人流最为集中的地点，故在实地调查环节中将调查地点聚焦在高铁枢纽站点地区。此次调查以宁杭高铁开通为契机，选取其沿线的南京、湖州和杭州3个城市的高铁枢纽站点为样本调查地点。其中南京、杭州是长三角的中心节点城市，南京直接到发长三角核心区的车次包括沪宁线、宁杭线列车，杭州直接到发的车次则包括沪杭线、杭甬线、甬台温线和宁杭线列车，经由两者可快速将功能活动辐射扩散至长三角地区开通高铁的12个城市57个站点的所在区县。

（3）调查时间。考虑到调查针对的是就业者的通勤出行，故将实地调查时间集中在一周与一天中的主要通勤客流高峰日期和时段。根据对不同时段、不同站点的高铁发车频率的统计与分析，将问卷发放时间主要确定在周一、周五或周日的7：00—11：30和15：00—19：30。

基于上述条件预设，笔者于2013年8月26日至9月3日，展开为期近10天的调查，共计发放问卷620份，实际收回有效问卷600份（表4-2）。

表4-2　实证调研的基本情况

城市	发放地点（个）	发放时间 / 星期	问卷量（有效 / 发放）（份）
南京	南京站、南京南站	2013-08-26 至 09-01/ 周一至周日	408/420
湖州	湖州高铁站	2013-09-02/ 周一	97/100
杭州	杭州东高铁站	2013-09-03/ 周二	95/100
合计	4	—	600/620

4.2.2　社会属性特征

不同社会阶层的跨城通勤流对交通费用的支付能力及消费需求的差异产生不同的消费模式，按照消费能力和需求的高低交叉组合形成传统消费型、超前消费型和适应消费型（高或低），其中超前和低适应消费型对应了中低阶层，而传统和高适应消费型则对应了精英阶层（图4-13）。居民跨城快速通勤流动需以高速交通工具为支撑，就依托于高铁的就业通勤而言，其时间成本最低，但经济成本最高。依据不同阶层的消费模式特征，高社会阶层支付高费用成本的能力较强，同时也更具有远距离出行需求，从而形成了高铁使用的阶层化差异。在这种情况下，高铁通勤出行将形成与流动空间的典型空间——精英空间呼应的空间组织特征，精英阶层构成区域化通勤就业的主要群体，理论上其就业通勤的空间范畴相对更大，通勤流动的频率也更高。

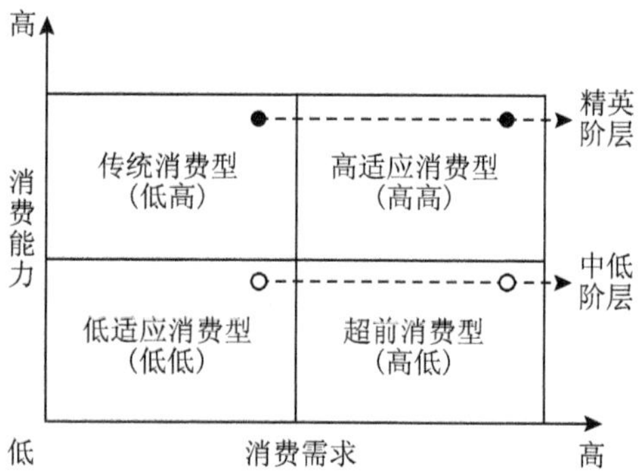

图4-13　高铁通勤出行者的社会阶层消费模式

调查结果显示，高学历、高收入的政企事业管理者（包括党政机关、事业单位干部和企业中高层管理者）（22.2%）、专业技术人员（44.2%）和商业、服务业人员（12.7%）是高铁通勤出行的主要构成群体。对应于当代中国社会阶层报告所提出的社会阶层和社会经济地位界定[④]，即为中中层以上的国家与社会管理阶层、经理人员阶层、专业技术人员阶层和商业服务业员工阶层四大阶层，又以上层的经理人员阶层和中上层的专业技术人员阶层为主。同时，中上层的私营企业主（6.5%）与中中层的个体工商户（4.1%）和办事人员阶层（3.9%）的出行频率也占据较大比重。从职业结构可见，高铁跨城通勤出行活动呈现出一定的社会阶层分化特征，具有精英阶层的偏好特点，高社会阶层人员的通勤移动距离更长，活动空间扩散范畴相对更大（表 4–3）。

以上这些出行者主要从事服务业（合计 62.7%）和制造业（30.4%），其中服务业细分门类较为多样，主要包括批发和零售业（11.7%）、金融业（8.5%）、房地产业（7.0%）以及信息传输、计算机服务和软件业（4.9%）等（表 4–3）。从通勤出行者的年龄、性别来看，男性占据绝大部分（80.2%），且年龄段主要集中在 26—45 岁（71.6%）。高铁通勤者的性别差异与“家庭责任假说”有关[⑤]，女性因在家庭中承担了较多责任，通常对通勤距离比较敏感，其通勤距离相对较低，通勤耗费时间也相对较短；而年龄上的差异化则反映出年轻群体对远距离通勤出行更具适应能力。归纳来看，中青年的男性精英阶层是高铁通勤出行的主体客流群（表 4–4）。

表 4–3　受调查对象的就业情况（N=600）

职业	比例（%）	从事行业	比例（%）	从事行业	比例（%）
党政机关、事业单位干部	3.4	农、林、牧、副、渔	0.6	房地产业	7.0
企业中高层管理者	18.8	采矿业	0.8	教育业	2.3
专业技术人员	44.2	制造业	30.4	卫生、社会保障和社会福利业	4.5
办事人员	3.9	交通运输、仓储和邮政业	4.9	文化、体育和娱乐业	4.5
商业、服务业人员	12.7	信息传输、计算机服务和软件业	4.9	居民服务和其他服务业	2.3
农业劳动者	0.4	批发和零售业	11.7	公共管理和社会组织	2.5
生产、运输设备操作人员	2.1	住宿和餐饮业	2.3	其他	5.5
私营企业主	6.5	租赁和商务服务业	2.7	—	—
个体工商户	4.1	金融业	8.5	—	—
军人	1.3	科学研究、技术服务和地质勘察业	3.6	—	—
其他	2.6	水利、环境和公共设施管理业	1.0	—	—

表 4–4　受调查对象的基本信息（N=600）

性别 / 年龄	比例（%）	学历	比例（%）	月收入	比例（%）
男	80.2	初中及以下	3.6	2 000 元以下	2.3
女	19.8	高中或中专	11.4	2 000—5 000 元	32.2
20 岁以下	1.1	大专	17.0	5 000—10 000 元	40.3

续表 4-4

性别 / 年龄	比例（%）	学历	比例（%）	月收入	比例（%）
20—25 岁	18.6	本科	55.2	10 000—20 000 元	17.4
26—35 岁	51.2	硕士研究生	10.8	20 000 元以上	7.8
36—45 岁	20.4	博士研究生及以上	2.0	—	—
46—60 岁	8.7	—	—	—	—

1）通勤行为特征

（1）活动序列

活动序列是指高铁通勤者不同出行目的的频率次序。基于高铁站点到发客流调查的出行目的统计显示，受调查者当次通勤出行行为的活动序列依次为商务出差（含政府公干）、旅游休闲、日常工作、文化科技学术交流、上学、购物以及就医，如图 4-14 所示。其中，商务出差（61.4%）和旅游休闲（9.2%）是出行的主要活动类型，合计达 70% 以上。将商务出差的出行活动细分，主要包括基于企业内部和外部联系而产生的两类出行，一是企业内部由上而下（接受上级培训）或由下往上（指导协助下属分公司业务）的业务交流（合计 33.9%）；二是企业与外部之间产生的合作联系，包括项目洽谈、市场调研与产品推广和宣传，合计 66.1%。此外，还出现一部分以日常工作为目的的通勤出行群体，这是长三角 “区域化职住”的典型反映。对受调查者通常的通勤出行目的进行追踪，其出行活动的序列与当次的出行目的频率特征基本保持一致，商务出差（60.13%）同样是出行主要原因，其次为旅游休闲（15.27%）；此外，以上学、就医等为目的的出行也占据一定比例（图 4-15）。由此可见，目前长三角的高铁通勤主要支撑了区间商务流动，此外，除常规的旅游休闲，以日常工作为目的的高铁通勤流也逐渐崭露头角。

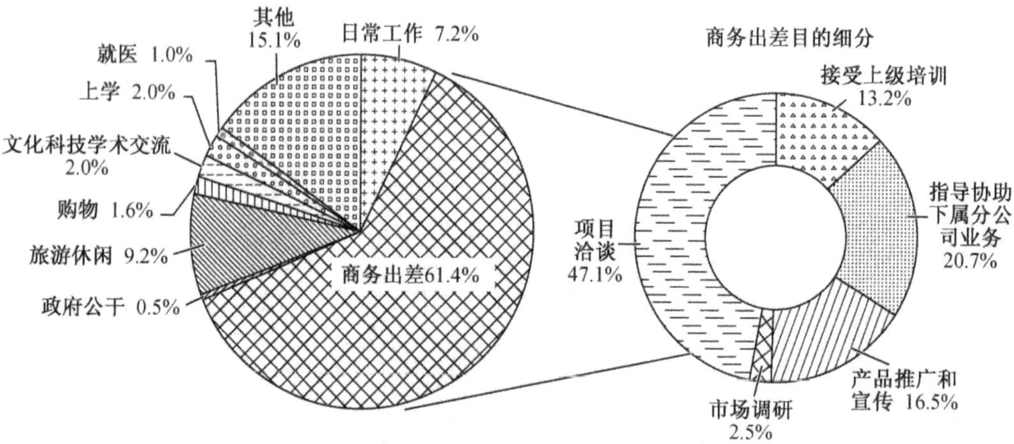

图 4-14　长三角通勤出行者的主要出行目的

（2）流动频率

流动频率反映依托高铁通勤流动的城际要素的交互强度。比较高铁开通前后受调查者的出行频率可知，高铁显著提升了城市空间流的强度。高铁开通后，受调查者的高频出行（一周一次及以上）增加率达 8.8%，合计占受访高铁通勤者的 24.3%；中频出行（半个月或一个月一次）则增加 11.3%，合计占受访高铁通勤者的 40% 左右；低频出行（两个月一次或偶尔）则相应下降，合计占受访高铁通勤者的 35.7%，如图 4-16 所示。这种日趋普遍的一周一次甚至一周多次的地区间就业通勤流动实际上反映出就业流动化（高流动性）的特点。

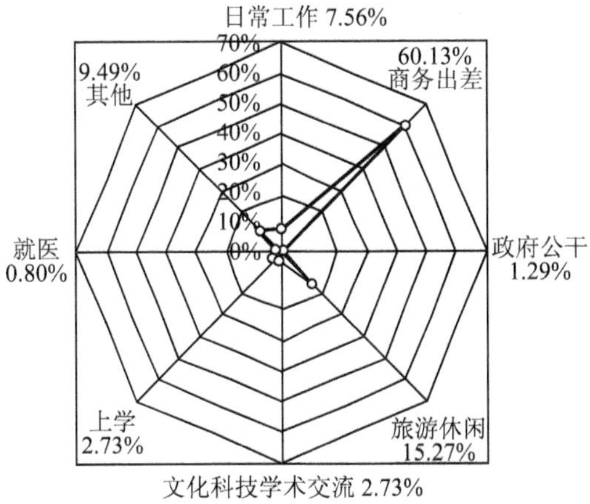

图 4-15　受调查者通常的出行目的

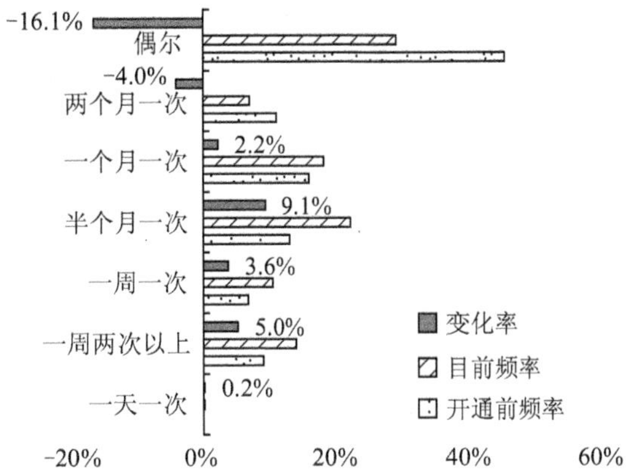

图 4-16　高铁开通前后的通勤出行频率

（3）交叉分析

为进一步挖掘高铁通勤出行流的特征，将受调查者的职业类型、出行目的与出行频率进行交叉分析。首先，从不同出行目的的出行频率来看（图 4-17），高频出行的主要目的为商务出差，同时还包含小比例以日常工作为目的的出行，两者合计对高频出行的贡献率为 83.6%，其余高频出行为小规模的文化科技学术交流、旅游休闲和上学等；中频出行的目的同样以就业通勤为主，包含商务出差、日常工作和政府公干等，合计为 74.8%，同时以旅游、购物、上学、学术交流、就医等其他目的的出行略有增加；而在低频出行中，除大比例的商务出差通勤流（52.8%）外，旅游休闲也占据较大比重（20.8%），其他出行目的频率也相对上升。根据通勤活动链的特征，通勤者所从事的活动通常包括义务性、维持性和消遣性三种类型[⑥]。对应于抽样调查中的出行目的，日常工作、商务出差等属于义

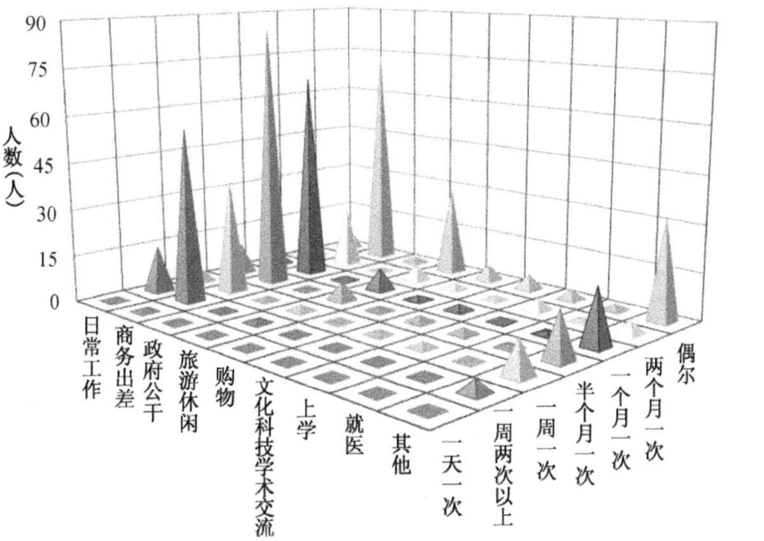

图 4-17　受调查者出行目的与出行频率的交叉分析

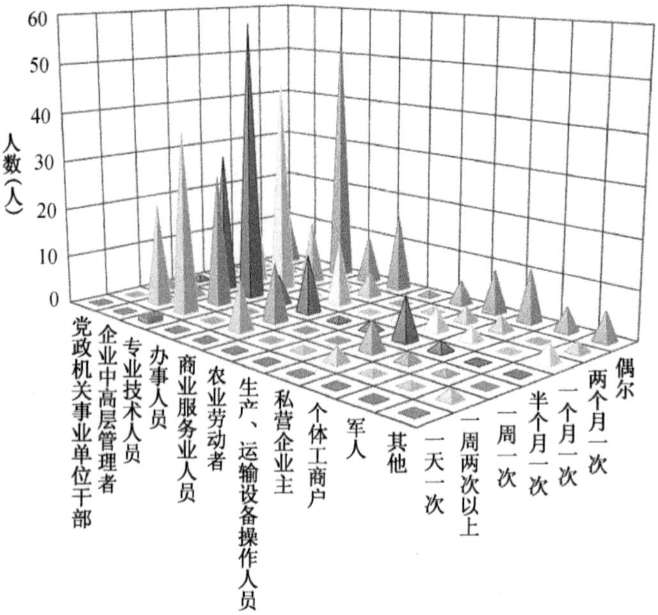

图 4–18　不同职业类别受调查者的出行频率

务性活动，购物、旅游休闲等其他活动则属于维持性或消遣性活动，可见义务性活动要高于维持性或消遣性活动，商务流、通勤族是主要的高频流动群体类型，其依托高铁交通工具主要从事义务性的通勤活动。其次，从不同职业类别受调查者的出行频率来看（图 4–18），高频、中频出行者主要为专业技术人员、企业中高层管理者和商业服务业人员，三者按比重依次降低。从访谈信息来看，企业中高层管理者的主要出行目的为项目洽谈或指导分支机构业务，而绝大部分的专业技术人员则通常是到下属分公司、部门等协助相关业务的推进而产生区域化就业通勤，可见企业在长三角地区的地域专业化分工和网络化联系是推动规模就业通勤流动的重要原因。

追踪以上这些高频商务流、通勤流的主要空间流向，包括此次和平时的通勤出行流向（图 4–19、图 4–20），可以看出，商务流、通勤流的空间联系较为广泛，尤其是在长三角地区已通高铁的各城市之间，均形成了一定程度的通勤空间联系，这种流动性还辐射至

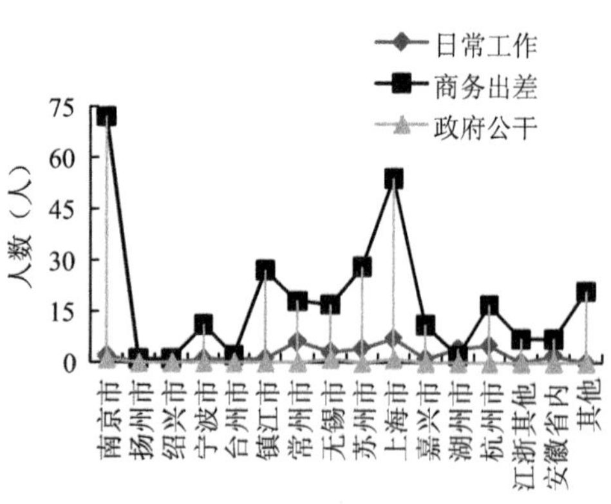

图 4–19　受调查者此次的通勤出行流向

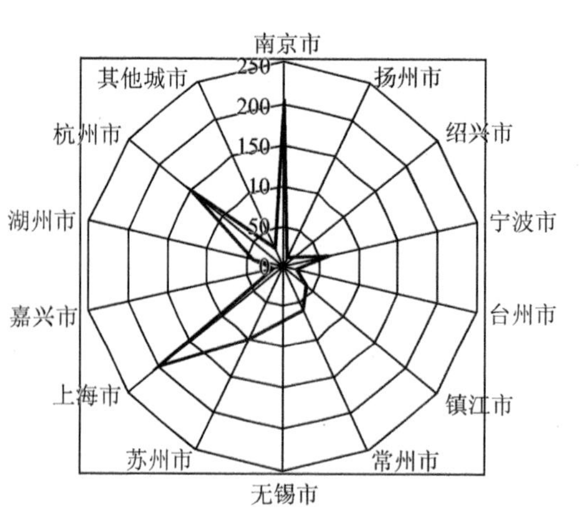

图 4–20　受调查者通常的通勤出行流向（个 / 份）

江浙两省以外的其他城市（如温州、徐州等）以及邻近长三角核心区的安徽省部分城市（如合肥等），体现了通勤空间流的网络化特征；而进一步考察通勤流的联系程度可以发现，不同等级的城市仍具有较大差异，以南京、上海和杭州为代表的中心城市是长三角的向心通勤流中心，是长三角其他城市通勤出行的主要流向；此外，沪宁高铁走廊沿线的苏锡常等也高于长三角地区其他轴线上的城市，这与其作为核心走廊及空间流核心区的特征是一致的。与沪宁高铁走廊均质高流动不同，其余交通轴线主要呈现出核心节点高、整体流动低的特征，如杭甬台线上杭甬高、绍台低的特点。

2）空间组织特征

（1）职住组合模式

完善的高速铁路网络叠加上既有的高速公路网络系统，使得长三角地区主要城市间的时空距离大幅缩短，使原本只存在于一个城市内的功能活动有可能扩散到其他城市。城市居民在高速交通的支持下，将居住和工作两种基本空间的活动放在不同的城市完成，从而在城市区域层面形成一种新的职住空间组合模式，交通走廊地区则逐渐演变成为一种职住空间区域化的新型通勤地带。根据区域化职住空间组合的特征，参考相关研究成果，将受调查者的家庭居住地、就业地、工作日居住地和周末居住地四个最基本的职住地点进行不同组合，以家庭居住地所在城市为基点（即视家庭居住地固定不变）的情况下，可以形成八种不同的排列组合方式，其中 A 代表就业者的家庭居住地所在城市，B 代表不同于家庭居住地所在城市的其他城市，数字 1 代表就业地，数字 2 代表工作日居住地，数字 3 则代表周末居住地，如图 4–21 所示。

进一步地，通过一般经验对逻辑推演的模式进行判断，筛选出以下四种合理的组合方式，这是几种存在可能性较大的区域化职住空间组合模式，具体包括：① 模式 1——职住耦合型，即就业地、工作日居住地、周末居住地和家庭居住地在同一城市，不存在跨城就业通勤与职住分离。② 模式 2——职住分离型，即就业地在另一个城市，而工作日居住地、周末居住地都与家庭居住地在同一个城市。这种模式下的职住区域化组合与分离在一日内完成，即在一日内往返于家庭居住地与就业地两个不同的城市，这是以一日为周期的常态化早晚跨城通勤模式。③ 模式 6——半职住分离型，即就业地与工作日居住地在另一个城

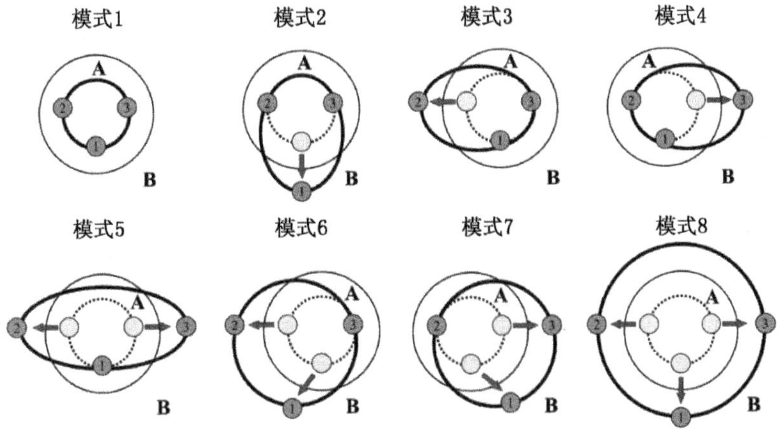

图 4–21　长三角地区职住空间区域化组合的几种模式

注：1 表示就业地；2 表示工作地居住地；3 表示周末居住地；︵表示交通联系；A 表示家庭居住地所在城市；B 表示其他城市。

市，而周末回到家庭居住地所在的城市。这种模式呈现出职住地在区域内的短期分离，即就业者工作日在就业地所在城市居住，周末从就业地所在城市返回家庭居住地所在城市，周日或周一又从家庭居住地返回工作岗位，通常是以一周为单元的短周期分离型跨城通勤模式。④ 模式 8——半职住耦合型，即就业地与家庭居住地在两个不同的城市，工作日居住地、周末居住地与就业地都在同一个城市。这种模式下的就业者通过临时住宅的形式使得居住与工作都在另一个城市实现，只在极少时间返回家庭居住地的所在城市，从就业者个人角度而言，该模式的职住地为同城耦合型，但从家庭角度来看，则是城际分离型的职住组合，总体而言这是一种个体耦合、家庭离散式的半耦合型职住模式。

（2）空间组织特征

根据抽样调查结果（表 4–5，图 4–22），就业地在长三角 16 市的受调查者，其职住分离率（区域化职住组合）平均达 23.5%。从职住分离在长三角的空间分布来看，北翼城市的职住分离率总体高于南翼城市，核心走廊、边缘走廊的职住分离数和分离率一般高于次级走廊，反映出核心与边缘走廊相互间的职住流动相对更强，其中核心走廊沪宁、沪杭的分离率和分离数分别为 24.3% 和 14.1%，83 个和 27 个；次级走廊宁杭、杭甬的分离率和分离数分别为 18.6% 和 22.7%，58 个和 11 个；边缘走廊宁通、甬台的分离率和分离数则分别为 32.8% 和 36.9%，49 个和 6 个。从城市层面来看，职住分离中的就业或居住功能偏向与城市等级存在密切关系，一个明显的特征是高等级的中心城市的就业人数明显高于居住人数，其是就业向心强集聚城市，即以就业功能为主导，如南京市（147 : 118）、上海市（79 : 67）、杭州市（44 : 41）等；相应地，城市等级较低的中小城市的就业人数则低于居住人数，如湖州市（64 : 75）、南通市（2 : 5）等，居住功能高于就业功能。此外，长三角地区还是主要的就业流入地，包含江苏和浙江两省其他城市、安徽省以及周边其他省份城市，与长三角主要城市间形成的职住区域化组合在调查样本结果中也占据一定比例。

表 4–5　受调查者职住空间分布的基本情况

地区	就业者（人）	居住者（人）	职住相同者（人）	职住分离率（%）
南京	147	118	101	31
镇江	13	17	9	31
常州	15	19	15	0
无锡	14	12	11	21
苏州	29	24	18	38
上海	79	67	60	24
嘉兴	1	1	1	0
湖州	64	75	60	6
杭州	44	41	36	18
扬州	3	3	2	33
泰州	3	3	1	67
南通	2	5	2	0
绍兴	3	4	2	33
宁波	12	11	10	17
台州	7	6	3	57
舟山	0	0	0	0
江浙其他	34	20	16	53

续表 4-5

地区	就业者（人）	居住者（人）	职住相同者（人）	职住分离率（%）
安徽	48	65	6	88
其他	2	3	1	50

进一步考察以上相当比例的职住分离者的职住空间组合特征。结合职住组合模式的归纳，主要分析区域化职住分离者在“职住耦合型”“职住分离型”“半职住分离型”和“半职住耦合型”四种模式上的具体体现。根据抽样调查结果的统计，四种模式的比例分别为 74%、1%、7% 和 11%。此外，还包括 7% 的其他组合情况（表 4-6）。由此可见，长三角地区目前的职住空间组织主要以职住耦合型为主，即就业地与三类居住地在一个城市内耦合，这种模式下的就业者的就业空间重组特征主要表现在就业的高流动化，体现为高频次、多方向、多尺度的外向性商务流动；而在区域化的职住组织上则主要为半分离型或半耦合型的职住组合，即短周期分离型的区域职住通勤和个体耦合、家庭离散型的区域职住模式。

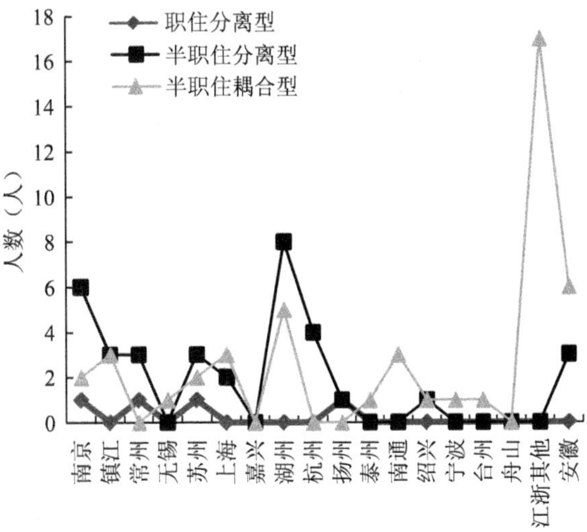

图 4-22　长三角 16 市及周边地区的区域化职住分离数

表 4-6　不同职住空间区域化组合的比重

职住区域化模式	家庭居住地	就业地	工作日居住地	周末居住地	所占比重（%）
职住耦合型	A	A	A	A	74
职住分离型	A	B	A	A	1
半职住分离型	A	B	B	A	7
半职住耦合型	A	B	B	B	11
其他	—	—	—	—	7

具体地，除职住耦合型以外的三类典型区域化职住组合模式如下所述：

第一类，职住分离型。符合此类模式的样本在此次调查中共计五个，体现为跨界双城的一日早晚通勤。从调查结果来看，分别在南京—苏州、上海—常州、扬州—台州、苏州—上海以及南京—其他城市间实现其常态化的区域化职住通勤（表 4-7）。以上五个区域化职住分离的通勤者均为中青年男性，大部分职业类型为专业技术人员，他们通过乘坐高铁完成跨界双城间的日常上下班通勤活动，典型个案分析如表 4-8 所示。从受调查者的反馈信息来看，出现这一职住分离的原因主要受家庭成员职住地区位的影响，由于受调查者及其配偶的就业地位处不同城市，家庭住房通常位于其中一方就业地的所在城市，另一方为维持家庭组织关系平衡而奔波于两地，从而出现了家庭成员间“就业地相异、居住地相同”的职住分离现象，当这种模式的通勤频次达到一周多次甚至一天一次者，即符合职住分离型模式特征。这种模式下的职住分离型区域通勤者以男性为主，总体调查样本结果显示，有配偶的受调查者中男性的职住分离率远超女性，高达 88%。

表 4-7 职住分离型区域化通勤者的职住地关系

问卷编号	家庭居住地	就业地	工作日居住地	周末居住地
NJ-007	南京	苏州	南京	南京
NJ-185	常州	上海	常州	常州
NJ-188	扬州	泰州	扬州	扬州
NJN-007	苏州	上海	苏州	苏州
NJN-100	其他城市	南京	其他城市	其他城市

表 4-8 职住分离型区域化通勤模式的个案分析（模式 2）

问卷编号：NJ-007	问卷编号：NJ-185	问卷编号：NJN-007
性别：男	性别：男	性别：男
年龄：32	年龄：35	年龄：35
学历：本科	学历：大专	学历：本科
职业：专业技术人员	职业：商业服务业从业人员	职业：专业技术人员
行业：科学研究、技术服务和地质勘查业	行业：批发和零售业	行业：水利、环境和公共设施管理业
月收入：1 万—2 万元	月收入：5 000—10 000 元	月收入：1 万—2 万元
就业地：苏州工业园区	就业地：上海静安区	就业地：上海市
爱人就业地：南京白下区	爱人就业地：常州天宁区	爱人就业地：苏州姑苏区
工作日居住地：南京白下区 / 单位宿舍	工作日居住地：常州天宁区	工作日居住地：苏州姑苏区
周末居住地：南京白下区	周末居住地：常州天宁区	周末居住地：苏州姑苏区
家庭居住地：南京白下区	家庭居住地：常州天宁区	家庭居住地：苏州姑苏区
住房情况：自有房	住房情况：自有房	住房情况：自有房
往返频率：一周两次以上	往返频率：一周一次	往返频率：一周两次以上
此行目的：日常上下班	此行目的：商务出差（南京）	此行目的：商务出差（南京）
此行目的地：苏州	此行目的地：常州（回家）	此行目的地：苏州（回家）
乘坐高铁频率：一周两次以上	乘坐高铁频率：一周一次	乘坐高铁频率：一周两次以上
乘坐高铁主要目的：日常上下班	乘坐高铁主要目的：商务出差 / 日常上下班	乘坐高铁主要目的：日常上下班 / 商务出差
乘坐高铁主要流向：南京—苏州	乘坐高铁主要流向：常州、上海、南京	乘坐高铁主要流向：上海—苏州
其他主要交通工具：私家车	其他主要交通工具：私家车 / 长途大巴	其他主要交通工具：长途大巴

第二类，半职住分离型。实际上第一类职住分离型的区域化通勤模式由于受到通勤成本、生理承受、交通换乘等因素的影响，当天往返的跨城就业通勤仍然不太现实。在“机会—成本”权衡后和配偶双方就业地分离的既定事实之下，半职住分离型主要是就业者为获取优势就业机会并维持家庭平衡而采取的折中办法。就业者工作日住在就业地附近的临时租用或由单位提供的住所，周末则返回家庭成员居住地所在城市（图 4-23）。从调查结果来看，此类型的职住模式占比达 7%，在空间分布上主要呈现为同一走廊内聚的特征，其中核心走廊沪宁线的区域化职住通勤流动性最强，其次为次级走廊宁杭线和杭甬线，最后则为宁通、甬台等边缘走廊，在特征空间上也与通勤流的核心区、边缘区分布一一对应。就城市单元而言，以南京、杭州为代表的区域中心城市成为区域化职住通勤中的就业流入地，需

要指出的是，核心城市上海在其中并未呈现强中心格局，这可能与本次调查研究选取的调查地点所造成的误差有关。

第三类，半职住耦合型。此类职住模式是中国家庭中普遍存在的一种情况，与前两种区域化职住模式不同，这种模式下的就业者区域化通勤频率相对更低，其就业地与居住地的空间距离尺度通常更大，就业者的居住地（自有房 / 租用房 / 单位宿舍）与就业地已相对固定在家庭居住地之外的其他城市，就业者只在少数情况下返回家庭居住地，通常频率在一个月一次及以下，形成前文所述的“个体耦合、家庭离散”的区域化职住模式。从调查结果来看，该通勤模式在长三角乃至更大范围形成组合，图 4–24 反映了其在长三角内部的分布情况。此外，还有相当部分家庭居住地在长三角外部地区（如长三角核心区外的江浙两省其他城市、安徽省或其他省域城市）的居民将其个人职住活动扩散至长三角内实现，主要是在泛长三角地区内的城市。这一模式下的家庭居住地与就业者工作地、居住地在长三角内外的城际组合（69.5%）比例高于长三角内的城际组合（30.5%）。在跨区域间高速交通网络逐渐完善的情况下，可以推断，低频区域化职住通勤将很可能逐步向短周期分离型的半职住分离型通勤模式转化。

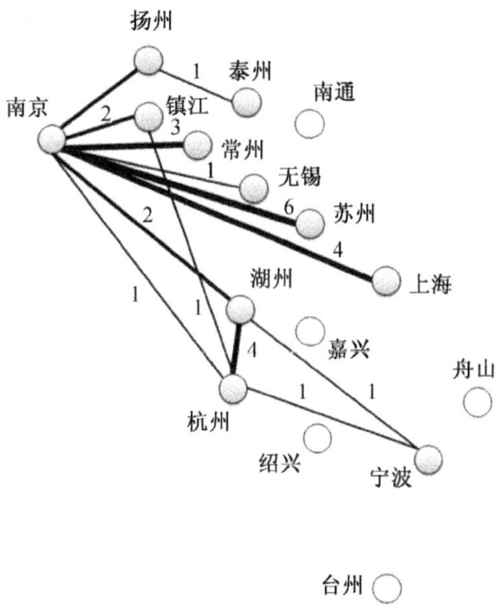

图 4–23　半职住分离型区域化通勤者的空间分布

注：图中数字表示问卷调查统计显示的城市间通勤往返人次。

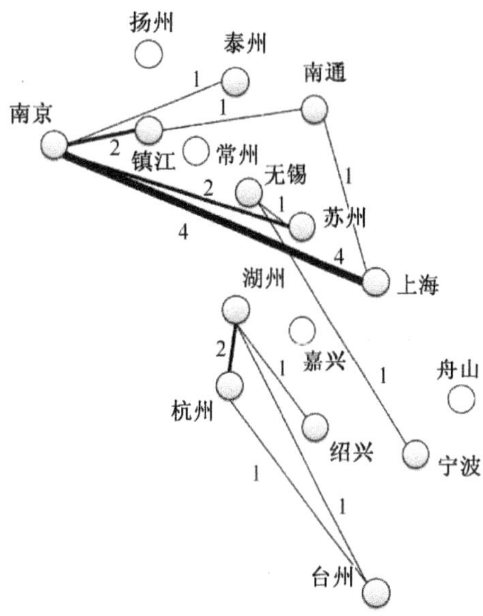

图 4–24　半职住耦合型区域化通勤者的空间分布

注：图中数字表示问卷调查统计显示的城市间通勤往返人次。

长三角就业空间重组的主要特征归纳来看，就是就业个体的就业流动化与地域系统的职住功能空间区域化组合。简单来看，就是在高速交通网络的流动空间效应下产生了城市区域上要素的高流动性，以及由此带来的城际功能空间交互组织与设施共享，实际上产生了同城化的现象，即城市日渐区域化，区域日趋城市化。这种趋势效应具有两面性：其一，通勤就业同城化、人口居住同城化、企业布局同城化以及交通出行同城化[⑦]等意味着城际关系网络日趋动态化、复杂化，不论是城市整体还是居民个体或企业经济组织都将在降低交易壁垒的前提下，获得其中更多的优势机会。其二，意味着如何去权衡跨空间多尺度交互下的负溢出效应，诸如高流动社会下的中心虹吸效应、设施超载效应、高成本费用等。对于就业者个体而言，则是如何促进、提升城市关系网络化背景下的区域就业空间流动效率与环境，改善单纯由于空间职能不耦合下的无效性、过剩化区域就业通勤流动。

本章注释

① 基础数据说明：江苏、浙江和上海两省一市 2008 年第二次经济普查年鉴是其目前的就业统计中最为完整、详细与准确的数据，用于本书中与就业规模、密度等相关的分析；居住人口等则采用 2010 年人口普查资料中的常住人口数据。此外，由于《浙江经济普查年鉴（2008）》中缺乏各市分区县层面的分行业就业人口数据，因此走廊的就业行业结构、分行业就业格局等相关的分析统一利用 2010 年人口普查资料中长表统计（10% 抽样）的数据作为代替。

② 三个国外城市 CBD 的就业密度指标为 1990 年数据，来源于丁成日 . 城市增长与对策：国际视角与中国发展 [M]. 北京：高等教育出版社，2009.

③ 就业—居住偏离指数的测度公式为 $Z_{ij}=(Y_{ij}/Y_i)/(R_{ij}/R_i)$。其中，$Y_{ij}$ 表示 j 区第 i 年的就业人口；Y_i 为区属城市第 i 年的就业人口；R_{ij} 为 j 区第 i 年的居住人口；R_i 为区属城市第 i 年的居住人口。当 $Z_{ij}=1$ 时，表示该区的就业与居住匹配相对均衡；当 $Z_{ij}>1$ 或 $Z_{ij}<1$ 时，则分别表示该区为就业主导和居住主导，意味着就业与居住匹配的失衡。详细参见孙斌栋，潘鑫，宁越敏 . 上海市就业与居住空间均衡对交通出行的影响分析 [J]. 城市规划学刊，2008（1）：77-82.

④ 当代中国社会阶层研究报告以职业分类为基础，以组织资源、经济资源和文化资源的占有情况为标准，提出十大阶层和五种社会经济地位等级界定。其中社会经济地位等级包括上层、中上层、中中层、中下层和下层，社会阶层则包括国家与社会管理、经理人员、私营企业主、专业技术人员、办事人员、个体工商户、商业服务业员工、产业工人、农业劳动者以及城乡无业、失业、半失业者十大社会阶层。

⑤ Gordon P，Kumar A，Richardson H. Gender differences in metropolitan travel behavior [J]. Regional Studies，1989（23）：499-510.

⑥ 姚宪辉 . 通勤出行行为研究 [D]：[硕士学位论文]. 北京：北京交通大学，2008.

⑦ 王振 . 长三角地区的同城化趋势及其对上海的影响 [J]. 科学发展，2010（4）：101-109.

5 沪宁高铁走廊同城化现状与评价

沪宁高铁走廊沿线位于长江和太湖—宁金溧丘陵区之间，是江南水乡、太湖平原的主体区域。自江南开发之始，南京—苏州沿线就是区域发展的核心走廊，特别是其中的江南运河沿线更是经济富庶、文化发达的人间天堂。近代以来，随着上海的兴起和沪宁间铁路、公路等现代交通方式的发展，沪宁高铁走廊作为一个经济走廊逐步发展起来。20 世纪 90 年代以来，随着沪宁高速公路的开通，该走廊的聚集效应和一体化效应逐步强化，历经多次火车提速和高铁、城际铁路的不断开通以及高速公路网络的不断加密和拓展，该走廊内部城际之间以及与走廊连接的其他区域之间的交通时距不断压缩。同时，伴随城际之间的合作不断强化，该走廊成为在全球具有领先意义的高度同城化发展的以高铁为支撑的高铁走廊。本章分析该走廊同城化发展的基本背景、历程，并对其同城化发展的水平和机制进行评估与分析。

5.1 沪宁高铁走廊同城化的区域背景

5.1.1 大交通网络体系加速沪宁高铁走廊时空压缩

伴随着长三角地区高速公路网络、跨江跨海大桥和快速轨道交通等现代化大型基础设施建设的迅速推进，如上海浦东、虹桥机场的扩建，杭州湾跨海大桥、嘉绍大桥、崇启大桥、泰州长江大桥、南京长江四桥等跨江海大桥的先后通车，公交化的沪宁—沪杭—宁杭甬高铁 / 城际列车覆盖面的全面扩延（图 5-1），宁句、锡澄靖等沿江城市群城际轨道交通[①]的规划或建设，沿线城市间的时空距离大大缩短，最短交通出行时间不断刷新。

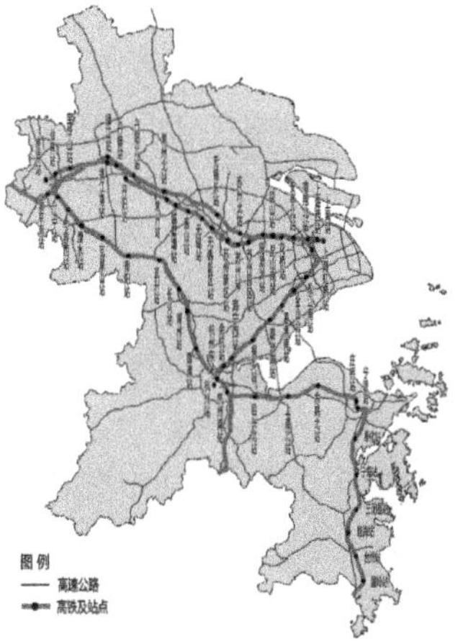

图 5-1　长三角地区高速交通网络分布示意图

城市间的时空距离远近是衡量同城化能否实现的关键，现代高速交通技术的提升使得地理相邻或并不相邻的两个城市间因时空距离显得足够接近而产生同城化效应。沪宁杭甬等高铁开通后，上海到南京最快只需 67 min，上海到杭州最快只需 30 min 左右，南京到杭州、杭州到宁波的时间分别只需 50 min 左右，由此沪宁高铁走廊内部城际间以及与长三角核心区内的主要城镇之间均可实现 1 h 内到达，意味着沪宁高铁走廊以及长三角核心区已经具备同城化发展的时空基础。与此同时，《长江三角洲地区区域规划（2009—2020 年）》提出的“八大通道”和“六大枢纽”建设又将进一步重构长三角空间格局，扩大长三角辐射效应，促使长三角交通格局由“之字形”点轴模式向“多核心、南北纵深”的网络化模式发展，这些高密度的交通网络将合力构筑形成高快速的区域公交化高铁走廊，势必大大提升长三角地区各城市之间、各城乡之间的人流、物流、技术流和信息流等要素的流量与流速，并将促使人口的就业、居住等空间在区域尺度发生重组，加速放大长三角同城化的效应。

5.1.2 经济全球化驱动区域城市化和城市区域化

城市区域间大交通体系快速发展衔接的背景是，随着经济全球化进程的不断深入，城市之间的竞争达到前所未有的高度，原本行政区主导的经济体制已难以在全球竞争中获得领先，转而寻求与区域内临近城市的合作，城市的竞争力越来越依赖于中心城市及其所在区域的竞争力。区域一体化因此成为增强区域整体实力的有效突破口，目的是弱化行政壁垒，降低区域协调成本，通过整合区域内部各城市的优势资源，实现城市功能、空间和产业等的协调发展。与之对应，近年来国务院陆续批复珠三角、江苏沿海地区、长三角等多项国家战略性区域发展规划，推进中国区域经济版图的重塑，行政区经济逐渐转向经济区经济，城市逐渐区域化、区域逐渐城市化。在这一趋势下，区域城市之间的相互作用以及中心城市对周边城市的辐射带动作用日渐凸显，那些地域相连、文化同源、产业互补、交通衔接的城市间的合作程度大大提高，进而掀起了有利于区域一体化和城市与区域竞争力提升的“同城化”热潮（图 5-2）。

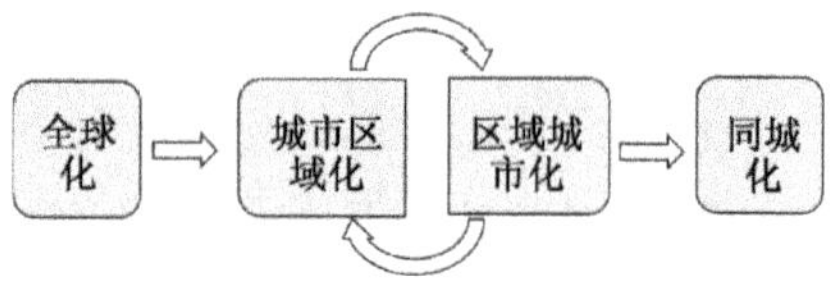

图 5-2 同城化发展的时代背景

5.1.3 区域科学布局和协同发展规划逐步确立

以规划作为区域协调发展的行动指南，长三角地区逐步建立从都市圈到大区域层级的科学布局和协同发展的规划框架体系。2010 年 5 月，国务院正式批准《长江三角洲地区区域规划（2009—2020 年）》，将区域经济协调提升至国家战略层面，助推该区域产业布局的优化和调整，对区域一体化进程具有积极意义和深远影响。实际上，早在 20 世纪末，由江苏省政府启动编制的《江苏省城镇体系规划（2001—2020 年）》即提出了可行的协调管理机制，要求淡化行政区划关系、强化经济联系和空间联系、实现区域发展协调和管制，这是全国省区范围内城镇化规划的初创，其中所提出的沪宁城镇聚合轴和南京、苏锡常都市圈对沪宁高铁走廊的同城化发展意义深远。此后，江苏省连续编制了《南京都市圈规划（2002—2020 年）》《苏锡常都市圈规划（2001—2020 年）》以及新一轮的《江苏省城镇体系规划（2012—2030 年）》，在促进江苏省域、沪宁高铁走廊及其各都市圈范围内的各城市协调发展方面发挥了重要作用。此外，南京都市圈联合八市建设部门共同编制了《走向崛起：南京都市圈 2006—2010 五年建设规划纲要》，这是全国第一个跨省的区域性五年建设规划，促进了都市圈的统筹建设和协调发展。而圈内“宁镇扬同城化”构想也先后写进江苏省“十二五”规划和江苏省第十二次党代会报告，并于 2012 年、2013 年连续写入江苏省政府工作报告，成为江苏省年度发展的主要任务之一。而《宁镇扬同城化发展规划》、《南京都市圈区域规划》等也进一步引导沪宁高铁走廊地区主要城市间的同城化进入全面启动与加速发展时期。

5.1.4 区域内自发性的城市合作机制日益成熟

自发性的城市合作通过以自愿互利取代强制性行政命令来实现城市间的协调发展。长三角城市通过自发建立合作组织，从签署合作框架协议到出台实施相关政策，将自发的城市合作提升为区域发展战略，其区域自发性的城市合作机制正日益成熟。例如，长三角地区内最具典型性的长三角城市经济协调会，旨在加强区域城市间的经济合作，在推进长三角城市在旅游、交通、人力资源、医保、异地养老等方面的合作发展上取得了重要进展。在都市圈层面，以南京都市圈最为典型，先后成立南京都市圈发展论坛、南京都市圈市长峰会、南京都市圈城市发展联盟等合作机制，涉及南京、扬州、镇江、淮安、芜湖、马鞍山、滁州、宣城八个城市，这些成员城市间签订了旅游、城际交通、科技、人才等系列发展合作协议。2007 年，都市圈八市就城乡居民率先共建共享公共服务等内容签署了《镇江宣言》，宁镇扬三市共同签署了《宁镇扬同城化建设合作框架协议》，联手建设以科技创新和产业升级为内涵的宁镇扬创新型经济合作示范区，在产业、交通、空间布局、公共服务、环保和制度六方面进行深入合作，同时还促进了《南京都市圈规划（2002—2020 年）》《南京都市圈区域规划（2012—2020 年）》等的编制或实施，以上这些城市的自发合作均极大地推动了长三角城市合作与区域一体化进程。

5.2 沪宁高铁走廊同城化的历程回顾

长期以来，沪宁高铁走廊是长三角最为核心的经济区域，也是国内综合交通运输体系最完善的地区之一，沿线各市地理相邻、交通同网、经济同脉、文化同源，具备同城化发展的坚实基础。沪宁高铁走廊的同城化发展最早可追溯到该地区在区域一体化方面的实践，作为长三角的核心经济区和最重要的发展轴线之一，沪宁高铁走廊的一体化实践实际上与长三角一体化的进程密不可分。

5.2.1 启动期（1982—1987 年）

1982 年 12 月 12 日，国务院成立以上海为中心的上海经济区，这是长三角经济圈概念的最早雏形，沪宁高铁走廊沿线的苏州、无锡、常州、嘉兴和上海是上海经济区最初 10 个成员城市中的其中 5 个。此后，上海经济区的范围不断扩容，安徽、江西和福建也相继纳入。随着上海经济区规划办公室的成立和上海经济区省市长会议制度的确立，以及成员城市间所签署的《上海经济区发展战略纲要》《上海经济区章程》等在一定程度上为上海、江苏和浙江的经济合作提供了指引，上海经济区规划办公室对区内的基础设施、水利治理、产业发展等进行了统一规划和协调，成立了区域性金融组织，编制了太湖流域综合治理规划、沪宁及长江下游沿岸国土规划等，以上系列举措为其后的区域合作累积了大量经验。

5.2.2 停滞期（1988—1989 年）

20 世纪 80 年代末至 90 年代初，由于当时计划经济体制的宏观背景，地区之间的行政分割难于突破，区内的省市间恶性竞争普遍存在，严重影响了区域整体的和谐发展，并造成效率低下和环境污染等诸多问题。1988 年 6 月 1 日，国家计委发出“计办厅〔1988〕120 号”文件，通知撤销上海经济区规划办公室；1988 年 7 月，上海经济区在上海召开最后一次省市长会议，处理各项善后工作，意味着刚启动不久的区域一体化进程随即被动中断。

5.2.3 重启期（1990—1999 年）

1990 年 4 月，党中央、国务院正式宣布加快浦东地区开发的决定，江苏省随即提出“坚决支持、主动服务、迎接辐射、促进发展”的十六字方针，呼应浦东地区的开发开放。1992 年，长三角十四城市协作办（委）主任联席会组织成立，沪宁高铁走廊 8 市全部包含在内。1997 年，原协作办（委）成立新的经济协调组织——长三角城市经济协调会，其成员城市扩容到 15 个，首次明确提出长三角经济圈的概念。这一时期，顺应国家战略的要求，长三角一体化重新启动并逐渐进入稳步发展阶段，但仍存在行政区划分割、产业结构不合理等问题，实际上对区域整合提出更进一步的要求。

5.2.4 加速期（2000 年至今）

进入 21 世纪，以“长三角经济一体化”为主题的论坛和经济合作活动日趋频繁；同时，随着区域重大基础设施尤其是跨江跨海大桥和高速轨道交通等的加速建设，长三角一体化进入了全面加速期，具体可分为城市信息交流、专项领域合作和多元合作联盟三个阶段。

1）城市信息交流阶段

在长三角一体化加速期的初期阶段，区域协作以城市间的信息交流为主。以长三角城市经济协调会为例，2003 年以前的三届会议均以信息交流为主要目的，分别从旅游、商贸、科技、改革等领域进行城市信息的交流、互动。其后，高层政府组织的介入在一定程度上推动了区域协作的进程，城市信息的交流逐渐由最初简单的发展经验交流、形成合作共识，演变为实质性的战略研讨，为成员城市确立合作方向和信任互建奠定了进一步合作的基础②。

2）专项领域合作阶段

进入 21 世纪，尤其是 2002 年上海世博会的成功申办，这一大型活动为江浙沪两省一市更为深入的区域协作提供了新机遇、新平台，注入了新活力。以长三角城市经济协调会为例，2003 年第四届会议以“以承办世博会为契机，加快长三角城市联动发展”为主题，联合签署在协调机制、基础设施、环境保护、人才和旅游资源合作、提升城市和区域形象以及缓和城市竞争六大方面共同合作的意见，区域真正进入实质合作阶段，这也意味着长三角一体化开始步入加速期。其中，旅游专项方面，以在 2003 年长三角旅游城市“15+1”高峰论坛上所签署的《长江三角洲旅游城市合作（杭州）宣言》为例，其在整合旅游资源、旅游信息平台建设等方面进行了积极尝试；交通专项方面，主要在交通规划和建设协调、交通管理和服务供给等方面进行了积极探索，以无锡、上海两地公交卡“一卡两刷”和苏嘉杭高速公路苏浙交界收费站“合二为一”等为代表，区域交通一体化协作拉开序幕。

3）多元合作联盟阶段

近几年来，沪宁高铁走廊乃至整个长三角在促进城市区域合作以及区域一体化方面做出了诸多有益的实践并积极探索合作发展新模式，包括以都市圈规划、长三角区域规划等为代表的区域规划体系和以城市合作组织形式召开的长三角两省一市省市长会议、沪苏浙经济合作与发展座谈会、长三角十六城市经济协调会以及各职能部门行政首长联席会议等，促使区域协作进入全方位高度融合发展的阶段，这种多元合作多以城市经济协调会、南京都市圈建设论坛等合作联盟为对话平台。现阶段，该区域的合作内容主要包括规划/协议、教育、医疗、交通、旅游、市场、通信等几大方面，如表5-1所示。

表5-1　近年来相关领域区域协作内容一览表

领域	举措
教育	2009年长三角两省一市签订《关于建立长三角地区教育协作发展会商机制协议书》
医疗	泛长三角地区的医保互认合作机制确立； 2011年3月实现长三角16城市医保一卡互通，逐步实现职工医保互转、异地就医费用代办报销和养老金资格异地认证
市场	苏浙沪工商行政管理部门就股权出资、外资统一管理出台共同文件
交通	跨省市公交网络化（南京—句容城际公交等）、轨道交通跨界衔接（苏州昆山—上海花桥）； 成立长三角一卡通互通协调小组，逐步实现16市一卡互通； 《江苏省沿江城市群城际轨道交通网规划（2012—2020年）》
旅游	长三角地区第一个区域性标准《旅游景区（点）道路交通指引标志设置规范》出台； 2011年签订《苏浙皖沪旅游一体化合作框架协议》
生态	2007年长三角合作中提出“建立区域生态补偿机制”
通信	苏浙沪联通公司推出“长三角商旅卡”，取消市际长途费和漫游资费
规划/协议	《镇江宣言》《宁镇扬同城化建设合作框架协议》 《南京都市圈规划（2002—2020年）》《苏锡常都市圈规划（2002—2020年）》 《长江三角洲地区区域规划（2009—2020年）》

5.3　沪宁高铁走廊同城化的现状评估

同城化的发展进程实质上取决于城市间的相互作用程度，既包括宏观层面城市功能空间、产业发展等的协调关系，也包含微观层面社会个体（人）的互动联系。

5.3.1　时间距离测度

交通网络是沟通区域人流、物流、资金流、信息流的重要载体，其不断完善是实现同城化的重要前提。从沪宁高铁走廊1986—2012年的综合交通可达性的演化来看（图5-3），交通等时圈在2006年、2010年这两大时间节点上的变化最为明显，这与2005年江苏省沿江高速公路、2006年沪宁高速公路以及2010年沪宁城际铁路、2011年京沪高铁（沪宁段）

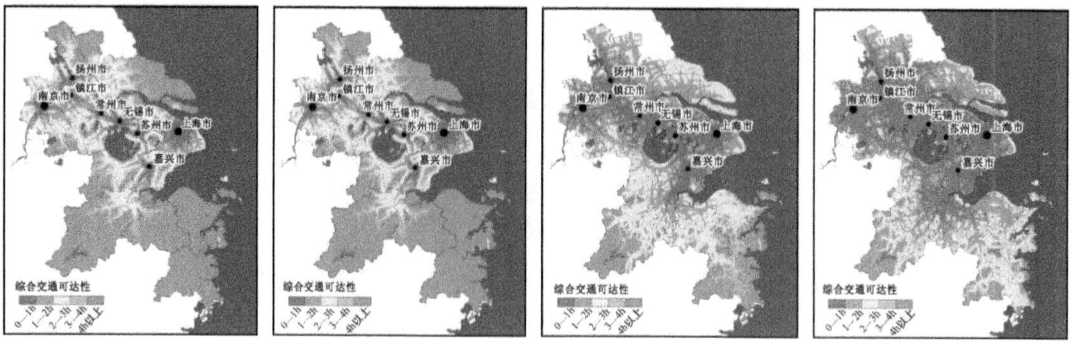

（a）1986 年　　（b）1995 年　　（c）2005 年　　（d）2012 年

图 5-3　沪宁高铁走廊综合交通可达性演化（1986—2012 年）

的相继建成通车的影响密切相关。1996—2006 年，伴随国道、省道等高等级公路的继续覆盖，尤其是高速公路网络建设的展开，正式揭开了快速城际交通下的同城化序幕，各地区的交通通达程度得到较大提升，走廊交通格局逐渐向多核心网络化演变；进入 2007 年，随着高速公路网、城际轨道交通和跨海跨江大桥建设的加速推进，进一步推动了沪宁高铁走廊地区综合交通可达性的不断提升，加快推动沪宁高铁走廊步入交通同城化时代。

从沪宁高铁走廊各城市到其余七市间的综合交通可达性及其演化格局来看（表 5-2），

表 5-2　沪宁高铁走廊八市综合交通可达性空间格局（1985—2012 年）

	1986 年	1995 年	2006 年	2012 年
南京	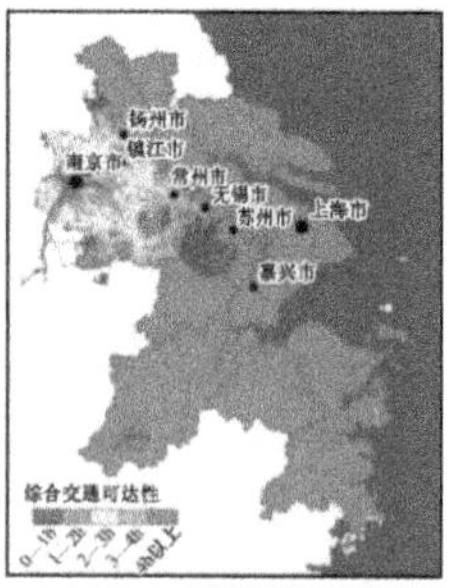	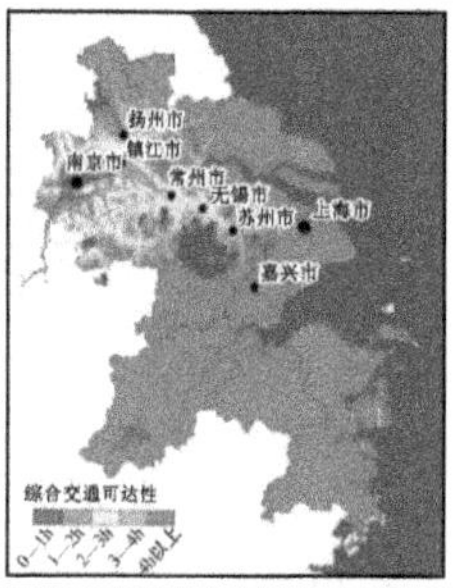		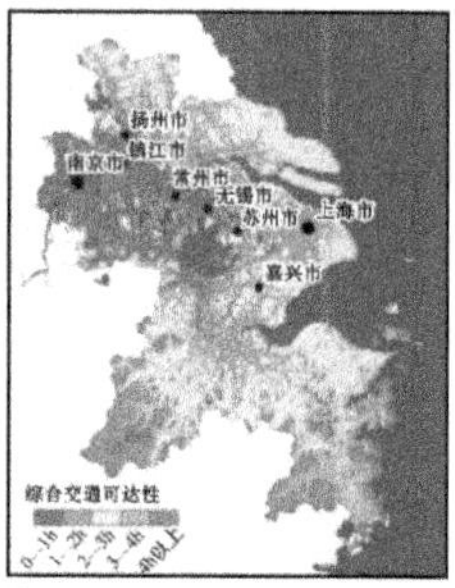
镇江	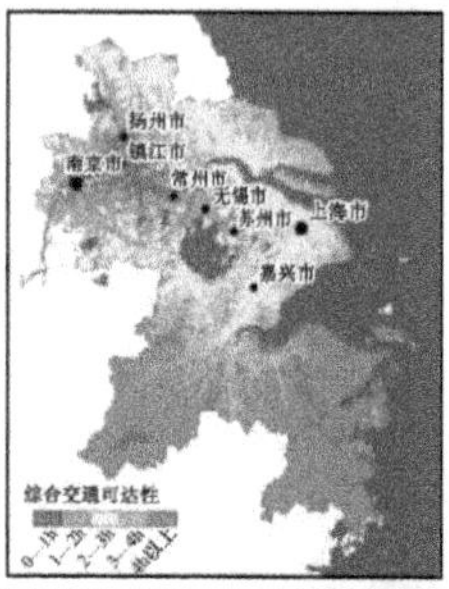	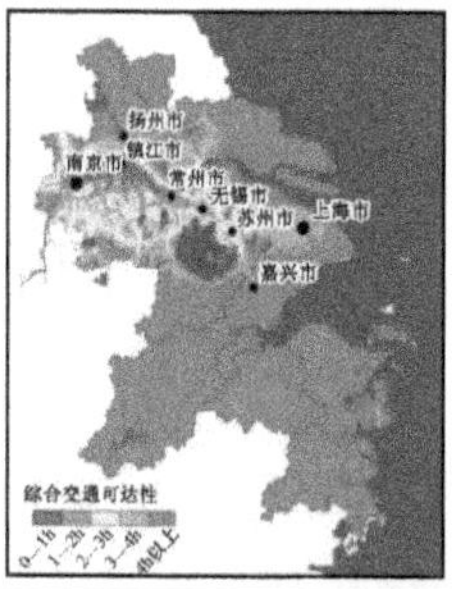	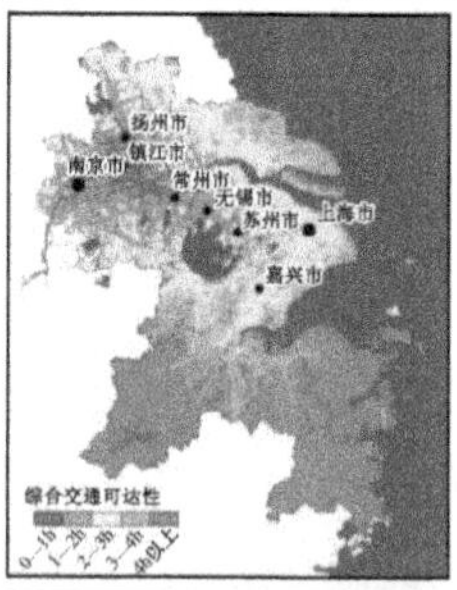	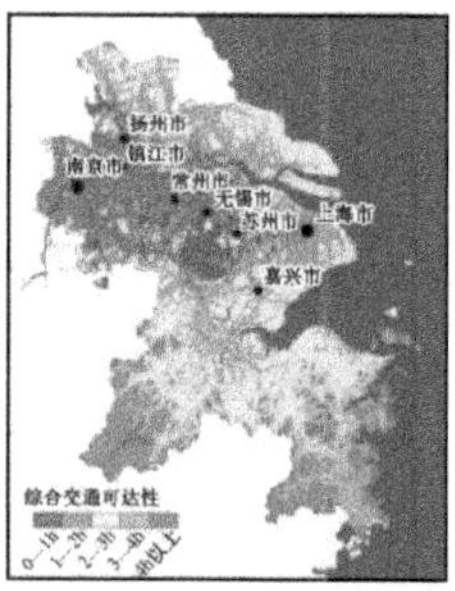
扬州	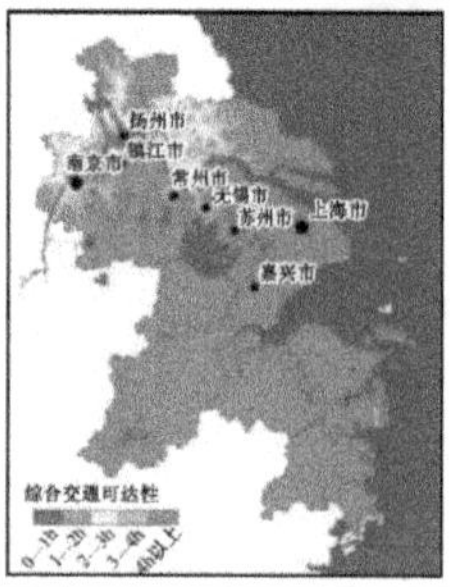	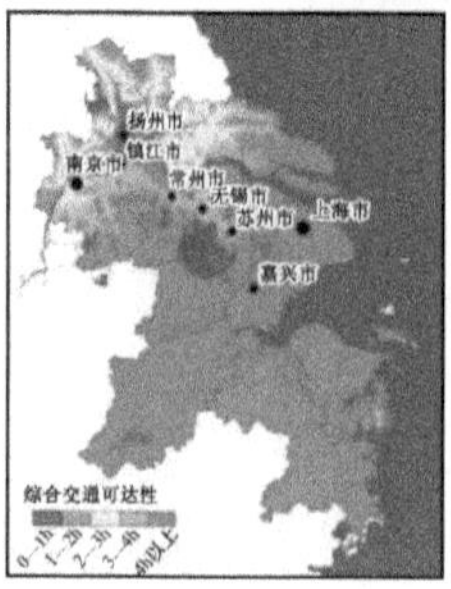	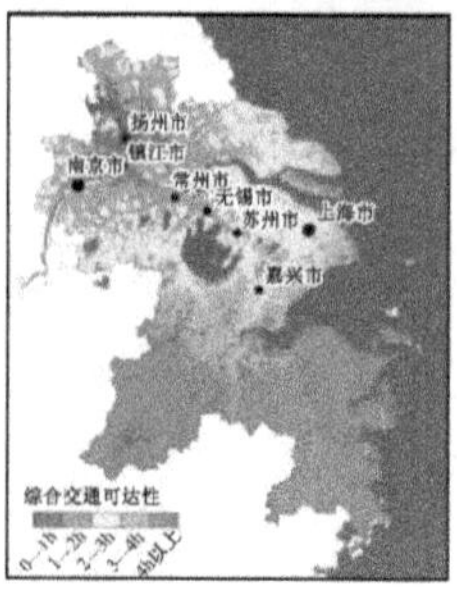	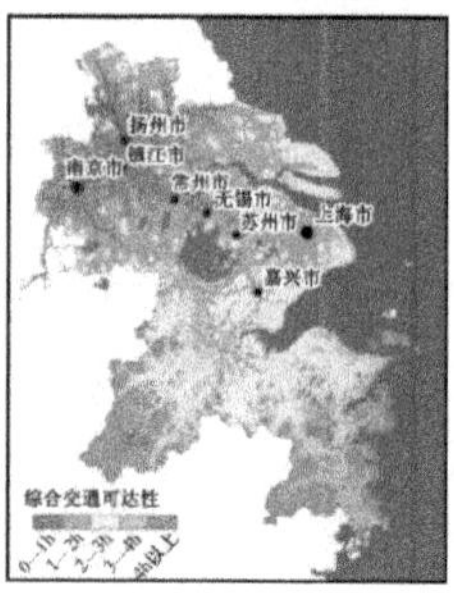

	1986 年	1995 年	2006 年	2012 年
常州	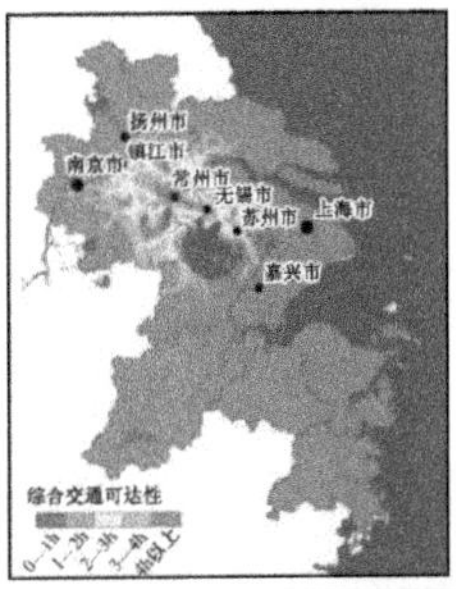	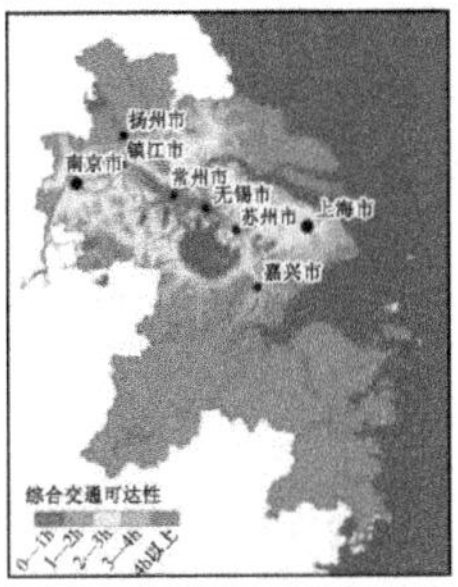	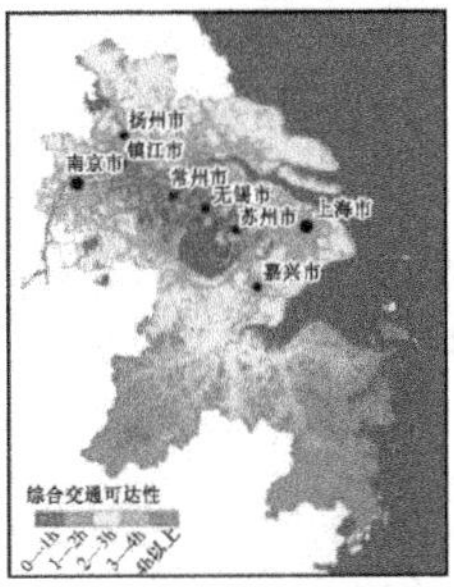	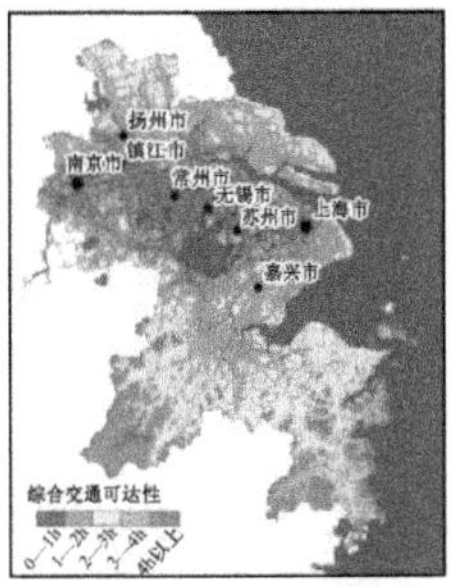
无锡	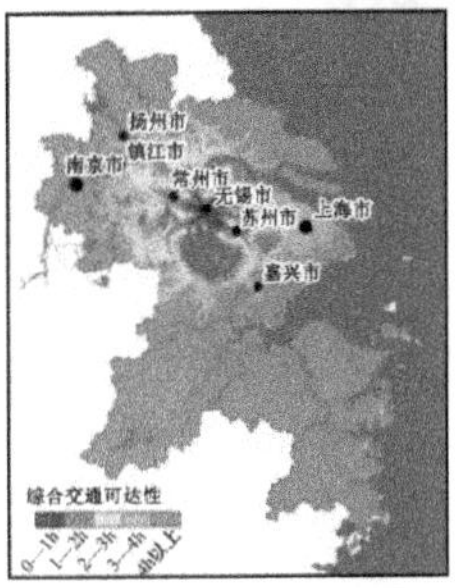	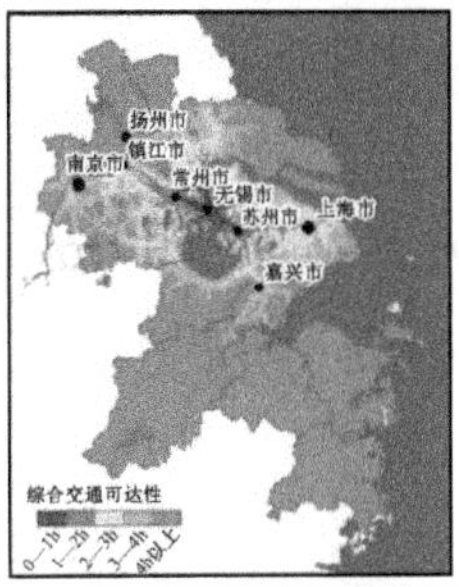	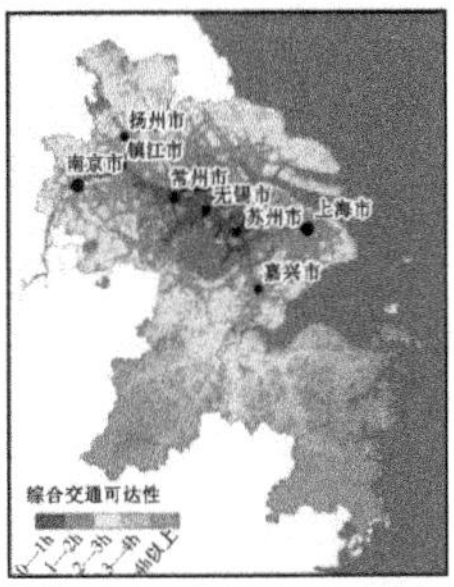	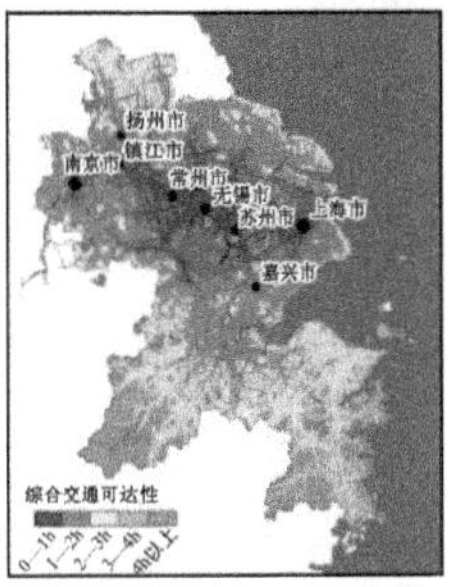
苏州	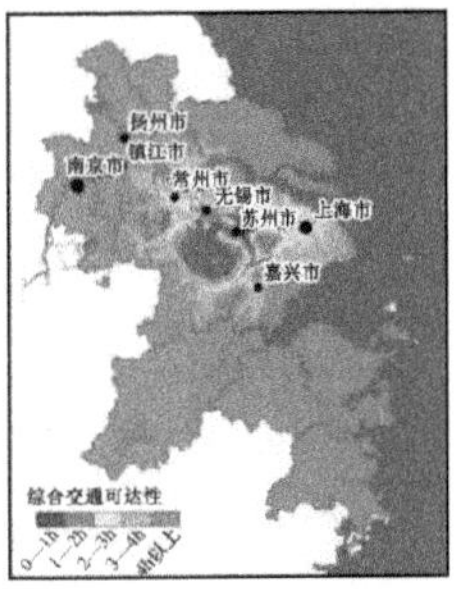	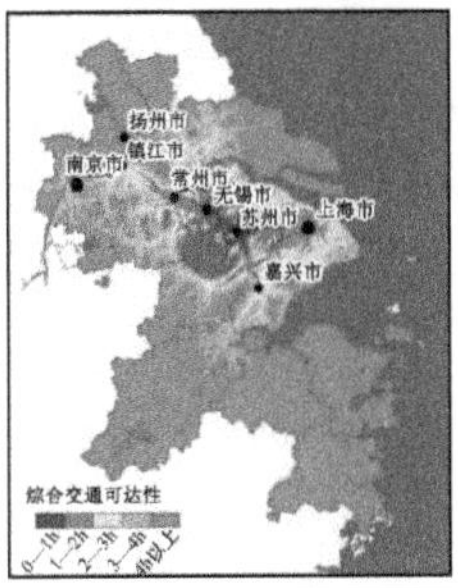	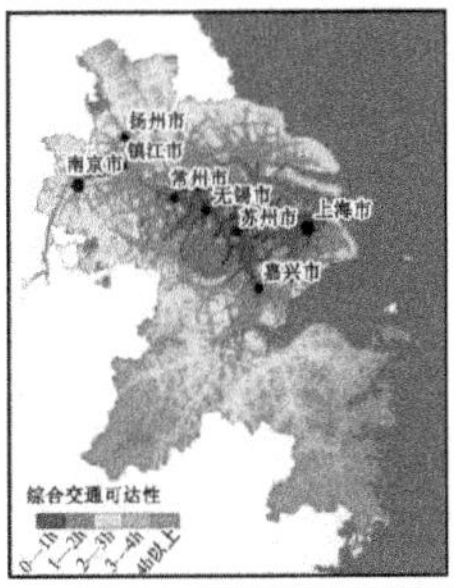	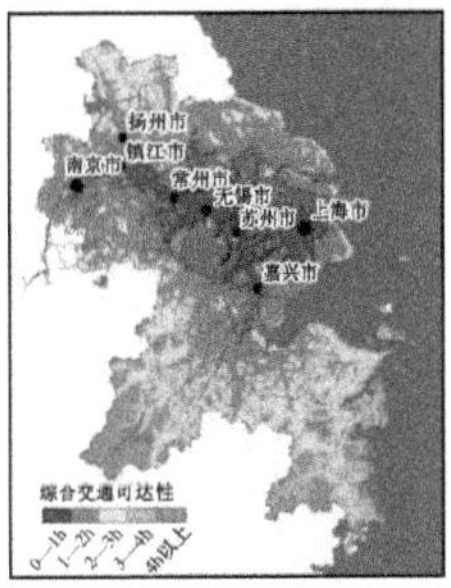
上海	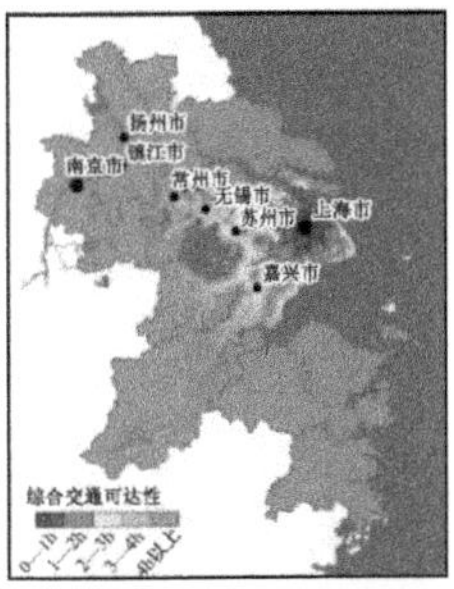	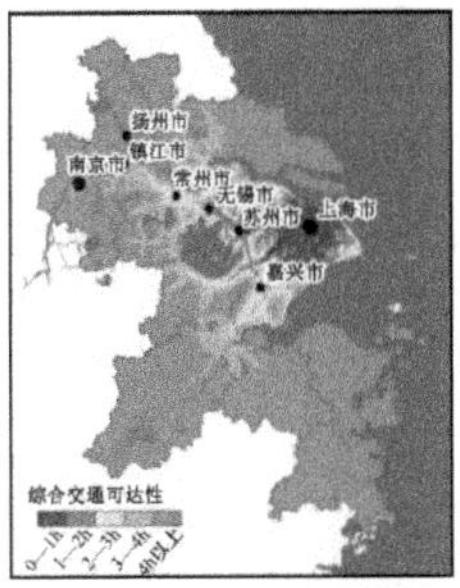	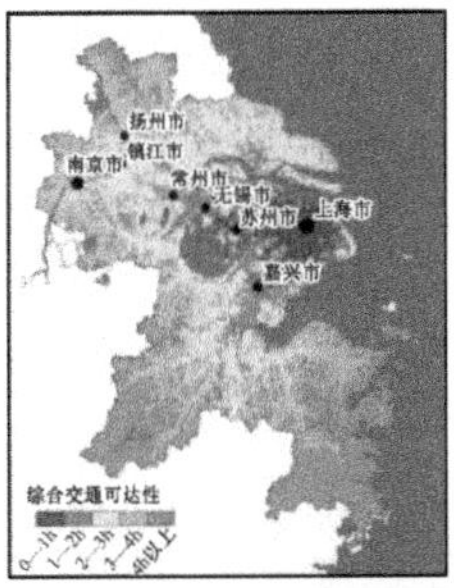	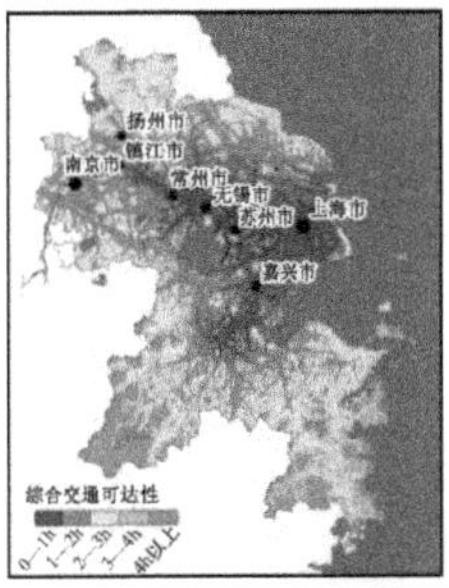
嘉兴	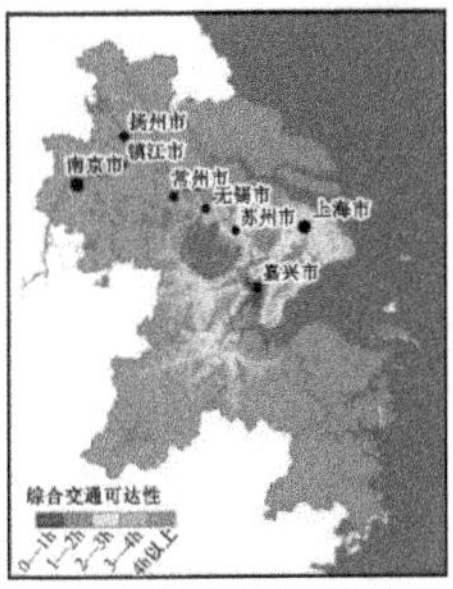	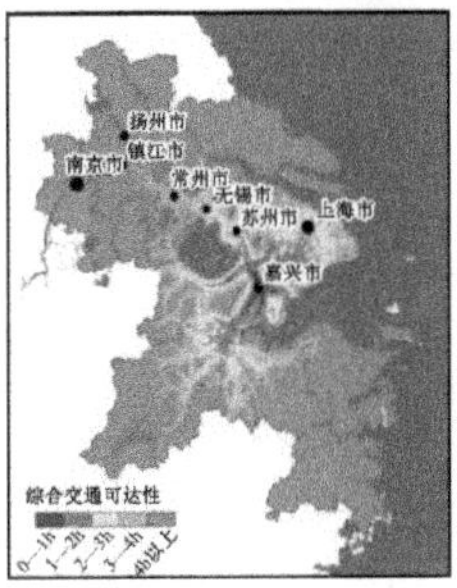	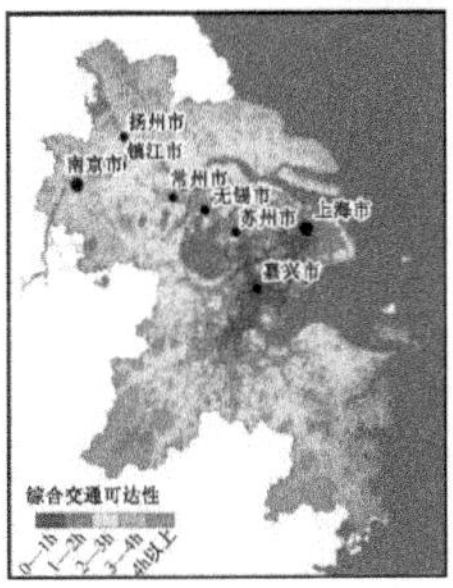	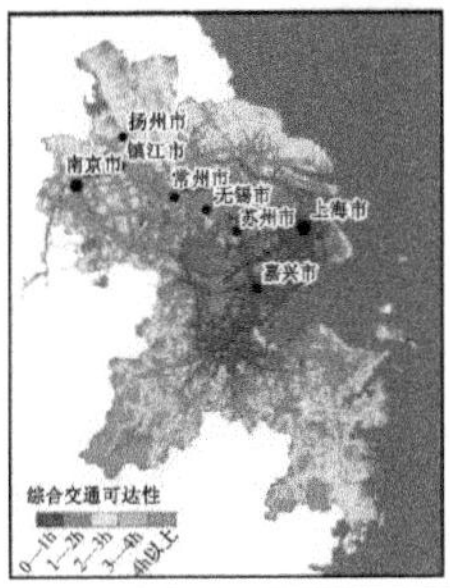

走廊内部各市基本上处于相互间的“1 h 等时圈”之内，属于走廊同城化的核心区范围。各城市演化与走廊整体格局变迁大体一致。此外，其空间分布特征还体现出明显的距离衰

减规律，处于沪宁高铁走廊边缘区位的南京、扬州和嘉兴等在时空联系优势上明显低于苏锡常等位处沪宁高铁走廊地理中心的区域；但地理距离并非交通可达性的唯一决定因素，由于高快速城际轨道交通的建设，沪宁高铁走廊主要城市中心城区间的时间距离甚至小于某一城市与其在地理区位上邻近的郊县地区，呈现出与地理空间不相对应的非扁平化时空格局。

依据沪宁高铁走廊地区各城市与邻近城市的综合交通可达性空间格局演化序列图可知，沪宁高铁走廊是时空距离不断压缩的地区，其等时圈经历了 1986 年以 4 h 以上为主到 2012 年以 1 h 为主的演化过程，并呈现出沿交通路网通达度逐渐外移递减的总体特征。按照 1 h（一日通勤圈）、3 h（一日交流圈）、3 h 以上等时圈的同城化效应圈层界定——核心区、紧密

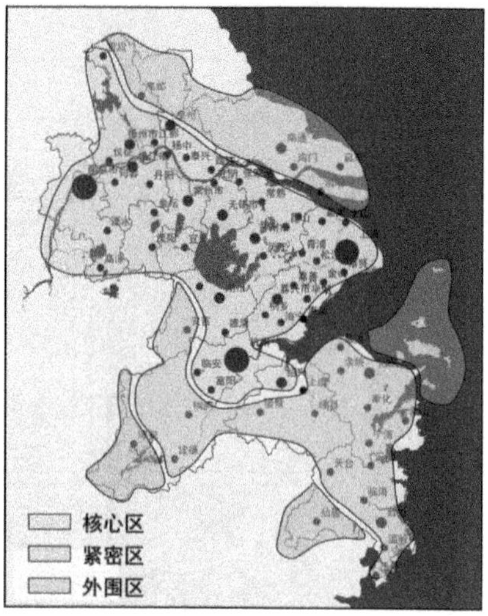

图 5-4　长三角核心区同城化效应圈层示意图

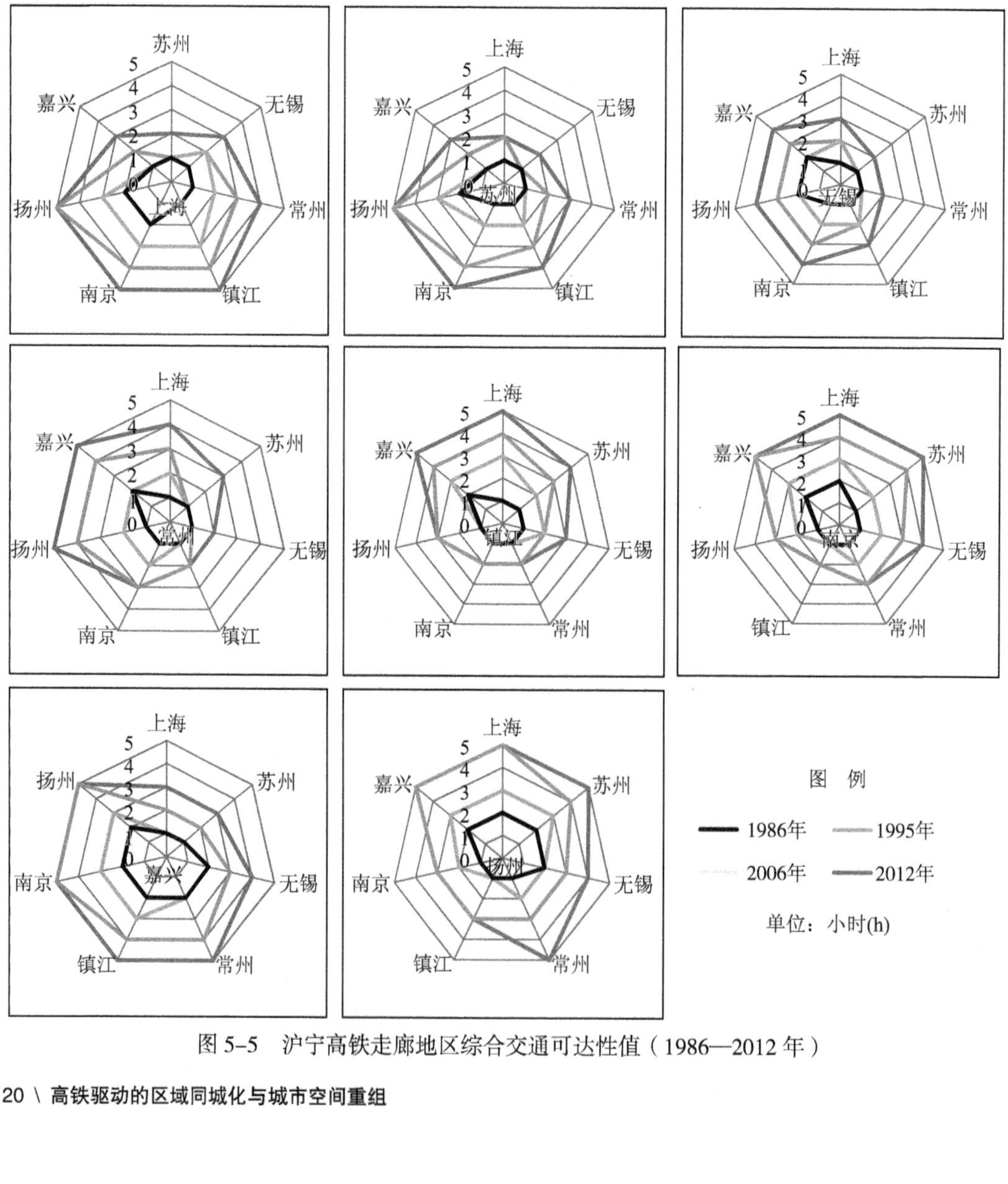

图 5-5　沪宁高铁走廊地区综合交通可达性值（1986—2012 年）

区和外围区，沪宁高铁走廊地区“一日交流圈”逐年增加且范围不断扩大，到 2012 年沪宁高铁走廊各城市基本进入同城化核心区范围，长三角 16 市中的其他城市则基本处于同城化紧密区范围（图 5-4）。依托沪宁高铁，上海到南京最快只需 67 min，沪宁高铁走廊地区主要城镇间最快 1 h 内即可到达，这进一步验证沪宁“一日通勤圈”正逐渐形成(图 5-5)。城市间的时空距离远近是衡量同城化能否实现的关键，根据前文对同城化的门槛界定可以判定，沪宁高铁走廊地区已经跨过同城化初级阶段的基本门槛。

5.3.2　空间联系测度

城镇建设用地空间相近既是同城化发展的必要基础，同时也是同城化发展的重要表征。同城化现象的重要特征之一即为空间同城，即地域空间的连绵一体。因此，研究沪宁高铁走廊不同时期的用地演化及空间对接是分析其同城化发展的重要一环。为反映沪宁高铁走廊在不同时期城市的扩展和分异情况，选取 2000 年和 2010 年两个时间断面的 Landsat TM 影像数据进行解译，并分析走廊交通网络演化及其建设用地扩展的相关关系，以研究基于用地发展演变下的空间同城发展情况。

从 2000—2010 年沪宁高铁走廊建设用地的演变来看（图 5-6），各城市的建设用地扩展迅速，呈现出以主城为核心，依次向外蔓延的“核心—边缘”格局，在空间上主要表现为沿沪宁交通主轴和沿长江（江南、江北）的两大城市建设用地稠密带，又以沿主要交通干线蔓延分布为主，初步沿沪宁高速交通干线形成渐次相连的城镇发展带。中心城市和交通便捷地区的扩张速度最为迅速，尤其是上海大都市周边和走廊交通轴线的沿线区域，如受上海的辐射带动，苏州城市扩张速度迅猛，与上海的交界地区城镇建设相向发展，渐渐呈现连绵一片、难分边界的格局，两个城市的主要建成区将逐渐融为一体；同时，行政等级较高的城市拓展幅度一般高于等级较低的城市，如上海和南京的拓展幅度要大于常州、镇江等其他城市。

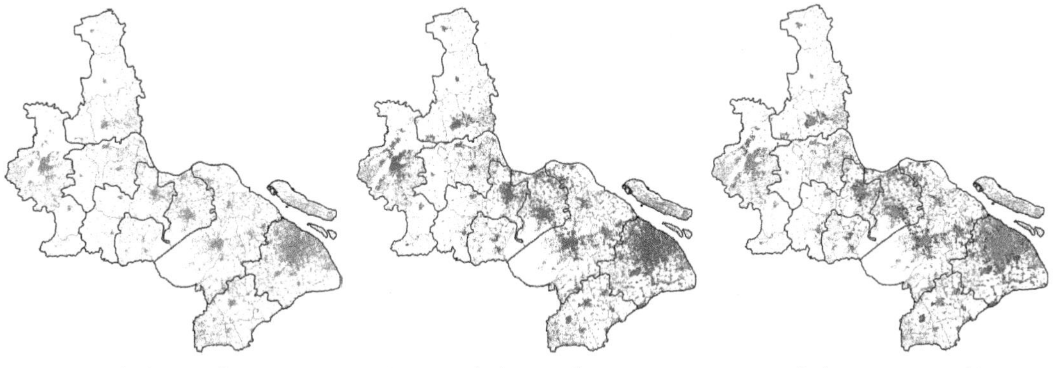

（a）2000 年　　（b）2010 年　　（c）2000—2010 年

图 5-6　沪宁高铁走廊地区建设用地的时空演化（1993—2012 年）

沪宁高铁走廊在自然地域空间上连为一体，长江水系贯通走廊东西，天然具备了同城化发展的空间临近基础。该地区城镇当前所形成的空间连绵发展、逐渐连接的发展格局，是“空间同城”特征的初步体现，为空间相邻城市间在空间功能上的进一步对接融合提供了现实条件，可以判定，沪宁高铁走廊已初步具备空间同城的现实基础，同时也必将成为未来该区域空间格局演变的趋势和进一步提升同城化发展的动力。

5.3.3 社会联系测度

社会联系密切程度是表征同城化发展核心内涵、反映同城化发展程度的重要指标，基于对走廊各市及其周边地区交通门户站点的实证调研，选取交通通勤流等指标对沪宁高铁走廊出行人群的社会联系程度进行随机抽样调查，旨在掌握当前走廊的社会联系紧密程度及沿线居民对同城化发展的认知。

（1）群体特征。受访者主要以企事业单位职员（42%）、学生（19%）、私营及个体劳动者（11%）和商业服务业从业人员（10%）为主，此外公务员（4%）和医务教育工作者（4%）也占据一定比例，除一定比例的学生群体外，白领精英阶层是出行群体的主体类型。受教育程度方面，67% 的受访者学历为大专或本科，研究生以上学历占 13%，学历为初中或以下者仅占 7% 左右。由此可见，高学历精英社会阶层是沪宁高铁走廊城际客流的主要构成群体，高学历高收入社会阶层的城际通勤消费移动距离相对更长，其个体生活圈的空间范围也相对更大（图 5–7）。

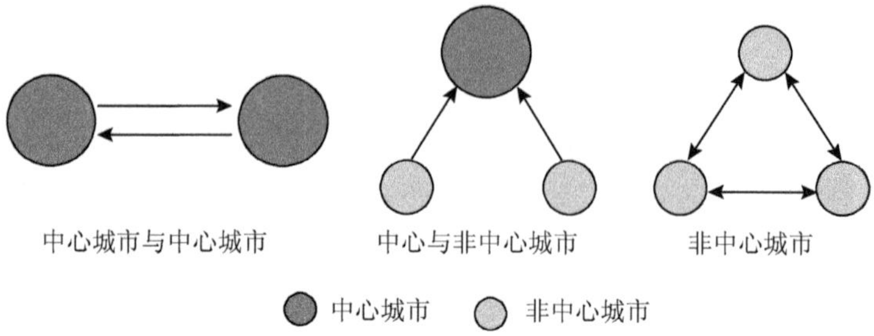

图 5–7　走廊地区各级城市间的空间流动特征

（2）出行方式。在关于区域出行便捷程度的调查中，超过 83% 的人认为沪宁高铁走廊内部交通相当便捷，各主要城市之间基本可实现 1—2 h 的便利出行圈。居民出行采用的交通方式具有层次性特征，其中，在横跨多个城市的区域大尺度出行中，高铁（动车组）以其高速和公交化的运行模式在所有交通工具中占据优势，经统计其在区域内的交通分担率为 41%，其次为长途大巴（40%）（图 5–8）；在邻近城市或都市圈内的出行中（图 5–9），约 49% 采用长途大巴作为交通出行工具，这一尺度范围的出行中出现 15% 的受调查者选择城际公交作为出行交通工具。公交车在各类交通方式中的经济成本比较优势，逐渐成为邻近城市间交通联系以及城市间推进交通同城化实施的重要选择。

（3）出行活动。从受调者的出行活动调研分析结果来看（图 5–10），商务出差和旅游休闲是区域出行活动的主要类型，合计占比 50% 以上；存在一部分以日常工作为出行

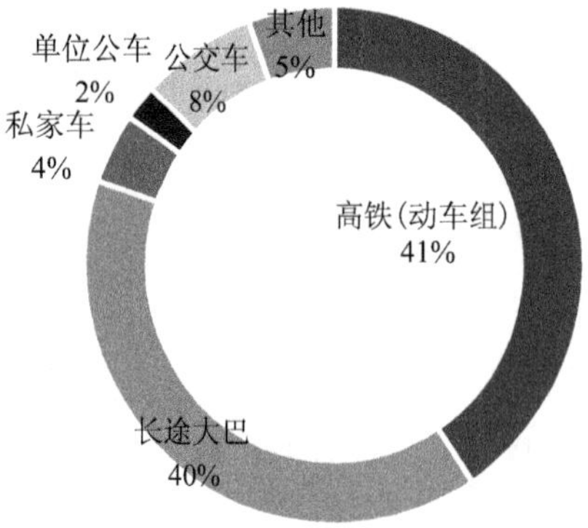

图 5–8　沪宁高铁走廊大区域间出行交通工具

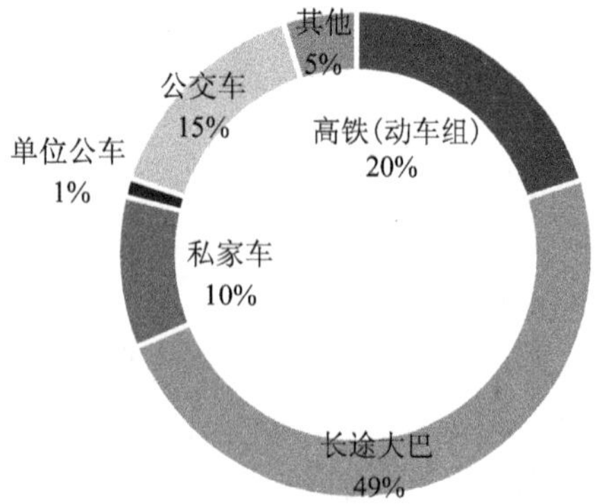

图 5–9　邻近城市及都市圈出行交通工具

目的的活动类型，该类型活动在各个城市间出行频率不一，其中以商务和日常工作为主要目的的出行活动均主要以南京和上海等两大走廊中心城市为主要目的地，具有明显的中心城市向心通勤行为特征，尤以上述两市为代表，系沪宁高铁走廊地区的“首位就业城市”。从调查统计结果看，当前这种中心城市的向心式通勤现象尚未形成日通勤模式，主要呈现为周通勤模式。此外，以商务为目的的出行活动除表现为中心城市向心性，还体现为圈层集聚特征，即以宁镇扬、苏锡常为代表的都市圈内活动活跃程度远大于圈外城市。

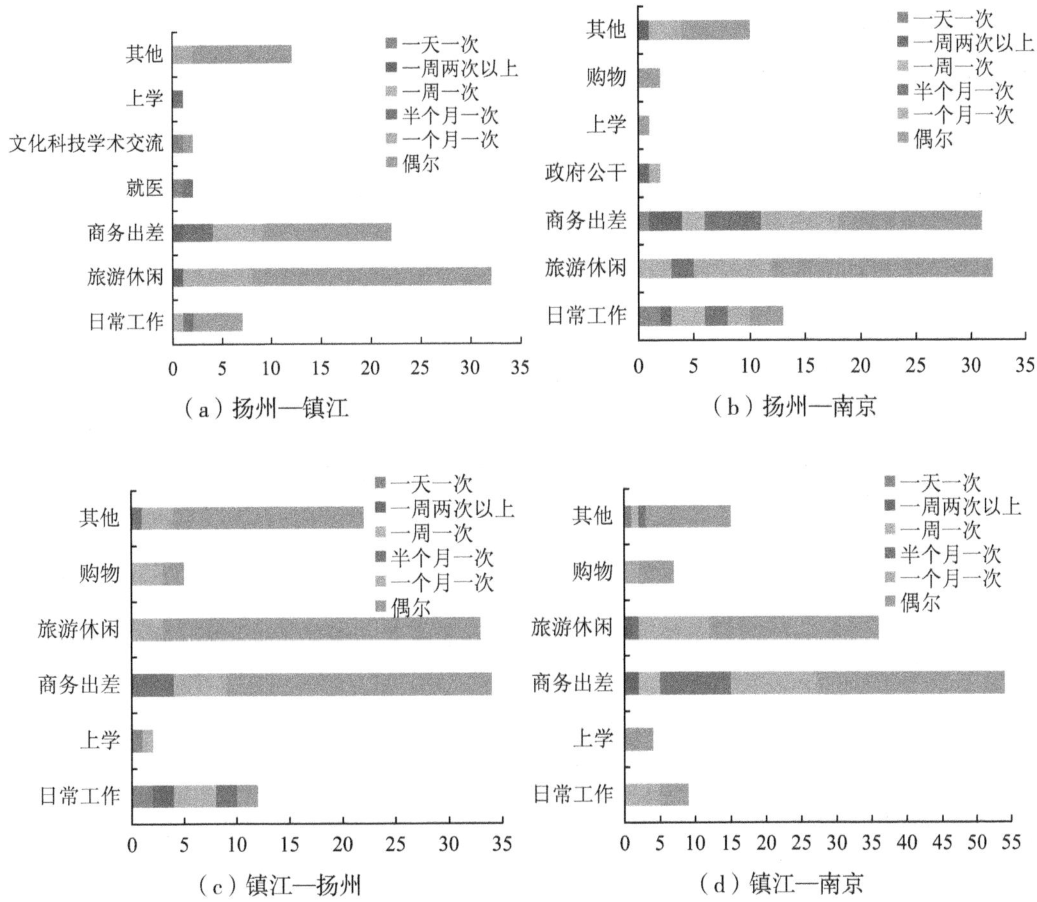

图 5-10　沪宁高铁走廊城市间的出行活动情况（%）

（4）职住空间。从受调查者的工作地和居住地调查分析结果来看，职住配比率[③]仅为 49%，即 51% 的受调查者的工作地和居住地不在同一个城市，需要通过区域化的通勤出行来衔接这种区域化的职住组合。其中工作地在宁镇扬三城市间的职住异地率高达 44%，上海与嘉兴、上海与苏州之间的职住异地率更分别高达 45% 和 48%，这在一定程度上反映了这种区域化职住模式的存在和发展趋势。此外，从受调查者工作地和居住地的统计结果及访谈反映信息来看，房价和就业机会是造成这种区域职住模式的重要原因，这种区域化的职住模式同样呈现出以宁镇扬、苏锡常等都市圈为主的圈内主导特征，以及以中心城市为就业目的地和以非中心城市为居住目的地的特征。典型表征为以南京市为就业地，居住在镇江或扬州；以上海为就业地，居住在苏州或嘉兴的“城际通勤候鸟族”（图 5-11）。

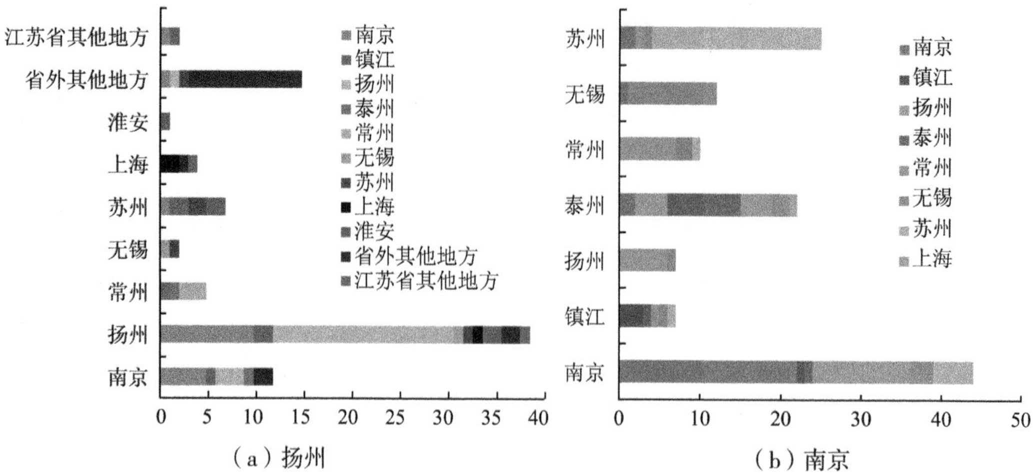

图 5-11　沪宁高铁走廊部分城市受调查者的职住组合情况（%）

5.3.4　同城化效应测度

实际上，沪宁高铁走廊内城市居民的各项出行目的可进一步概括为公众的主动和被动出行行为两种，前者主要指旅游、购物、探亲访友等，后者则包括工作、出差、学习和就医等。从出行成本来看，一般情况下公众进行前项活动更加注重出行的费用成本，主要指交通费用和在另一个城市的生活费用之和；进行后项活动则更加注重出行的时间成本，主要指去往另一个城市所花费的时间。假设在其他条件不变和公众追求实现自身效用最大化的前提下，出行成本必然是公众出行所考虑的首要因素。

基于上述认识，我们借鉴传统的城市引力模型来构建同城化效应的测算模型，以期直观评估走廊同城化发展的效应进程。传统的城市引力模型以牛顿万有引力定律为基础，被广泛地运用于研究国际贸易、城市空间作用等问题，但在实际应用中往往会根据研究的需要对其进行修正，如郑良海等基于修正引力模型对关中城市间的联系强度进行了分析④，段七零等运用引力修正模型计算了江苏省地级城市间的相互吸引力⑤。我们认为，两个城市间的出行成本越高，越不利于城市之间的同城化发展，其同城化效应也会越低。两个城市的人口总量可以看成是同城化的潜在推动因素，基于统计规律的研究表明，如果两个城市的人口规模越大，城市间的联系会越密切，也越有利于提高同城化效应。综上构建出同城化效应测算模型，如下所示：

$$UI = k \times \frac{\sqrt{\dfrac{P_1 \times P_2}{C_1 \times C_2}}}{T^2}$$

其中，UI 表示同城化指数，其值越大，表明同城化效应越明显；P_1 和 P_2 分别为两个城市的常住人口，单位为万人；C_1 和 C_2 分别表示到达两个城市的费用成本，单位为元；T 表示来往两个城市间的时间成本，单位为分钟（min）；k 为调整系数，当模型中所有变量都按规定的单位取值时，其值为 1。考虑到该地区交通方式的多样性，为更好地反映不同交通方式对同城化效应的影响，对于费用成本和时间成本宜采用加权方法求得，即

$$C_1 = \sum_{i=1}^{n} \alpha_i m_i + l_1 \qquad C_2 = \sum_{i=1}^{n} \alpha_i m_i + l_2$$

其中，C_1 和 C_2 与上文含义相同；α_i 和 m_i 分别表示不同运输方式所对应的权重和交通费用；l_1 和 l_2 分别表示住在两个城市的生活费用，这里以城市居民日均消费支出代替[⑥]。

与费用成本的计算方法类似，时间成本也由加权方法求得，下式中 α_i 和 t_i 分别表示不同运输方式所对应的权重和各自所花费的时间。

$$T = \sum_{i=1}^{n} \alpha_i t_i$$

囿于不同年份数据的可得性，我们选取了沪宁高铁走廊八市 2010 年的数据作为基础研究数据，具体测算 2010 年该地区各城市间的同城化指数。其中，年末常住人口数据来自各城市的 2011 年统计年鉴；城市间的交通方式主要分为高铁、动车、快车、慢车和公路五种，通过对调查问卷中公众各类出行方式的频率统计，确定各类交通方式所占的权重如表 5-3 所示（为计算简便，对统计结果进行取整处理）；公路花费的时间和票价来源于两个城市间的长途汽车站数据，铁路耗费的时间和票价来源于南京火车站的官方网站公布数据，高铁和动车的票价以二等座为标准，快车和慢车的票价和时间以查询到的最小值为标准。同时，为了便于评价结果的比较，我们还选取了国内目前同城化战略实施较好的广佛同城化作为对比研究对象，评价数据分别来自两市的 2011 年统计年鉴[⑦]，通过测算广佛同城化效应，分析目前沪宁高铁走廊地区的同城化所处阶段和特点。由于模型不涉及不同量纲数据的比较，故不需要对数据进行标准化处理。

表 5-3　各类交通方式所占权重

交通方式	公路	高铁	动车	快车	慢车
权重	0.35	0.15	0.25	0.20	0.05

运用上述同城化效应测算模型，得到沪宁高铁走廊 2010 年城市间的同城化指数以及作为对比案例的广佛同城化指数的计算结果，如图 5-12 所示。总体而言，与广佛同城化区域相比，沪宁高铁走廊地区沿线城市间的同城化效应不强，且不同城市间的同城化效应差距较大。该地区同城化效应最高的苏州和无锡的同城化指数达到了 143.5，而同期广佛同城化指数则已经达到了 181.5。从分布情况来看，各城市间的同城化指数呈现出非常高

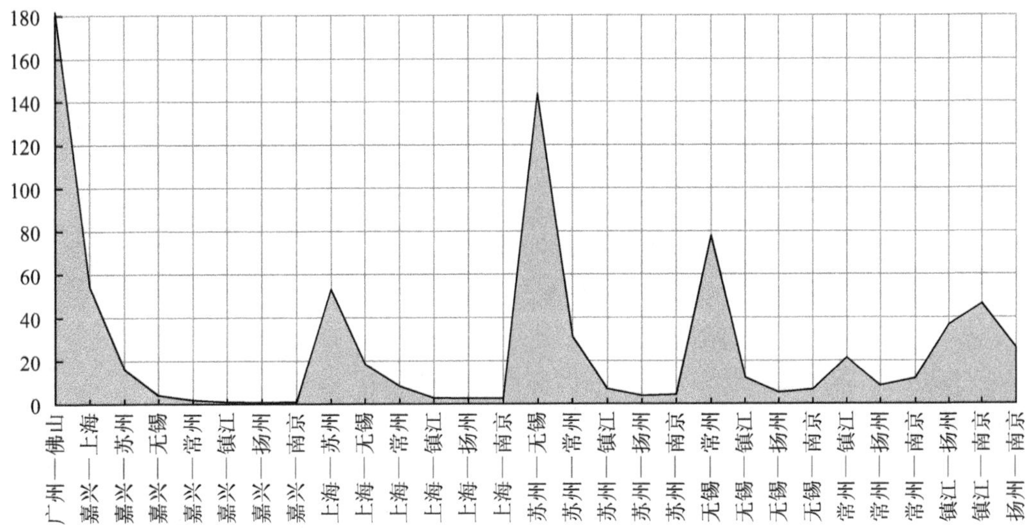

图 5-12　沪宁高铁走廊及广佛地区的同城化指数（2010 年）

的中心集聚度，其峰度系数达 6.31，标准误差为 0.97，说明该地区除少数几个城市间的同城化效应较为明显之外，其余城市间的同城化效应较弱，如最低的嘉兴和南京同城化指数仅 0.8。这一特点从同城化指数的平均值亦可以看出，只有苏州和无锡、无锡和常州、嘉兴和上海、上海和苏州、镇江和南京、苏州和常州、镇江和扬州这七对城市的同城化指数超过 24.9 这一平均值，占总数的 28.5%。值得注意的是，这些城市在空间上均相互邻近，意味着目前该地区的同城化进程在相邻城市之间较为明显。

从同城化指数的变化规律来看，沪宁高铁走廊地区的同城化效应呈现出非常明显的距离衰减规律，即同一城市与其他城市的同城化指数随两个城市间的距离增大而减小。从图 5-12 可以看出，28 对城市间（此处不包含广佛同城化）的同城化指数出现了 6 个间歇性的峰值，峰值过后的同城化指数则迅速下降。

从同城化指数的空间分布来看，沪宁高铁走廊地区的同城化效应还呈现出明显的都市圈主导特点，沪苏嘉、苏锡常和宁镇扬三大都市圈内各城市间的同城化指数相对较高。以同城化指数平均值较高的苏锡常都市圈为例，苏州和无锡、苏州和常州、无锡和常州之间的同城化指数分别达到了 143.5、31.2 和 77.8。当然，都市圈内城市之间的同城化效应较为明显的一个主要原因也与距离有关，可见空间邻近仍然是当前推动同城化进程的基础和先决条件。

5.4 沪宁高铁走廊地区同城化效应的基本判断

基于上述分析评估，可以看出沪宁高铁走廊地区的同城化是时距渐短、空间渐联、协作渐密和互动渐频的同城化，该区整体正处于同城化加速发展时期，与此同时其发展也面临诸多障碍。

5.4.1 沪宁高铁走廊地区同城化的主要特征

1）地理时空压缩，城市间时空距离不断缩短

区域高快速城际交通建设及其公交化是研究区内同城化发展的催化剂，交通可达性演化分析显示（图 5-13、图 5-14），走廊地区各城市基本处于其他城市的 1 h 等时圈范围内，如上海到南京最快只需 67 min，沪宁高铁走廊地区目前已经迈入同城化的基本门槛。此外，沪宁高铁走廊两端，西翼南京依托京沪高铁和沪汉蓉高铁，1 h 北溯徐州、东至合肥，依托宁杭高速，1 h 东抵杭州；东翼上海向南借助沪杭高铁，50 min 可达杭州。由此沪宁高铁走廊将泛长三角内的主要城市纳入其“1 h 通勤圈”范围内（图 5-15），甚至小于走廊某一城市郊县到其中心市区的交通时距，走廊地区主要城镇基本处于同城化核心区，长三角其他主要城市则处于相互间的同城化紧密区。同时，基于 2000—

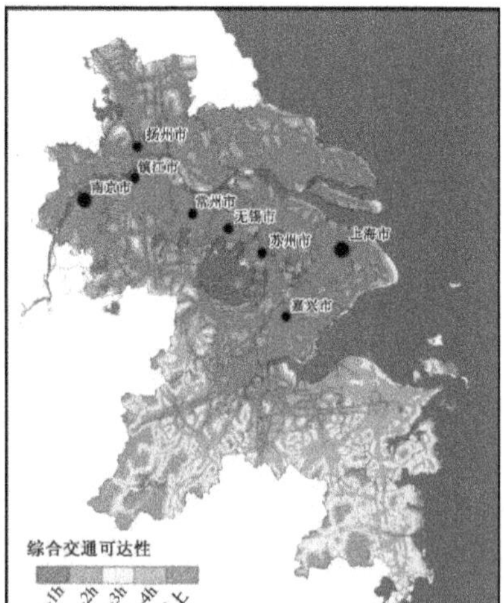

图 5-13　2020 年沪宁高铁走廊时空格局演化趋势

2010 年的遥感影像分析显示，沪宁高铁走廊地区各城市的建设用地扩展迅速，地域相邻的城市空间连绵发展。以上海和苏州为例，两市交界地区已呈现出连绵一片、难分边界的格局。此外，还涌现出沪宁高铁沿线“倚站造城”及城市交界带“边界新城”的建设热潮，借此扩大高铁经济效应和吸收中心大都市的功能溢出，如高铁无锡惠山站的沪宁新城和苏沪交界处的花桥国际商务城。随着高快速城际客运网络的进一步加密，沪宁高铁走廊地区

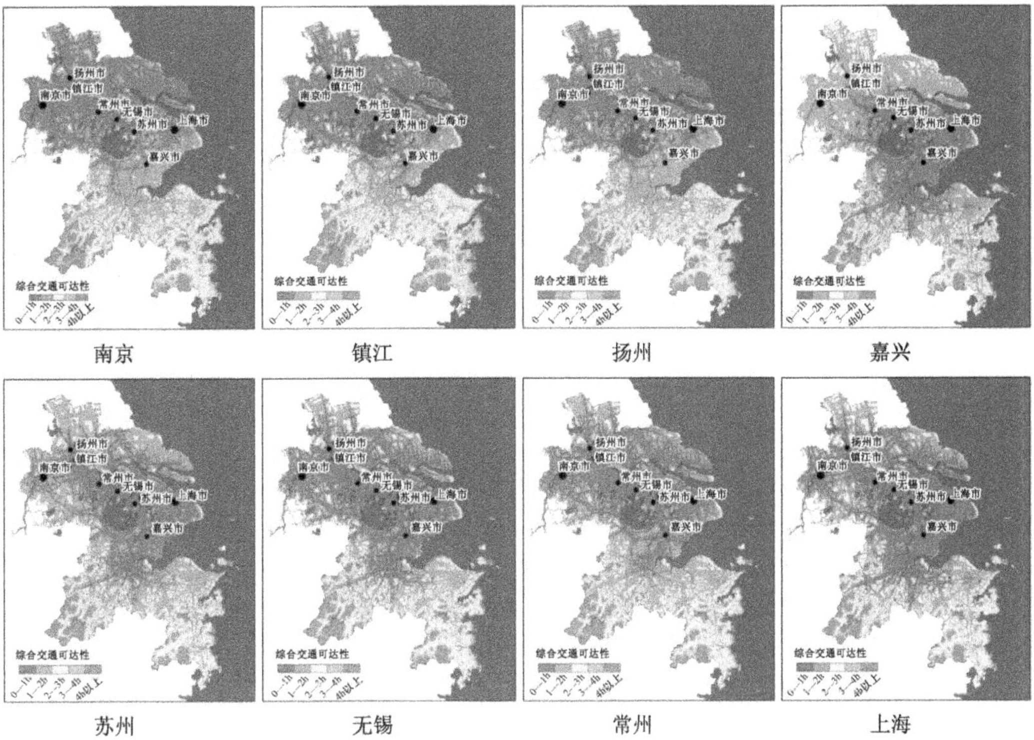

图 5-14　沪宁高铁走廊各城市时空格局演化趋势（2020 年）

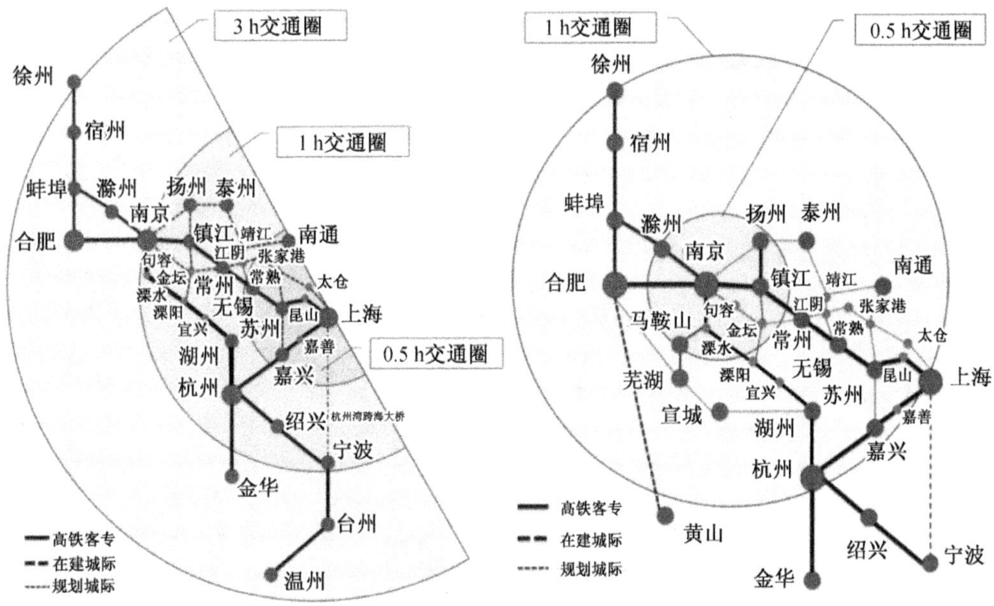

图 5-15　沪宁高铁走廊大都市等时交通圈示意图

注：左为上海；右为南京。

将成为扁平化、均优化的区域，为走廊地区同城化的纵深发展提供支撑。

2）城市隔阂缩小，区域间协作不断深化

沪宁高铁走廊区域内的发展协作正从以交通等基础设施的“硬环境”建设向以医保、规划等“软环境”协作转变，形成了以长三角区域规划、南京都市圈区域规划和宁镇扬同城化发展规划为代表的区域规划体系；基本实现了16市医保一卡互通；涌现了以沪苏为代表的跨省跨界公交，如每20 min一班的花桥与安亭的城际公交；出现了以共建园区为代表的跨界增长联盟，如上海张江常州科技园、江阴—靖江工业园区等。日趋多元化与紧密化的区域合作将促使走廊城市间的交流和联系日益密切，这既是走廊地区同城化内涵不断丰富的象征，又是其同城化进程不断纵深发展的体现。与此同时，在空间吸引力、政策推动力和市场驱动力“三力”机制作用下，沪宁高铁走廊次区域层面形成了三大相对独立、各具特色的同城化圈层，包括以南京为核心的政策推动力主导型同城化紧密圈——南京都市圈（宁镇扬），以上海为核心的市场驱动力主导型同城化紧密圈——上海都市圈（沪苏嘉），以及走廊中部以苏锡常为核心的相互空间吸引力强但实际功能联系弱的同城化圈层（图5-16）。

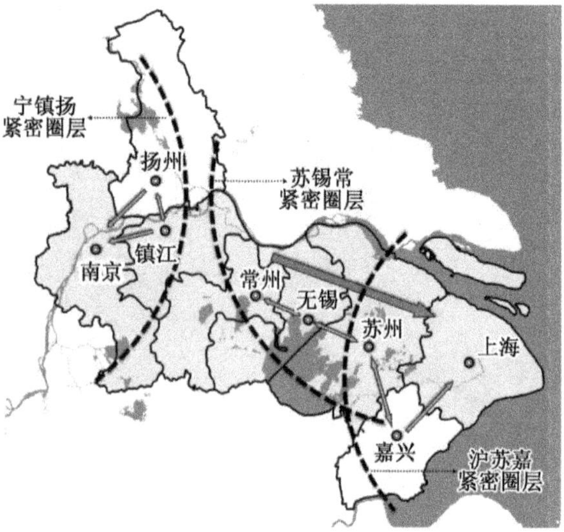

图5-16　沪宁高铁走廊次区域三大紧密联系圈层

3）个体生活圈扩大，城际通勤联系日益紧密

沪宁高铁走廊地区城际高快速交通的公交化促使异地通勤的常态化现象出现，区域化的通勤和就业、生活现象开始涌现（图5-17、图5-18）。基于对11个城市24个交通枢纽站点的问卷调查结果显示，商务流与休闲流是当前沪宁高铁走廊出行的主要群体，约占52%；同时出现较大比例的跨城通勤族，约占11%。其中，南京—扬州往来频率在一周一次及以上的商务流频率高达24%；跨城通勤流在宁镇扬、沪—嘉、沪—苏之间的职住异地率分别达44%、45%和48%，形成以一周通勤为主的模式，但也出现一定比例的一日通勤模式，如职沪居昆（山）、职宁居句（容）的“城际通勤候鸟族”。此外，多区位的机

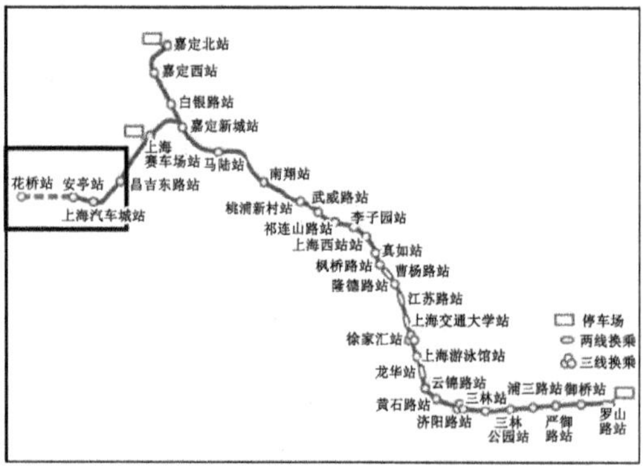

图5-17　上海地铁11号线示意图

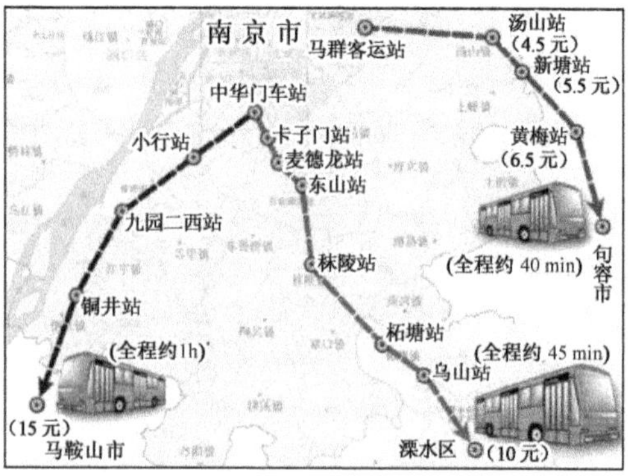

图5-18　南京都市圈城际公交示意图

构和企业不断增多，如南京大学、东南大学等科研院所沿沪宁高铁走廊已设立了多个研究院和分院。基于出行行为的特征分析，当前同城化的特征和趋势表现为就业通勤同城化、居住生活同城化等特征。以日常工作与生活为依托的区域化城际互通交往，是同城化纵深发展的重要表征（图 5-19）。

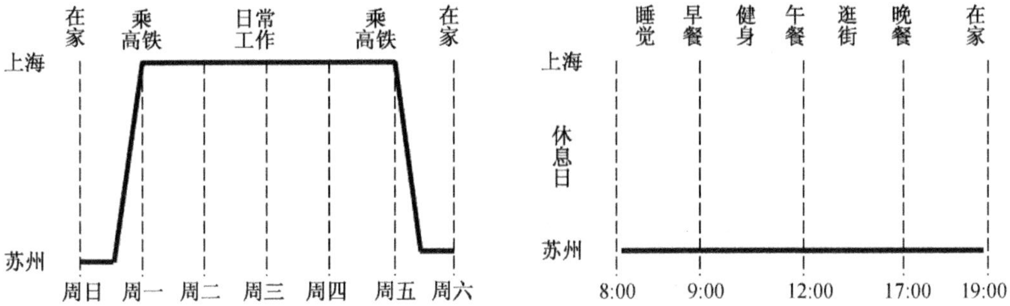

（a）一周通勤模式：跨城通勤——工作日在上海工作，周末住在苏州

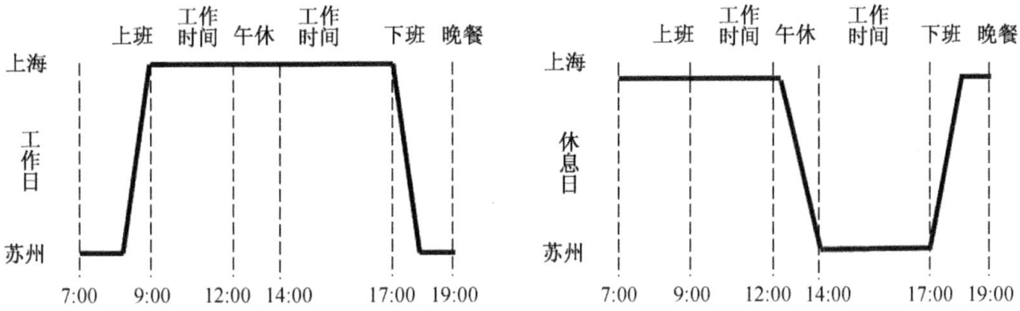

（b）一日通勤模式：左为跨城通勤——白天在上海工作，晚上住在苏州；右为跨城商务——上午在上海工作，下午到苏州出差

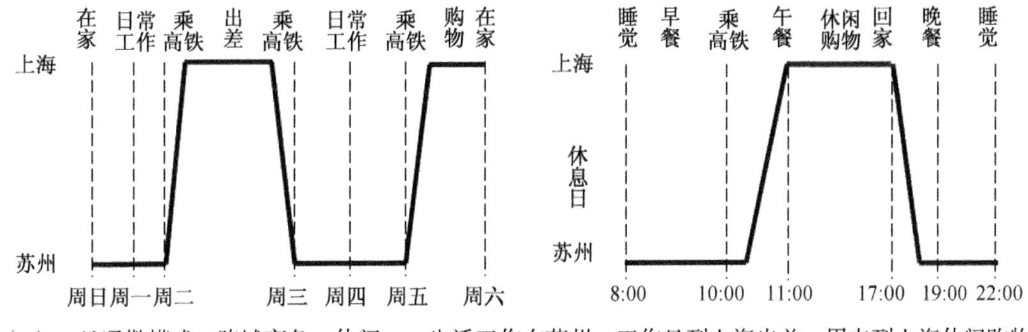

（c）一日通勤模式：跨城商务、休闲——生活工作在苏州，工作日到上海出差，周末到上海休闲购物

图 5-19　沪宁高铁走廊跨城出行活动的典型案例

5.4.2　沪宁高铁走廊地区同城化的主要障碍

1）初期阶段的负面效应一时难以消除

同城化初期阶段的负面效应一时难以消除，归纳来看，主要体现在以下几个方面：① 虹吸效应：中心城市对周边城市高端要素的“虹吸效应”。同城化在加速一般生产要素流动的同时，也促使总部经济、会展经济等高端产业向发展能级高的中心城市聚集，导

致次级城市的资金、企业和人才的流失。如南京的苏宁电器、苏州的东吴证券等均已将总部迁移至核心城市上海。② 马太效应：走廊核心区过度集聚优质要素对边缘区形成的“马太效应”，将导致走廊城市的核心经济带与其郊县地区进一步两极分化。2011 年，核心区限额以上固定资产投资约占长三角的 63.8%。③ 超荷效应：日趋饱和的沪宁高铁走廊进一步提升开发强度形成的“超荷效应”。走廊核心区吸引力和聚集度提升的同时，还可能会引起城市核心区人口超限、设施超荷、环境超压和资源超载等负面问题。调研结果显示，22% 和 16% 的受调查者认为同城化将对基础设施配套能级和生态环境带来超负载影响。④ 推高效应：异地置业者和跨城通勤对居民生活成本的“推高效应”。区域化职住模式带动异地购房，隐性抬高本土居民生活成本，并对城市低收入群体形成挤出效应；同时，区域化职住模式带动跨城通勤，增加居民通勤费用支出。据报道，句容 30%—40% 的普通居民住宅被南京市民购买。⑤ 扩散效应：高铁的高流动性对社会不安因素的“扩散效应”。高快速交通和信息通讯网络有可能会促进危害社会公共安全因素的扩散。⑥ 同质效应：超行政区经济的一体化和全方位的区域整合形成的“同质效应”风险。无差异化、无特色化的统筹协调的同城化可能使得沪宁高铁走廊陷入同质化发展的困境。

2）不同城市间的同城化进程差距甚大

基于经济社会数据的同城化效应定量模型测算结果显示，该地区同城化程度的距离衰减规律明显。以嘉兴为例，其到其余七个城市（按距离由近及远）的同城化程度分别为 54.3、16.1、4.1、1.8、0.9、0.8 和 0.8。走廊整体的同城化效应不够突出，城市或都市圈之间的同城化进程各异，呈现出以南京和上海两个超大城市为核心的圈层分割特征，形成宁镇扬、苏锡常、沪苏嘉三大城市紧密簇群，上述三个城市群内城市间的同城化程度平均达到 36.3、84.2 和 41.2，圈内效应大于圈外，群内效应大于群外，核心城市大于非核心城市（图 5-20）。

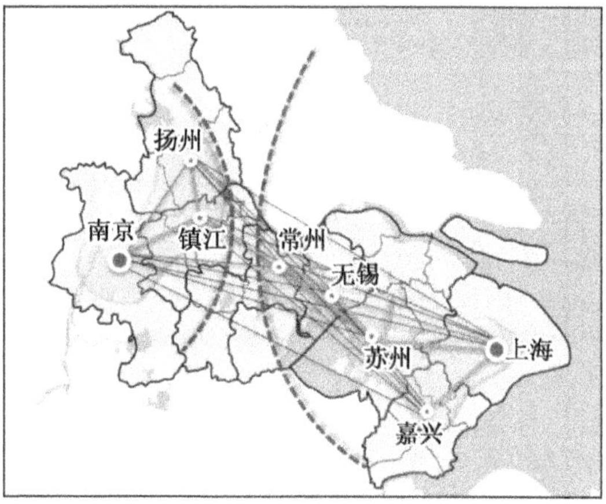

图 5-20　同城化指数空间分布特征

3）同城化发展的协调机制尚不完善

一方面，府际跨区协作机制不完善，基于行政首长之间的“磋商对话”和各职能部门缔结的“行政契约”执行力不强，很多决议难以具体落实；既有合作多为非制度层面，缺乏系统性的制度保障；既有的合作形式缺乏一体化的组织框架；复杂的行政隶属关系、差异的资源禀赋导致平等的多方参与和共享机制难以形成。另一方面，公众认知和参与度不足，多方参与的协调机制或协调组织尚未形成，调查显示，超过 75% 的受调查者对同城化了解程度一般，其中约 24% 的被调查者没听过同城化，听过但并不了解的占 52%，深入了解的仅占 7%。正是由于参与和认知缺乏，仅 34% 的受访者认为同城化会给城市发展带来积极效应，高达 54% 的受调查者认为同城化会造成生活成本增加、危害城市安全等消极影响。

总体来看，沪宁高铁走廊同城化整体发展层次并不高，处于同城化初级阶段。沪宁高铁走廊的同城化是区域高快速城际交通公交化下的必然趋势，也是区域城市寻求城市综合竞争力提升下发展战略的必然选择。区域内的各城市主体要如何应对同城化纵深发展下的综合效应和影响，如何通过区域组织重构来打破长期的自谋发展和同质竞争，如何紧抓同城化发展下城市区域以及区域城市整体竞争力提升的机遇，是走廊区域内各城市当前发展所面临的重大课题。

5.4.3 沪宁高铁走廊同城化的动力机制

国内学者对同城化动力机制的研究一般基于具体案例进行分析，如桑秋等以沈抚同城化为例，认为两市同城化的驱动机制源于城市间日益紧密的经济社会空间联系、政府企业化与城市间合作型管治方式等方面[⑧]；杨海华以广佛同城为例，认为广佛同城化的动力机制主要来自市场机制的驱动力和政府作用的推动力[⑨]。结合现有研究结论，以及上文对沪宁高铁走廊地区同城化效应特征的分析结果可知，该地区的同城化动力机制在逻辑上至少应该包含三个方面，即空间吸引力、政策推动力和市场驱动力（图 5–21）。其中，空间吸引力指两个城市间基于时空距离的近便性而产生的互动；政策推动力指政府在推动同城化进程中所出台的各种政策对同城化的推动；市场驱动力包括两个城市间的产业结构差异、经济实力差异、居民收入差异和旅游景点数量差异四个方面。在假设市场其他条件不变、公众均满足“理性人”和追求自身效用最大化的前提下，由问卷统计结果得出的公众的几大出行目的都可以从这四个方面的差异进行解释，产业结构和居民收入的差异吸引公众为获得更好的职位和报酬宁愿忍受“职住分离”而选择到另一个城市工作，经济实力差异使得公众更愿意到经济相对发达的城市进行购物和消费，而旅游景点数量和质量的差异则促使公众选择景优的城市作为出行的目的地。

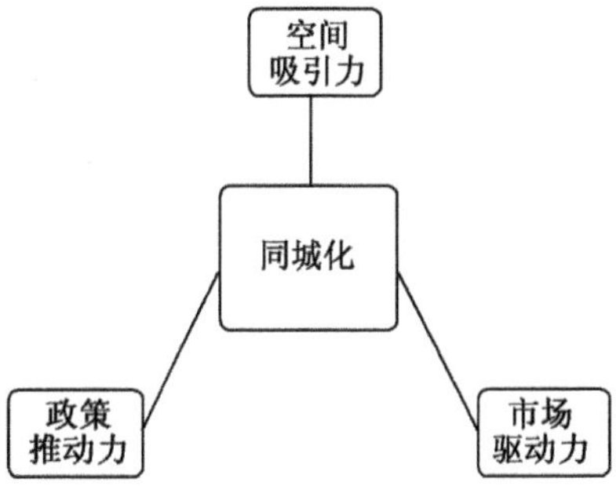

图 5–21　沪宁高铁走廊地区同城化的动力机制分析

从学理上来看，上述同城化的动力机制分析可以从四个方面解释不同城市之间同城化效应的差异及其变化：一是地理区位（交通）的影响；二是政策法规的影响；三是要素禀赋的影响；四是经济结构的影响。现有研究较多地关注了地理（交通）区位、政策法规和经济结构对同城化的影响，对要素禀赋的分析较少。事实上，要素禀赋的差异直接影响了公众的出行选择，相同条件下，拥有更多资源的城市往往更容易成为公众选择出行的目的地。

为了具体验证地理区位（交通）、政策法规、要素禀赋和经济结构对同城化效应的决定性作用，我们对此做进一步地实证计量分析，建立的变量回归模型如下所示：

$$\mathrm{Ln}UI = C + \alpha_1 DIS + \alpha_2 POLICY + \alpha_3 RSCENE + \alpha_4 RINDUS + \alpha_5 RGDP + \varepsilon$$

其中，C 代表常数项；α 代表各解释变量的对应系数；ε 代表随机残差项。因变量 UI 为同城化指数，反映沪宁高铁走廊地区两城市间的同城化效应，数据来源于上文的计算结果，为减少异方差性的影响，将因变量进行对数化处理。解释变量由四个部分组成，分别为地理区位、政策法规、要素禀赋和经济结构，各解释变量的含义和计算方法如下所述：

从沪宁高铁走廊同城化效应的特征分析来看，地理区位无疑是一个非常重要的因素，同城化效应的距离衰减规律和以都市圈主导的特点，都表明空间距离越长，同城化指数越低。我们以两个城市的中心区所在地的直线距离代表其空间距离[⑩]，预期 α_1 的回归系数值为负。政策法规对同城化效应的影响前文已有说明，在此不再赘述。由于政策法规很难用量化指标来衡量，我们在模型中引入虚拟变量，对于已签署同城化合作协议并颁布具体措施的城市赋值为 1，其余的赋值为 0，预期 α_2 的回归系数值为正。城市的要素禀赋因素较多，从对同城化的影响以及数据的可得性和可比性出发，我们以旅游景点数量和 *RSCENE* 表示城市间的要素禀赋差异，*RSCENE* 为两个城市国家 4A 级以上景点数量[11]的总和，预期 α_3 的回归系数值为正。经济结构因素包括产业同构指数（*RINDUS*）和经济首位度（*RGDP*）两个变量。对于 *RINDUS*，其计算公式如下：

$$RINDUS=\frac{\sum X_{in}Y_{jn}}{\sqrt{\sum X_{in}^{2}\sum Y_{jn}^{2}}}$$

其中，X_{in} 为 i 区域第 n 类制造业的工业总产值[12]；Y_{jn} 为 j 区域第 n 类制造业的工业总产值。产业同构指数越高，意味着公众在两城市间进行产业选择的机会越少，也说明了两个城市的产业一体化程度较低，预期 α_4 的回归系数值为负。*RGDP* 为两个城市地区生产总值的比值（以较大的数据除以较小的数据），一般而言，两城市间的经济实力差距越大，大城市对小城市的吸引力越强，其同城化程度应该越高，预期 α_5 的回归系数值为正。

我们采用加权最小二乘法（WLS）对原模型进行回归，权重取原模型的普通最小二乘法（OLS）回归残差绝对值的倒数。同时，由于变量个数较多，为了检验解释变量对计量结果稳定性的影响，我们比较了剔除 t 统计量不显著的变量后的回归结果，考察各变量的回归系数值正负、t 统计量的显著性及其数值变动的情况。WLS 回归的主要结果如表 5-4 所示。

表 5-4　同城化效应影响因素的 WLS 回归结果

	回归模型 I	回归模型 II
常数项 *C*	5.447（28.62**）	5.549（240.8***）
距离系数 *DIS*	−0.027（−70.97***）	−0.027（−112.3***）
政策指数 *POLICY*	0.389（29.71***）	0.383（49.45***）
要素禀赋差异指数 *RSCENE*	0.006（21.75***）	0.007（25.77***）
产业同构指数 *RINDUS*	0.101（0.538）	—
经济首位度 *RGDP*	−0.024（−5.453***）	−0.026（−7.863***）
校正判定系数 $Adj.R^2$	0.999	0.999
F- 统计量	11813.3***	15452.4***

注：括号外为变量的系数，括号内为 t 检验值；*** 表示显著性水平为 1%。

从回归模型 I 的各项统计指标可以看出，模型具有很高的解释能力，修正后的拟合优度达到了 0.999，*F*- 统计量在 1% 显著性水平下拒绝了原假设。除产业同构指数（*RINDUS*）的系数 t 检验值不显著外，其余变量的系数在 1% 显著性水平下均通过检验。各变量的回归系数值除了经济首位度（*RGDP*）和产业同构指数（*RINDUS*）与预期的正负相反外，其余变量回归系数值的正负均与预期相符，说明了前文关于各因素对同城化效应影响方向的假设基本成立。

在剔除了不显著的变量后得到的回归模型 II 中，其回归结果较模型 I 有进一步改善，所有变量在 1% 显著性水平下均通过了 t 检验，且各变量的 t 检验值比回归模型 I 更加显著。从各变量的回归系数来看，空间距离、旅游资源、政策法规以及经济首位度这四个变量的回归系数在两个模型中变化不大，说明地理区位、政策法规、要素禀赋以及经济实力差距这四类因素对同城化效应的影响较为稳定。

在经济结构因素中，产业同构指数（*RINDUS*）对同城化效应的影响并不显著，且回归系数值正负与预期的相反，我们认为可能有两个原因：首先，产业同构指数只反映了该地区宏观产业结构的趋同现象，事实上，该地区同样存在明显的产品内分工和产业链分工合作，许景等关于长三角开发区群的研究也证明了这一点[⑬]，故而产业同构指数不能全面反映城市间的产业同构程度；其次，产业同构在减少人们择业机会的同时，也可能因为某一城市具有较高的工资而促进城市间的劳动力流动。另外一个变量经济首位度（*RGDP*）则通过了显著性检验，说明两个城市间的经济实力差异也是影响两个城市间同城化效应的重要因素，这也验证了国内有关学者的研究结论，例如王德等认为实施同城化战略的城市在经济总量上应该存在较大的差距[⑭]，事实上，沈阳与抚顺、郑州和开封等推进同城化的城市在经济实力上也都存在明显的差距。但经济首位度（*RGDP*）的回归系数值正负与预期的相反，我们认为这可能是由于该地区的城市整体处于较高发展水平，并在长三角城市群中具有明确的职能分工，即使是经济实力较弱的城市也具备相对独立发展的基础，其对经济实力较强城市的依赖性没有中西部地区的城市明显，因此该地区城市间的经济实力差距越大，同城化效应反而越低。

为了进一步验证回归模型的准确程度，我们将广州和佛山的相关数据代入回归结果，计算出广佛之间的同城化指数为 197.8，基本接近前文通过模型计算出的广佛同城化指数 181.5，这也意味着我们设定的同城化影响因素的回归模型是相对合理的。因此，空间吸引力、政策推动力和市场驱动力是驱动沪宁高铁走廊同城化发展的“三力”机制，而地理区位（交通）、政策法规、要素禀赋和经济结构则是同城化效应的重要影响要素。

本章注释

① 《江苏省沿江城市群城际轨道交通网规划（2012—2020 年）》于 2012 年 4 月获国家发改委批复，分近中远期规划建设南京—高淳、南京—和县、南京—天长、无锡—江阴—靖江（无锡—江阴段）、南京—句容、南京—仪征、无锡—宜兴、苏州—无锡硕放机场八条城际轨道线，合计 589 km；并统筹研究南京—马鞍山、江阴—靖江、泰兴—常州线的建设启动时期。

② 罗小龙 . 长江三角洲地区的城市合作与管治 [M]. 北京：商务印书馆，2011.

③ 配比率：职住同城（居住地与就业地在同一城市）的受访者占比。

④ 郑良海，邓晓兰，侯英 . 基于引力模型的关中城市间联系测度分析 [J]. 人文地理，2011（2）：80-84.

⑤ 段七零，毛建明 . 基于引力模型和 0-1 规划模型的省域经济区划——以江苏省为例 [J]. 经济地理，2011，31（8）：1239-1245.

⑥ 由于统计年鉴里没有直接的城市居民日均消费支出，这里以每年 365 天计，用城市居民年均消费支出除以 365，得到城市居民日均消费支出。

⑦ 由于广州和佛山之间没有高铁，因此在交通方式上选取快车、慢车、公交和地铁，权重分别为 0.1、0.2、0.3 和 0.4。

⑧ 桑秋，张平宇，罗永峰，等. 沈抚同城化的生成机制和对策研究 [J]. 人文地理，2009（3）：32-36.

⑨ 杨海华. 同城化视角下的区域合作研究：广佛同城化例证 [J]. 广州城市职业学院学报，2011，4（2）：20-24.

⑩ 本文利用谷歌地图（Google Earth）测量两城市间的空间距离，单位为（km）。

⑪ 各城市的 4A 级以上景点个数以及下文的地区生产总值和城镇居民可支配收入数据均来源于各自的

2010 年统计公报。

⑫ 用于计算的工业总产值数据分别来源于各城市 2011 年的统计年鉴。

⑬ 许景，王兴平 . 长三角开发区群的空间结构及产业分工 [J]. 城市规划学刊，2010（4）：28-35.

⑭ 王德，宋煜，沈迟，等 . 同城化发展战略的实施进展回顾 [J]. 城市规划学刊，2009（4）：74-78.

6　沪宁高铁走廊的空间重组与同城化策略研究

沪宁高铁走廊地带是我国长江经济带最为发达的区段，是京沪等多条高铁线路汇集并线和世界知名的高铁公交化及区域一体化地区，是长三角核心区的北翼和主体，也是巨型高铁走廊地带同城化的典型区域。本章在前文对该地区交通发展、同城化水平和条件分析的基础上，从产业、空间和支撑体系等方面对其空间重组和同城化的战略和具体策略进行研究。

6.1　沪宁高铁走廊的发展定位与总体目标

目前沪宁高铁走廊地区以高铁为核心的综合交通系统已经在全球和全国走在前列，城际之间的流动性和通勤密度不断提升。未来随着新的高铁线路的建成，该走廊地区的高铁线路密度、网络化程度和接入走廊的其他高铁数目均将位居世界前列，成为高铁密度、城镇密度、经济密度和人口密度均在全球最高的地区之一。以此为依托，沪宁高铁走廊地区完全有可能建设成为复合型、综合化、高度同城化的新型世界级高铁走廊，成为高铁时代全球区域城镇化发展的典范地区。瞄准这一发展定位，其发展目标是“五同”，即产业高度同链化和空间利用、居民生活、公共服务、区域治理的高度同城化，建设成为全球化、区域一体化、二三产业融合化的创新发展走廊和区域性高铁站点引导的新型高铁 TOD 模式（以公共交通为导向的开发模式）示范与先行区。

6.2　沪宁高铁走廊的产业重组

6.2.1　垂直型产业分工及其影响

长期以来，沪宁高铁走廊地区城市间的产业分工形式以垂直型分工为主，如图 6–1 所示，这一围绕产品“生产链”进行的垂直分工形式，更多地表现为行业性分工和大中小企业间的配套型分工，受行政区域的影响和束缚，大多数企业往往选择尽量在一个城市进行布局。在这一分工格局下，上海作为核心城市，凭借其区位、技术和政策等方面的优势，在该地区甚至在整个长三角地区一直处于产业分工的核心环节，主要承担制成品或技术密集程度较高的生产环节，而沪宁高铁走廊沿线其他城市则主要承担初级产品或技术密集程度较低的生产环节，初级产品在次中心城市间相互交换并最终指向核心城市。

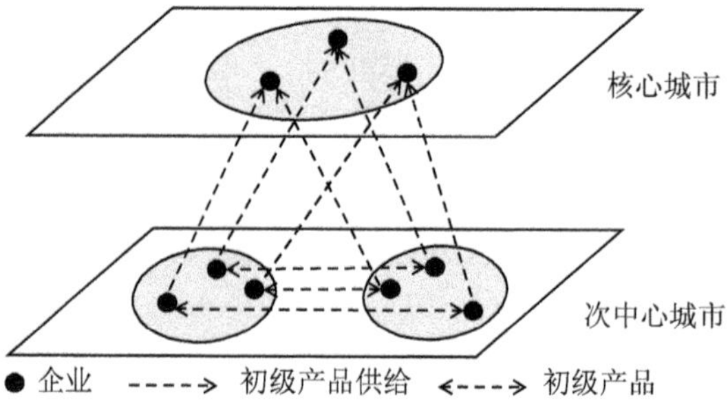

图 6-1　沪宁高铁走廊地区垂直型产业分工形式

垂直型分工一方面发挥了沪宁高铁走廊沿线城市产业发展的比较优势，另一方面也加剧了该地区产业竞争的激烈程度，次中心城市所承担的产品生产环节往往在产品结构和内容上存在很多雷同和相似之处。通过计算 2010 年相邻城市间制造业的产业同构指数可以发现，大部分城市的制造业结构趋于相似，部分城市如无锡和常州的产业同构指数甚至高达 0.9 以上（表 6-1）。

表 6-1　沪宁高铁走廊地区相邻城市间的产业同构指数（2010 年）

	上海	苏州	无锡	常州	镇江	南京
嘉兴	0.43	0.46	0.62	0.67	0.62	0.48
上海	—	0.85	0.80	0.71	0.69	0.88
苏州	—	—	0.74	0.65	0.51	0.74
无锡	—	—	—	0.95	0.79	0.80
常州	—	—	—	—	0.86	0.78
镇江	—	—	—	—	—	0.81

6.2.2　同城化下的多样化产业分工

同城化不仅大力提升各类生产要素在城市间的流动速度，在更大层面上还实现了产业布局的同城化，即两个城市实现错位分工，打破产业发展和布局的行政区域界限，通过企业在城际间的协作或者多区位布局以及其他协同，促进不同城市间的产业发展更加紧密地联系在一起，共享产业发展资源，推动城市间实现多样化的产业分工与协作。首先，进一步优化以企业总部经济为主导的城际分工，协调、连接不同城市间的产业发展和布局。如图 6-2 所示，这种产业分工具体又可以分为两大类，第一类是指原先布局在核心城市的企业，随着核心城市土地、资本和劳动力等生产要素成本的升高，通过生产经营各个环节在空间上的合理配置和控制，将企业总部、研发和市场营销等环节保留在核心城市，而将生产、物流、仓储等环节向周边次中心城市转移或外包，以充分利用次中心城市相对低廉的土地和劳动成本优势；第二类是指原先布局在周边次中心城市的企业，把企业的部分总部功能迁移到核心城市，从而充分利用核心城市的资金、人才、技术、信息与市场优势，实现企业的战略和规模扩张。

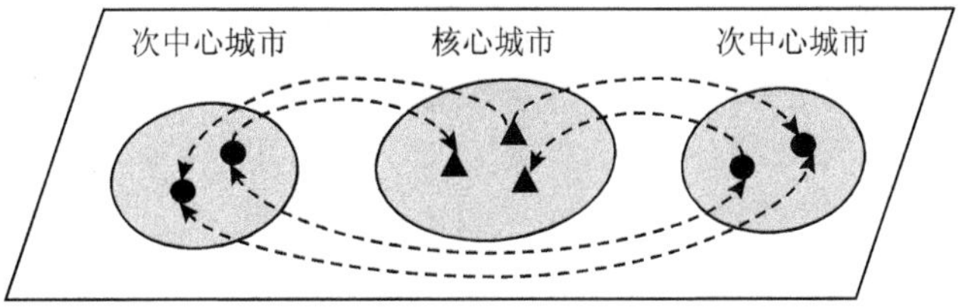

▲总部型企业　总部迁移至核心城市　制造型企业间联系
●制造型企业　生产迁移至次中心城市

图 6–2　沪宁高铁走廊地区产业分工形式

其次，基于高速交通等基础设施扁平化、网络化所带来的城际间区位落差的减小，次级城市吸引、承接和培育高层次产业功能，并在不同城市之间形成基于同一产业集群内部更为精准的城际专业化、水平型分工，从而把区域性优势产业集群和产业链、产品链的整合培育与区域内城际间的差异化分工有机结合起来。

6.2.3　沪宁高铁走廊的产业分工重组

当前，沪宁高铁走廊地区城市间普遍存在的“大而全”“小而全”的产业结构趋同化发展格局正面临日益瓦解的压力，同城化趋势在缩短城市间时空距离的同时，也将深刻改变该地区产业分工的格局，以价值链为基础的新型分工形式正在并将逐步取代以往以产品链为基础的传统分工形式。事实上，在一些同城化发展的先行地区，这种新型分工形式已然出现。以厦漳同城化为例，两地政府很早就对推动两地产业对接、实现错位发展的思路达成共识，而从企业的布局选择上也可以看出，原先位于厦门的很多企业，受当地土地、劳动力等生产要素成本上升的制约，纷纷将进一步发展的希望寄托在漳州的身上，即将生产基地搬至漳州；而原先坐落在漳州的部分企业，由于生产规模的不断扩大，开始选择将总部搬迁至厦门，以便接触更多的国际市场资源。这种不约而同的双向迁移模式形成了“总部在厦门、生产在漳州”的新产业分工格局。

就沪宁高铁走廊地区而言，随着近年来上海生产和商务等成本的上升，部分企业也开始将生产基地向生产成本相对较低的周边地区布局和迁移，而周边地区的部分企业则出现了将企业的部分总部功能转移至上海的趋势。高速铁路、城际铁路等大型轨道交通设施的兴建与运行，在推动该地区同城化进程的同时，也促进了城市间分工形式的转变。为了推动同城化背景下的沪宁高铁走廊地区城市间产业分工的重组，需要进一步明确该地区在新的背景下产业发展的功能定位，顺应同城化驱动下资源要素加速流动的需求，以价值链为基础形成新型产业分工格局，促使沪宁高铁走廊由“制造型”走廊向“创新型”走廊提升。同时，超越传统产业集群概念，推动形成基于“一日通勤圈”和“一日交流圈”的同城化产业集群，突破行政壁垒和距离阻隔，在更广范围内合作和配置资源。同时，应明确走廊各城市节点在长三角整体区域中所承担的功能，统筹兼顾城市梯度等级和功能效应最大化，错位协调各城市功能，实现城市功能在走廊内部与外部的协调。总体上形成两种梯度的产业空间分工协同架构：一是按照生产要素禀赋以及“三生”空间分工，形成从北部和东部沿江—沿海点状集聚的基础性产业到中部沿路高端制造业和服务业，再到南部和西部沿山—环湖生态型、绿色化产业的产业梯度分布和有序分工的产业总体格局；二是形成依托沪宁主轴线、在沪宁城际间链式分布的价值“微笑曲线”（图 6–3），南京发挥长三角门户城市和南京都市圈核心城市功能，增强高端要素集聚和综合服务功能提升的同时，发挥科教城市的专长，承载更多的研发环节；上海以“四个中心”建设为依托，强化国际商贸、金融等国际大都市的核心城市作用，壮大培育总部经济、国际金融和高端服务等环节；其他中心城市集聚发展高科技产业、先进制造业以及专业化研发设计和服务业等，并发挥区域支撑功能，如苏锡常主要承担上海功能扩散及参与国际分工的职能，镇江、扬州融入宁镇扬和南京都市圈发展，协同推进产业升级和集约发展，整体上形成相互衔接的一体化功能体系。具体而言：

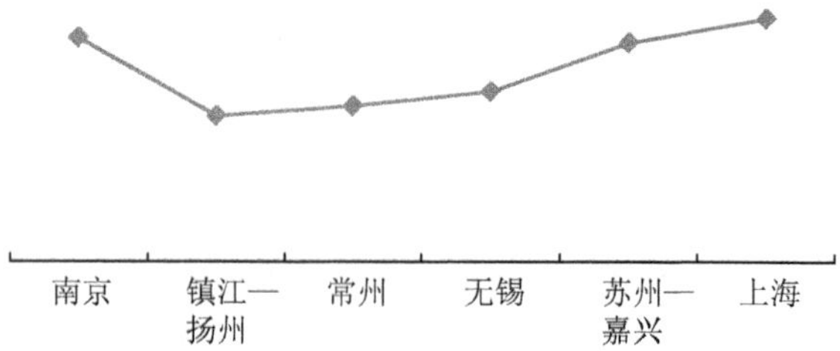

图 6-3　沪宁高铁走廊的产业微笑曲线

（1）上海：上海作为我国重要的经济中心城市，是长三角地区经济发展的龙头，其对沪宁高铁走廊地区其他城市的带动作用不言而喻。随着上海国际经济、金融、贸易和航运“四个中心”建设的不断深入，上海的产业分工定位迫切需要转变。目前该地区的同城化趋势促进了城市间资金流、人才流、信息流、商务流、货物流日趋畅通，这不仅有利于上海进一步发挥经济中心城市职能、带动和辐射周边城市，而且也将进一步凸显上海在集聚总部经济和商务经济方面的先天优势。在总部经济和商务经济的推动下，沪宁高铁走廊地区的产业布局将走向同城时代。总体而言，同城化时代下上海的产业分工定位应该向承担国际和国内总部经济和商务经济的功能转变，但同时要积极应对制造业外迁所造成的产业空心化压力。

（2）南京：在以价值链为基础的产业水平型分工中，研发环节具有科技含量高、附加值高等特点，因而也成为各城市相互争夺的一个重要环节。南京拥有数量较多的高等院校，同时还有众多的国家和省级科研机构，这些科技和人才资源都为南京承担该地区研发中心的功能奠定了坚实的基础。同时，南京作为长三角北翼中心城市和江苏省省会，在制造业发展方面也具有无可比拟的优势。根据南京“十二五”规划中提出的产业发展目标，南京未来将重点发展电子信息、石油化工、钢铁、汽车制造和装备制造等先进制造业。因此在新一轮产业水平分工格局中，南京应着眼于建设全球先进制造业基地和区域产业研发中心。

（3）其他中心城市：沪宁高铁走廊地区的其余城市主要承担水平型产业分工中的制造环节，苏州和嘉兴这两个“环沪”城市，特别是经济实力较强的苏州除了要承担分工的制造环节以外，还应该创造条件来分担上海的部分总部和商务功能，昆山的花桥国际商务城已经在这一方面做出了有益的探索。无锡和常州应该以建设全球先进制造业基地为目标，强化苏锡常都市圈承担上海功能扩散和参与国际制造业分工的职能。镇江要进一步融入宁镇扬和南京都市圈，协同推进产业升级和集约发展，承担区域性制造业基地的职能。

开发区作为这一区域产业发展的核心载体和特色空间，已经形成了联系密切的开发区群体系。在产业分工重组的背景下，沪宁高铁走廊地区各开发区要在明确产业职能分工的基础上进行统筹整合和优化提升，依托开发区群培育若干个主体明确、特色突出的产业集群，形成错位发展、优势互补的产业发展新格局，并以开发区群、产业集群支撑走廊城镇群。同时，该地区的企业依托同城化交通网络和区域城镇群与园区群，通过多区位布局形成了复杂交错的同城化区域企业网络，成为支撑区域性产业集群的重要动力。积极引导企业按照产业链和价值链及综合比较优势，在区域内多区位布局，形成以企业为主体的同城化网络，与同城区域内要素比较优势和城际分工相匹配，以企业网络化分工和联系支撑区域同城化发展。

6.3 沪宁高铁走廊的空间重组与优化

当前，长三角地区正加快进入新的空间重组时期，伴随着过江交通通道（长江四桥、苏通大桥、崇启和崇海通道、杭州湾跨海大桥）和高速铁路、城际铁路等快速、大型交通基础设施的建设，长三角地区的区域空间已经由传统的“Z”字形结构演化为网络结构，更具有整体的竞争力。同时，结合资源整合、区划调整，长三角形成了中心城市、副中心城市、重点中心镇（或城镇组团）、一般镇和农村社区（农村集中居住区）的城乡统筹的新型城乡聚落体系，成为整个区域发展的主体，有效且有序地推进城市化进程[①]。与长三角当前所处的转型期、整合期、协调期相一致，沪宁高铁走廊同样处于剧烈的空间重组进程之中。

6.3.1 空间重组的特征与结构优化

从沪宁高铁走廊空间格局演化的具体过程来看，改革开放后，苏南模式下发展起来的一批小城镇密集分布于常州至上海的沪宁交通走廊东段的两侧，形成相对连绵的城镇发展带，而镇江至南京一带发展相对缓慢，在当时的交通发展条件下，形成围绕南京的宁镇扬等的“近宁发展”和围绕上海的苏锡常—上海—嘉兴等的“近沪发展”两大相对独立分割的区域发展板块［图 6-4（a）］；进入 21 世纪，随着走廊地区高速公路网和等级公路体系的完善，独立分割的发展格局逐渐打破，走廊地区城镇群形成了以上海为龙头，上海、南京为中心和两南端门户，沪宁高铁走廊通道为轴带的“>”字形空间格局［图 6-4（b）］；此后，随着高速公路的网络化、高速城际公交化、跨江跨海大桥加密等，以沪宁高铁、沪杭高铁和宁杭高铁围合形成的“▽”形（倒三角形）的交通廊道，促使走廊内部空间格局发生剧烈重组，开始向“多中心”和“网络化”的方向演化［图 6-4（c）］，这种演化趋势的表征不仅在于交通体系演化所带来的空间网络化纵深发展，还在于区域城乡关系所面临的新的组织重构，以及走廊地区的出行行为所面临的重组，尤其是以职住行为为代表的区域性职住组织模式的出现；根据已有的区域交通规划，未来走廊内部的高速城际铁路将在中心城市全网覆盖的基础上进一步实现中心城市与都市郊区及卫星城之间的直接串联，由此走廊地区将实现不同等级城市、城镇与邻域空间在快速交通方面的全网域联系，走廊内部将进一步向高度网络化的空间体系纵深演化［图 6-4（d）］。

上述四大阶段的空间结构演化过程，可进一步归纳为阶段 a 的“簇群独立”，阶段 b 的“点轴系统”以及阶段 c 的“多中心网络”发展格局（图 6-5）。多中心、网络化是当前沪宁高铁走廊空间结构重组开始出现的新特征以及未来发展的必然趋势，同时也是应对目前区域空间重组的模式选择。

多中心网络化的空间格局意味着城市间的阻隔和差异逐渐消失并融为一体，全网络内的经济、社会功能将实现高度融合，这实质上是同城化发展阶段高级化的一大体现，也是同城化发展战略对走廊空间格局发展的反馈结果，其关键在于城际隔阂的实质性突破，走廊城市网络成为开放性地域系统。基于当前走廊区域空间重组的特征，从走廊与周边的区域关系协调、空间发展共谋、城乡关系重构、职住关系优化四个角度谋划同城化发展趋势背景下走廊地区的空间重组与优化的策略。

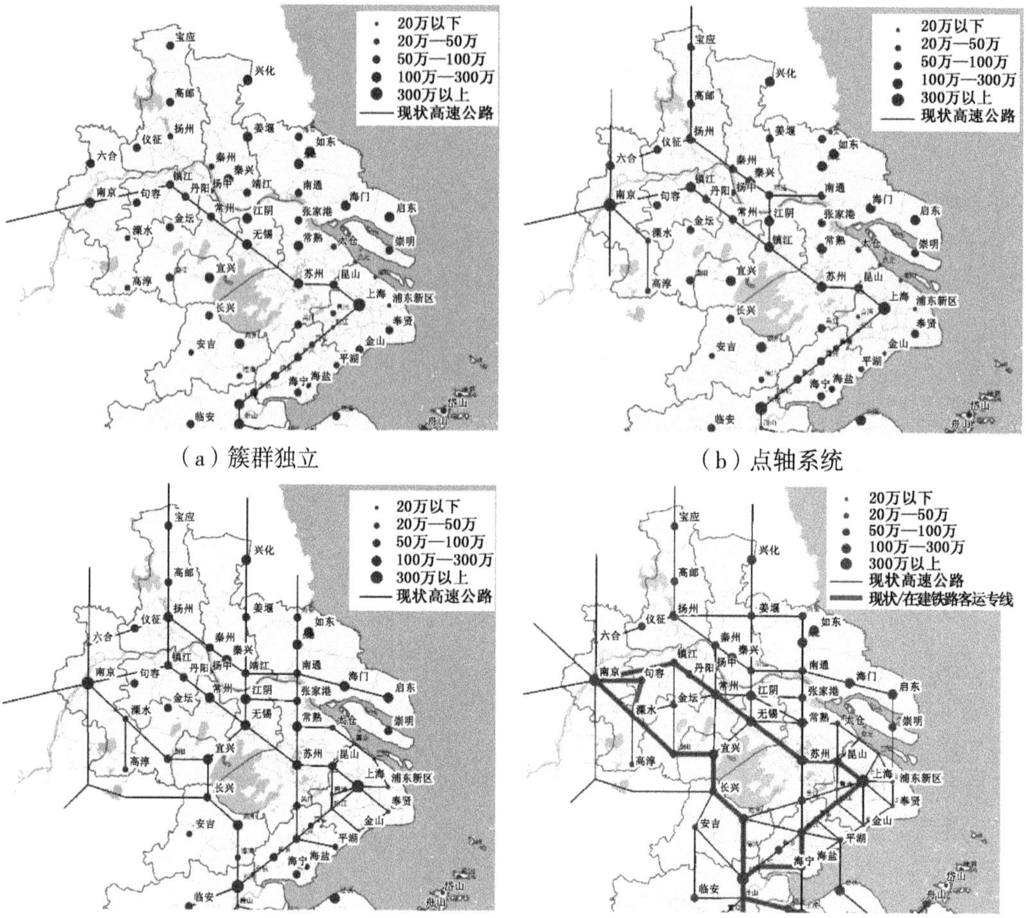

（a）簇群独立　（b）点轴系统

（c）多中心网络 I　（d）多中心网络 II

图 6-4　基于交通演化下的区域空间联系演化

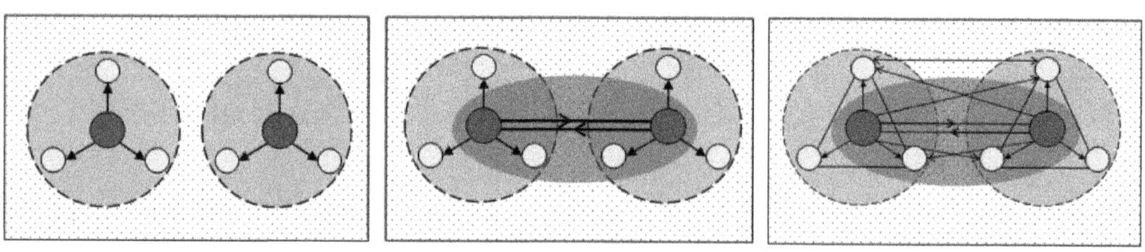

（a）簇群独立　（b）点轴系统　（c）多中心网络

图 6-5　区域空间结构重组过程模式总结

6.3.2　空间重组下的区域关系协调

沪宁高铁走廊与其所在的长三角地区密不可分，走廊地区应该积极融入长三角一体化或同城化的发展进程，并协同长三角加快对国家战略的响应和对接。首先，按照“全球化、国家级”的目标，两省一市应协力推进走廊地区在更高层次上融入新一轮全球化和对接国家新的区域发展战略，特别是以上海自贸区建设为契机，把走廊地区建设成为与自贸区“同城化”的世界级自贸区的配套协作区，提升走廊地区在全球新经济格局中的地位。其次，走廊与长三角、泛长三角及其他周边区域关系的统筹协调方面：其一，以高铁走廊向北、向西等的延伸为依托，即向北依托润扬、泰州、苏通等跨江大桥和京沪、沿江城际铁路的建设联系苏中、苏北乃至中原地区，向西依托南京都市圈建设辐射安徽及其以西的沿长江地区，发挥以上海为龙头的走廊城市群与长三角地区及我国中西部地区的联系和辐射通道效应，对接和引领国家“两横三纵”区域发展格局中的“两横”，即长江发展带和陇海发展带，并借助两大发展带进一步接轨两条丝绸之路经济带，成为国家“一区两带”战略格局的综合承载区；其二，就沪宁高铁走廊及其所在的长三角的内部统筹协调而言，需进一步打破长期以来的区域分割态势，聚合以上海为中心的沪宁和沪杭甬两大区域发展主轴，强化沪宁杭金甬五角形地区的整合，向北串联江苏沿海发展带，向南联系环杭州湾地区，深化与长三角南北两翼其他地区的合作，构筑形成资源要素优化配置、地区优势充分发挥的融合发展新格局。

6.3.3 空间重组下的空间发展共谋

巨型城市连绵带的出现是该地带空间结构演化的重要趋势。沪宁高铁走廊城际高速交通大动脉的贯通，加速了依托交通联系发展的同城化地区在空间上沿交通线路的蔓延，促进了跨界地区用地的直接相连，直接促使邻域城市和小城镇之间由独立发展走向功能的融合。基于遏制城市空间无序蔓延和跨界地区空间低效利用的目的，要求各同城化的主体共绘空间蓝图，实现城市与区域的健康发展。

以沪宁高铁走廊空间结构一体化、整体功能最优化和总体效能最大化为目的，统筹考虑各同城化主体的空间开发格局、未来发展潜力和资源环境承载力，首先要从沪宁高铁走廊整体层面划分主体功能区，并严格遵循各类功能区的发展要求，保障同城化区域空间开发的有序性和空间发展的协调性，特别是要遵循该地区外围被大海、大江和群山丘陵、湖泊围合，核心地带水网密布的特点，协调“三生”空间的布局，形成外围连绵的生态空间包绕，内部网络化、紧凑式城镇空间与开敞式、绿色化乡村空间有机融合的总体空间模式（图6-6）。同时，交界地区是同城化发展的前沿阵地，是实现区域空间协调利用的关键地区。

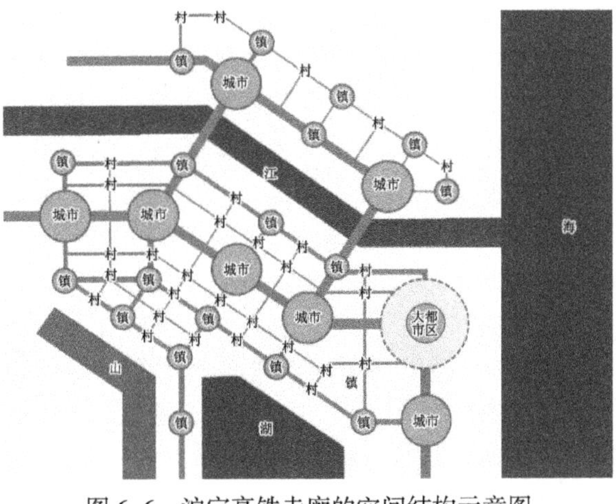

图 6-6　沪宁高铁走廊的空间结构示意图

建议在各市总体规划和长三角区域规划等框架下，在宁扬、宁镇、苏锡常、沪苏嘉等交界地区选择仪征、句容、环太湖地区、硕放机场周边和昆山花桥、嘉善等地区建设同城化综合示范区（图 6-7），先行开展同城化综合试验，统筹功能分区，推进基础设施共建共享、生态环境共管，并促进走廊地区与沿江和宁杭两翼地带的一体化发展，实现区域空间发展共谋。

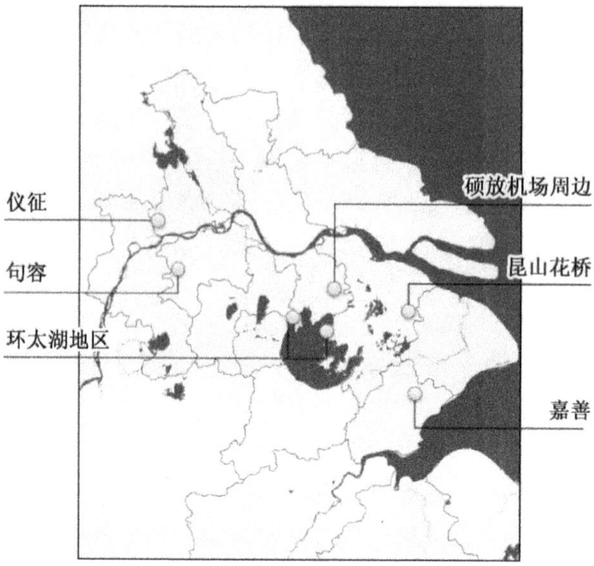

图 6-7　沪宁高铁走廊同城化综合示范区示意图

6.3.4　空间重组下的城乡关系重构

多中心网络化下的区域发展是地区隔阂与差异逐渐弱化甚至消失的过程，不仅强调行政隔阂的淡化，也意味着城乡差异的弱化。消除城乡二元结构、缩小区域发展差异是推进沪宁高铁走廊地区同城化的重要途径。该地区作为江南水乡的核心区域和近现代工商业、外向型经济的先行区域，一直是我国城乡经济共同发展、城乡融合程度较高、城乡差距相对较小的地区，随着区域内各级各类中心城市和乡村地区基础设施和公共服务的一体化发展，走廊沿线的乡村地区全部纳入了邻近城市的日常通勤圈内，并成为大都市区郊区化发展的重要承接地，并呈现出以下特点[②]：

（1）城乡综合交通网络的完善、机动化的提升和全域公交系统的建设以及互联网的普及、物流快递系统的城乡一体化扩展等，导致城乡之间综合可达性的全面提升和城乡关系在时空尺度上的大幅度压缩。一方面，所有乡村借助发达的城乡交通、信息等网络成为一个或者多个周边城市共同的近郊区甚至边缘区；另一方面，地域时空邻近性和可达性的提升，加速了城乡区域间互动的节奏和频率，也改变了居民的日常活动规律，出现了跨越城乡界限安排日常生活的“城乡人”，一改传统城乡二元关系下“城里人”与“乡下人”泾渭分明的身份结构和生活模式。

（2）随着城镇快速拓展和大都市连绵区的全面形成，苏南城际之间的用地连绵，导致区域层面广泛的“土地城镇化”，中心大都市、中小城市和小城镇的建设空间依托区域骨干交通网络呈现出网络化连绵、包围分割乡村空间的格局，乡村在区域整体层面成为“城中村”或者都市田园，传统苏南水乡地区连绵乡村和节点状城镇的城乡空间关系变为连绵的城镇建设空间与碎片化的乡村空间的状态。同时，伴随着城市的连绵和高铁等高快速交通带来的城际之间的时空压缩，出现了跨越城际界限安排日常生活的“区域人”，一改传统区域关系下非此即彼、归属界限和身份清晰的人群生活模式。

（3）伴随着上述“城乡人”和“区域人”的出现，家庭不同成员之间的择居、择业空间尺度加大，家庭空间结构随之出现形变，以家庭不同成员及其就业、居住地的空间分布来衡量，家庭成员和日常活动跨越城乡、城际边界分布，城际家庭、城乡家庭大量出现，家庭的碎片化、离散化程度提高，在提高家庭总体就业收益和降低住房成本等的同时，也提高了家庭的交通出行成本、亲情关爱成本和降低了家庭日常生活的质量，并带来一系列值得关注的社会问题。

（4）随着大都市连绵和随之而来的雾霾、治安、交通拥堵等城市病日趋严重，乡村地区以其相对高质量的生态环境和文化生活的独特价值，逐步受到人们的重视。苏南地区逐步出现城乡价值的“倒挂”，在乡下居住成为部分“先锋”人士的生活方式，加上农业现代化加速乡村居民的“非农化”，一批与农业无关的“乡村居民”逐步成为乡村生活的主体，村庄、村民的非农化加速发展，乡村不再是“农民”的家园，而成为乡村居民生活、旅居、休闲的场所。城乡之间的差别也不再是职业、生活质量等的综合差异，而逐步仅仅成为景观差异。

针对上述城乡关系变化的地域性特点，可进一步发挥沪宁高铁走廊中心大都市对周边城镇和农村的辐射带动作用，优化区域内城乡空间利用模式和促进建设城乡高度一体化的新型居民聚落系统，按照功能类型和通勤方式的不同，建设不同特色、不同尺度、功能各异、尺度宜人的城乡一体化综合生活圈，圈内的生产、生活、生态有机协调，城乡功能平衡，成为区域居民的新型日常生活空间。

6.3.5 空间重组下的职住关系优化

沪宁高铁走廊城市已经迈入“高铁公交化”时代，沪宁双向的高铁和动车组的最短发车间隔不到 3 min 1 次（图 6–8）。随之带来的交通时空压缩大大拓展了沿线人们的职住

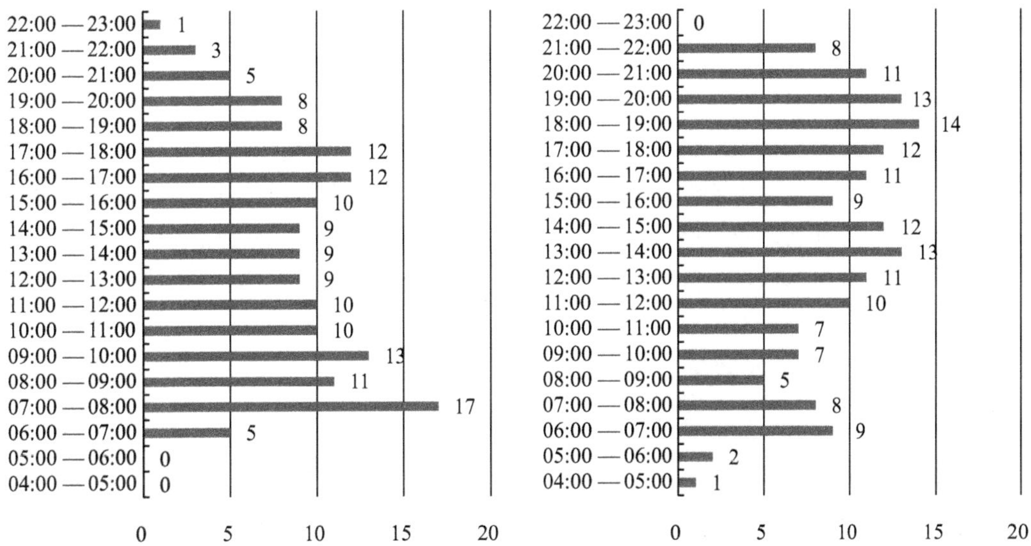

图 6–8 沪宁高铁（沪宁向和宁沪向）每小时往返发车频次（次）

空间半径，并促使跨城的职住组合常态化。这种区域性的通勤就业和人口居住现象既是走廊地区空间结构出现重组的体现，也是对沪宁高铁走廊各大发展主体的发展应对提出的新要求。针对高速城际交通直接驱动下的就业空间重组现象有两个方面的发展策略：一方面，基于绿色低碳和人本理念，应该提倡区域内的职住平衡发展，通过产居用地合理规划、服务设施完善配套和保障房等公共政策扶持来实现区域就业居住均衡配置，形成尺度适宜、层次架构清晰的综合生活圈；另一方面，顺应区域同城化的发展趋势，进一步优化区域快速通勤体系，在缩短城际交通时间的同时，完善城市内部快速交通换乘体系，实现区域交通通勤全程无缝对接，建设高效率、公交化的同城化通勤圈，特别是按照区域内产业协作和地域功能分工，构筑起不同时距和满足不同通勤周期与目的的综合性旅游通勤圈、商务通勤圈和生活通勤圈等。

6.4 沪宁高铁走廊综合交通支撑体系优化

城际交通的高速化和公交化，优化了沪宁高铁走廊的出行条件，在一定程度上淡化了地区隔阂，促使沿线同城化效应逐步显现，其对走廊内部的城际产业与企业合作，居民的商务、旅游、休闲活动甚至居住、就业、教育、医疗等均产生了较大影响，今后走廊的城际联系还将持续加强。同城化的发展对沪宁高铁走廊加速同城化进程的支撑体系提出了更高要求，需要进一步优化调整合作机制，以促进走廊城市群的联动发展。应该创新江浙沪省际同城化联动发展模式，协调城市功能与优化要素流动，建立适应沪宁高铁走廊的人流、物流、资金流、信息流快速流动的系统平台，为构建走廊整体的“1 h快速通勤圈”、打造“大走廊”品牌及合力建设世界第六大城市群提供支撑。总体上应该着力构建和优化“物质体系先行、非物质体系提升”的同城化发展支撑体系，形成沪宁高铁走廊同城化发展的有力保障。

交通运输系统是沪宁高铁走廊城市群同城化的物质支撑体系，是保障其作为经济、社会有机整体正常运转的基础条件。沪宁高铁走廊现已初步形成集铁路、公路、水运、航空等于一体的综合交通体系，但尚存在不同交通方式优势互补不足、有效衔接缺乏、集疏运体系松散等问题。随着走廊地区同城化效应的扩大，区内的人员流动将日趋频密，通勤、商务、旅游、探亲人数也将逐年递增，根据中国铁路总公司的预测，到2020年，长三角地区的总客流量将达到55亿人次。因此，应强化交通基础设施的有效衔接、发挥综合运输的整体优势、构建方便快捷的交通网络，提升核心城市综合枢纽，建设多式联运、方便中转和客运集散的节点，同时借助智能化现代信息系统，建设区域性综合公交体系，实现跨城际的同城化出行等。

6.4.1 沪宁城际快速交通通道建设

1）轨道交通体系

沪宁高铁走廊的轨道交通由沪宁铁路、沪宁城际铁路、京沪高速铁路（沪宁段）三大通道组成，是构成本区内城市群交通网络的主构架，也是长三角甚至全国运输能力最大的现代化轨道交通走廊。为适应同城化时代下日趋频繁的商务流、通勤流和其他出行流，多样化与高效衔接的城际交通客运体系建设是应对这一趋势的关键之一，而走廊地区的轨道交通网络建设则是核心，其建设应满足城市间、市区与郊区及城市内部不同的交通出行需求。基于此，可分三个层次推进：

（1）第一层次为区域轨道交通骨架，由高快速、大运量、长距离的轨道交通线路组成，其中沪宁铁路、沪宁城际铁路与京沪高速铁路（沪宁段），作为连接沪宁高铁走廊内部各中心城市的大动脉，现已串联除扬州以外的走廊七大城市，实现了走廊主要城市间高快速公交化的城际客运轨道交通运营。未来沪宁轨道交通骨架的完善，一是做好与区域内相关城际轨道交通网规划的衔接，包括《江苏省沿江城市群城际轨道交通网规划（2012—2020年）》《长江三角洲地区城际轨道交通网规划（2005—2020年）》以及《长江三角洲地区城际铁路网规划（2010年调整）》所规划的多条城际铁路，具体如表6-2所示，由此可实现南京—扬州、扬州—镇江、常州—泰州、苏州—南通、上海—南通等两两城际枢纽站点之间的直接相连，以及沪宁轨道交通大动脉与江北沿岸城市的跨江串联；二是加快沪宁城际规划未建站点的建设，与相关规划进行衔接，形成完整的沪宁城际铁路网脉络，最终构建高效、快捷、全覆盖的沪宁高铁走廊地区高速轨道交通廊道。

表6-2　区域城际轨道交通规划建议

序号	城际轨道交通线	规划依据
1	南京—扬州（仪征）、南京—镇江（句容）、苏州—无锡（硕放机场）	《江苏省沿江城市群城际轨道交通网规划（2012—2020年）》
2	无锡（江阴）—泰州（靖江）、泰州（泰兴）—常州	
3	常州—无锡（江阴）—苏州（常熟）—苏州、苏州—嘉兴	《长江三角洲地区城际轨道交通网规划（2005—2020年）》
4	上海—常熟—常州—金坛—南京、南通—苏州—嘉兴、泰州—无锡—宜兴、南京—扬州—泰州—南通、连云港—淮安—扬州—镇江	《长江三角洲地区城际铁路网规划（2010年调整）》

（2）第二层次是由中心城市与郊区、卫星城之间的轨道线网组成。目前该层次相较于其他层次建设力度较弱，快速交通线网覆盖率低，影响出行效率。以上海为例，上海至南京的高铁平均运行时间为1.5 h左右，但从南京至高淳等郊区则需要花费更长时间，这是由于中心城区与郊区之间缺乏轨道交通网络的覆盖，未来应该加大轨道交通衔接城市周边县市区和主要居民点的建设，形成都市区内环形与放射状相互结合的网络化市郊轨道交通网络。

（3）第三层次是本区内各大城市内部的轨道线网，包括地铁与轻轨线网。第二层次与第三层次的轨道线网建设可作为整体进行统筹规划，一方面，与《江苏省沿江城市群城际轨道交通网规划（2012—2020年）》相衔接（图6-9），近期重点建设南京—高淳线（南京南站—南京禄口国际机场段—高淳段）、南京—和县线（南京南站—黄里段）、南京—天长线（林场站—金牛湖段）、无锡—江阴—靖江线（无锡—江阴段），加之已建的宁杭高铁、沪宁城际铁路，以及第一层次规划的轨道线网，可实现南京—高淳、南京—溧水、南京—六合、扬州—仪征、句容—金坛—常州、常州—丹阳、常州—江阴—常熟等各中心城区与郊区县或卫星城镇之间的联系；另一方面，各城市今后在各自地铁或轻轨系统的规划建设过程中，在跨界区应注重与相邻城市的轨道系统对接，如规划在建的常州、无锡和苏州三市之间地铁线路的无缝对接，以及南京与镇江句容之间的宁句地铁的衔接等。通过

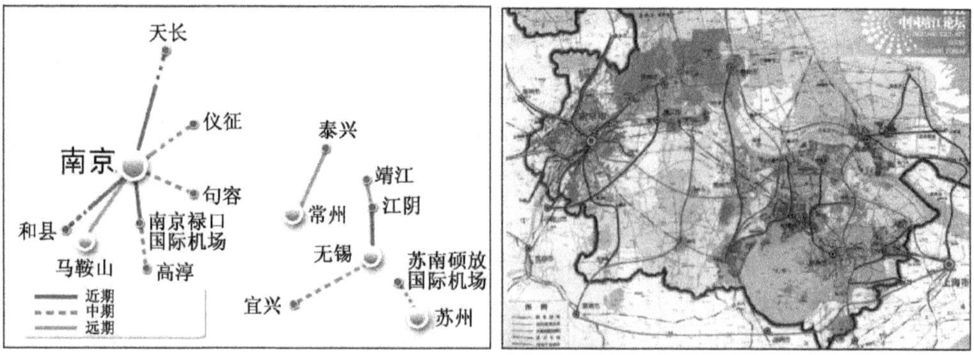

图 6-9　江苏省沿江城市群城际轨道交通网规划示意图（2012—2020 年）

三个层次轨道交通体系的建设，以及各层次、各地区轨道交通的规划衔接，实现多层次地区之间轨道交通的快捷换乘，为沪宁高铁走廊地区的“1 h 快速通勤干线” 建设以及次区域城市群之间常态化的跨城通勤活动提供有力保障。

以统一、高效、快捷的同城化大运量客运系统建设为总目标，推进区域、城际间的高铁到轻轨、地铁等三个层次轨道交通运输系统的无缝衔接与融合，形成从售票到乘车的跨界、跨系统自由转换的“一票通”式的客运运输体系。

2）高等级公路

高等级公路主要包括高速公路和一级公路。沪宁高铁走廊内部由于交通规划协调的不足，公路缺乏有效衔接，断头路现象突出，浪费了日渐稀缺的通道空间资源。此外，受行政区划限制，普遍存在区域公路收费站过密、高速公路被分割成段、无法实现连续快速长距离运行的现象。上述问题均对优化高等级公路网以进一步有效支撑同城化的纵深发展提出要求。

以高速公路为例，尽管高速公路网已在所有城市贯通，但区域内交通路网的规划布局和决策的一体化进程始终较为缓慢，如苏锡常地区，三市的建设用地在空间上几乎已经连接成片，且处于沪宁交通走廊中间地带，交通通道资源极其有限，但三个城市的高速路网规划建设却缺乏通盘考虑，或存在规划有余、衔接不足的情况，如苏州、无锡两个城市共同建设硕放机场连接线——“望虞河大桥”，由于建设双方缺乏有效协调衔接，导致耗资 3 亿元的大桥建成近两年后仍为摆设的巨大资源浪费现象③。

建议尽快建立由两省一市的交通职能部门共同组建的常设规划机构，并出台相关办法、法规，引导区域内交通网络体系的一体化规划并协调解决高等级路网建设过程中存在的问题。本着协作共赢的态度，加强高速公路规划、建设、管理、运营和信息平台的搭建，加强区域联网收费系统、货运信息配载系统等信息共享网络的统一规划与建设。

3）航空运输网络

目前，沪宁高铁走廊拥有的机场包括上海浦东国际机场（4F 级）、上海虹桥国际机场（4E 级）、南京禄口国际机场（4F 级）、扬州泰州国际机场（4C 级）、常州奔牛国际机场（4E 级）、苏南硕放国际机场（4E 级）等大小共七个机场。沪宁高铁走廊每万平方千米的机场密度为 1.6 个，成为国际上机场密度最高的地区之一。但是这些机场普遍存在总体效益不佳、进出机场道路不畅从而制约航空客货流通行、机场重复建设现象突出等问题，亟待通过机场整合以谋求利用率和综合效益的提升。

建议从机场网络建设与交通网络配套两方面入手。一方面，充分利用上海机场所具有的优势资源，加快上海枢纽机场建设的步伐，同时整合区域机场资源，形成以上海虹桥大型国际枢纽为枢纽，支线机场、区域性中型枢纽机场相结合的差异性经营、干支线成网、布局合理的航空运输结构；另一方面，完善机场配套交通设施的建设，实现航空与陆路交通的无缝衔接，构建以高铁、磁悬浮、轻轨、地铁、高速公路等现代交通方式为依托的高快速交通衔接体系，同时创新航空与陆路交通的联运方式，如城市候机楼的继续建设覆盖、“空铁”或“空地”联运项目等，以扩大机场的服务覆盖面和利用率，如中国航空、东方航空与上海铁路局合作分别推出的“空铁联运”“空铁通”产品，实现与走廊地区的其余城市与枢纽机场的空铁双向衔接的联运服务。

4）城际公交体系

城际公交是在城市与城市之间往返的公交线路，其与现有的省级快客和城际快客不同，可在中途短距离设点，票价也更低廉。截至目前，沪宁高铁走廊已开通上海至江苏昆山、上海宝山（美兰湖轨交站）至江苏太仓（浏河镇）、江苏太仓至上海嘉定北站、浙江嘉善至上海金山（枫泾镇）、无锡滨湖区至苏州望亭镇、扬州邗江区至镇江京口区、南京玄武区至镇江丹徒区、南京栖霞区至镇江句容、江阴至靖江、南通至常熟、常州至无锡、常州至江阴、苏州至常熟、无锡至江阴共计 14 条城际公交线路（图 6–10），大大促进了相互间的社会经济往来。

根据《上海第五次居民出行调查》和课题组对沪宁高铁走廊多个交通枢纽区居民问卷调研的结果，公共交通一直是大部分普通居民出行的优选方式，同时，《长江三角洲地区道路运输一体化发展规划纲要（2009 年）》和《关于对在苏浙沪省际毗邻地区开展客运班线公交化运行工作的意见（2011 年）》先后提出开通省际毗邻区的跨界公交。因此加快城际公交网络体系对密切沪宁高铁走廊地区城市居民的社会联系、推进沪宁高铁走廊地区同城化的实现具有重大意义。

在实际操作过程中，可结合已通线路的经验，总结出成熟的运作模式，合理规划沪宁高铁走廊的城际公交线网结构，具体可以分两步走：近期首先加快完善南京都市圈、苏锡常都市圈、以上海为中心至其毗邻城市三大板块内部的城际公交线路网络体系，如南京至扬州、上海至苏州吴江、上海金山至嘉兴平湖、无锡至宜兴、常州至溧阳等线路，满足各都市圈内客流通勤需求；其次连通三大板块，争取实现沪宁高铁走廊的城际公交线路网络全覆盖（图 6–11）。未来 5—10 年是促进沪宁高铁走廊公共交通同城化发展的关键时期，

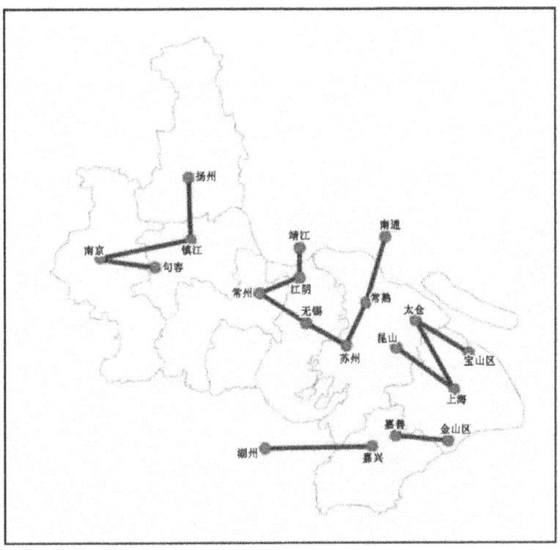

图 6–10　城际公交运行现状示意图

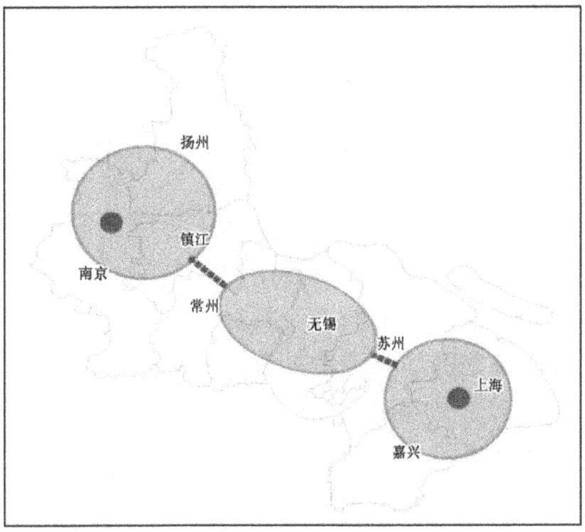

图 6–11　城际公交线网构想示意图

建议提升走廊同城化主体对公交运营市场统一管理、统一规划的能力，加强不同地区客运交通部门的交流与协作，落实城际公交线网的具体布局方案。此外，尽快研究建立公交市场经营整合的机制，在政策引导下促进规模化经营，鼓励优势企业兼并重组，并通过入股、加盟等多种合作方式协调好公交企业利益，以此适应同城化发展的需要，为城际公交线网全面覆盖创造基础条件。

6.4.2 不同等级城市交通枢纽建设

城市内部和城际快客运输系统的衔接不畅是沪宁高铁走廊地区城市普遍存在的问题，当前走廊地区主要城市间已基本实现 1 h 通达，但也存在城市内部到达该城市客运站的耗时大于 1 h，以及在枢纽站点之间换乘时间超过城际交通运行时间的情况，城市内部与区域城际的交通枢纽和网络体系衔接的不畅极大阻碍了沪宁高铁走廊地区“一日通勤圈（1 h）”的实质性构建。因此，对城市交通枢纽的建设和多种交通方式的无缝化衔接提出了迫切要求，建议从以下两方面进行改进：

第一，以京沪高速铁路（沪宁段）、沪宁城际铁路两条区域轨道交通为主导，依据不同交通功能、交通方式或服务区域下客运枢纽分工的不同，进行有效分级分类和空间衔接整合，加快现代化综合客运枢纽建设，解决城市内部与城市对外快速交通系统的对等衔接。

第二，对于轨道交通网的内部换乘，以“直接换乘、最快疏散”为目标，通过不出闸、一票通、无障碍等方法来解决线网内部客流的有序便捷转换；对于轨道交通与其他交通方式的换乘，以“方便换乘、互相补充”为目标，采取最近距离、最便捷的方法在枢纽内实现站内换乘。同时，交通枢纽要配备相应的指向标识、线路图、时刻表、换乘指南等服务设施，以方便乘客。

6.4.3 信息化与智能化客运体系建设

在交通运营管理方面，提高沪宁高铁走廊内部的客运信息化和智能化水平，构建以零距离换乘为目标的一体化客运线路网体系，形成以“售票一网通、客运一卡通、热线一号通”为目标的“三通”服务体系，并加强道路运输信息管理联动，打造高效快捷的沪宁高铁走廊道路客运网络体系。其一，建立长三角公共出行交通信息服务系统，为居民和外地游客提供全方位、多方式、全区域覆盖的一站式客运信息。建议设立热线一号通体系，为采用公共交通出行者提供铁路客运、航班、城市轨道、公交汽车、出租车等交通工具的出行线路、到站预告、预计行程时间、交通旅游等信息服务；为驾车出行者提供交通路况、交通管制、交通气象、停车场信息等。争取实现热线一号通涵盖沪宁高铁走廊地区的中心城市，如上海、南京、苏州等，并继续扩大服务范围，拓展到扬州、镇江、常州、无锡、嘉兴等其他中小型城市。其二，建立长三角交通一卡通平台，扩大各城市公交卡的使用范围，使该地区居民无论是乘坐短途客运公交班线外出旅行和商务活动，还是在市内乘坐地铁、城市公交等公共交通工具时，均可方便使用公交一卡通。可以客运公司相互参股联网等方式为手段，理顺各城市的利益关系，研究适合本地区实际情况的运作模式。其三，打造道路客运的联网售票一网通体系，建立起上海、南京、苏州等核心城市的客运交通联网售票体系和沪宁高铁走廊地区内包括道路运输在内的多种运输方式的联网售票体系。其四，加强长三角主要城市群信息管理联动。在目前长三角两省一市公路行业信息化发展的基础上，重点对本研究区的公路信息资源进行整合，逐步建立走廊城市公路行业统一的基础数据库，为沪宁高铁走廊地区公路数字化和综合信息一体化建设奠定基础。

6.5 沪宁高铁走廊同城化的非物质支撑体系

目前，由于高快速城际交通的公交化，城市之间的易达性打破了地区的距离隔阂，就业、居住和生活等功能空间发生区域化重组，个体生活圈的空间范畴大大扩展。而受限于长期的行政隔阂，沪宁高铁走廊地区在教育、医疗、养老、旅游、社会保障等社会资源的共建共享上始终缺乏有效统筹，仍无法在社会资源上获得同城待遇、享用同质服务，不利于从社会功能上真正实现同城化。非物质支撑体系的构建目的在于推进沪宁高铁走廊内部社会资源的共建共享，缩小城际居民的社会心理距离，推动社会事业合作，从而实现生活品质的综合提升，打造全国高水平、高品质社会事业协同发展的示范区，构筑走廊地区优质城市生活带，具体从教育、医疗、文体、养老、旅游和社会保障几个方面着手推进。

6.5.1 促进教育资源共享

教育同城化是实现社会事业同城化的重要着力点，其内涵在于破除阻碍区域内部教育资源自由流动的障碍，在优化资源配置的基础上实现优质教育资源的同城化，近期可从以下几个方面着手促进教育资源的共享：

一是优化教育资源配置，在空间上合理配置义务教育资源，优化学校布局，高质量普及九年制义务教育。首先，探索沪宁高铁走廊城市交界区学校的协作模式，本着方便上学的原则，统筹连接带的中小学布局调整，消除边界壁垒限制，试行学籍互认制，从而促使交界区城镇学生实现跨界就近入学升学；其次，推进城市、城乡之间的义务教育均衡均优发展，提倡不同城市之间名校与薄弱学校牵手帮扶，推进教师跨市流动和优质教育资源共建共享。

二是促进教、研、学的合作，沪宁高铁走廊地区可探索组建教育科研共同成长联盟，一方面联合举办学术研讨会和教育高峰论坛，定期进行优质公开课评选，开展科研课题合作和跨区联合攻关；另一方面可在青少年文体、科技等项目上开展竞赛或研讨合作，支持高等院校和科研院所跨地区设立教学、培训和科研分支机构，鼓励名校跨区整合资源，提高办学质量。

三是建设教育信息共享平台，实现教育信息资源的有效整合和共享，建议采用统一的信息化标准，逐步实现教育网对接和教学资源数据库互联，实现沪宁高铁走廊各城市的学校之间通过信息平台实现学生自主学习资源、数字图书资源和精品网络课程的共享。此外推进统一教育网络平台建设，自由选择培训网络和课程，鼓励沪宁高铁走廊城市之间继续教育体系的互联互认互通。

6.5.2 完善医疗卫生服务

完善沪宁高铁走廊地区医疗卫生服务的目的在于加快医疗同城化的步伐，建议通过促进医疗资源共建共享、创新医疗服务合作等手段来实现医疗同城待遇。

一方面，创新医疗服务合作，可借鉴复旦大学附属中山医院的“一日就医”快捷化服务模式，在“一日交流圈”的基础上构建“一日就医”模式。消除城市间的就医诊治壁垒，尝试推行门诊、急诊病历“一本通”，探索建立一定条件下的医疗检查结果互认制，同时借助一体化的信息化平台，通过网上预约、电话预约等方式拓宽入口，在保证医疗质量的前提下，有效提高走廊城市居民的就医效率，最终实现跨城市就医患者上午就医、当日完成各项检查并得到诊疗意见、无需住院的患者当日即可返程的模式。

另一方面，促进医疗资源共建共享，充分利用上海、南京等市大型综合性医院的既有优势，建立大医院与基层医疗机构对口支援的长效机制，实行跨城市结对帮扶、双向转诊等制度，形成沪宁高铁走廊地区卫生机构的良性互动，带动基层医疗卫生机构发展；推行医师跨城多地点执业注册，促进城际间医师合理流动和医疗卫生机构之间人才交流的制度；联合开展医疗队伍规范化培训和建设以及疑难疾病联合攻关和重大疾病联合会诊的合作；探索重大疫情和突发公共卫生事件联防联控联治的机制，共同提高应急处置能力；加强 120 急救网络体系对接，实现急救信息共享利用和急救网络联通。

6.5.3 加强文体事业协作

沪宁高铁走廊八市根植于历史悠久的吴越文化，文脉相连、地域相邻、水系相通、习俗相近使各市之间具有高度认同感和包容性，有利于其实现文化合作和资源共享。促进公共文化交流、文体活动共融是体现和促进沪宁高铁走廊地区社会文化融合，并增加认同感最为直接的一环。沪宁高铁走廊地区各主体应在区域文化资源整合中求同存异，强化大走廊的品牌概念，对内增加大走廊的认同感，对外提升大走廊的知名度。

目前沪宁高铁走廊地区内部具有丰富的文艺活动、体育赛事和活动设施资源（表 6-3），走廊所在的长三角地区曾以 2010 年上海世博会为契机，自 2002 年成功申办后就着手在保障世博会人才需求、联合宣传世博会提升长三角城市文明风貌、区域旅游资源整合等方面进行了广泛合作并取得了一定成效，为走廊地区进一步加强文体事业协作、促进社会文化的共融提供了一定的经验，建议从以下三个方面入手加强走廊地区的文体事业合作：

首先，可逐步推进大型文体场馆设施的开放共享，整合优势文体资源，优化资源配置，充分利用各个城市的场馆资源，全面提升区域文体发展水平，形成合作互动、共同发展的新格局；其次，可加强文体产业信息交流，联合开发、承办或协办体育赛事和文艺表演项目等，如以 2014 年南京青奥会的大型国际赛事为契机，周边城市主动对接青奥会，加强体育事业协作，加强统一策划、统一组织、统一宣传的力度，联动沪宁高铁走廊地区内的其他优势体育资源，合力策划与运作结合体育赛事的旅游品牌，取得了较好的区域协同效果；最后，依托共源的吴越文化中的传统习俗、相关节庆活动等，如嘉兴端午民俗文化节、苏州昆剧艺术节、苏州评弹艺术节、南京梅花节、常熟江南文化节等，策划和联办有影响力的区域性文化节庆项目，创新联办模式，如开幕式在此地、闭幕式在彼地，从而实现异地文化节庆的串联，促进沪宁高铁走廊地区社会文化共融的有效推进。

表 6-3 沪宁高铁走廊地区重大场馆设施和赛事

城市	场馆	赛事 / 节庆
上海	东方绿舟、淀山湖水上运动场、闵行体育公园等	2010 年上海世博会、上海国际电影节、国际 F1 赛事、大师杯网球赛、国际田联钻石联赛
南京	南京奥体中心等	2013 年南京亚青会和 2014 年南京青奥会等
苏州	环太湖体育休闲公园、水上运动中心	环太湖世界特技飞行大赛、世界轮滑锦标赛和苏州国际旅游节
常州	中华恐龙园、嬉戏谷	国际恐龙节、中国花博会

6.5.4 推进养老事业合作

沪宁高铁走廊所在的长三角地区是我国老龄化程度最高的地区之一，依据《上海市老年人口和老龄事业监测统计调查制度》统计，截至 2014 年 12 月 31 日，上海全市户籍人口 1 438.69 万人，其中 60 岁及以上老年人口 413.98 万人，占总人口的 28.8%；65 岁及以上老年人口 270.06 万人，占总人口的 18.8%；70 岁及以上老年人口 177.03 万人，占总人口的 12.3%；80 岁及以上高龄老年人口 75.32 万人，占总人口的 5.2%。预计到 2030 年，上海人口老龄化比重将达 28.8%。江苏的老龄化也比全国提前了 13 年，对沪宁高铁走廊地区各城市的养老事业发展提出了严峻挑战。

同城化的重要特征之一在于人员和要素在区域内的流动，近年来沪宁高铁走廊地区日臻成熟的快速交通疏运体系为异地养老的实施提供了便利条件。而沪宁高铁走廊地区各大城市雄厚的经济基础与养老事业发展基础也为推进异地养老创造了可行性条件，同时，走廊城镇化地区与乡村地区、生态康养地区在城际间分布的不均衡以及宜养型区域分布的差异性，也提出了跨区域联动协作的可能性。面对日发严峻的老龄化问题，沪宁高铁走廊地区城市间可进一步增强养老事业方面的交流协作，以同城化为契机，积极实行老年人口疗养异地同城化模式，打造国内养老事业发展的先行示范区。

在实际操作过程中，建议参考《长江三角洲地区城市居民异地养老研究》中的相关建议，遵循“构建协调组织、形成统一制度、统一社会管理、统筹资金、加强基础建设”④ 的步骤积极推进：一是异地养老组织机构同城化，要求建立异地养老事务统一的权威组织机构，建议设立异地养老协调与管理分支机构，在上海设立总部，江苏、浙江省会设分支机构，其余各市设立办事机构，负责异地养老过程中所牵涉的各项事务；二是着力于异地养老制度建设，逐步出台一批统一、权威的政策体系，包括社会保障政策以及沪宁高铁走廊地区城市异地养老实施细则等；三是推进异地养老社会管理同城化，逐步实现养老保险全面覆盖、养老保险记录区域互认、各地政府及相关部门联手构建异地养老操作平台、养老需求信息区域共享四个环节；四是筹措异地养老资金，可由沪宁高铁走廊地区在三产服务业中划拨专项资金用以扶持异地养老事业，主要用于对异地养老项目运作较成熟的机构给予帮扶；五是加快异地养老基础服务体系建设，建设区域统一的异地养老信息平台，灵活采取多种异地养老服务模式，包括由民间机构投资兴建政府给予补贴模式、政府和民间机构合建模式、政府兴建民间机构运营模式、利用现有闲置政府部门或国有企业培训疗养中心采取长期租赁作为养老机构模式等。同时在沪宁高铁走廊沿线交通便利、环境宜人的二三线城市、乡村和生态文化区域，建设异地养老示范区域，吸引都市老龄人口医养结合、游养结合，在异地城镇、乡村长期或者短期养老，关联带动区域内养老产业和乡村经济的发展。

6.5.5 加强区域旅游合作

沪宁高铁走廊所在的长三角地区是我国旅游资源最为丰富的地区之一，其中国家4A级旅游景区达到107个（表6–4），具有空间的整体性、文化的同源性和旅游资源的互补性等优势。旅游作为长三角城市经济协调会合作的切入点之一，在1997年甚至更早就已开始广泛深入合作，如《长江三角洲旅游城市合作（杭州）宣言》、统一长三角景点路标等措施。依托高速城际交通，沪宁高铁走廊地区已经构筑起“一日交流圈”，同城化时代的旅游同城化应当是旅游资源高度整合、旅游市场高度一体且能够实现“一日交流圈”内的居民同城化的旅游服务体验。

一方面，整合沪宁高铁走廊地区内部旅游资源以及《长江三角洲地区区域规划（2009—2020年）》提出的“一核五城七带”的旅游业发展空间格局，其中“长江风光旅游带”和“环太湖水乡风情旅游带”基本构建出沪宁高铁走廊地区旅游资源的主框架，为其旅游资源整合提供了初步框架。建议以上海、南京为核心，打造区域旅游集散枢纽，依托优势资源发展都市旅游、文化旅游等；以太湖旅游资源为依托，打造苏锡常的环太湖旅游圈，并形成镇江、扬州、嘉兴特色旅游节点，培育和开发休闲旅游、水上旅游、农业旅游等新兴品牌。

另一方面，加强沪宁高铁走廊地区内部各城市旅游合作，共同策划建立串联沪宁高铁走廊地区旅游景点的一日或多日的主题旅游或多样风情兼具的旅游组合模式；以上海为中心联合其他城市积极利用延长过境免签政策待遇，实现航空、海港与铁路的对接，从而吸引国外游客并让入境游客沿沪宁高铁走廊地区自由流动，提升本地区的整体开放度；允许各市异地开办旅行社，允许外地车辆自由进出本地，允许导游跨地区带团、旅行社跨地区组团，给予来自其他地区的旅行社和导游人员“同城待遇”。

表6–4 长三角地区国家4A级旅游景区分布（单位：个）

类型	长三角	江苏	浙江	上海
自然风光	24	8	16	—
人文景观	27	14	7	6
园林	15	11	2	2
休闲度假	10	3	5	2
古镇	9	5	3	1
主题公园	22	6	10	6
总计	107	47	43	17

6.5.6 完善社会保障制度

沪宁高铁走廊地区当前和未来的发展趋势之一是区域化的职住模式，即存在越来越突出的工作和居住不在同一城市的现象，对走廊地区各城市的公共服务配套，尤其是社会保障提出了新的要求。加快实现社保同城是促使同城化向“服务同城”的高级阶段迈进的关键一环。

医疗保障制度是完善社会保障制度体系中的重点内容。据测算，随着城市化的推进，长三角各城市异地就医一年不小于10万人次。截至目前，长三角地区已有九个城市实现“医保互通”，“医保异地结算”在上海、杭州、嘉兴、湖州、安吉、镇江、常州、南通、马鞍山等地已经陆续开通。目前可借鉴的方案有 2003 年上海与无锡签订的《关于实现上海与无锡两地“社会保障卡”互通互用的合作框架协议》、2007 年嘉兴与上海签订的《上海市基本医疗参保人员在嘉兴居住期间医疗费用代办报销服务办法（试行）》、2008 年上海与杭州签订的《关于沪杭两地委托结报对方参保人员医疗费的协议》、2008 年国家发改委宏观经济研究院完成的课题方案《全国统一的社会保险关系转续办法研究》、2010 年江苏、浙江和安徽三省人社厅公布的《关于长三角地区职工基本医疗保险关系转移接续的意见》五个新政。

在实际操作过程中，应以实现沪宁高铁走廊地区范围内“医保统一缴费标准、统一管理、统一支付”为目标，建议对此进行整体规划、区域整合、分步推进，具体路径是：首先完成南京、镇江、常州、无锡、苏州等本省内的网络互连，初步实现参保人员本省内持卡就医；其次推动上海、嘉兴和江苏城市间的网络互连工作，为全面推进异地就医费用结算工作奠定基础；最后实现江苏五市与上海市、嘉兴市城市间的参保人员异地就医联网结算。

在社会保障制度方面，建议以沪宁高铁走廊地区内部同城化区域政府为主导，建立“在统账结合制下坚持地方负责、省级调剂”的省级统筹模式，实行“省级预算、分级负责，省级调剂、分级管理”[⑤]的方式，并在对用人单位和参保人员统一制度、统一支付项目、统一计发办法、统一管理规程的基础上，逐步统一缴纳基本养老保险费上下限的基准和缴费比例，尽快实现社保（即社会保险）的共通互转直至沪宁高铁走廊地区八市实现“社保一卡通”。

6.6 沪宁高铁走廊地区同城化的城际协调与治理机制建设

6.6.1 区域协调机制现状评价

进入 21 世纪以来，沪宁高铁走廊地区城市之间的合作与互动进一步增强，走廊地区进行了广泛而深入的协调，确立了多层次的府际协调机制，主要通过其所在的长三角区域内各省市行政首长之间的“磋商对话”和各行政主体职能部门缔结“行政契约”两种方式进行（图 6-12）：一是决策层面的协调机制，主要包括长三角副省、市长级别的“沪苏浙经济合作与发展座谈会”和南京都市圈的“南京都市圈市长峰会”，均为每年召开一次，以省市级行政首长为参与主体，确立对话区域范围内的大合作框架；二是协商层面的协调机制，主要包括长三角范围内各市市长组成的“长三角城市经济协调会”和南京都市圈的“南京都市圈发展论坛”，其重要目的在于对接座谈会精神并落实实施协议等。上述两大层次的协调机制是区域内重要的磋商对话平台，同时往往也会形成“合作宣言”等行政契约。三是执行层面的协调机制，主要包括协作办主任会议，以各城市政府部门之间的协调合作形式进行，建立了包括交通、科技、旅游、金融等在内的 30 多个专业部门的对口联系协调机制[⑥]，往往就具体领域达成“联席会议制度”“合作协议”等协调范围更具体的行政契约。此外，“长三角地区合作与发展联席会议”则建立“决策层、协商层和执行层”三级运行新机制，通过整合各类合作专题、合作平台，成立交通、科技等 10 个重点专题合作组，为长三角合作的实质推进做出尝试。四是非官方层面协调组织，主要以企业家、专家学者及其他民间组织为代表，通过成立和开展行业协会、洽谈会、学术论坛和研讨会

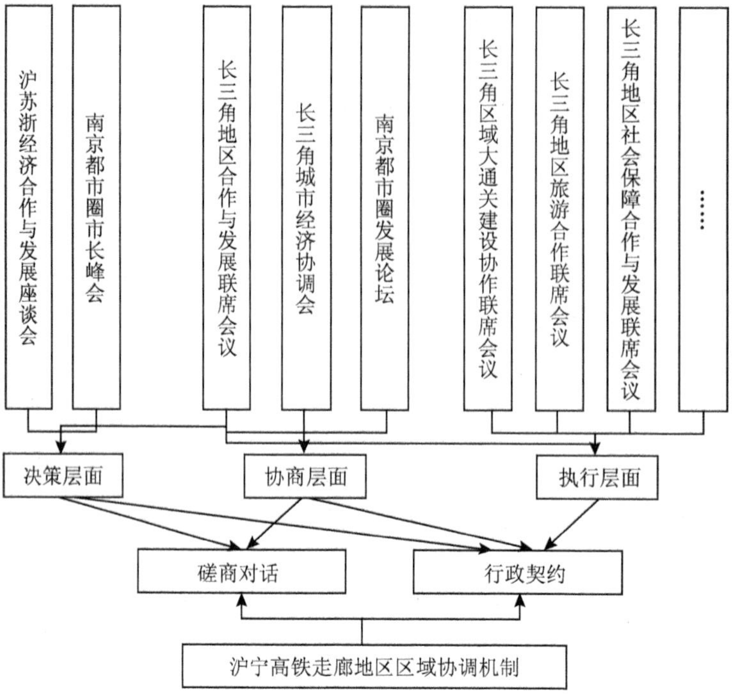

图 6-12　沪宁高铁走廊地区区域协调机制框架

等形式进行，据统计，近年学术界和企业界召开的研讨会议超过 100 个[⑦]；南京财经大学的南京都市圈发展研究中心作为南京都市圈发展论坛的常设机构，负责每年一度的南京都市圈发展论坛的召集、主题选定等事项；上海现有的 209 家行业协会中，超过 70% 的协会与长三角同行展开过交流活动[⑧]。

目前，沪宁高铁走廊地区乃至长三角层面已普遍确立府际合作的共识，长三角城市群内的成员城市纷纷将融入大上海、共享长三角区域经济合作成效作为自身的发展战略，建立起相对完善的自上而下的区域协调体系，由单一的城市管理向多元的区域共治转化；同时，协调机制内的城市之间以共谋发展为主题，制定多领域多层次的合作协议，已经编制了《长江三角洲地区区域规划》《宁镇扬同城化发展规划》《南京都市圈区域规划》等相关区域规划，合作内容从简单的信息交流向全方位合作转化，从高层行政首长磋商对话到组建具体项目工作小组，并指导区域大交通体系、人才资源合作、生态环境治理和旅游合作等具体领域或项目的加快实施；此外，以专家学者、企业等为代表的非官方组织开始在其所在行业或自身利益的牵引下为区域协调机制建言献策，有利于协调机制和政策制定的科学化。

同时，沪宁高铁走廊地区目前的区域协调机制也存在多方面的问题。第一，既有合作多为非制度层面，基于行政首长之间的“磋商对话”和各职能部门缔结的“行政契约”执行力往往不强，很多决议难以具体落实，缺乏系统性的制度保障；第二，既有的合作形式缺乏一体化的组织框架，不同层次的协调组织间联系松散、互为独立，难以发挥 1+1>2 的效应；第三，复杂的行政隶属关系、差异的资源禀赋和发展基础导致平等的多方参与和共享机制难以形成，地区壁垒仍难以突破；第四，目前区域协调的参与主体仍体现为一元化，以各级政府高层和职能部门为主，以专家学者、企业等为代表的非政府组织机构参与甚少、协调效力甚微，“政府—市场—社会”三位一体的协调机制尚未形成。

6.6.2 同城化的实施机制建议

基于上述分析，建议建立以磋商对话、行政契约为基础，以立法协调为补充，非官方组织力量介入的一体化、法制化、多元化的协调体系。巩固已有的“经济协调会”“都市圈市长峰会”“联席会议”等府际交流形式，推动建立“决策—协调—执行”三位一体的新运行机制。从立法层面探索区域立法的具体模式，提高已有决议的约束力和强制力。鼓励企业家、专家学者和其他民间组织开展行业协会、高峰论坛、学术研讨会等多种形式的非官方合作与交流，如图 6-13 所示。

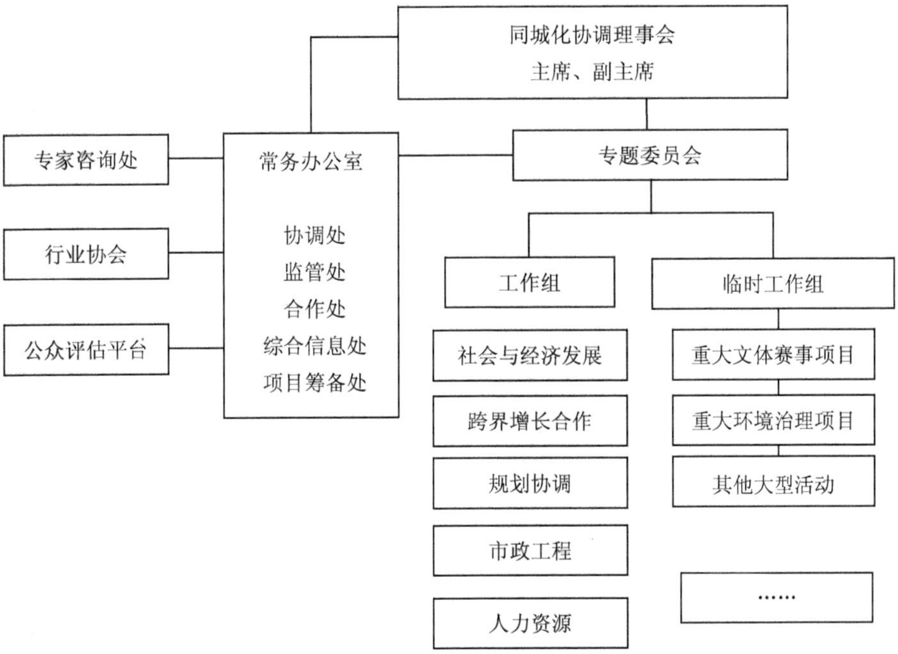

图 6-13　沪宁高铁走廊地区同城化发展组织结构图

建议通过探索专门的沪宁高铁走廊地区的同城化理事会模式来构建“三位一体”的同城化协调机制。由两省一市的省级（直辖市）政府与同城化的城市政府共同组建一个同城化协调理事会（简称理事会），理事会设常务办公室，理事由上级政府和城市政府的工作人员、推荐专家、部分企业家、参与同城化城市的居民共同组成，理事名额根据城市人口按比例确定，理事会根据实际需求制定一系列的章程和法则，对参与同城化的城市进行硬性约束。理事会成立后，选出负责统筹的主席和副主席，并成立负责公共决策、规划协调、政策环境协调、专项事务协调等事务的专题委员会，专题委员会下设专项工作小组，由非政府理事会理事牵头建设同城化民间参与平台。

首先，理事会举办城市联席会议，主席与副主席为联席会议召集人，参与者包括全体理事会成员，原则上每年召开一次，其原型为长三角经济协调会，负责商定城市专题的合作方向，进行合作专题的筛选与协调，并签订相关的合作协议；其次，专题工作委员会由省市对应部门的政府工作人员组成，定期或不定期举办协调会议，就市场建设、重大产业合作、交通通道建设、生态环境治理、公共管理事务、公共服务设施等专题性、共时性的议题进行沟通和协商，下设专项工作小组或临时工作小组负责具体执行，处理工作工程中各种利益冲突；最后，建设同城化的多主体参与平台，一方面打造开放的实施评估平台，由理事会成立评估监督工作小组，落实定期评估与反馈制，鼓励新闻媒体、群众组织和社会团体等非官方组织参与各项工作的监督，由工作小组汇总监督意见并组织相关部门落实，定期反馈监督评估工作的实施情况；另一方面打造同城化研究咨询智库，依托同城化各城市高校、研究院所、行业协会、社会组织等各方力量，设立专门性的同城化研究咨询机构，灵活运用发展论坛、行业峰会、专题研讨等形式，为同城化决策咨询及实施提供智力支撑。

本章注释

① 崔功豪．长江三角洲城市发展的新趋势 [J]. 城市规划，2006（S1）：41–43.
② 王兴平．危机与希望：新型城乡关系与新江南水乡的塑造 [M] // 陈小卉，等．城镇化．北京：中国建筑工业出版社，2014.
③ 《望虞河大桥建成两年未通车 评：上马工程需谨慎研究》，见 http：//www.chinadaily.com.cn/hqgj/jryw/2012-12-25/content_7856783.html.
④ 《长江三角洲地区城市居民异地养老研究》，扬州市异地养老合作课题组。
⑤ 《江苏省企业职工基本养老保险规定》，江苏省人民政府令第 36 号。
⑥ 连井环．沈抚同城化政府协调机制建设的对策研究 [D]：[硕士学位论文]. 沈阳：东北大学，2008.
⑦ 张洁梅．长三角一体化与区域合作机制的构建 [J]. 惠州学院学报（社会科学版），2007，27（5）：75–78.
⑧ 宣文俊．长江三角洲地区区域协调的重大体制与机制的创新 [J]. 上海经济研究，2008（11）：50–58.

7 宁镇扬同城化发展与空间组织研究

宁镇扬地区作为南京都市圈核心圈的江苏板块，是长江经济带的重要组成部分，是长三角核心区的西部门户和沪宁高铁走廊的端点与枢纽型区域，正在形成依托城际高铁环状联系的同城化城镇组群；其同城化发展起步早、条件佳、潜力大，在高铁驱动的都市圈与城镇群同城化层面具有典型示范意义。本章在前文对沪宁高铁走廊地区总体研究的基础上，参考相关规划成果和实地调研情况等，对该地区同城化的条件与水平、模式与路径等进行具体深入的研究。

7.1 宁镇扬同城化的可行性与必要性

7.1.1 宁镇扬同城化发展的基础与可行性

1）地缘相近、文化同根：宁镇扬同城化的天然优势

宁镇扬三市一衣带水，或沿江相邻，或跨江相望，形成“三城一江连”的城市集聚格局；同时，三市同处我国南北文化以及东中部板块的交融之地，历史悠久、文化同根、民俗同源、发展同脉，三市的基本特征具有很多相似之处，具备同城化发展的前提条件（图 7–1）。

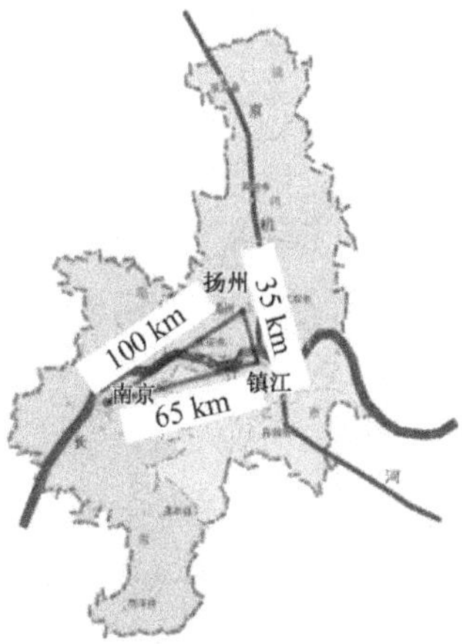

图 7–1 宁镇扬的地缘关系

2）产业集聚、经济相融：宁镇扬同城化的内生动力

宁镇扬的发展阶段基本一致，2005—2010 年，宁镇扬三市的产业基本上是以二产为主，三次产业结构呈现“二三一”的比例关系，并开始向“三二一”的结构演化，处于工业化后期阶段。在产业发展类型上，三市均在石油化工、汽车、机械和船舶制造、建材、旅游以及物流等产业的发展方面具有重大优势，集聚效应逐步凸显，已经具备区域性特色产业专业化集聚与融合的良好基础（表 7–1）。具体包括以下两个方面：

表 7-1　宁镇扬三市的主导产业类型

城市	主导产业类型
南京	电子、家电、石油化工、汽车、机械制造、建材、旅游、船舶制造、教育科研和商贸办公
镇江	化工、造纸、机械、船舶制造、建材和旅游
扬州	化纤、汽车、电气机械、船舶制造、纺织和旅游

（1）制造业方面：南京化学工业园与扬州（仪征）化工园区、镇江（丹徒）化学工业园已具备打造"国际一流、国内领先"的石化产业集聚区的基本条件；三市的电子信息产业亦具备产业集群的优势，2011 年三市电子信息产业产值已达 3 000 多亿元，仅南京一市的产值就达 1 800 多亿元；三市拥有良好的船舶制造和船舶配套产业基础，且船舶经济相融性好、互补性较强，产品可进一步通过错位发展来加快船舶产业的优化升级，提高产品的竞争力；三市的汽车产业发展迅猛，南京市是我国重要的汽车生产基地，拥有十分完善的汽车产业体系，扬州与镇江众多的汽车配件企业已经在为南京市的汽车生产提供零部件，具备进一步深化分工与合作、共同打造全国重要汽车产业基地的良好协作条件。

（2）旅游业方面：宁镇扬三市均是国务院首批公布的国家历史文化名城，加上山、水、城、林的城市特点，使得区域内的旅游资源十分丰富，全区域计有 12 家 AAAA 级及以上旅游景点。三市可在旅游资源、产品开发和旅游市场营销等方面统一行动，品牌共创，客源共享，放大宁镇扬名城群效应，使其成为国内乃至世界级的旅游目的地①。

3）规划统筹、设施对接：宁镇扬同城化的基础保障

依据《江苏省城镇体系规划（2015—2030 年）》《南京都市圈规划（2002—2020 年）》《长江三角洲地区区域规划（2009—2020 年）》和三市城市总体规划等，三市均以建设制造业基地、历史文化名城和打造生态环保型城市为发展目标（表 7-2）。宁镇扬现已形成三条由公路、铁路、航空、水运和管道等多种交通方式组成的综合性交通走廊，"宁镇扬 0.5—1 h 通勤圈"基本形成。此外，随着三市居民往来交流的日益频繁，三市的电信部门已经开始研究使用统一区号的问题。三市基础设施建设和城市发展目标的高度一体化为宁镇扬同城化的发展奠定了坚实的基础。

表 7-2　相关规划解读

规划名称	南京	镇江	扬州
《江苏省城镇体系规划（2015—2030 年）》	国家主要的科教基地、综合性产业基地、交通枢纽和历史文化名城，长三角地区重要的科技创新中心	国家历史文化名城，长三角重要的港口、风景旅游城市	国家历史文化名城，长三角旅游休闲与生态宜居城市
《南京都市圈规划（2002—2020 年）》	推动都市圈的经济、市场发展一体化，培育平等、互利的发展环境；针对市场、产业、基础设施、城市化等方面的共同发展制定相应策略，扩大区域合作，创造多种灵活的合作方式，形成区域一体化发展格局；大力发展循环经济，走新型工业化道路，促进都市圈区域可持续发展；以长江为纽带、以沿江城市为依托，联合培育都市圈信息生产和信息服务中心，构建国际性的沿江先进制造业集群和以历史文化、山水城林为特色的城市带		

规划名称	南京	镇江	扬州
《长江三角洲地区区域规划（2009—2020年）》	先进制造业基地、现代服务业基地和长江航运物流中心、科技创新中心	建设以装备制造、精细化工、新材料、新能源、电子信息为主的先进制造业基地、区域物流中心和旅游文化名城	建设以电子、装备制造、新材料、新能源为主的先进制造业基地和生态人文宜居城市
城市总体规划	《南京市城市总体规划（2007—2020年）》：长江下游现代化的中心城市、国际影响较大的历史文化名城、人与自然和谐共生的江滨城市	《镇江市城市总体规划（2002—2020年）》：依靠现代制造业、高新技术产业、旅游业和现代服务业的发展，实现集约经营和规模发展，推进城市化和现代化，确保全市经济健康发展、环境整体改善、社会全面进步	《扬州市城市总体规划（2010—2020年）》：协调发展的区域中心、古今辉映的历史名城、水绿交融的宜居城市

4）科研实力雄厚、人才优势突出：宁镇扬同城化的智力支撑

宁镇扬三市的教育事业发达。其中，南京市是中国大陆高等教育资源最集中的五大城市之一、国家重要的高等教育中心。到2014年，南京市共拥有普通高等学校53所（不含部队院校，含9所独立学院），其中“985”高校2所，“211”高校8所。南京市共有各级工程技术研究中心600家，其中国家级17家；省级以上公共技术服务平台116家，其中国家级3家；省级以上重点实验室80个，其中国家级25个；国家认定企业技术中心11家。南京市拥有各类专业技术人员117.68万人，2014年末在宁的中国科学院院士和中国工程院院士分别为44人和35人，“千人计划”创业人才185人[②]，公共图书馆藏书1 167.6万册。这些指标均在全国排名第三，在同类城市中排名第一。此外，扬州、镇江两市也拥有扬州大学、江苏大学、江苏科技大学等知名高校和多个科研院所，雄厚的科教基础为宁镇扬同城化提供了强有力的人才支撑。

5）府际合作渐密、跨城互动渐频：宁镇扬同城化的发展动力

当前，三市市民的交流与合作与日俱增，根据课题组对三市八个交通客运站点到发客流的调研，在往返三市的居民中，旅游休闲、商务出差和日常工作的人群占绝大多数且日益频繁，日常通勤人口也在逐渐增加，宁镇扬地区间的跨城互动日趋频密（图7-2、图7-3）。同时，南京市作为区域中心及省会城市，拥有各类优质的服务资源，吸引大量由扬州和镇江两市赴宁就医、购物的居民；府际合作及各类社会组织的互动也日渐活跃，如三市先后召开了一系列同城化的论坛，呼唤宁镇扬早日实现同城化。三市政府依托南京都市圈市长峰会，共同研讨宁镇扬同城化问题，制定和实施了一系列促进同城化的政策和措施，极大地推动了宁镇扬的同城化进程。

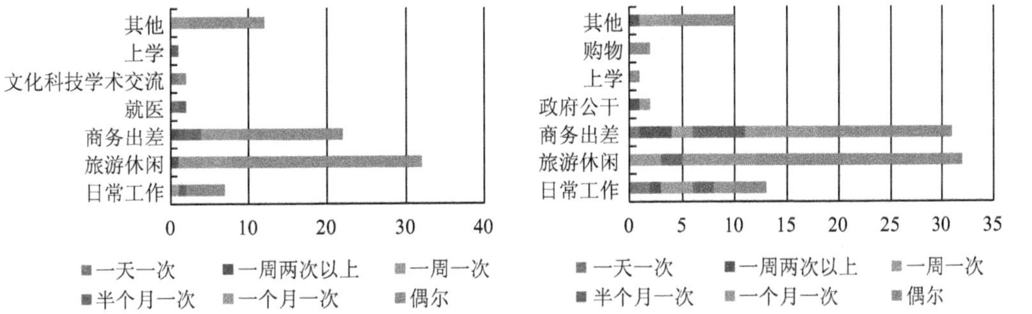

图7-2 扬州—镇江与扬州—南京间的出行活动情况（%）

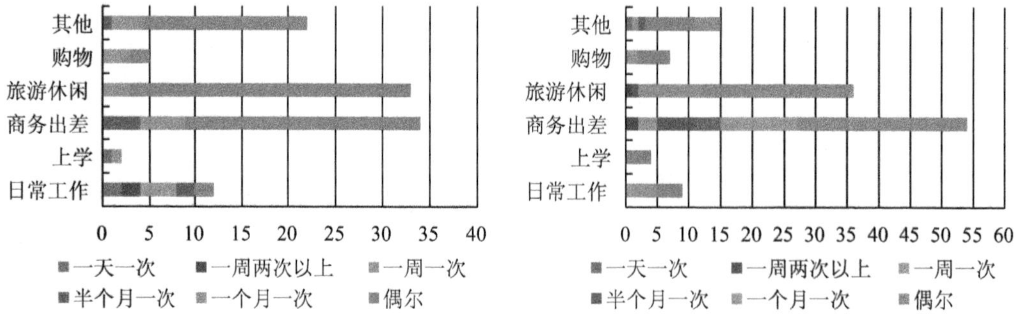

图 7-3　镇江—扬州与镇江—南京间的出行活动情况（%）

7.1.2　宁镇扬同城化的必要性分析

1）强化区域合作，提升总体竞争实力的必然要求

2009 年以来，国务院已经批复《长江三角洲地区区域规划（2009—2020 年）》《珠江三角洲地区改革发展规划纲要》等数量巨大的各类区域发展规划，中国区域经济的新版图逐渐形成。在区域一体化发展时代来临之际，宁镇扬作为长三角西北翼的重要地区，面临着来自周边区域的激烈竞争，其中苏锡常依托上海占据经济发展的地理优势，皖江城市带依托产业承接转移战略迅速崛起，安徽巢湖拆分后合肥经济圈得以快速扩张，它们抢占了宁镇扬地区的发展资源，极大地压缩了宁镇扬及所在南京都市圈的辐射范围。因此，宁镇扬同城化发展既是对自身价值的统筹整合、提升城市竞争力的重要手段，也是消除区域发展障碍、促进生产要素实现自由流动，从而推动区域共同发展的具体途径。

2）弱化行政壁垒，降低区域协调成本的必然诉求

当前宁镇扬地区间的产业、交通、基础设施和社会保障等方面的联系日益密切，但由于同城化区域主体间的行政壁垒仍然存在，内部协调成本巨大，主要体现为各主体间产业同构现象突出、功能缺乏统筹等，例如汽车、船舶等协作型产业相互独立的配套生产设施建设，不仅不利于形成集群效应，还会在一定程度上造成资源浪费。为了提升区域的总体竞争力，同城化成为宁镇扬地区打破行政区划壁垒、降低协调制度成本、增强区域整体实力的必然诉求。

3）地理时空压缩，应对城市博弈竞争的必然选择

随着长三角地区的高速铁路、城际铁路、高快速公路以及跨江跨海大桥的建设，区域高速交通网络日趋完善，城市间的地理时空实现大幅压缩，形成高快速交通走廊的廊道密集效应，呈现同城化效应的典型特征。这一同城化效应促使高快速交通走廊地区各个城市间的经济联系日趋紧密，同时城市的布局模式也将面临新一轮的重组。因此，宁镇扬同城化是融入区域发展更高平台、聚集各类高端要素、联动江南江北以及苏皖两省毗邻地区的一体化发展的必然选择。

4）跨城活动频密，人本城镇化建设的必然要求

以人为本是新型城镇化的核心，也是城市社会经济发展的必然趋势。随着区域一体化的深入，三市居民跨界往来频繁，通过宁镇扬的同城化建设，能够打破现有的行政区经济限制，促进区域内的人流、物流、信息流和资金流更加方便地流动，建设同城化的市民居住、就业与服务环境，更好地服务于周边的居民，实现区域资源的共享，推动以人为本的

新型城镇化建设的顺利实现。

5）维系生态安全，统筹区域资源利用的必然途径

生态环境是区域发展的重要保障和持续动力，区域同城化有利于确立区域生态环境联防共治的长效机制，可更好地维护生态安全格局，同时统筹优势资源，减少有限土地资源的无效重复建设。宁镇扬地区依托长江紧密相连，其在水域、大气等环境问题方面具有区域联动性的特征；同时，该地区山体、水体较多且大部分跨界相连。此外，沿长江还布局了诸多污染性工业，均要求宁镇扬三市形成城市联盟，以实现整体空间的统筹部署与布局优化，实现区域可持续发展。

7.2　宁镇扬同城化的现状基础

7.2.1　宁镇扬同城化的历程回顾

“京口瓜洲一水间，钟山只隔数重山”，宁镇扬三市地域相近、山水相连，自古本一家，三市在历史发展过程中的紧密联系为宁镇扬同城化的发展提供了很好的历史基础。2002年，扬州市委市政府首次正式提出“宁镇扬”构想（图7–4），开启宁镇扬同城化发展的新阶段。到目前为止，宁镇扬同城化经历了三大阶段：① 起步发展阶段：正式确立宁镇扬协同发展的构想，并在旅游业方面率先展开同城化尝试。② 探索发展阶段：主要以府际协商为主，并出现行业协会和商会合作的形式，逐步开始谋求深层次联动发展。③ 加速发展阶段：江苏省党代会把宁镇扬同城化纳入省级战略之后，宁镇扬同城化进入加速发展时期，由分散发展向多领域全面推进。2016年，随着宁通城际铁路的开通和淮扬镇城际铁路的开工建设，该地区正在加速迈向全面的高铁同城化发展时代。

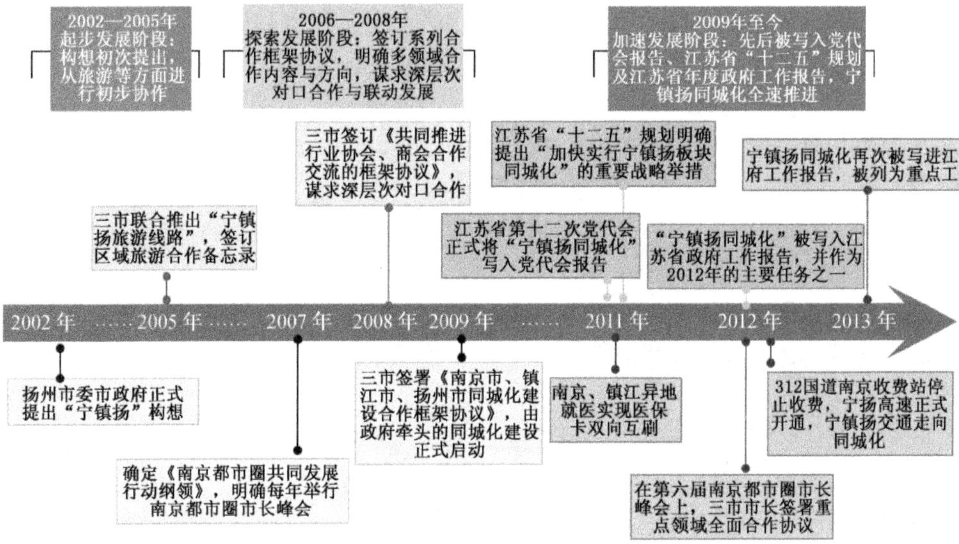

图7–4　宁镇扬同城化构想的发展历程

7.2.2 宁镇扬同城化的现状评估

近 10 年来，在江苏省委省政府的大力支持下，宁镇扬三市的合作逐步从战略研究向区域规划制定、体制和机制创新、政策协同等纵深方向推进，在交通网络建设、公共服务和市政工程设施建设、产业发展、跨界空间建设和保障机制建设等领域均取得了许多阶段性成果。

1）综合交通网络体系基本形成

目前，宁镇扬已经基本形成了以南京为枢纽，以铁路、公路、水路、航空和管道为骨架的综合交通网络体系。

铁路运输方面，京沪、宁芜、宁汉、宁西和宁启铁路贯穿宁镇扬三市，高铁和动车已经逐步成为区域内客运运输的主力，宁淮、淮扬镇等城际铁路亦正在兴建当中，与沪宁高铁、宁通城际铁路等互联互通，正在形成环状复合型的都市圈高铁网络，核心区 0.5 h 高铁通勤即将实现（图 7–5）。

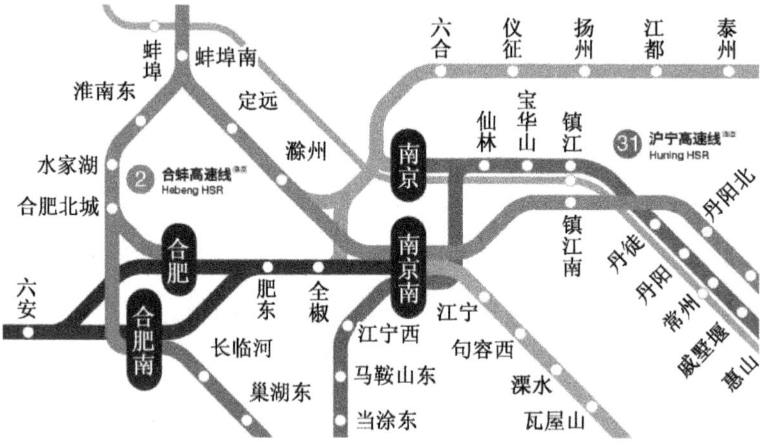

图 7–5　宁镇扬地区已建成高铁线路示意图

公路运输方面，宁连、宁通、宁合、宁淮、宁洛、宁芜、宁高、沪宁和宁杭公路呈放射状分布，贯穿宁镇扬三市的快速公路网已基本形成，现在南京与扬州、镇江间日通行汽车客运班车 70 余次，密度达到 10—15 min / 次。

在水路运输方面，宁镇扬三市均是长江沿岸的重要港口，并均具有沿海港口、沿江港口及其他内河港口的优势，在第六届南京都市圈市长峰会上签署的“宁镇扬三市在重点领域全面合作协议”中明确指出，三市将共同推进港口合作，探索建立相互参股的宁镇扬组合港集团。

航空运输方面，南京禄口国际机场是区域内的主要机场，并在扬州和镇江建设有候机楼，通过该机场可通达全国。该机场已开通了多条国际航线，已经成为宁镇扬三市的航空运输中心。

管道运输方面，区域内已经建成的有宁波大榭岛—南京石油管道、鲁宁石油管道以及西气东输天然气管道，这些管道能够充分地保障三市的能源供应。

此外，宁镇扬三市现已实现公交“一卡通”，扬州和镇江之间开通了城际公交，宁镇扬三市间原有的公路收费站也开始逐渐撤销，三市间的交通联系更加便捷，但依然存在很多问题：扬州相较于镇江和南京明显处于交通洼地，以铁路建设为例，宁镇已有高铁互联，而镇扬并无铁路直通，这一方面制约了扬州与南京和镇江的城际互动。此外，目前扬州通往合肥、马鞍山方向的对外交通主要以高速公路为主，缺乏城际、高铁等大运量的通道。

2）公共服务与基础设施一体化逐步推进

南京市作为江苏省省会和我国重要的科教文化中心，拥有高品质和完善的公共服务设施，服务范围可覆盖整个华东地区乃至全国。目前，宁镇扬三市医保已实现异地实时结算，宁镇扬游园卡开始启用，“金陵一卡通”亦已实现了扬州的通卡开通服务，但金陵通尚存在记名卡在异地使用的多种限制。

市政工程设施方面，除供水设施外的大部分设施已基本实现区域网络化覆盖，已有部分区域开始试点兴建跨界对接的示范区，如南京已经对句容部分地区实行区域供水和通信一体化工程。此外，宁镇扬三市已经开始逐步降低三市间的固话长途资费，争取使用统一区号 025，促进信息、资金、人力等生产要素在三市之间优化配置。

3）城际产业合作不断深入

江苏省委省政府提出了加快构建“宁镇扬经济板块”的战略部署，宁镇扬三市政府和各部门分别签订了一系列合作协议，为行业发展合作指明了方向。三市发改委签订的《共同推进行业协会、商会合作交流的框架协议》明确规定：“选择互补性强的产业，组织行业协会开展产业对接、经贸合作等活动；建立产业分工合作协调机制，实现资源共享，错位发展；引导区域内同一行业共同制订产品标准和服务标准，扩大市场竞争力和品牌覆盖率。”[③] 三市物流协会达成“联手搭建宁镇扬板块的物流公共信息平台，实现资源共享；并共同探索物流统计的技术指标，使其更趋于精确合理”的合作构想。此外，三市旅游局签订的《宁镇扬区域旅游合作扬州宣言》，为三市旅游业的合作发展进一步指明了方向。

4）城际创新联系与协作不断提升

通过构建有关创新联系现状和潜力指标进行测算发现，南京都市圈内部宁镇扬的创新联系明显高于其他城市，都市圈内部形成了以南京为核心、扬州和镇江为次核心的都市圈创新核（表 7–3）。此外，高校是推动区域创新发展的重要载体，校际合作之间所形成的学术网络对促进区域创新、紧密区域联系有至关重要的推动作用。在 1995—2000 年、2001—2006 年以及 2007—2010 年三个时期，南京都市圈校际合作网络阶段性变化特征明显。高校[④] 间形成的学术网络相互连通，随着时间的变化，校际合作规模、合作强度逐渐递增，合作联系也越来越紧密。数据显示，南京高校与扬州、镇江地区高校合作的数量占据这些城市与都市圈内部高校合作总量的 83.9%、57.5%，宁镇扬的高校合作明显高于都市圈内部其他城市。通过对南京市创新平台人才的随机问卷调研发现，南京都市圈范围内沿江城市的创新联系较为密切，整体创新联系强度大致分为三个等级，联系强度的核心区位于宁镇扬区域[⑤]。

表 7–3　各都市圈平均联系度比较

名称	总联系强度	平均联系强度	核心城市	次核心城市
长三角核心区	29.45	0.140	上海	南京、苏州、杭州
南京都市圈	2.44	0.087	南京	扬州、镇江
苏锡常都市圈	0.89	0.296	苏州	无锡
杭州都市圈	0.60	0.100	杭州	绍兴
宁波都市圈	0.20	0.068	宁波	台州

构建城市创新联系的引力模型，测度城际铁路、高铁等快速交通带来的通勤时效变化所引起的城市间创新联系情况，形成2009—2012年南京都市圈内部各城市之间的创新联系曲面模拟图（图7-6）。由图中数据可见，南京都市圈内部城市间的创新联系均呈逐年递增趋势，尤其是2010年沪宁城际铁路通车和2011年京沪高铁通车之后，南京—镇江、南京—滁州、镇江—滁州等“城市对”之间的通勤时间大幅缩短，由此带来南京—镇江、南京—滁州、镇江—滁州三对城市对之间的创新联系明显高于都市圈内部的其他城市对，尤以2009年与2012年的城际创新联系情况比较最为明显，证实了高铁等交通和公共服务等的一体化提升了宁镇扬城市间的创新联系[⑥]。

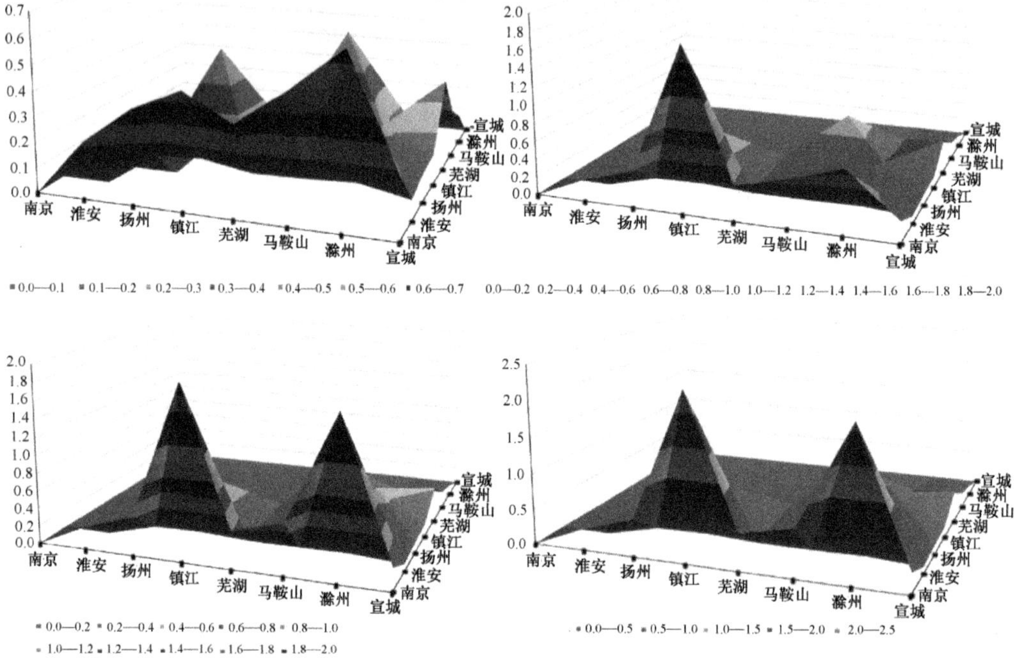

图7-6　南京都市圈内部城市间的创新联系曲面模拟图（2009—2012年）

5）跨界空间和示范区建设稳步推进

目前，宁镇扬三市毗邻地区城镇空间开始相向拓展，跨界区域正在成为同城化建设的先锋。如栖霞区—句容市、六合区—仪征市的全面合作协议；南京龙潭与镇江下蜀在共建临港新城中形成了较为明确的功能分工，龙潭依托港口重点发展航运物流业，下蜀则发展临港型新材料和装备制造业；南京汤山与句容黄梅则依托生态与环境优势，共同打造休闲度假胜地[⑦]；南京栖霞区也依托宁镇港口、仙林大学城等积极打造宁镇扬同城化建设先行区、长江国际航运中心核心区和创业创新经济合作示范区，正在逐步建成宁镇扬区域体系健全、要素集聚、氛围浓厚的创业创新核心区和先导区。

6）规划体系与政策保障机制不断完善

宁镇扬三市现在已经初步建立了一套保障体系（表7-4），比如，为了加强三市在农产品贸易方面的合作，在2010年4月29日召开的南京都市圈市长峰会上签署了《南京都市圈农副产品产销合作框架协议》《南京农副产品物流中心与南京都市圈农产品基地产销协议》。旅游市场建设方面，三市成立了宁镇扬区域旅游合作协调工作委员会，实行三市旅游“同城市民待遇”，并推出了针对三市居民的“游园卡”。

表 7-4　宁镇扬地区已有的政策机制

类型		具体内容
机制保障	“都市圈市长峰会”制	协商都市圈的发展策略及推进宁镇扬三市的同城化
政策保障	合作协议	《南京都市圈农副产品产销合作框架协议》 《南京农副产品物流中心与南京都市圈农产品基地产销协议》 《共同推进行业协会、商会合作交流的框架协议》 《南京市、镇江市、扬州市同城化建设合作框架协议》 《南京—扬州交通运输全面合作协议》 《宁镇扬三市重点领域全面合作协议》
规划引导	《宁镇扬同城化发展规划》	本书成果形成时尚处于编制过程中，2014 年 8 月发布

7）宁镇扬同城化的主要障碍仍难消除

宁镇扬当前的同城化进程已经进入加速发展的阶段，涉及领域也不断扩大，但同城化初期的诸多障碍仍难以消除，这也是宁镇扬同城化需要重点突破的主要问题。

（1）区域协作机制尚不完善。宁镇扬同城化的快速推进主要受益于政策力量的驱动，现有的同城化协商主要依托于南京都市圈市长峰会，缺乏一个独立的常态化协作机制进行统一领导，三市主要通过三方或双方之间签订合作协议的形式展开，还未制定出相关的法规及政策进行保障，也还未形成一套完整的规划进行指引。受行政区经济主导的现实约束，加之缺乏一体化的常设领导组织框架和系统性的制度保障，三方参与和共享的协调机制难以形成。

（2）缺乏持续统一的战略支撑。宁镇扬板块的合作由来已久，但始终缺乏凝聚三市、统领同城化的统一战略部署、策略机制、发展路径和时序安排，导致三市虽有同城化共识和相关举措，但协调壁垒重重、执行力不强、进程缓慢。

（3）产业链条协作不成体系。宁镇扬三市同型产业多、产业同构度大，如化工产业、汽车制造业等，还体现在港口建设存在低成本聚集、低水平竞争现象，集群品牌效应难以发挥。此外，三市沿长江布局了若干污染产业，严重影响了沿江生态环境，亟须优化调整产业布局。

（4）区域交通发展格局不均衡。宁镇扬区域交通发展呈现江南强、江北弱和沿江强、外围弱的不均衡特征，其中扬州市明显处于交通洼地。以铁路建设为例，宁镇已有高铁与城际铁路互联，而宁扬仅有城际铁路，镇扬则无铁路直通，这均制约了扬州与南京和镇江的城际互动，这一互不均衡的交通格局，不利于三市相互间同城化的协同并进。

8）公众对同城化的社会认知度与认同度评价

在同城化绩效的社会认知方面，通过对宁镇扬三市居民进行的随机问卷调查发现（图 7-7）：三市居民中认为同城化积极的人群仅占 34%，认为影响不大或无影响的人群占据 63%，而一直密切关注同城化进程的人群仅占 7%。这一方面说明三市政府对于同城化的宣传力度不够，导致社会、群众的参与度不高，另一方面也说明同城化的绩效还不是很明显。

根据随机问卷调查发现（图 7-8），受访者对同城化实践的积极效应的认知主要体现在文化交流、朋友联系、居住就业选择、医药报销和交通出行等方面，认为同城化极大地方便了宁镇扬三市居民的生产和生活。同时，受访者对同城化建设过程中可能出现的负面影响也表现了担忧，比如担心同城化带来本城市的资金流失、城市安全、生态环境恶化、服务设施不堪重负以及生活成本增加，等等。

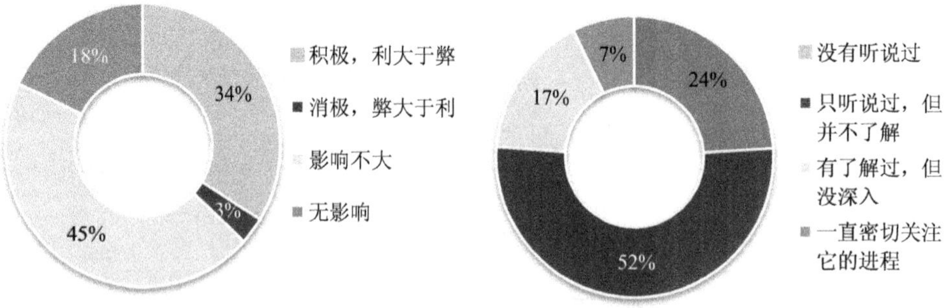

受调查者对同城化的了解程度　　受调查者对同城化效应影响的态度

图 7–7　受调查者对同城化的认知程度

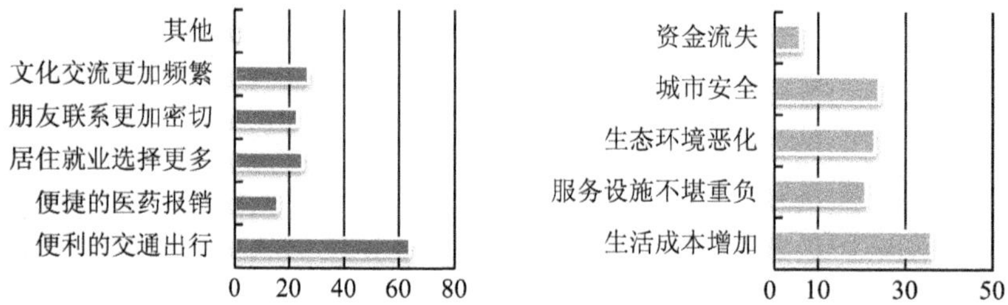

图 7–8　对同城化实践的积极与消极效应的认知度

对于如何推进同城化，随机问卷调查显示，宁镇扬三市居民认为推动同城化实现的路径主要有三条，分别是实现合理利益分配协调、建立有效工作机制和打破行政管理壁垒（图 7–9）。

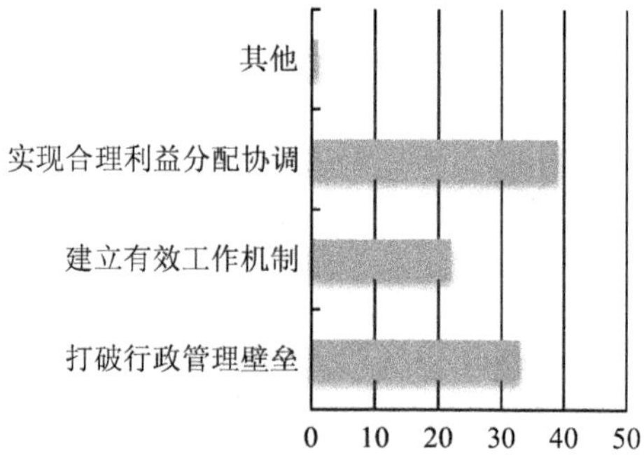

图 7–9　社会公众对同城化推动途径的认知

此外，在南京都市圈整体实现快速同城化发展的过程中，宁镇扬地区作为南京都市圈的江苏省内板块，虽然具有在同一省级行政区内实现协调整合的优势，但是与省外周边地区的积极行动相比，执行力度仍明显不足。近年来，滁州、马鞍山积极对接南京，从基础设施、产业等方面全面融入南京和南京都市圈发展，如汊河经济开发区固定电话开通南京“025”区号，来安在安徽省率先与南京实现了医保异地结算等，宁滁、宁马同城化抱团发展的紧密程度大有超越宁镇扬同城化之势，这对宁镇扬板块进一步加快同城化步伐、携领南京都市圈实现整体同城化提出了更为紧迫的要求。

7.3 宁镇扬同城化的总体发展战略

7.3.1 宁镇扬同城化发展的总体定位

宁镇扬地区是地理相连、文化相近、经济相依的核心经济区和城市密集区，同时也是长三角连接南北的节点区域。建议将宁镇扬地区创建为全国层面的高铁同城化示范区，以宁镇扬同城化推进三市共同发展为契机，加快建设以南京为中心的区域城市群经济区，将宁镇扬地区发展为全国重要的经济、商贸、金融中心，长三角辐射中西部的门户枢纽，长江流域的现代产业中心以及创新与人居环境良好的高铁都市圈板块。

宁镇扬同城化具体以基础设施建设、产业资源整合、生态环境整治和构建新型旅游区等为切入点，以南京丰富的科教资源为依托，以建设创新型都市圈板块为蓝图，逐步搭建起同城化的协作平台，最终实现宁镇扬的整体提升和可持续发展。在发展目标上，至2020年，区域综合实力明显增强，地区经济社会发展水平迈上新台阶，城市整体竞争力大幅度提高，城乡生活水平差距缩小；宁镇扬连接带的跨界增长示范区基本建成，基础设施实现一体化；体制创新取得突破，建成统一的区域协调机构，实现社会保障等多领域一体化；优化调整产业布局，加快区域资源整合，全面推进宁镇扬同城化的产业机制建设；长江及长江两岸的产业发展、城市景观、滨江城市绿色空间建设和地质灾害治理及生态环境保护方面通过共同建设，逐步取得相应成效；各城市居民同城化的意识逐渐增强，城际社会认同水平进一步提升。

7.3.2 推进宁镇扬同城化发展的战略路径

为推进宁镇扬同城化发展的有效实施，建议三市共同协商制定合理的同城化发展战略路径。

1）衔接重大国家战略，建设宁镇扬国家级同城化创新发展示范区

宁镇扬地区应抓住机遇，以产业协作为切入点，在国家战略层面作为携领南京都市圈接轨大上海、融入长三角实现一体化发展的先行区，尽快将宁镇扬地区建设成为国家级同城化建设示范区，并将宁镇扬同城化发展与长江经济带建设、一带一路战略和南京江北新区等国家战略深度融合，利用区域内领先的科技研发资源优势，推进科技研发的协同和转化，建设创新型区域，更好地释放和发挥宁镇扬板块的区域联动和带动效应。

2）提升各项基础设施，构建宁镇扬高水平同城化支撑系统

综合交通等基础设施建设是宁镇扬同城化发展的基础支撑条件，应该加快构建三市成环成网的城际高速铁路、高速公路和公共交通网络。统一建设区域性、连通性、共享性基础设施，处理好跨区域的基础设施项目的对接，增强规划统筹与对接，为区域重大基础建设项目预控好发展空间。

3）推进区域空间整合，加强城际间跨界地区的共同规划与建设

空间整合是同城化的核心内容，应该按照资源禀赋、区位交通、规划引导、发展基础等要素，对宁镇扬三市空间资源进行整体分析和协调安排，特别是沿路、沿江、沿城际边界等地区在空间利用方面实现功能协同。其中，城际跨界区域是同城化发展中联系最为直接、矛盾最为集中、协调最为紧迫的重点区域之一，同时也是同城化区域中易于协作、取

得优先突破的地区。基于跨界地区的特殊性，建议协调空间利用，确定跨界建设需要对接的重点区块，共同制定跨界区域的空间规划，引导其有序建设。

4）连通区域生态网络，推进区域环境保护一体化

生态环境是区域发展的重要保障和持续动力，宁镇扬三市依长江紧密相连，其水域和大气等环境问题具有区域联动特征，因此生态环境保护是宁镇扬同城化的重点之一。应该依托跨越城际的重要水系、山体和城市绿色廊道等，相互连通和补全，形成支撑同城化地区的绿色生态网络，并积极推进区域环境保护的一体化，统一标准、统一行动和共同制定生态环境保护规划，特别是对于沿江地区和城际边界地区的环境污染治理，要明确环境敏感点和环境门槛、准入标准等，按照互惠互利的原则确定具体明确的共同行动准则。

5）建立区域协调机制，开展多层次全方位区域合作

区域协调机制是宁镇扬同城化发展的重要保障，三市间须紧密合作、积极协商，建立政府引导、市场主导、社会参与的区域协调机制，共同协力、解决同城化发展中出现的各类问题。统一建立区域市场准入机制，充分整合各市的优势资源，引导三市资源合理分配与重组，有效规避不必要的恶性竞争，促使资源利用最大化，促进三市经济共同发展。

7.4 推进宁镇扬同城化的具体行动

产业协同、空间整合、跨界地区衔接、同城化交通运输系统构建、生态环境协调、科技研发合作，是宁镇扬同城化发展的六大关键领域。立足该地区的基本条件、参考其他国内同城化区域的发展和规划建设检验，以及宁镇扬同城化的既有研究和规划成果，提出该区域在关键领域的同城化行动计划。

7.4.1 产业发展与布局的同城化

工业、旅游服务业和港口物流业是本地区产业同城化协作的重点领域。由宁镇扬三市各自的分散、分割、独立发展和局部地域、领域自发的协作，到产业发展方向和领域、产业格局的全面协作与对接，逐步引导产业同城化发展水平的提升。

1）工业领域

立足宁镇扬三市各自的工业优势，积极引导同型产业互补发展，开拓新兴产业合作，构建区域产业发展链条，提高工业的整体竞争力和创新能力。近期重点加强在电子信息产业、汽车与装备制造业、新型建材业、石油化工业、生物医药业、纺织业等领域的合作和产业链对接，形成区域化集聚、专业化分工的优势产业集群。以国家和省级开发区为平台、以龙头骨干企业为引领，促进区域工业体系的合理布局，重点推进沿江工业布局调整，形成流域上下游与产业链上下游有机结合的工业核心发展带。营造公平、开放和富有吸引力的投资促进机制和投资促进网络，促进企业跨地区开展技术、生产、投资合作，形成优势互补、协作配套和共同发展的区域企业联盟及共同体[⑧]。

2）旅游服务业领域

第一，编制宁镇扬旅游一体化规划，并探索建立统一的旅游资格认证与旅游质量管理标准；第二，促进旅游品牌合作，塑造高品质整体形象，整合三市旅游资源，实施统一的

整合营销，建立以南京为中心的统一旅游市场，合力打造精品旅游路线和品牌；第三，依托共源的吴越文化中的传统习俗、相关节庆活动等，包括南京的“金陵灯会”“爬城头”“梅花节”，扬州的“烟花三月经贸旅游节”“二分明月文化节”，镇江的“金山寺除夕祈福撞钟活动”“海樱节”“焦山桂花节”“茅山香期庙会”等，策划和联办有影响力的文化节庆项目，创新联办模式，如开幕式在此地，闭幕式在彼地，从而实现异地文化旅游节庆活动的串联；第四，鼓励跨地区设立旅行社和导游可以跨地区带团，鼓励各方旅行社之间、旅行社与旅游景点及旅游酒店等进行优势互补、形式多样的合作，建设旅游信息资源共享与合作的大平台；第五，建立宁镇扬旅游一体化发展的领导机制，成立宁镇扬旅游一体化建设小组。

3）港口物流业领域

目前，宁镇扬区域港口物流存在港口规划规模趋同、同质竞争现象严重、港口腹地同一性程度高、管理体制缺乏联动等问题。基于联动视角，建议以共同建设长江流域江海联动的区域性、综合性港口物流枢纽为共同目标，整合港口物流资源，建立并完善跨市的宁镇扬港口专业协作机制；此外，应创新多元化的共赢合作模式。各城市在规划有关港口项目时，应努力协同周围的其他城市，合作性地探讨联合建港、用港的港口联盟问题，包括设定统一的服务标准、稳定费率、信息共享水平以及有关问题的解决规则与程序等，并通过资金纽带切实解决规划与实施过程中所出现的问题。

7.4.2 空间格局同城化

1）既有空间规划的梳理与对接

梳理和解读相关规划为宁镇扬空间格局的组织、构建均衡有序的空间利用整体格局提供借鉴和支撑。综合相关规划的总体布局方案，可将宁镇扬区域的空间结构概括为“三心、两带、三轴”。其中，“三心”是南京、扬州、镇江三个中心城市；“两带”为沿江发展的“江北城镇发展带”与“江南城镇发展带”；“三轴”分别是沿宁连—宁高高速公路走廊形成的南北向城镇发展轴、淮江城镇发展轴（延伸至镇江东部发展轴）、镇江西部发展轴（延伸至南京禄口街道）（图 7–10，表 7–5）。

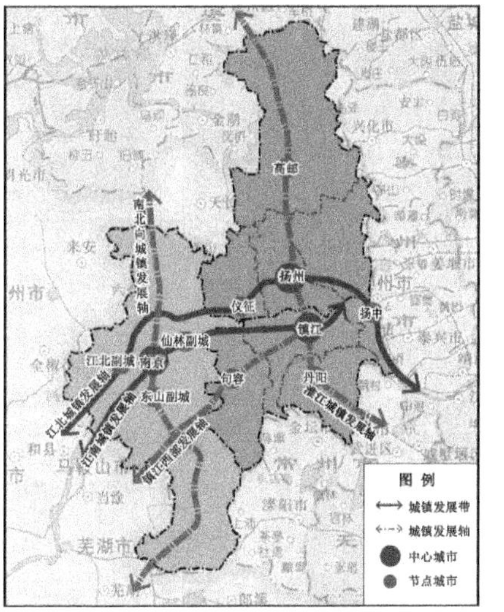

图 7–10 宁镇扬城市空间结构规划拼合图

表 7–5 宁镇扬城市总体规划之城镇空间结构一览表

规划名称	城镇空间结构	城镇空间结构示意图
《江苏省城镇体系规划（2015—2030 年）》	“一带两轴、三圈一极”的“紧凑型”城镇空间结构。南京都市圈——提升核心、带动圈层、推进一体化、辐射中西部；沿江城市带——整体有序、联动开发、开放创新、转型发展	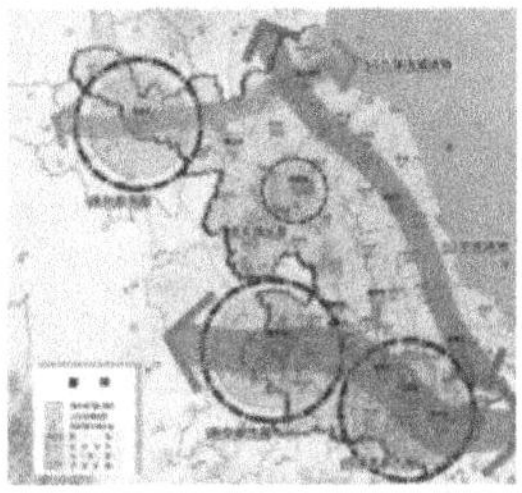

规划名称	城镇空间结构	城镇空间结构示意图
《南京市城市总体规划（2010—2020 年）》	坚持“多心开敞、轴向组团”的城镇空间布局模式，构建“两带一轴”的城镇空间布局结构。“两带”指拥江发展的江北城镇发展带和江南城镇发展带；“一轴”指沿宁连—宁高高速公路走廊形成的南北向城镇发展轴	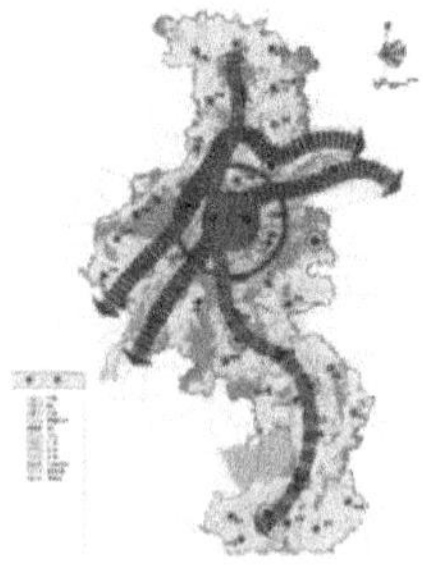
《扬州市总体规划（2012—2020 年）》	构建“一带一轴”的城镇空间组织结构。“一带”为沿江城镇带，沿江地区依托东西向交通廊道形成市域紧密城镇带；“一轴”为淮江城镇发展轴，整合强化节点城市和城镇，指导区域性基础设施建设，促进区域协调发展	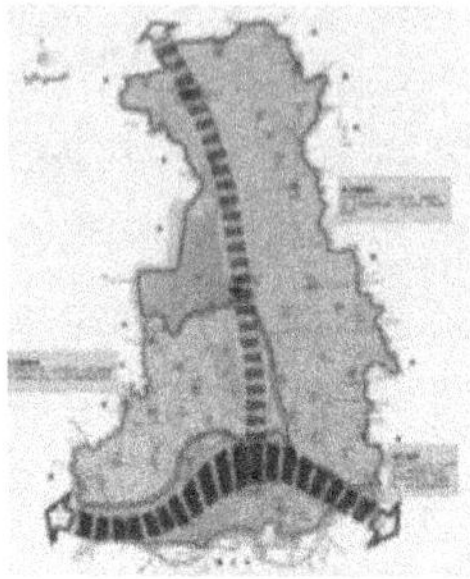
《镇江市城市总体规划（2012—2030 年）》	构建“一主三副、一带两轴”的城市体系结构。一主指镇江中心城，是核心带动区；三副即丹阳、句容、扬中三个市辖中心城区；一带指沿江产业和城镇发展带，是全市工业经济的主要支撑；两轴：西部发展轴宁镇合作、联动发展，东部拓展轴接轨上海、对接苏锡常	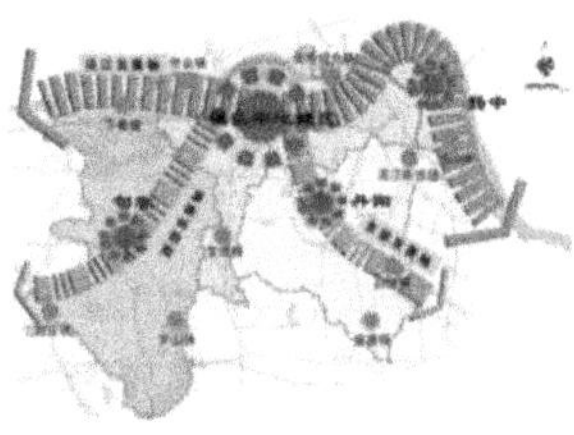

根据规划整合的整体空间结构，“两带”较好地实现了宁镇扬三大都市区的空间串联和三条发展轴的构建，在一定程度上体现了宁镇扬区域对南北向毗邻地区的联系。但从宁镇扬区域整体的空间组织利用来看，主要存在以下几个问题：其一，重点强调“三心”对宁镇扬区域的核心带动作用，但对其他节点城市与区域空间同城化的衔接关系考虑不足。这种以各自行政单元组织为主、独立内聚式的空间格局，适合于三市自身发展要求，但却弱化了三市之间的空间联系，整体发展动力容易分散。其二，“两带”纵深狭窄、距离较近，串联的空间也基本相同。从严格意义上来看，“两带”实际上是一条沿江城镇发展带的两条边，按照“两带”进行空间组织建设，弱化了沿江与后方城镇之间的联系。其三，“三轴”过于依附现有的高速路网，强调通道上节点城市间的联系，割裂了节点与其他城市之间的联系。

2）宁镇扬同城化总体空间格局

按照适应自然地理与经济条件的差异性、保持跨越行政区界限组织的整体性、突出核心区域与跨界区域的重点性，以及功能分工合作的协调性等基本原则，构建宁镇扬地区“三心三圈、一带四轴”的同城化总体空间布局（图 7-11）。

“三心”指南京、镇江、扬州三大中心城区。“一带”指沿江发展带，重点承担区域港口物流、临港先进制造及现代服务等功能，是新型工业化和城市化的重点区域以及国际航运物流和金融商务中心的核心载体。“四轴”指以重大交通通道为依托，积极培育北部扬滁、南部镇马、西部淮宁、东部淮扬镇四条城镇发展轴。“三圈”[⑨]指以宁镇扬中心城区为核心构成紧密圈层、外围圈层和生态圈层，其中，紧密圈层以南京、镇江、扬州中心城区为主要载体，以仪征、句容、仙林副城和六合区沿江板块为连接点，重点推进金融商务、科技研发、航运物流等功能建设，加快形成以轨道交通为主的通勤化联系，打造以服务经济和高新技术产业为主的都市连绵区；外围圈层涵盖六大次级城镇，包括江北副城、东山副城、禄口镇、溧水镇、丹阳市及扬中市，立足资源条件和产业基础，推动错位发展和合理布局，打造先进制造业和城镇人口集聚的新城和新市镇；生态圈层指宁镇扬区域的外围生态协调圈层，重点保护老山、茅山、固城湖、高邮湖等重要生态功能区，维护农业开敞空间，承担区域高品质居住、休闲度假、健康养老等功能，适度建设一批宜居宜游的生态休闲养生慢城。

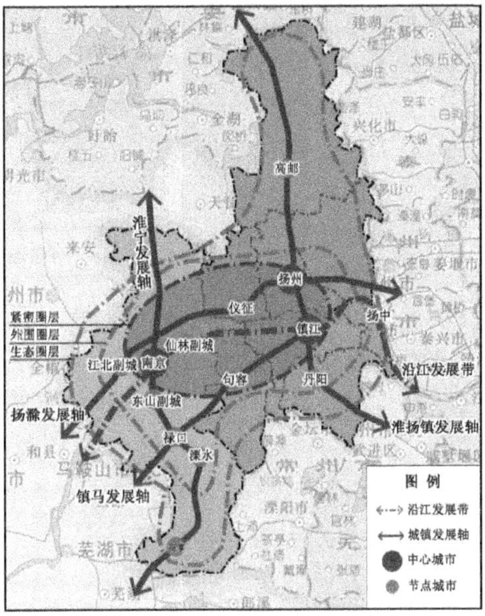

图 7-11　宁镇扬区域同城化总体空间格局

7.4.3　重点跨界协调示范区的协同建设[⑨]

宁镇扬地区需要跨界协调的区域包括重大港口设施协调地区、生态功能维育协调地区以及跨界增长示范区三类重点区域。

1）重大港口设施协调地区

港口的跨界协调包括上下游跨界和跨江两岸的协调，建议临港区域协同建设三段组合港：镇江港与扬州港、西坝港与龙潭港、七坝港与铜井港。镇江港以集装箱和大宗散货为主，同时兼顾重件、石化、建材、粮油等散杂货运输功能，扬州港以集装箱、能源、原材料、木材和液体化工品等江海河中转运输为主；龙潭港段侧重于深水岸线的集装箱运输功能和部分散杂货载运功能，西坝港段岸线重点突出化工物流和散杂货载运功能；铜井港段重点

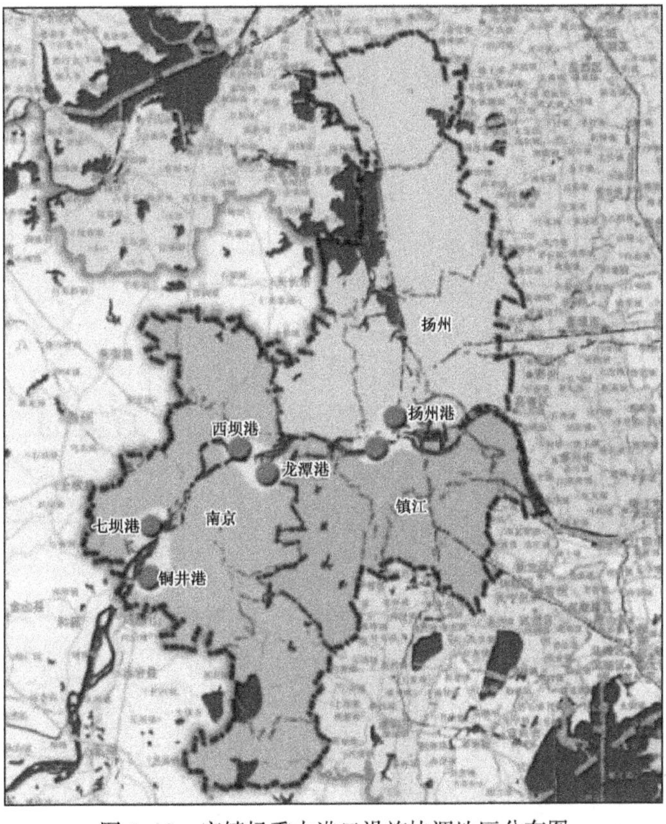

图 7-12　宁镇扬重大港口设施协调地区分布图

突出钢铁物流和散杂货载运功能，七坝港段重点突出散杂货和集装箱载运功能（图 7–12）。

2）生态功能维育协调地区

（1）栖霞山—宝华山—汤山生态地区

以栖霞山—宝华山—汤山生态区域的生态保护和旅游合作为重点，发挥山水优势，坚持“生态共建、环境共治、资源共享”的原则，加强基础设施建设与旅游资源开发，联手打造生态良好、环境优美、交通便捷、设施齐全、具有较高知名度的生态旅游休闲区。此外，建议联合编制生态旅游休闲规划，推进旅游资源联合开发，彰显其优质生态资源优势，共创都市生态休闲旅游品牌；依托栖霞山及其周边地区浓厚的佛教文化底蕴以及丰富的历史遗存、宝华山国家森林公园、汤山温泉疗养等资源，大力发展休闲、养生、观光、体验等旅游一条龙产业，为都市居民及外来游客提供假期休闲度假目的地。

（2）长江流域（宁镇扬段）生态走廊

长江流域（宁镇扬段）的水资源虽然丰富，但随着近年来经济社会的快速发展，流域内的水资源需求日益增加，宁镇扬三市的用水矛盾日益凸显，尤其是在特枯水年，矛盾更加突出。应在深入调研的基础上，尽快制定流域初始水权分配制度，推进流域水量的统一调度，按照上下游、左右岸协调，整体与局部利益共赢，近期与长远统筹兼顾的原则，共同维护长江流域（宁镇扬段）的防洪、供水和生态环境的安全。各市应依据长江流域综合规划，协调推进流域治理，充分考虑长江的水资源和环境承载能力，优化产业布局。相关部门应建立信息共享和沟通交流平台，加强长江口岸全方位监测，形成协作合理；完善流域重大水污染事件通报和处理协调机制，在合理开发使用资源和承担相应责任义务之间建立平衡关系（图 7–13）。

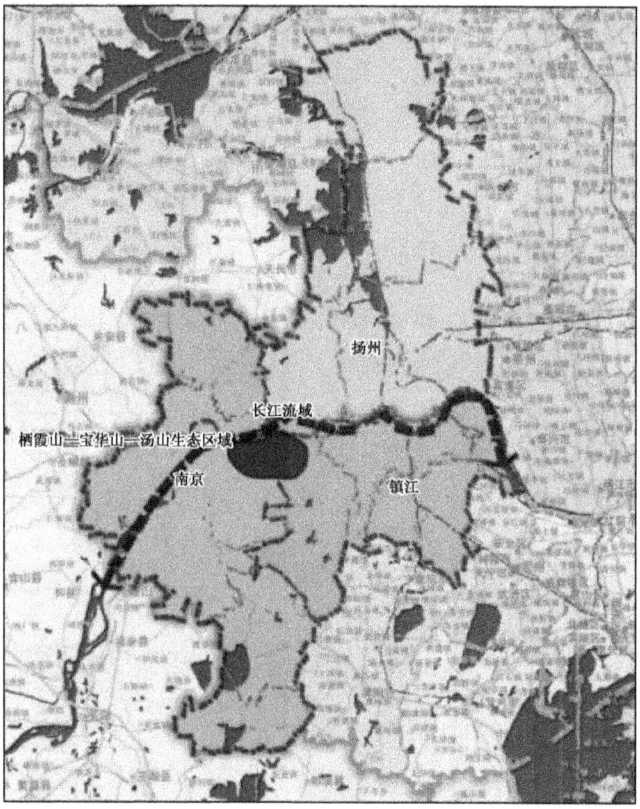

图 7–13　生态功能维育协调地区分布图

3）跨界增长示范区

（1）六合—仪征新城

以南京江北新区建设为契机，依托六合的龙袍、东沟以及仪征的青山、真州等镇打造江北沿江现代化工贸和宜居创业新城。依托港口岸线资源以及六合、仪征汽车及零部件、数控机床、船舶制造等产业基础，大力发展装备制造产业，加快城镇功能培育，推进交通基础设施的衔接以及市政公用设施的共建共享。加快建设衔接宁扬的城际线与南京地铁 11 号线，完善宁仪城际线站位规划与总体规划；加快扬滁公路、439 省道及其连接线、沿江高速六合连接线等道路工程建设；加快推进“六合—仪征”“六合—扬州”客运班车的公交化进程。

（2）仙林—宝华新城

即将通车的南京地铁 4 号线将贯穿南京的仙林、老城区、河西等，全线与 9 条线路交叉，沿线共设有 18 个站点，与目前已经运行的地铁 2 号线共同将仙林—宝华板块与南京市区紧密连为一体。因此，南京仙林与镇江句容的宝华已具备共建新城的交通基础条件。而从仙林与宝华自身来看，二者的功能是相辅相成的：仙林大学城重点推进商务中心区的建设，大力发展高等教育、科技研发以及文化创意产业；宝华以其独特的自然资源优势与交通利好优势为科学城提供充足的宜居空间。以仙林大学城为基础，带动仙林—宝华新城的发展，整合优势资源，统筹编制规划，合理推进国家级科学城的建设，发挥仙林的科教创新资源集聚和宝华的生态环境优势，打造全国科技创新高地、区域智慧谷和东部宜居城，有望将仙林—宝华新城建设成为推进南京—镇江跨界一体化的重要节点区块。

（3）湖熟—郭庄新城

郭庄镇的交通、区位优势明显，拥高速、近南京、临江宁区湖熟街道，已建成通车的宁杭高速在郭庄镇设有道口，距南京禄口国际机场仅 12 km，距江宁开发区 8 km。宁常高速、宁茅公路、镇江机场路等高级公路穿境而过，宁杭城际铁路在郭庄镇设有客运车站。江宁区湖熟街道交通便利，搭乘金湖线、金周线可直达南京市区。建议充分发挥湖熟—郭庄新城空港与城际枢纽的区位优势，打造宁杭经济轴上的新兴增长极、区域南部的服务中心。加快完善道路框架，共同推进 358 省道改造，实现新城与宁杭高速、城际铁路的无缝对接，以站点带动周边土地开发。控制开发规模，预留空港产业发展用地；预留镇江到禄口城际轨道郭庄段及换乘站用地，促进镇江与南京南部地区的有机衔接。

（4）龙潭—下蜀新城

下蜀镇是句容市唯一的沿江镇，拥有 3.5 km 长的长江深水岸线，滨江临港，水陆交通发达，长江黄金水道、312 国道、沪宁铁路、沿江高等级公路均穿境而过。此外，句蜀一级公路贯穿全境并通至南京龙潭港，区位优势明显。建议以临港经济和新城建设为重点，建设长江国际航运物流中心核心区、临港先进产业集聚区和现代化新城。推进交通基础设施衔接成网和市政公用设施共建共享，完善新城中心区与龙潭港区、下蜀镇区的交通联系，实现统一供水、供电与供气，提升市政设施配套水平。加快轨道 15 号线与沪宁城际铁路宝华站衔接，建设下龙公路，推进龙潭港四期和六期集装箱码头以及联检锚地建设，规划建设龙潭疏港公路和铁路。

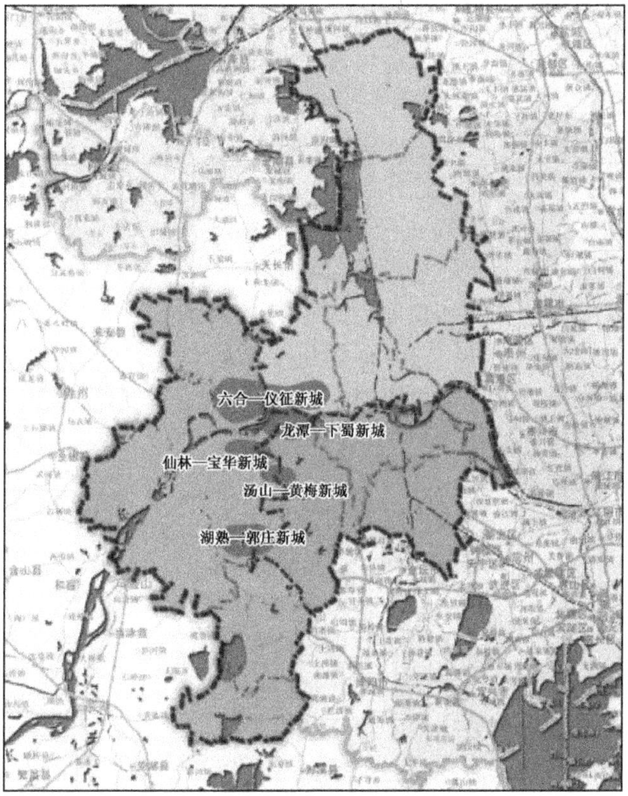

图 7-14　同城化跨界新城布局图

推进龙潭水厂统一供水。实现 220 kV、110 kV 变电站和供电线网一体化布局。

（5）汤山—黄梅新城

黄梅镇地处南京东郊，东距镇江句容市区仅 7 km，区位优势突出，宁杭公路、沪宁高速贯穿全境，集镇交通便利，可直达南京市区、南京禄口国际机场与南京火车站。汤山风景区是南京重点规划建设的风景区，融人文景观与自然风光为一炉。汤山—黄梅新城可利用其优质的生态环境，联手打造长三角地区知名的休闲度假区和生态宜居城。其中，汤山重点推进温泉度假、高档酒店、国际会议中心、高品质住宅等功能设施建设，黄梅重点推进商业和公共服务设施等居住配套项目建设。两者在空间布局、交通系统、基础设施和公共服务等方面，进行全方位一体化衔接与对接（图 7-14）。

7.4.4　区域交通运输体系同城化

根据宁镇扬区域的空间组织要求，以东西向为重点，建设沿江综合交通走廊，加强宁镇扬板块与上海、苏锡常地区的联系。完善南京、镇江、扬州三大核心城市的对外辐射通道，加强核心城市与周边城市的联系，构建“两横两纵”对外联系通道，即“横一”北沿江通道、“横二”南沿江通道、“纵一”连宁杭通道、“纵二”淮扬镇通道。结合空间整体利用规划，针对两个圈层实施不同的区域交通发展策略：紧密圈层“公交化与一体化”，着力加大路网和线网密度，加快普通等级公路和公交环线建设，加强郊区组团与城市快速交通系统的一体化衔接；外围圈层“高速化与网络化”，在宁扬、宁镇、扬镇等主要城际通道内，以高速铁路和城际快速铁路为骨干，积极构建核心城市之间、核心城市与节点城市之间、节点城市之间通勤化的城际轨道交通系统与高速公路网络。

依托现代交通体系构建快捷的客运、物流服务体系，是加强城际间要素流动、促进同城化的核心。宁镇扬同城化的快捷运输系统、客运服务系统和物流运输体系的建设重点是：首先，加快建设联系三市的网络化城际铁路系统，特别是扬州—南京与扬州—镇江间的高铁系统，同时推进三市其他城际轨道交通的延伸和跨界连通，以此形成快捷化、大运量、高频率的同城化快速集运网络，作为承载同城化的核心交通体系。其次，城际通勤公交化是保障同城化的重要手段。在客运服务体系方面，目前宁镇扬范围内已开通扬州邗江区至镇江京口

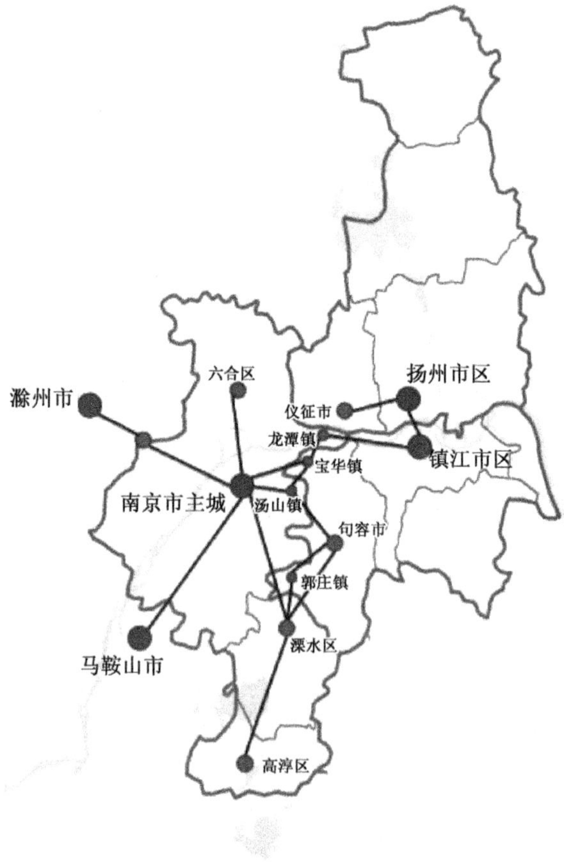

图 7-15　宁镇扬城际公交运行现状图

区、南京玄武区至镇江丹徒区、南京栖霞区至镇江句容等多条城际公交线路，大大促进了三市的社会经济往来密度（图 7-15）。未来 5—10 年是促进宁镇扬地区公共客运交通同城化发展的关键时期，应大力整合公共客运资源，为居民提供更加快速、低成本的同城客运交通服务体系，主要包括：推进三市道路客运互联互通，构建以宁镇扬城际快巴和宁镇扬公交为主的公交体系，提供点点直达、站站停靠的多样化运输服务；整合三市城际公路客运资源，实行统一标准与调度运营，开通宁镇扬城际快巴；推进城市公交线路首末站跨市相互延伸和跨界邻接区域公共自行车系统的互通。

此外，整合南京站场的区域性功能，建成区域性和国际性物流中心，增强辐射带动能力。整合沿江地区交通运输设施，优化长江岸线利用，协调南北过江通道，建设沿江物流区带，处理好桥、港、城的关系，推动南北沿江地区的整体、协调发展。

7.4.5 构建区域生态安全格局

1）构筑区域生态网络构架

构筑“一带、一环、一心、多廊道”的区域生态网络构架[⑩]（图 7-16）。“一带”指依托长江水体、洲滩湿地以及临江丘陵，打造贯穿都市区的长江生态带。“一环”指依托都市区外围的茅山、老山等山地以及丘陵和石臼湖、固城湖、高邮湖、邵伯湖、宝应湖和大运河等湖泊水系，打造环状生态屏障。“一心”指依托都市区中央的紫金山、宝华山等山地，建设都市区绿心。“多廊道”指依托内部的秦淮河、滁河等水系和交通走廊，建设四通八达、纵横交错的生态廊道。

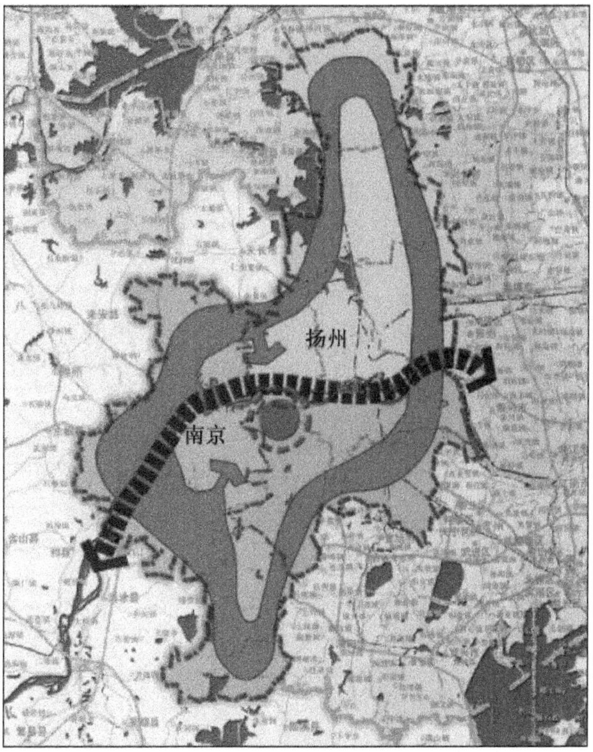

图 7-16　宁镇扬区域生态网络构架

2）协同推进生态环境整治

围绕水、气污染治理、固体废弃物的安全处置等区域性重大环境问题，全面开展环境协同整治，避免环境互损，提升区域环境污染的共治共管和重要环境设施的共建共享水平。第一，加强区域水环境的协同治理。按照流域治理、系统治理和连片整治的模式，建立以小流域为单元的水污染综合防治体系，促进污水处理设施的跨界共享或联动，合力推进长江及主要支流、京杭运河、大中型湖泊的水质、水量同步检查与信息共享和跨界断面的合作治理，并探讨建立区域性水生态补偿机制。第二，推进区域大气环境的综合治理。实施区域性重点行业、重点区块和关键企业的污染排放总量控制和排污权区域交易体系。严格执行新的《环境空气质量标准》，并在《“绿色青奥”区域大气环境保障合作协议》的基础上，形成常态化的新行动协议。第三，开展固体废弃物处置的区域合作。加强垃圾处置管理的城乡和区域统筹，优化垃圾填埋场和焚烧点的布局，避免城际边界地区成为污染物堆弃的管理盲区。

7.4.6 区域科技研发合作和构建创新型同城发展区域

作为科教资源密集和城际之间创新联系密切的同城化区域，宁镇扬同城化地区需要瞄准建设创新型同城化发展区的目标，促进核心城市与外围城市共建区域性创新合作平台，引导各类创新要素走向都市圈的边缘洼地创新创业，促进核心城市高端要素与边缘地区低成本空间的有机结合，形成优势互补、圈域贯通的创新链。完善城际间的利益共享与风险共担机制，培育都市圈创新要素，基于市场机制和企业主导的城际间、部门间、行业间的合作体系，促进创新链和产业链的融合，助推圈域创新协同的可持续发展。构建同城化创新生态系统，密切关注区域内各类创新主体的创新活动，优化区域创新环境，加大创新意识的培养、创新型人才的培育、非政府组织和非营利组织孵化系统的构建等，从而激发城际创新合作和协同。

本章注释

① 江苏省统计局 . 策应大战略 共建“宁镇扬”[EB/OL]. [2016–11–28]. http：//www.jssb.gov.cn/jstj/fxxx/sxfx/200611/t20061128_7828 4.htm.2006.

② 南京市统计局，国家统计局南京调查队 .2014 年国民经济和社会发展统计公报 [EB/OL]. [2015–04–02]. http：//jsnews.jschina.com.cn/system/2015/04/02/024205395.shtml.

③ 李子俊 . 宁镇扬三地行业协会将“资源共享”[N]. 南京日报，2008–04–29.

④ 依据中国校友会网研究团队发布的《2014 中国大学评价研究报告》，本书中提及的高校为报告研究范围内所有的上榜高校。南京都市圈内的高校共计 31 所，长三角核心区（除南京都市圈）内的高校共计 56 所。

⑤ 王兴平，冯淼，顾惠 . 城际创新联系的尺度差异特征分析：以长三角核心区为例 [J]. 东南大学学报（哲学社会科学版），2015，17（6）：108–116.

⑥ 朱凯 . 中国创新型都市圈的特征与演化路径研究——基于南京都市圈的实证分析 [D]：[博士学位论文]. 南京：东南大学，2015.

⑦ 江苏省人民政府 . 宁镇扬同城化发展规划 [Z]. 南京，2014.

⑧ 杨家栋 . 构建“宁镇扬经济板块”的几点思考 [J]. 扬州大学学报（人文社会科学版），2007，11（1）：14–18.

⑨ 参考《宁镇扬同城化发展规划》成果的相关内容进行了优化。

⑩ 参考《宁镇扬同城化发展规划》成果的相关内容。

8 京沪高铁沿线站点地区的空间利用

8.1 京沪高铁沿线站点地区概况

本书研究的“高铁站点地区”是依托高铁及其站点建设的有利条件，在系统的城市规划设计引导下，对高铁枢纽站及其周边地区进行规模化成片开发、承担一定城市和交通功能的区域。

京沪高铁是中国“四纵四横”客运专线网的其中“一纵”，贯穿中国华北和华东地区，连接京津冀、山东半岛、淮海城市群、长三角等几大经济区域，横跨海河、黄河、淮河、长江四大水系。其沿线共设置有北京南站、廊坊站、天津西站、天津南站、沧州西站、德州东站、济南西站、泰安站、曲阜东站、滕州东站、枣庄站、徐州东站、宿州东站、蚌埠南站、定远站、滁州站、南京南站、镇江南站、丹阳北站、常州北站、无锡东站、苏州北站、昆山南站及上海虹桥站 24 个站点。

截至目前，除了在北京南站和天津西站等结合原有站区进行建设之外，在已有的天津南站、沧州西站、济南西站、泰安站、枣庄站、徐州东站、宿州东站、蚌埠南站、滁州站、南京南站、镇江南站、常州北站、无锡东站、苏州北站、昆山南站、上海虹桥站 16 个站点的周边进行了规模化的开发建设，少数几个城市已经建成结构相对完整、功能相对平衡的高铁新城地区。总体来看，京沪高铁沿线类型多样、开发阶段各异的站点地区具备了进行实证调查研究的可能性与系统比较研究的可行性，并在全国的高铁站点地区开发建设中具有领先性和示范意义。

综合考虑各高铁站点地区的规划建设概况以及合理的功能半径，本书以京沪高铁沿线各站点为圆心，分别以 2 000 m（特大城市与大城市）、1 500 m（中小城市）为半径的范围作为调研区域，并综合考虑规划建设情况、地块完整性等因素，最终确定实际的研究范围（图 8–1），对各站点地区的空间功能、空间布局、空间形态和空间联系等进行研究。

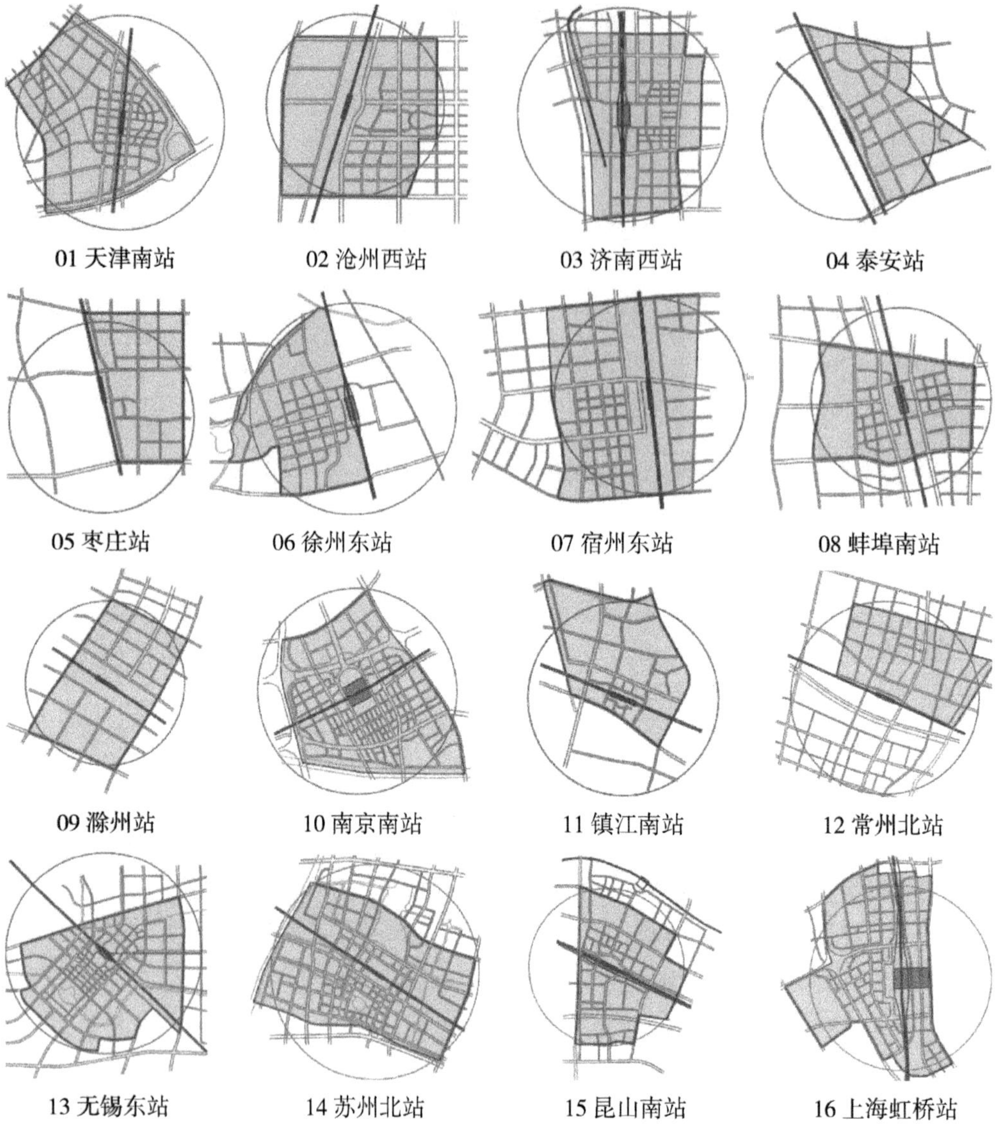

图 8-1　京沪高铁沿线站点地区调研范围示意图

8.2　京沪高铁沿线站点地区与所在城市的关系

调研发现，按照空间区位可以将京沪高铁沿线站点分为三类：特大城市是以城中站为主，区域性大城市是以城边站为主，中小城市是以城外站为主。在京沪高铁沿线的 23 个城市 24 个站点中，位于城市外围的高铁站点有 11 个，位于城市边缘的高铁站点有 7 个，位于城市内部的高铁站点有 6 个。由于所处区域位置和所在城市规模、站点区位、站点等级、站点性质的不同，其规划定位以及实际开发建设情况等均存在显著差异。

高铁站点在城市中的位置选择关系到高铁站点周边地区的发展定位和功能布局（表 8-1）。① 高铁站点位于城市内部，周边开发建设已经较为成熟，城市发展以功能更新为主，强化既有城市中心，属于内生式发展；② 高铁站点位于城市边缘，这类地区在空间上与主城区并无明显的边界划分，周边开发建设中旧工业厂房的功能更新和新建用地并存，有潜力成为城市新的发展极或者次中心，属于延伸式发展；③ 高铁站点位于城市外部，这类地区在空间上与主城区有明显的功能隔断，距离较远，周边开发建设以新建设用地为主，且开发强度普遍较低，发展条件受限，属于跃迁式发展。

表 8-1 京沪高铁沿线站点地区区位分类和建设概况一览表

	没有开发	有一定开发	有一定开发和形成了规模	原有的建成度较高	原有建设更新已基本完成
城中站	—	—	南京南站	北京南站、廊坊站、昆山南站	天津西站、上海虹桥站
城边站	—	枣庄站、苏州北站	天津南站、济南西站、泰安站、徐州东站、无锡东站	常州北站	—
城外站	德州东站、定远站、滕州东站、丹阳北站	曲阜东站、滁州站	宿州东站、镇江南站、沧州西站、蚌埠南站	—	—

通过对各个城市地图的量算，各站点与所在城市中心节点、站区与城市建成区边缘的空间距离如表 8-2 所示。

表 8-2 京沪高铁沿线站点地区区位条件一览表

站点名称	站点与所在城市中心节点距离（m）	站点地区与所在城市建成区边缘距离（m）
北京南站	4 700	—
廊坊站	1 300	—
天津西站	4 100	—
天津南站	14 700	1 800
沧州西站	6 500	200
德州东站	9 600	6 400
济南西站	11 900	0
泰安站	8 400	0
曲阜东站	7 900	5 500
滕州东站	9 100	5 900
枣庄站	3 800	960
徐州东站	9 100	0
宿州东站	25 500	21 400
蚌埠南站	7 800	3 600
定远站	14 700	11 800
滁州站	9 700	4 800
南京南站	8 400	—
镇江南站	6 000	2 100
丹阳北站	9 500	4 400
常州北站	9 100	0
无锡东站	14 100	2 100
苏州北站	12 400	0
昆山南站	4 600	—
上海虹桥站	17 900	—

总体来看，京沪高铁沿线城市的城、站空间区位关系与所在城市的规模能级具有一定的关联性：一是以北京、上海等特大城市为代表的“城中站”；二是以济南等其他区域性城市为代表的“城边站”；三是以中小城市为代表的“城外站”。小城市的高铁站点地区距离城市大多比较远，这既反映出城市对高铁所带来的城市扩展的预期较大，也反映了小城市在高铁站点地区选址方面的发言权较少。而就高铁站点与城市中心节点的距离而言，大城市的高铁站点距离城市中心区的距离均相对适中，能兼顾站点和城市的交通联系与城市的开发建设，并逐步发展成为城市的中心之一；小城市的高铁站点选址或者离城市中心过远，无法接受城市辐射，或者仅在老站基础上改建，未能带给城市空间格局进一步优化的动力。

除了上述的空间区位关系之外，高铁站点和站区作为所在城市重要的组成部分，相互之间具有密切的功能联系，其基本状况如表 8-3 所示。

表 8-3　京沪高铁沿线站点地区区位和建设概况一览表

站点名称	规划承担的城市功能	现状分担的城市功能
北京南站	交通运输、商务功能	交通运输、居住
廊坊站	交通运输	交通运输、居住
天津西站	综合交通枢纽功能与城市商务功能	交通运输、商贸物流、文化创意
天津南站	高铁交通枢纽、商贸服务、先进制造业、居住	交通运输、制造业、居住
沧州西站	商务商业、行政管理，商贸金融、文教体育	交通运输、行政管理、文体教育
德州东站	交通商务、城市居住与综合服务、工业产业	交通运输
济南西站	承担商务、会展、文化等职能，作为城市的门户和窗口	交通运输、商务商业、文化会展、旅游服务、居住
泰安站	公共服务、城市居住	交通运输、居住
曲阜东站	居住、商贸、休闲娱乐	交通运输
滕州东站	交通运输	交通运输
枣庄站	城市客厅	交通运输
徐州东站	交通运输、商务商业、居住服务	交通运输、创意研发、居住
宿州东站	交通运输、现代物流、商贸服务、生产服务	交通运输、现代物流、商贸服务、生产服务
蚌埠南站	交通运输、文教体育、教育、居住	交通运输、商业、公共服务、教育、居住
定远站	交通运输	交通运输
滁州站	交通、商贸、文化、娱乐、居住	交通运输、商贸物流
南京南站	承担商务商业功能，作为城市级副中心	交通运输、商务商业、居住
镇江南站	交通运输、行政、商务办公、文化	交通运输、居住
丹阳北站	现代商务信息服务、文化休闲	交通运输
常州北站	综合交通、行政服务、商务办公、商业购物、文化休闲、生态居住	交通运输、居住
无锡东站	交通运输、现代生产服务	交通运输、商务商业、居住
苏州北站	交通运输、现代生产服务、综合服务中心	交通运输、商务办公
昆山南站	交通枢纽	交通运输、居住
上海虹桥站	交通运输与服务、商务商业功能	交通运输、商务商业、总部经济、文化会展

通过分析表 8-3 可以发现，各站点所承担的城市功能与所在城市的规模能级、站点与城市距离具有一定的关联性，城市的规模能级越高，站点地区所承担的功能越发多样化与复合化，其功能等级也越高。而随着站点与城市主城区的距离逐步加大，站点地区所承担的城市功能多元化程度也越高。

此外，就站区、城区、园区的空间布局关系而言目前有三种规划模式：有围绕站点圈层式拓展，站区、城区、园区高度叠合包绕布局的；有以站点到城市中心区主要道路为骨架、三区串联式开发的；也有以站点和城区联系轴为依托、自内而外分层布局的。当然还有其他一些模式。

8.3 京沪高铁沿线站点地区功能发展分析

为充分发挥高铁站点地区的交通区位优势以及人流、信息流的集聚效应，大部分城市将高铁站点地区定位为新的经济增长区域。通过对其相关规划进行解读和实地调研，发现各个站点地区主要规划布局有商业、商务办公、居住、公共服务等功能；部分站点地区规划布局有城市次区域级行政办公、仓储物流、文化创意科研以及文化会展等功能；个别站点地区规划布局有工业、高等教育等功能。如果将商业、商务办公、居住、公共服务功能所对应的 R/B/A 类的城市建设用地功能类型定义为主体功能，将文化创意科研、仓储物流以及工业合并对应 Q 类其他用地功能类型，各站区规划功能用地的构成如表 8-4、表 8-5 所示。

表 8-4　京沪高铁沿线 16 个站点地区的规划功能用地构成一览表

编号	站点	站区规划功能类型	各类规划用地面积（hm^2）	主体功能用地面积（hm^2）			Q 类
				R 类	B 类	A 类	
1	天津南站	居住、商业、商务办公、行政办公；工业	373.7	209.9	105.8	19.5	38.5
2	沧州西站	居住、商业、商务办公；仓储物流	264.2	111.9	119.2	9.3	23.8
3	济南西站	居住、商业、商务办公、行政办公；文化会展	334.8	125.6	155.1	54.0	—
4	泰安站	居住、商业、商务办公、行政办公	231.2	144.4	52.3	34.5	—
5	枣庄站	居住、商业、商务办公	161.5	65.8	86.2	9.6	—
6	徐州东站	居住、商业、商务办公；文化创意科研、仓储物流	310.8	164.9	85.7	32.5	27.7
7	宿州东站	居住、商业、商务办公；仓储物流	338.7	160.7	83.8	5.0	89.2
8	蚌埠南站	居住、商业、商务办公；高等（大学）教育	280.9	149.4	71.9	59.6	—
9	滁州站	商贸、居住	221.7	129.9	77.5	14.3	—
10	南京南站	居住、商业、商务办公；文化创意科研	343.1	138.4	169.9	24.3	10.4
11	镇江南站	居住、商务办公	200.9	169.5	25.1	6.3	—
12	常州北站	居住、商业、商务办公、行政办公	316.3	199.2	85.9	31.2	—
13	无锡东站	居住、商业、商务办公	412.0	249.7	110.1	52.2	—
14	苏州北站	居住、商业、商务办公；文化创意科研	324.3	151.7	109.7	57.4	5.4
15	昆山南站	居住、商业、商务办公	240.3	164.5	49.0	21.7	—
16	上海虹桥站	居住、商业、商务办公；文化会展、仓储物流	375.2	70.8	157.4	107.1	39.8

注：Q 类用地包括文化创意科研用地、仓储物流用地以及工业用地等。

表 8-5　京沪高铁沿线站点地区已建设的主体功能用地一览表

站点	研究范围（hm^2）	规划面积（hm^2）	已建设用地面积（hm^2）						
			已建设总面积（hm^2）	其中在建面积（hm^2）	其中各类主体功能用地已建设面积（hm^2）				其他
					居住	商业	商务办公	公共服务	
天津南站	752.2	373.7	116.4	18.8	87.6	17.0	1.6	10.2	—
沧州西站	697.7	264.2	19.5	19.5	—	—	19.5	—	—
济南西站	701.0	334.8	114.9	44.6	70.3	5.6	16.9	22.1	—
泰安站	399.0	231.2	161.9	53.3	119.5	10.0	6.1	26.3	—
枣庄站	312.5	161.5	34.0	8.3	14.4	14.6	—	5.0	—
徐州东站	582.3	310.8	133.9	37.4	72.3	27.9	1.7	23.5	8.5
宿州东站	663.2	338.7	69.1	19.2	34.7	4.7	5.1	1.4	23.2
蚌埠南站	427.8	280.9	129.5	16.4	60.6	10.4	4.5	54.0	—
滁州站	482.3	221.7	7.7	—	5.1	2.6	—	—	—
南京南站	776.7	343.1	159.8	43.2	75.0	35.5	25.2	13.7	10.4
镇江南站	347.6	200.9	78.8	27.5	73.5	3.1	2.2	—	—
常州北站	852.6	316.3	143.7	4.1	100.6	11.9	—	31.2	—
无锡东站	720.3	412.0	144.4	79.8	93.7	8.8	4.0	37.9	—
苏州北站	821.2	324.3	17.4	15.8	4.7	4.8	7.9	—	—
昆山南站	448.9	240.3	152.0	2.8	120.7	4.0	10.6	16.7	—
上海虹桥站	916.9	375.2	269.6	40.2	70.8	33.5	58.2	107.1	—

8.3.1　高铁站点地区功能用地规模

对京沪高铁沿线各站点地区的规划功能用地进行分析发现，16 个站点地区主体功能规划总用地面积平均为 289.9 hm^2，其中枣庄站主体功能规划总用地面积最低为 161.5 hm^2，无锡东站最高为 412.0 hm^2；主体功能规划用地平均占区域总用地面积的 50.8%，大部分站点地区主体功能用地占比在 45% 以上，仅上海虹桥站和沧州西站由于场站等占用大面积的对外交通用地而低于这一比例。总体来看，各高铁站点地区规划中约一半的规划用地用作各项主体功能用地，其余用地作为道路交通用地、铁路用地、绿地及水域等。

对各站点地区实际开发的各功能用地进行分析发现，建设至今，16 个站点地区已建设用地面积平均为 112 hm^2，其中在建用地规模平均为 82.5 hm^2；站点地区用地开发面积占规划面积的比例平均为 38%，其中已建成面积占规划面积的比例平均为 28%。由于受到城市规模、站点区位、建设时间等因素的影响，不同高铁站点地区的已建设用地规模存在较大差异，其中上海虹桥站站区的已建设用地规模远高于其他站区，达到 269.6 hm^2，最小的滁州站已建设用地规模仅为 7.7 hm^2。

根据站点地区已建设主体功能用地规模及其占规划主体功能用地的比例，可以将站点地区的开发程度分为显著、较为显著和不显著三种基本的开发类型。站点地区已建设主体功能用地规模在 100 hm^2 以上且已建设占规划主体功能用地的比例超过 60% 为显著开发，这类站区包括上海虹桥站、泰安站、昆山南站、徐州东站四个站区；站点地区已建设主体功能用地规模在 50 hm^2 以上且已建设占规划主体功能用地的比例在 30%—60% 为较为显著开发，这类站区包括南京南站、蚌埠南站、常州北站、无锡东站、济南西站、天津南站、镇江南站七个站区；站点地区已建设主体功能用地规模在 50 hm^2 以下且已建设占规划主体功能用地的比例在 30% 以下为不显著开发，这类站区包括宿州东站、枣庄站、沧州西站、苏州北站、滁州站五个站区（表 8–6）。

通过对站点地区已建设主体功能用地规模与城市人口规模、城市区位的关联性分析，可以看出站点地区已建设用地规模呈现大致的纺锤形分布格局，少量超大城市已建设用地规模较大，部分小城市已建设规模较小，而大量的大中城市已建设用地规模相对居中地集中分布；同时，已建设用地规模与站点区位高度相关，在同等城市中，城中站站点地区的开发程度要高于城边站，典型的如昆山南站，而城外站站点地区的开发程度要低于城中站，典型的如宿州东站（图 8–2）。

表 8–6　京沪高铁沿线站点地区已建设主体功能用地规模及其占规划主体功能用地的比例

	60%—100%	30%—60%	0%—30%
200 hm^2 以上	上海虹桥站	—	—
100—200 hm^2	泰安站、昆山南站、徐州东站	南京南站、蚌埠南站、常州北站、无锡东站、济南西站、天津南站	—
50—100 hm^2	—	镇江南站	宿州东站
50 hm^2 以下	—	—	枣庄站、沧州西站、苏州北站、滁州站

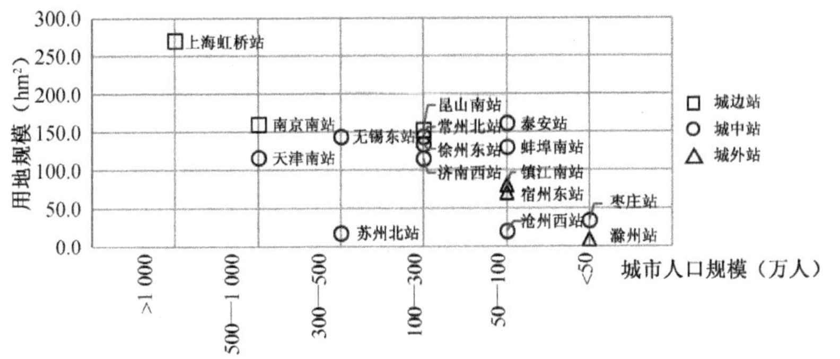

图 8–2　京沪高铁沿线站点地区已建设主体功能用地规模与城市人口规模及区位的关系

注：城市人口规模按城市建成区常住人口计算，由笔者根据城市分区统计人口推算。

8.3.2　高铁站点地区功能结构

高铁站点地区的功能结构通过功能用地比例可以得到一定的体现。通过对居住、商业、商务办公、公共服务及其他用地比例的分析，可以对高铁站点地区的功能结构进行分类，并进一步解析站点地区规划及建设的功能结构特征。

1）规划功能结构

以各站点居住功能用地占主体功能用地的比例为横轴、以商业和商务办公用地占主体功能用地的比例为纵轴，形成各站点地区的用地特征分布图（图 8–3）。L1 为居住用地与商业、商务办公用地之和占主体功能用地的 100% 的等值线；L2 为居住用地与商业、商务办公用地之和占主体功能用地的 85% 的等值线，即公共服务设施及其他用地之和为 15%；L3 为居住用地与商业、商务办公用地之比为 0.85 的等值线；L4 为居住用地与商业、商务办公用地之比为 0.35 的等值线。依据各站点用地结构的属性特征，将其功能结构分为以下三种类型：

第一类为居住主导型，其量化指标为：商业、商务办公用地与居住用地的比值为 0—0.35，且无特殊用地占比大于 15%。

第二类为均衡型，其量化指标为：商业、商务办公用地与居住用地的比值为 0.35—0.85，且无特殊用地占比大于 15%。

第三类为商业、商务办公主导型，其量化指标为：商业、商务办公用地与居住用地的比值大于 0.85，且无特殊用地占比大于 15%。

根据以上分类及其量化指标，16 个站点地区的规划功能结构分别是：镇江南站、昆山南站 2 个站点地区为居住主导型；宿州东站、天津南站、苏州北站、徐州东站、滁州站、蚌埠南站、无锡东站、常州北站、泰安站 9 个站点地区为均衡型；上海虹桥站、枣庄站、南京南站、济南西站、沧州西站 5 个站点地区为商业、商务办公主导型。

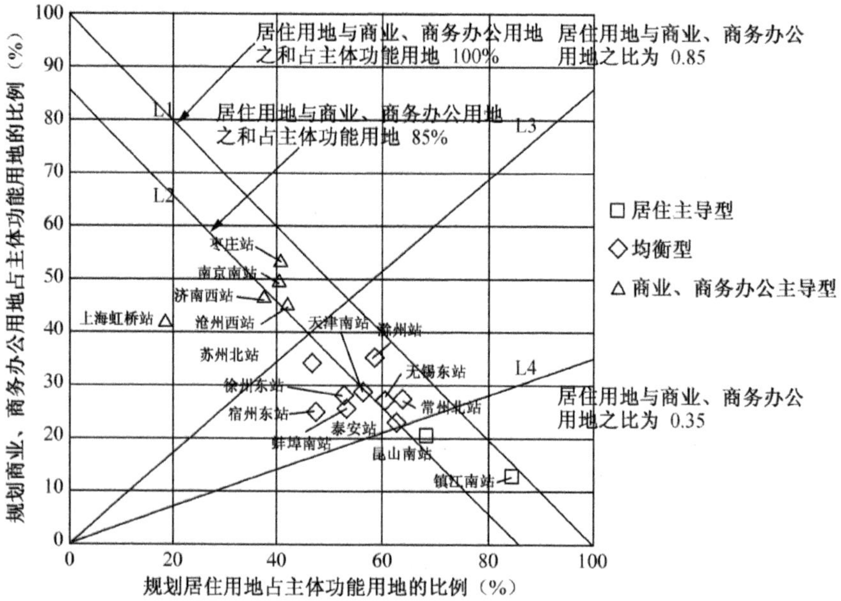

图 8-3 京沪高铁沿线站点地区所规划的居住、商业、商务办公与公共服务及其他功能用地关系图

2）已建设区功能结构

利用前文对各站点地区规划用地的分类标准，对各站点地区已建设的功能用地结构类型进行判定（图 8-4）。

居住主导型包括常州北站、无锡东站、泰安站、天津南站、昆山南站、镇江南站、宿州东站、蚌埠南站、济南西站 9 个站点地区。对比各站点地区可以发现，镇江南站、昆山南站和天津南站地区较为缺乏公共服务设施，而常州北站、无锡东站、泰安站、济南西站 4 个站点地区的公共服务设施充足，其中济南西站地区的商业、商务办公开发量也较大。

均衡型包括南京南站、徐州东站、滁州站 3 个站点地区。其中，滁州站地区仅开发了一个商住混合地块，未进行公共服务设施的开发；相对另两个站点，南京南站地区的商业、商务办公开发较为显著。

商业、商务办公主导型包括上海虹桥站、枣庄站、苏州北站、沧州西站 4 个站点地区。同时，通过对比 3 个站区商务办公、商业的占比情况，还可以细分为商务办公主导型、商业主导型、商业和商务办公均衡主导型。其中，沧州西站为商务办公主导型，其在建用地均为商务办公用地，枣庄站为商业主导型，苏州北站为商业、商务办公均衡主导型。

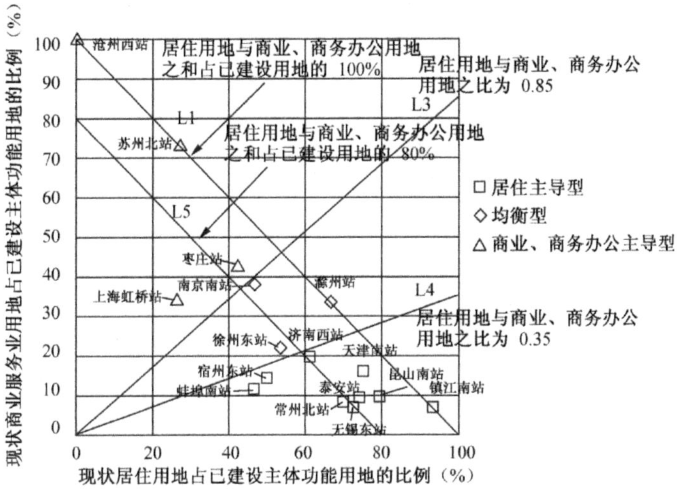

图 8–4 京沪高铁沿线站点地区已建设居住、商业、商务办公与公共服务及其他功能用地关系图

在这些站点地区中，上海虹桥站、宿州东站、蚌埠南站三个站区除居住、商业、商务办公外的其他功能较为突出。上海虹桥站的文化会展功能、宿州东站的仓储物流功能、蚌埠南站的高等教育功能用地占主体功能用地的比例都超过 15%。

对比各站点地区规划和已建设的功能结构可以发现，站点地区在建设初期以居住用地开发为主，与规划中强调商业、商务办公功能有所背离。其主要原因包括两方面：一方面是房地产开发可以较快回收站点地区的开发资金；另一方面是由于大多数站点位于城市边缘或外围，交通有待完善，人口集聚不足，还未形成发展商业、商务办公功能的有利条件。同时，站点地区开发呈现公共服务功能优先发展的特征，公共服务及其他功能占主体功能的平均比例从规划约 15% 提高到现状约 20%。公共服务功能带动站点地区开发、吸引城市人口的作用在站点地区开发中普遍受到重视。

8.3.3 高铁站点地区规划功能布局模式

首先，高铁站点地区还处在大规模建设中，其已建设区还未形成完整的功能布局，因此主要从规划角度分析高铁站点地区的功能布局。综合京沪高铁沿线 16 个站点地区的规划功能布局，从居住、商业和商务办公、公共服务设施用地三者之间的关系来看，各站点地区基本都以站点为核心布局商业、商务办公功能，居住用地围绕商业、商务办公功能布局，公共服务设施用地或处于站点边缘或处于居住用地之间，基本符合站点地区圈层式开发模式。

其次，作为站点地区核心功能的商业、商务办公用地，其布局模式可分为以下几种类型（表 8–7）：

第一类为“十”字形结构，即其商业、商务办公功能在沿高铁线路以及垂直于高铁线路的两个方向上发展。这类用地强调高铁沿线两侧共同开发，同时，沿高铁线路方向的发展受到站点周边环境的影响，如昆山南站沿高铁线路向东为昆山经济技术开发区主体区。

第二类为“T”字形结构，即其商业、商务办公功能在沿高铁线路以及垂直于高铁线路的两个方向上发展，但垂直于高铁线路方向的轴线仅向一侧展开，另一侧多为非城市功能的专属用地，如上海虹桥站的东侧为机场、济南西站的西侧为铁路编组站等。

第三类为垂直“一”字形结构，即商业、商务办公功能垂直于高铁线路方向发展，这类站点地区在轴线末端多布置有大尺度外部开放空间，如无锡站地区的映月湖公园，徐州站地区的金龙湖公园。

第四类为沿线式结构，即商业、商务办公功能沿高铁线路方向发展，如枣庄站沿高铁线路向北为枣庄新城区。

表 8–7　京沪高铁沿线站点地区规划用地图

“十”字形结构	 南京南站	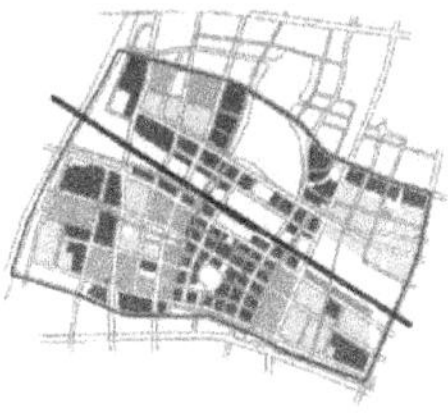 苏州北站	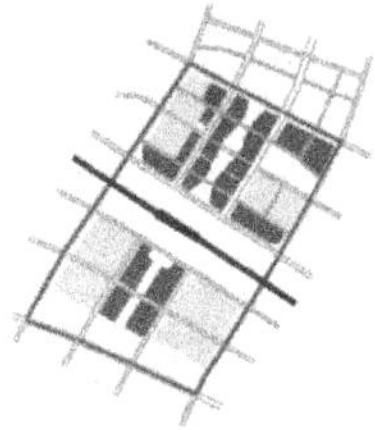 滁州站	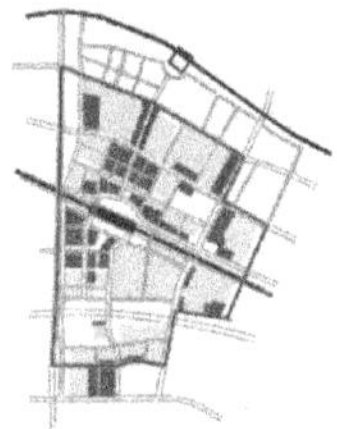 昆山南站
	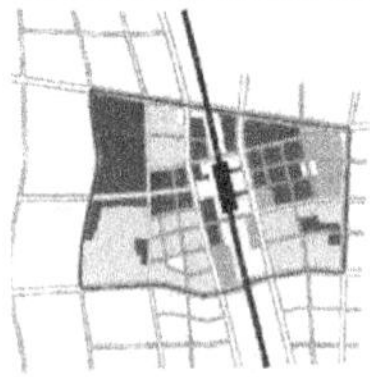 蚌埠南站	—	—	—
“T”字形结构	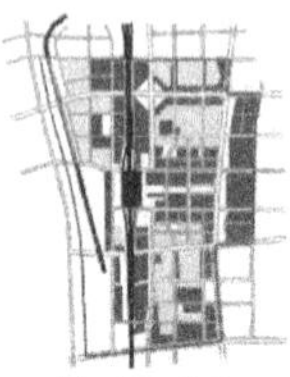 济南西站	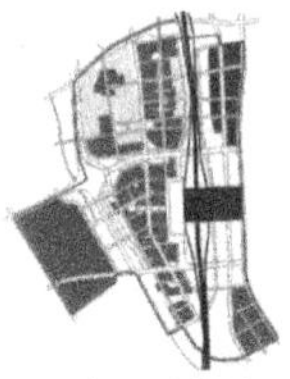 上海虹桥站	 天津西站	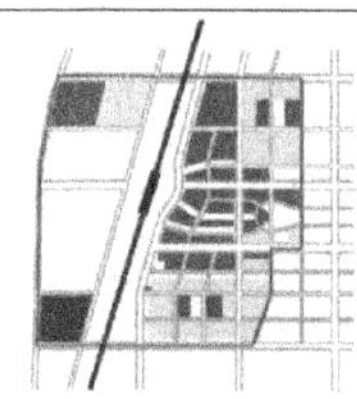 沧州西站
垂直“一”字形结构	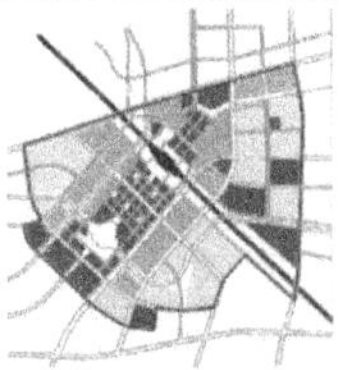 无锡东站	 徐州东站	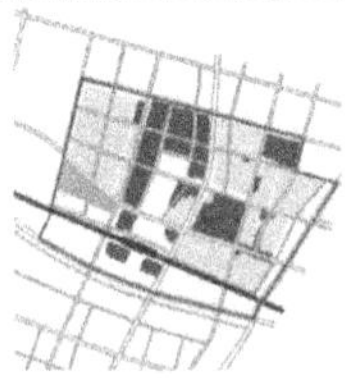 常州北站	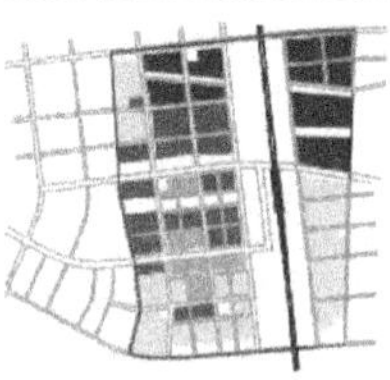 宿州东站
沿线式结构	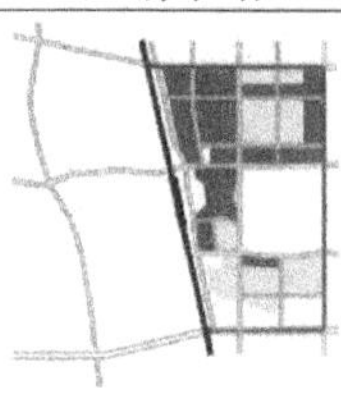 枣庄站	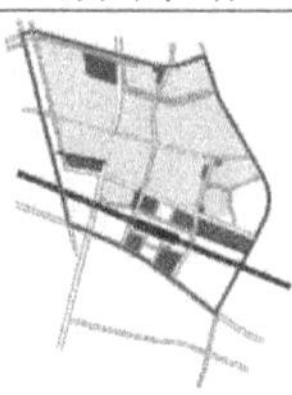 昆山南站	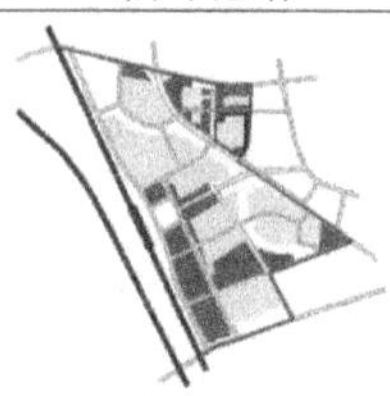 泰安站	—

8.3.4 高铁站点地区功能成长模式

如果从时间维度上对京沪高铁沿线 16 个站点地区的居住、商业、商务办公、公共服务及其他功能用地的成长演变历程进行梳理，可将各站点地区分为公共服务先发型、居住先发型、商业、商务办公先发型、均衡发展型四种功能成长模式。

1）公共服务先发型

这类站点地区包括泰安站、蚌埠南站、常州北站、无锡东站、昆山南站 5 个站点地区（图 8–5），在建设初期优先进行公共服务设施的建设，随后逐步进行居住、商业、商务办公功能的建设。这类站点在建设初期公共服务设施用地占比都较高，随后主要以居住用地增长为主，并进行为居民生活服务的零售商业用地的开发与配套。

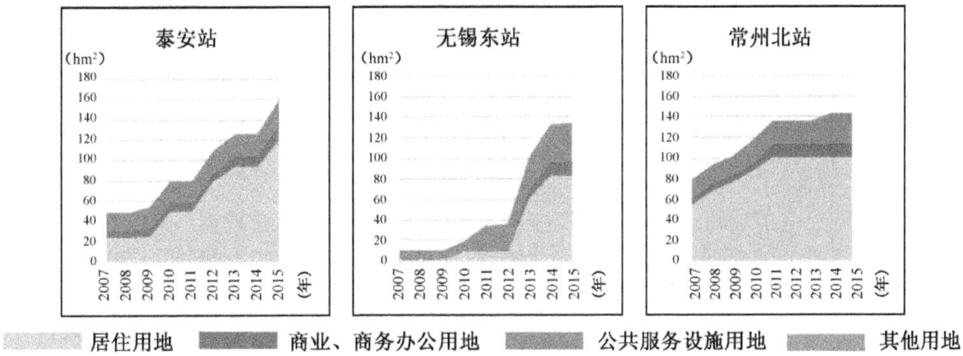

图 8–5　公共服务先发型站点不同功能用地的时间演变图

2）居住先发型

这类站点地区包括镇江南站、宿州东站、滁州站、上海虹桥站 4 个站点地区（图 8–6），先期重点建设居住功能，配以少量商业、商务办公用地，随后进行公共服务的配套建设。其中，宿州东站地区作为一个独立新建的产业园区，其仓储物流用地也作为优先建设的功能，以支撑产业园区的发展。

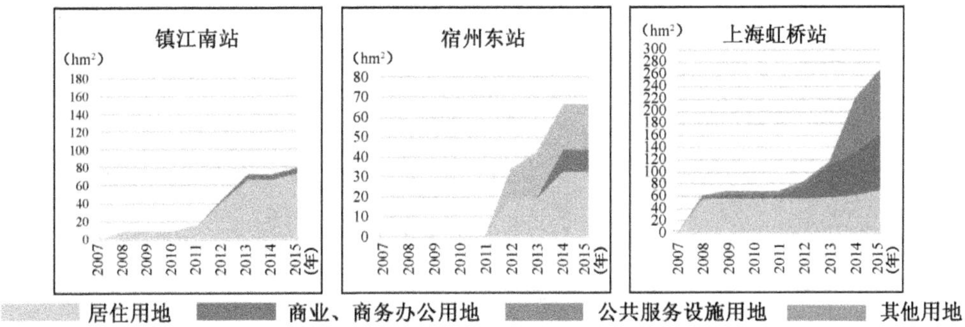

图 8–6　居住先发型站点不同功能用地的时间演变图

3）商业和商务办公先发型

这类站点地区先期重点开发商业、商务办公功能，包括南京南站、苏州北站、枣庄站、沧州西站 4 个站点地区（图 8–7）。其中，南京南站、枣庄站两个站点地区优先进行商业用地开发，苏州北站、沧州西站两个站点优先进行商务办公用地的开发。

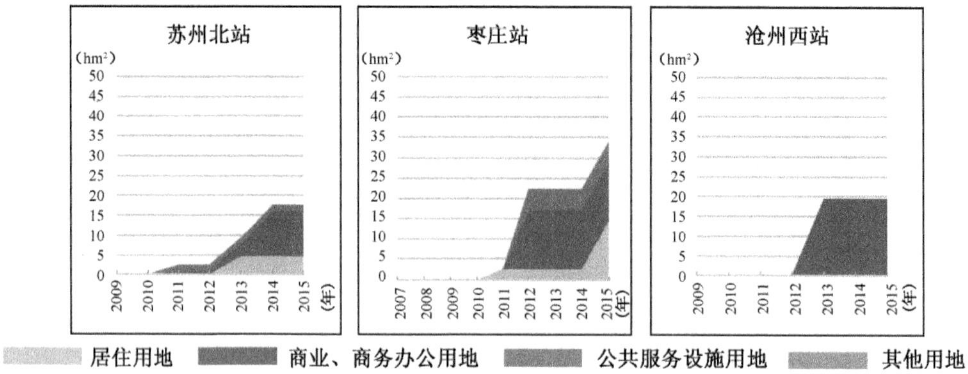

图 8–7　商业和商务办公先发型站点不同功能用地的时间演变图

4）均衡发展型

这类站点地区包括济南西站、天津南站、徐州东站 3 个站点地区（图 8–8），其在开发建设中居住、商业、商务办公、公共服务用地同步增长，站点各功能发展均衡，具有逐步形成功能相对完善的城市地区的可能性。

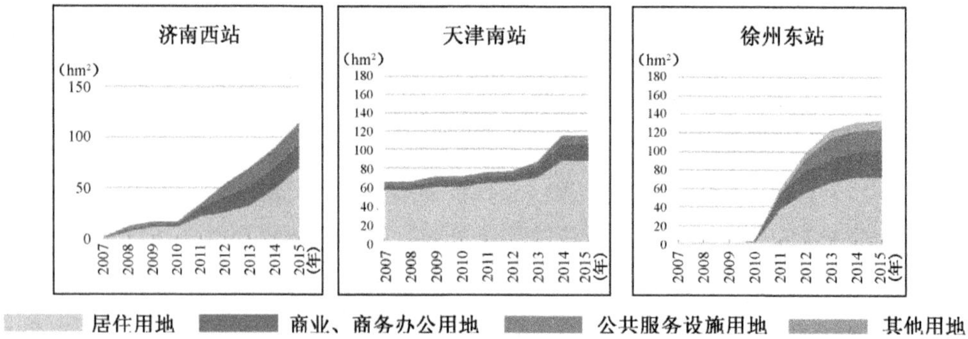

图 8–8　均衡发展型站点不同功能用地的时间演变图

8.4　京沪高铁沿线站点地区空间形态分析

京沪高铁沿线站点地区的空间形态包括其空间开发模式、总体空间格局、空间骨架、核心空间要素等方面，通过实证调研和归纳发现，各站点地区具有一些基本的类型、模式和发展演化规律。

8.4.1　高铁站点地区的空间开发模式

总体而言，沪宁高铁沿线站点地区的空间开发可以分为两种基本模式，一是在原有建设用地上的更新再开发模式，二是在新建设用地上的开发模式。京沪高铁沿线车站的选址方式主要有城中站、城边站、城外站三种类型，由于区位条件与周边建设条件的不同，这三种区位站点地区的空间开发模式不尽相同。一般而言，城中站多以更新和再开发为主，辅之以新开发；城边站多以新开发模式为主，辅之以更新和再开发；城外站则以新城（新区）开发为主。

1）城中站周边地区空间开发模式

京沪高铁沿线集中新建的城中站周边地区有南京南站、昆山南站、上海虹桥站三个站点，该类站点周边地区的空间演替模式主要有更新和再开发、预留用地开发两种模式（图8-9）。

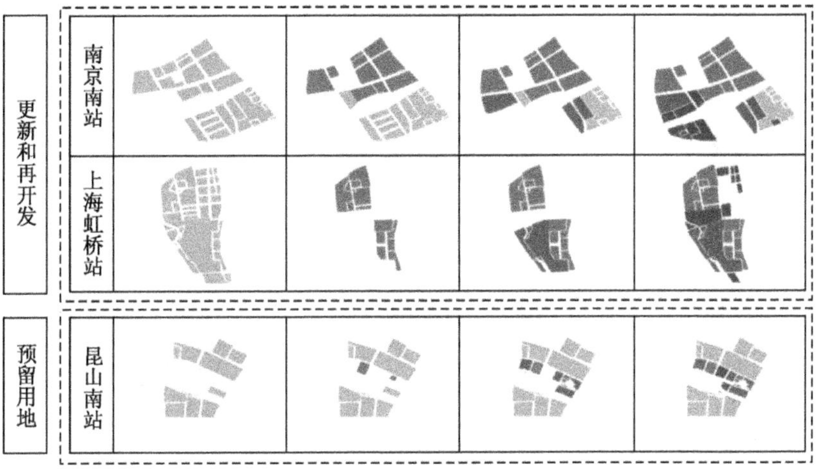

图 8-9　城中站周边地区空间发展过程

（1）更新和再开发模式。这种模式以南京南站、上海虹桥站周边地区为例。虽然该类地区在高铁站建设之前就已基本完成了城市化，但是原有开发层次低，难以体现高铁站点地区的价值。高铁站点地区建设极大地提升了其空间价值，再开发可以带来极其可观的效益，因此采取了统一征地、整体再开发的建设模式，基本完全置换了周边的原有功能。

（2）预留用地开发模式。在这种模式的开发中，高铁站点地区的建设用地已经事先通过规划加以预留和控制，高铁站在已建区的预留地块中建设，整体的空间开发呈现一种在站区和外围居住用地之间逐步填空补齐的模式。昆山南站就是比较典型的模式，其周边的住宅等功能已经先于高铁站建成，但是站点周边用地事先得到控制，在站点建设和运营之后，站点地区的相关开发活动就利用外围住宅和站点之间的预控用地展开。

2）城边站周边地区空间开发模式

京沪高铁沿线的城边站有天津南站、济南西站等七个站点。部分站点地区在高铁建设之前就有一定规模的开发，部分则是完全新建。该类站点周边地区的空间拓展模式主要有空间整合与再开发、完全新建两种模式（图 8-10）。

（1）空间整合与再开发模式。该类地区在原有开发的基础上，依托高铁站点建设的拉动，进一步进行该地区空间的开发与完善。如天津南站周边地区为天津西青区张家窝镇，其在天津南站建设之前便有较大规模以居住与工业为主的开发。高铁站的投入使用进一步推动了该地区的空间建设，其建设规模扩大，路网进一步完善，品质也相应提高。

（2）完全新建模式。此类站点周边原有基础较为薄弱，没有大规模的开发，基本按照规划的理想布局进行建设，易于形成整体的空间架构，统一布局功能空间。如济南西站、徐州东站周边地区。

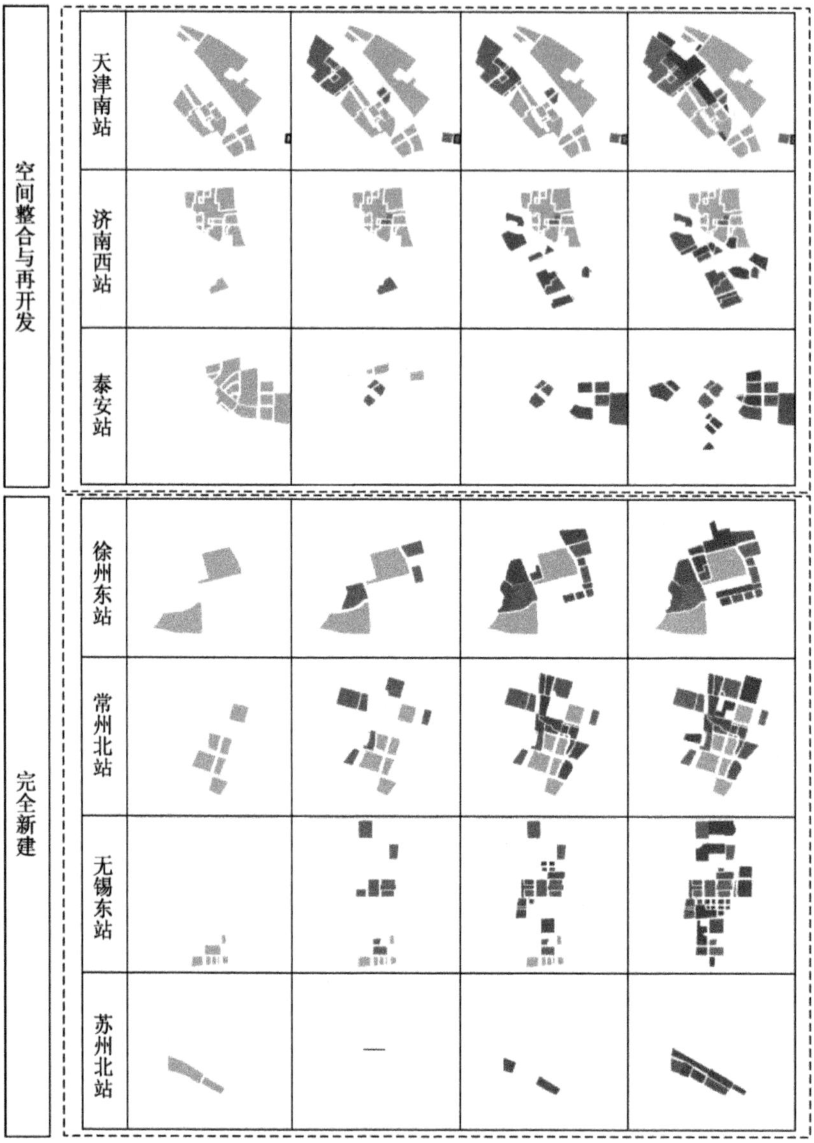

图 8-10　城边站周边地区空间发展过程

3）城外站周边地区空间开发模式

城外站所在的城市多为中小城市，经济实力相对一般，虽有多地提及高铁新城的概念，但实际建设量却较少。只有沧州、宿州、蚌埠、镇江等城市的高铁站点地区进行了一定规模的开发。这些站点周边地区作为新建地区，完全按照规划进行有序的开发建设（图 8-11）。

沧州将新建的行政、文化、体育中心通过城市主干道与高铁站连接，形成新城的发展轴，并在轴线两侧进行高强度开发；宿州东站依托宿州—马鞍山现代产业园进行开发；蚌埠南站依托大学城的建设，将站前片区打造成了一个相对独立的城市组团；镇江南站周边地区基本以居住功能的连片开发为主。

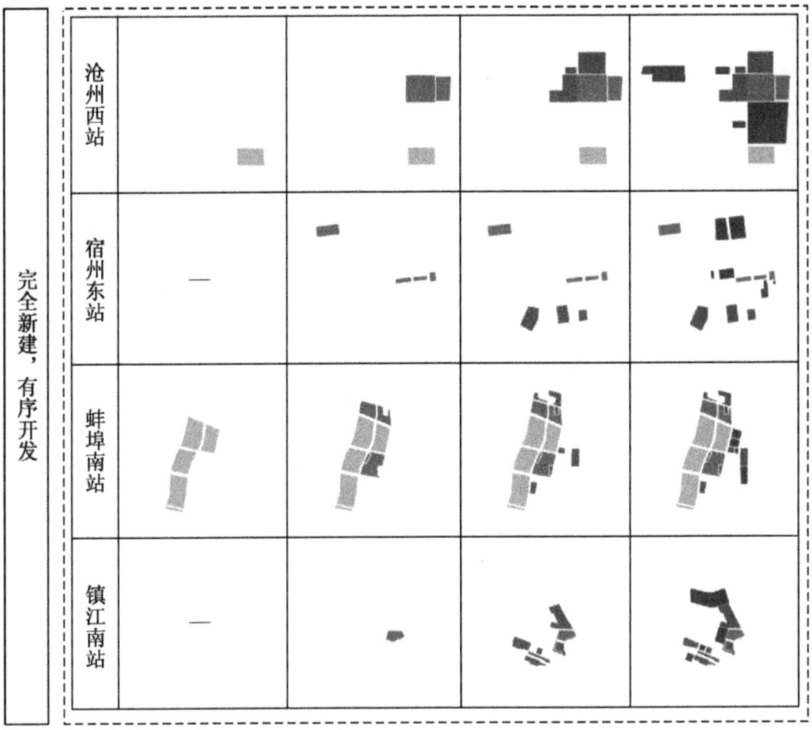

图 8-11　城外站周边地区空间发展过程

8.4.2　高铁站点地区的道路交通网络

高铁站点周边地区的路网建设由于各地区的发展条件、发展阶段、发展路径不同，存在较大差异，现阶段主要呈现以下四类路网形态：第一类为路网成熟型，即站点地区道路网建设基本完成，包括济南西站、泰安站、镇江南站、无锡东站、昆山南站、上海虹桥站。这类站点地区开发程度高，除无锡东站以及济南西站土地开发较为滞后以外，其他四个站点主体功能用地开发都已完成 60% 以上。第二类为路网部分成熟型，即站点地区内某一片区路网基本完善，但其他片区路网有待完善，包括天津南站、枣庄站、徐州东站、蚌埠南站、常州北站。这类站点地区开发多为分片区实施，先开发地区路网完善，后开发地区仅进行通站道路或主干路建设，例如蚌埠南站铁路以西先期以大学城为主进行开发，该片区路网建设已经完成，而铁路以东地区的开发还未大规模进行，其路网仅建设了主干路。第三类为路网框架完成型，即站点地区主干路网建设基本完成、次级道路建设有待完善，包括宿州东站、滁州站、南京南站。这类站点地区在开发初期进行了路网框架的统一建设，再逐步实施次级道路网建设以及土地二级开发，土地开发相对道路建设较为滞后。第四类为路网起步型，即只有单一的通站大道以及通往城市的主干路，包括沧州西站、苏州北站。这两个站点的开发时间短且都集中开发临近轴线及站点周边的商业用地，道路建设较为滞后。

京沪高铁沿线各个站点地区的交通设施现状因城市发展有所差异，部分城市站点地区路网纵横，密度大，而部分城市仅建设了基本框架，尚未形成完善的道路网体系。本书根据高铁站点周边地区道路网和公交站点现状，归纳出三种路网形态：单轴拓展式、均质式、空心式。

1）单轴拓展式

这种模式的公交系统和道路网结构相对比较简单，公交线路走向的设置与高铁站点地区和城市之间主体客流的流向基本保持一致，在一些开发缓慢的地区，由于路网的限制，公交线路几乎呈直线状布置。这种形态的道路网主要出现在城市外围的高铁站点周边地区，受城市与高铁站点地区的空间距离的影响，站点地区的经济发展与建设水平较为薄弱，道路设施的建设状况也相对落后，初步的道路网体系尚未完成，路网形态比较单一，公交系统难以发展起来（图 8–12）。

以沧州西站和曲阜东站为例，沧州西站的站前区域内目前仅有四条道路，且两条主要的道路均是通往主城方向的道路，其中一条道路两侧已建成部分商务办公楼，另一条道路两侧仍是村庄建设用地，公交站点集中分布在通往城市的商务办公区轴线上；曲阜东站的研究区域内目前仅建成站前的局部路网和一条通往主城的道路，研究区域内原有的村镇道路尚未进行规划整治，尚无公交站点。部分地区基本路网框架已经建设完成，由于土地开发进度的缓慢，地区内的公交站点尚未进行规划，道路的使用程度较低。

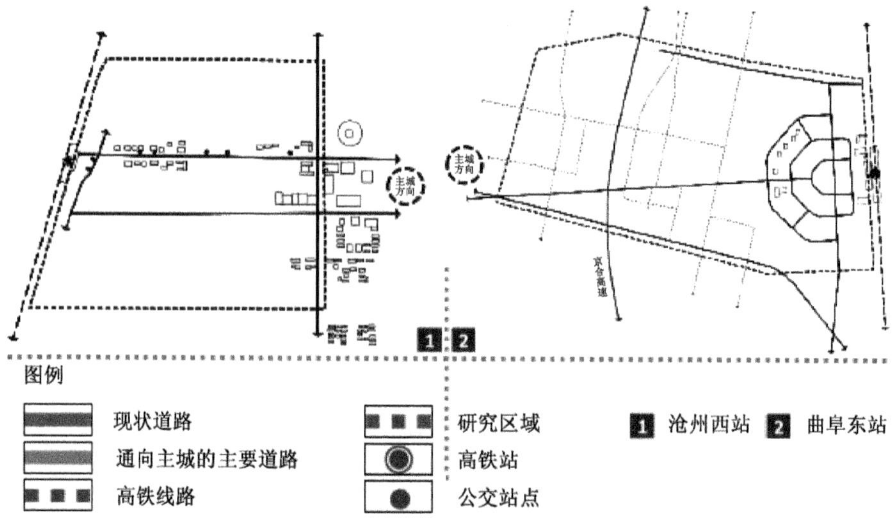

图 8–12　单轴拓展式

2）均质式

这种模式的主要特征是地区内各个片区的路网建设较为均衡，路网密度相差不大，地区内道路系统的建设较为完善，使用程度也较高，部分地区内的快速公交和地铁已经投入使用。在这种模式下，公交线路走向较为复杂，但总体会沿着城市发展的方向进行延伸，公交站点均匀分布在各个片区内。这种模式的站前核心区和外围地区路网均有一定密度的开发，有利于土地价值的最大化（图 8–13）。

以天津南站和常州北站为例，天津南站的站前区域内的城市道路主要沿东西向发展，道路网体系较为完善，地区周边有两条高速公路，其中津沧高速通往主城区，地铁 3 号线终点站设在高铁站内，公交站点均衡分布在居住区周边的道路上；常州北站区域内的城市道路主要沿南北向发展，高铁站以北地区的道路体系较为完善，南部地区已建成基本的路网框架，沪宁高速从区域内横穿而过，公交站点均衡分布在北侧的居住片区内。

3）空心式

这种模式的主要特征是站点地区本身已经具备了一定的发展基础，道路系统的建设相对更加完善，与城市的联系也更加紧密，但这类站点的站前核心区路网密度较小，外围地区路网密度较大，探究其原因可能是站前核心区已规划为发展预留用地，留作未来高密度开发（图 8–14）。

以北京南站和上海虹桥站为例，北京南站区域内的主要路网框架基本建设完成，由于土地开发利用程度高，区域内的次一级道路和小区内部道路建设也比较完善，公交站点在区域内均匀分布；上海虹桥站区域内的路网密度大，分布均匀，有两条地铁线路经过高铁站点地区，公交站点主要分布在北部商务片区内。廊坊站地区和昆山南站地区受北京和上海辐射的影响，客流较大，道路体系发展也比较完善。

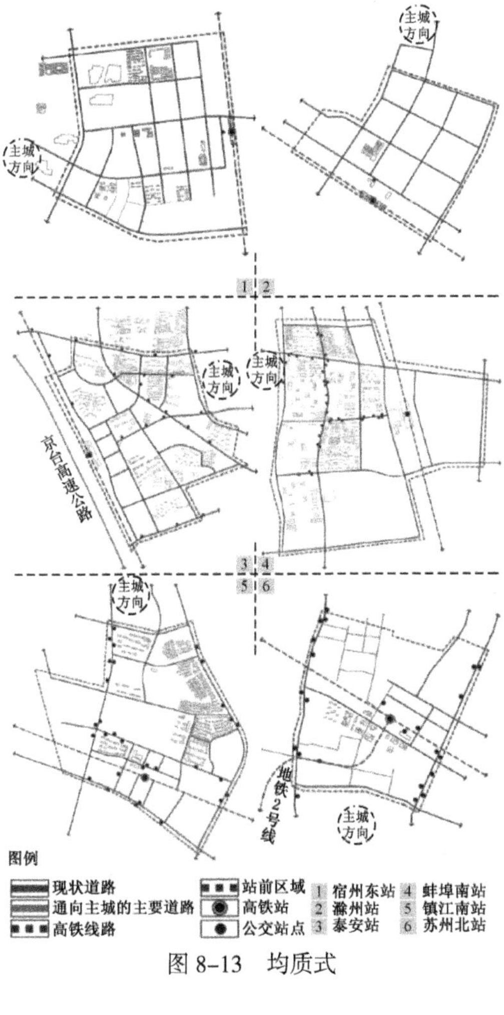

图 8–13　均质式

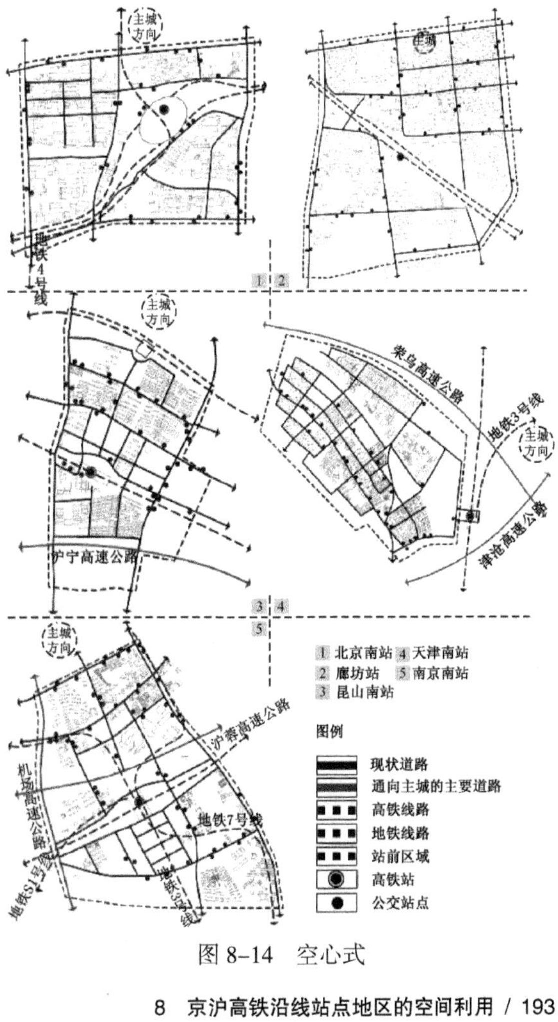

图 8–14　空心式

8.4.3 高铁站点周边地区的道路系统与土地利用

道路系统的建设和周边土地的开发利用状况是息息相关的，两者之间的协同发展是资源最大化利用的有效保障。道路系统的建设是先于土地开发的，通常在居住用地和商业、商务办公用地集中的地方，道路网密度较大，公共交通设施点密集。目前，高铁站点地区周边的功能开发主要是居住用地和商业、商务办公用地的开发。在各种经济、社会要素以及城市规划的作用下，不同城市高铁站点周边地区的功能定位也有所差异，因此也就出现了不同的开发建设状况。根据开发时序的不同，高铁站点周边地区的建设开发可以归纳为协同发展型、土地开发滞后型、交通发展滞后型三种类型。

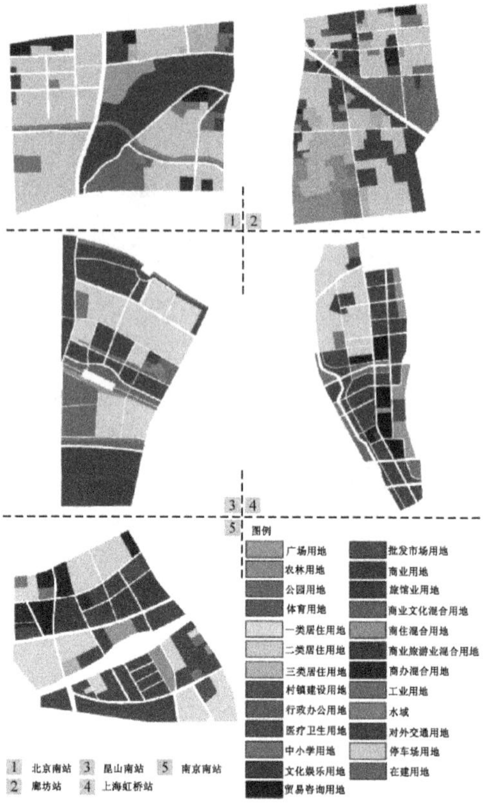

图 8-15 协同发展型

1）协同发展型

这种类型的路网设施建设、公共交通发展和土地利用开发基本处于一个相对平衡的状态，土地利用性质决定了路网建设密度，完善的路网体系为公共交通的发展提供了可能，发达的公交系统又可提高各个功能片区的可达性，使得各种资源要素得到最大化的利用，同时又形成了一个良性的循环。典型案例有北京南站、天津南站、上海虹桥站等。这种发展类型多出现在一些大中城市，一方面，这类城市的经济发展水平较高，站点地区的开发建设多是从服务城市的角度出发，而不仅限于拉动片区增长；另一方面，这类地区站点等级较高，客流量较大，大量的人流必须有相应的交通功能和土地功能相匹配（图 8-15）。

2）土地开发滞后型

这种类型通常有两种情况，一种是片区内的基本路网已建设完成，但公共交通建设和土地开发尚未开展；另一种是路网和公共交通超前发展，

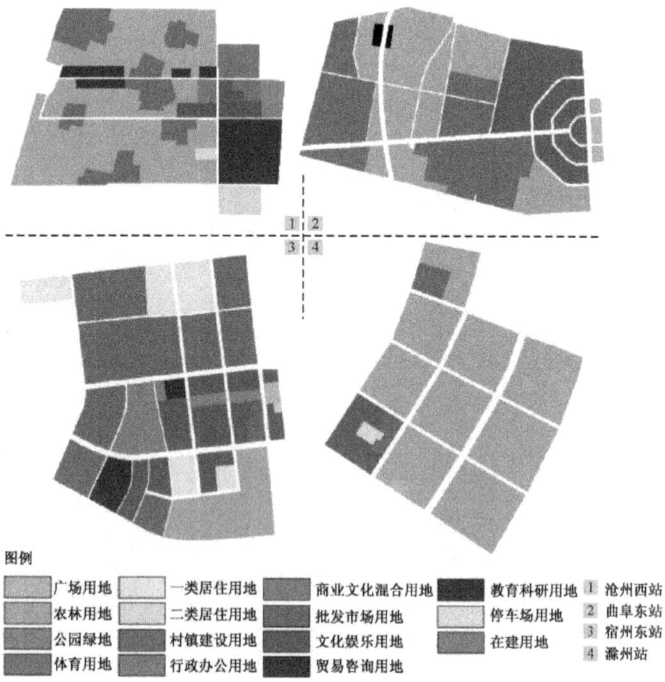

图 8-16 土地开发滞后型

土地尚未进行开发。在交通先行发展的前提下，土地开发力度滞缓，导致通行客流不足，从而造成了交通资源的浪费。典型案例有沧州西站、曲阜东站、滁州站等。这种类型在城市外围的高铁站点地区较为常见，由于该类地区距主城距离较远，已跳出了主城的拓展范围，地区内的停驻人流有限，缺乏人气，难以带动周边的产业开发，产业发展的需求不足。这类地区有规模的开发建设，必须通过产业的逐步积累与完善来吸引周边人流，只有达到地区内就业与居住的平衡，才能有效地带动土地的进一步开发与建设（图 8-16）。

3）交通发展滞后型

这种类型是指地区内公共交通的发展已经满足不了地区功能开发和人的出行需求，在这些地区，普通公交仍然是联系主城的主要交通方式，随着站点地区经济建设的发展，人们对于出行便捷度和实效性的要求也逐步提高，更多的公共交通设施点和新的公共交通方式亟须出现。典型案例有济南西站、泰安站、镇江南站等（图 8-17）。

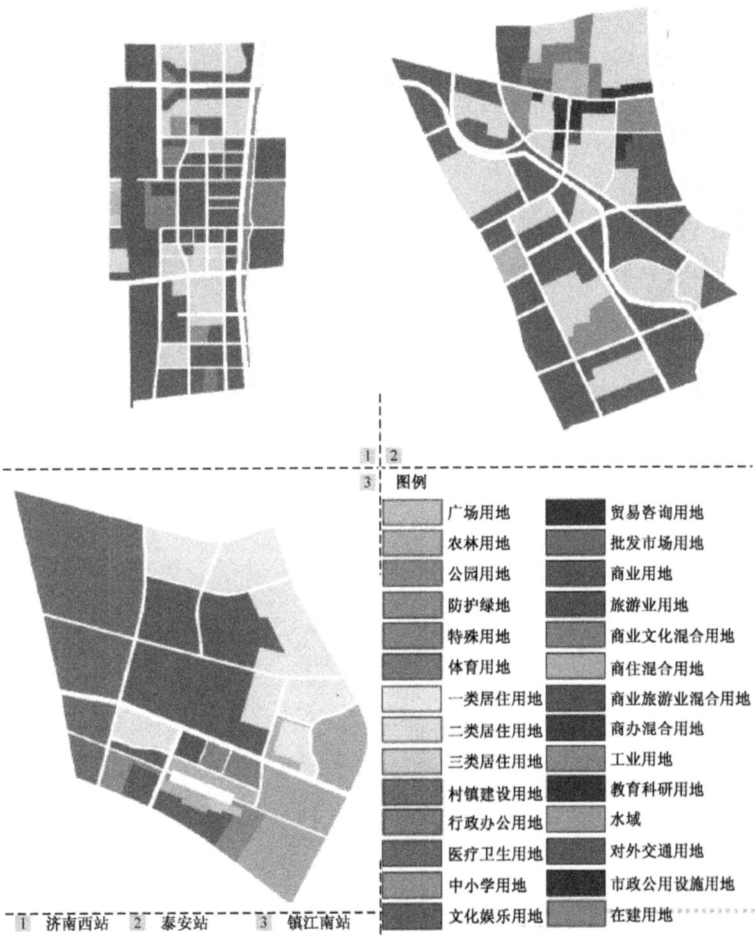

图 8-17　交通发展滞后型

由于区域原因和城市发展需要，一些城市高铁站点地区的发展呈现出了不一样的情况，以廊坊站为例，廊坊站是在原廊坊火车站的基础上改建而成，位于廊坊老城内部。该站点周边区域总体比较落后陈旧，功能上只有普通的餐饮、零售等低端业态，空间上基本保持了高铁站建设前的原有风貌，也没有出现明显的城市更新现象，土地开发强度甚至明显低于城市外围地区。从规划上来看，高铁站周边已不是廊坊发展的重点。相反，靠近北京的廊坊西北片区则是其重点拓展方向，该地段吸引了很多北京人前来买房，其与北京的联系相对密切，建设品质较高，高层住宅林立，配套设施也比较完善。

8.4.4 高铁站点地区的空间布局模式

高铁站点地区往往是其周边地区功能、空间的组织核心，汇集整个地区最为密集的人流和最为丰富的活动。在各种经济社会要素以及城市规划的作用下，不同城市对高铁周边地区赋予的功能并不完全相同，因此也就出现了不同的空间组织模式与空间形态。根据其空间扩散形式的不同，高铁站点地区城市空间总体形态可分为嵌入式布局、自由式布局、轴线式布局、散布式布局以及偏心式布局几种主要模式。

1）嵌入式布局

嵌入式布局是一种以综合交通枢纽式布局方式为主形态的布局方式，站点地区几乎完全以交通功能为主导，周边很少布局其他业态。站点地区空间形态无明显的圈层或轴线等特征，以相对独立的形态嵌入该城市片区。典型案例有昆山南站、北京南站（图 8–18）、上海虹桥站等。这类站点一般位于城市内部，周边的开发受到用地现状的多重制约。

2）自由式布局

自由式布局模式的特点是高铁站点周边地区与站点本身的联系松散，功能缺乏联系，空间也不以站点为核心来组织，并且没有轴线等控制性较强的空间要素。道路网一般不是棋盘状，形态相对自由。出现这种布局的原因一般有两点：高铁站点地区不在城市的主要发展方向上，在城市主要中心体系中的地位相对较低，功能定位相对单一，如天津南站（图 8–19）；受限于自然地理环境限制，如镇江南站位于南山风景区周边，高铁站点地区建设要与周边山水协调。

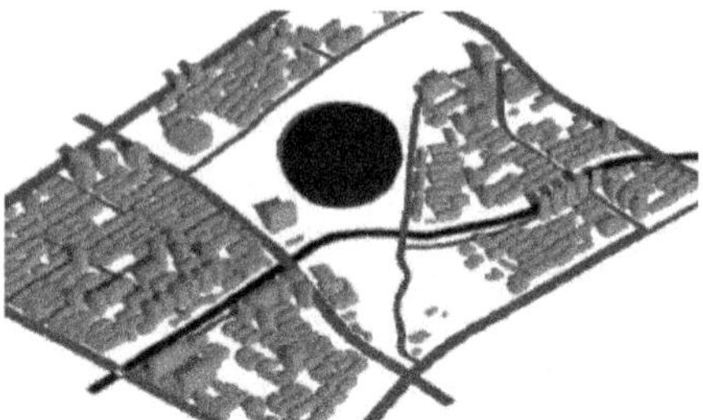

图 8–18　北京南站周边地区三维形态图

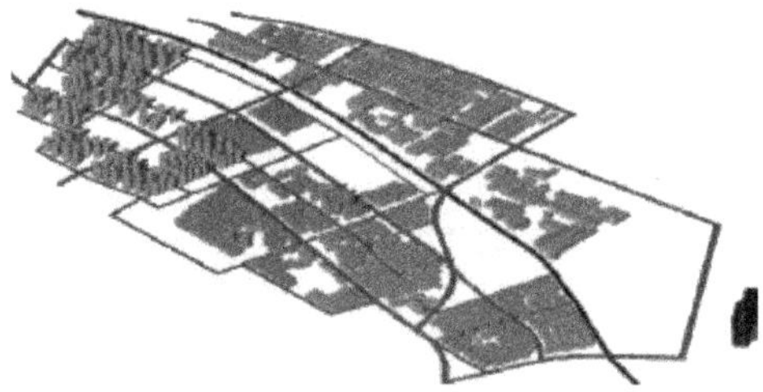

图 8–19　天津南站周边地区三维形态图

3）轴线式布局

轴线式布局模式是当今高铁站点周边地区开发建设最为常用的空间组织模式，其好处是显而易见的：首先，有利于提高城市门户空间品质。轴线式布局的空间相对开敞，空间核心明确，引导性强，有利于提升站点周边地区的整体性，突出高铁站点这一重要的城市地标，从而提升城市的整体形象。其次，有利于串联和引导城市功能发展。轴线往往担负着集聚片区核心功能或者连接城市内部的重要节点的作用。在京沪高铁沿线诸多采用轴线式布局的站点周边地区案例中，又存在纵轴式、横轴式两种轴线形态。纵轴式是指站前轴线与铁路线垂直，站前广场作为轴线的端点之一，其轴线的进深较大，空间感强，有利于突出高铁站点地区的核心地位，如沧州西站、济南西站、徐州东站、南京南站、无锡东站等站点周边地区；横轴式则是将轴线与铁路线平行布置，一般由高层建筑组成的实体轴线构成，如苏州北站周边地区（图 8–20）。

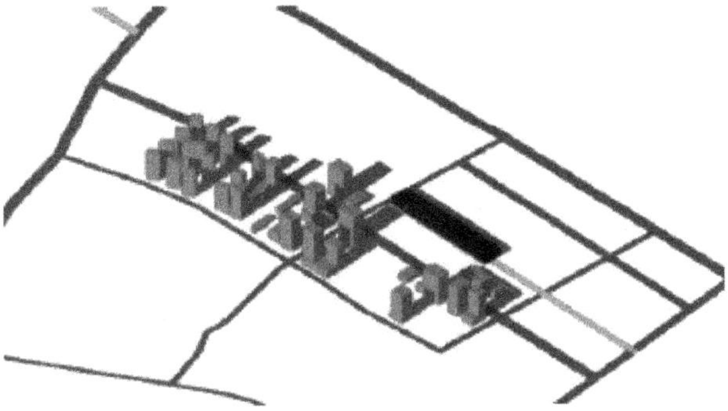

图 8–20　苏州北站周边地区三维形态图

图 8–21　宿州东站周边地区三维形态图

4）散布式布局

散布式布局模式在京沪高铁沿线站点周边案例较少，比较典型的只有宿州东站一例（图 8–21）。该片区包括宿州—马鞍山现代产业园区，其产业类型与功能定位多是基于长远规划确定，目前该地区还没有形成一定的产业基础，因此各类产业空间分布都较为零散，且规模有限；同时，由于距离主城过远，该地区人气和停驻人流相对受限，很难拉动房地产开发。

5）偏心式布局

偏心式布局是指该片区核心空间节点偏离高铁站点，而在站点周边地区其他位置形成中心的一种空间布局模式，典型的有枣庄站以及常州北站（图 8–22）。其形成原因又有所不同，枣庄站选址偏离了城市的主要发展方向，因此造成了高铁站点偏心式布局的状况，而常州北站周边地区则主要受到建设时序的影响，造成了目前建成区阶段性偏心布局的状况。

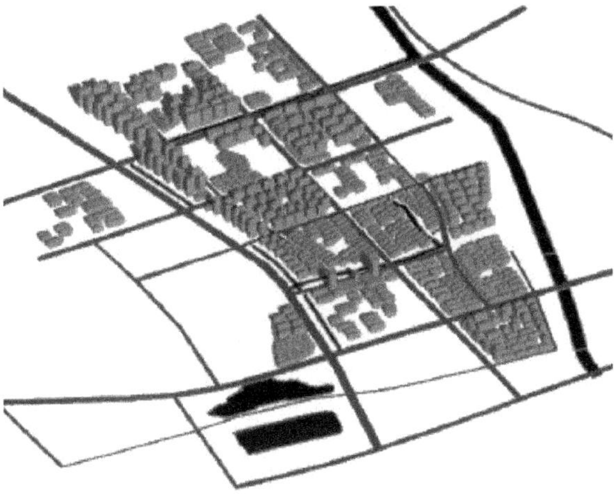

图 8–22　常州北站周边地区三维形态图

8.4.5　高铁站点地区的空间骨架

城市形态主要表现在以下五个城市形体环境系统之间的相互关系上，这些形体环境系统主要包括道路、边界、区域、节点、标志物[①]。这些要素有层次地组织在一起，便形成了整个城市片区的空间骨架。

实地调研发现，京沪高铁站点地区的空间骨架可以归纳为三大类，即零散式、自由式和轴线式，分别对应嵌入式布局、自由式以及偏心式布局、轴线式布局三种总体形态（图 8–23）。

轴线式骨架：周边为新建功能，总体的空间骨架通过轴线强力控制，轴线两侧布局核心功能，端点处为主要空间节点，地标基本围绕轴线布局。

零散式骨架：周边为复杂多样的城市功能，高铁站点对周边影响的边界不清晰，道路网多为方格网，街道尺度较小，节点与地标并不围绕站点组织。

自由式骨架：虽为新建设片区，但整体与高铁站点联系较弱，有自发形成的中心节点，部分地标建筑围绕站点组织。

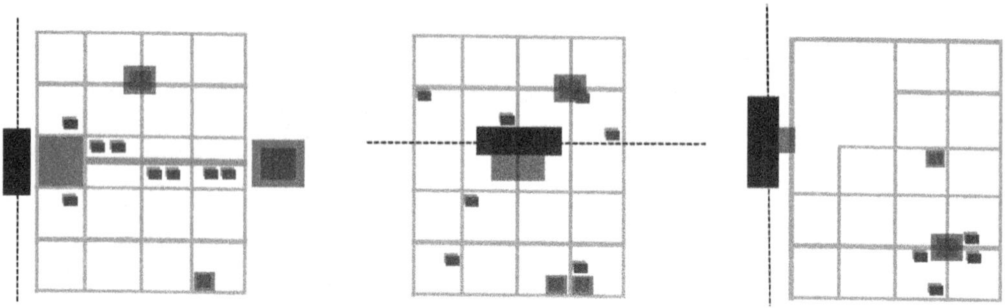
轴线式骨架　　零散式骨架　　自由式骨架

图 8–23　高铁站点周边地区空间骨架模式图

8.4.6　高铁站点地区的核心空间

高铁站点地区是城市重要的门户空间，其核心构成要素为站前广场与站前轴线等。

1）站前广场

高铁站站前广场承担了人流集散、交通换乘、驻留候车等特殊功能，同时也是重要的城市门户空间。根据功能的差异，京沪高铁沿线的广场类型主要有综合型广场、交通集散型广场等（表 8–8）。交通集散型广场的布局相对单一，综合型广场具体的空间布局方式又大致可以分为前后衔接式、左右并列式与立体式，基本符合毛一凡对相关案例研究所得出的规律[②]。

表 8–8　高铁站站前广场类型一览表

形态组织类型	特点	典型案例	图示
交通集散型	以合理疏导交通为主要目的，对于其他功能考虑较少	北京南站、沧州西站、常州北站	
前后衔接式	广场前部作为市民活动模块，后部为乘客活动模块，二者的功能基本分离	廊坊站、济南西站、泰安站、滕州东站	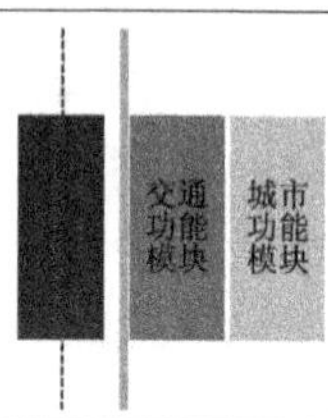

形态组织类型	特点	典型案例	图示
左右并列式	围绕站前广场，在两侧布局文化展览、商业、娱乐等功能，功能有一定程度的混合	蚌埠南站、德州东站	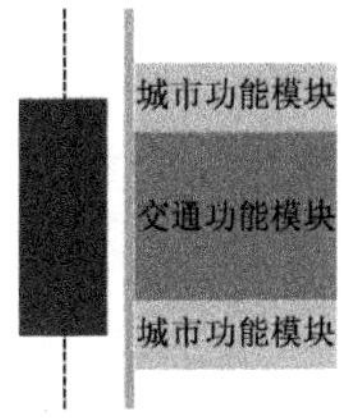
立体式	将乘客活动与市民活动通过竖向设计在三维空间上进行分离，二者通过垂直交通连接	上海虹桥站、南京南站、枣庄站	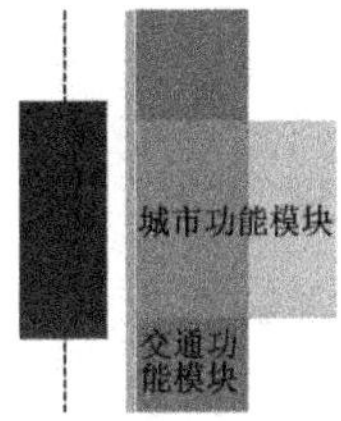

高铁站站前广场作为城市的门户空间，其空间尺度直接影响空间品质与使用者的心理感受。调研发现，京沪高铁沿线站点站前广场的尺度普遍较大，过于追求规模与气势，产生了很多非人尺度的大空间，远远超过了一般城市广场的面积，且其面积与站点客流量、城市规模均没有明显的相关性，广场空间的形态与功能严重脱节（图 8-24）。

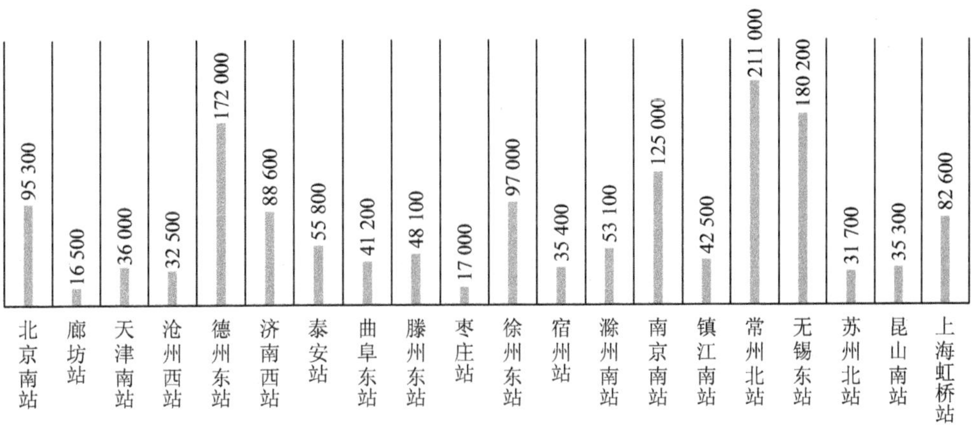

图 8-24　京沪高铁沿线站点站前广场面积统计图（m^2）

2）站前轴线

在京沪高铁沿线的 24 个站点地区中有 12 个采用了轴线式空间组织模式。根据轴线及两侧布局的功能特征，其空间轴线大致可以分为景观轴线和综合轴线两种（表 8-9）。景观轴线一般采用非建筑的景观或连续的开敞空间来组织，轴线两侧无特定的功能集聚，轴线宽度相对较大、视野开阔，轴线端点处分布有重要景观节点，如徐州东站周边地区。综合轴线开发的目的则是借助高铁站对经济社会发展的强大推动力量，在高铁站点周边开发一定规模的商业、商务办公功能，以期拉动地区发展，周边新开发的功能一般与高铁站存在一定的关联。

表 8-9　京沪高铁沿线站点地区轴线空间量化统计表

轴线类型	站点案例	轴线尺度				轴线组织方式
		长度(m)	宽度(m)	界面高度(m)	高宽比	
景观轴线	徐州东站	1 400	100	90	0.90	道路组织
	泰安站	700	80	90	1.10	道路组织
	宿州东站	800	120	0	0.00	广场组织
综合轴线	沧州西站	2 500	100	100	1.00	道路组织
	济南西站	1 300	300	120	0.40	实体建筑组织
	南京南站	1 300	300	50	0.17	广场组织
	无锡东站	780	160	70	0.45	广场组织
	苏州北站	1 000	200	100	0.50	实体建筑组织

调研发现，高铁站点地区轴线长度范围为700—2 500 m不等，宽度则为80—300 m不等，在空间组织上存在道路式、广场式、实体建筑式三种组织手法。一般来说，以道路形式组织的轴线较长，而宽度较窄，轴线的进深感较强，以广场形式或实体建筑形式组织的轴线则普遍较短、宽度较大。高宽比方面，除沧州西站、徐州东站、泰安站站前轴线的高宽比在1左右之外，其他站点均远小于1。这种空间尺度下虽然视野开阔，却在土地集约利用、营造宜人的空间尺度等方面存在缺陷。

8.4.7　高铁站点地区的天际轮廓线

天际轮廓线是反映城市三维形态的重要表征，也是最为直观的空间形态评价要素之一。高铁站点地区的天际线在形态上可以分为整体平缓型、中心突出型与中心凹陷型三类（表8-10、表8-11）。

表 8-10　京沪高铁沿线站点地区典型天际线一览表

形态类型	站点案例	天际线形态
整体平缓	天津南站	
	上海虹桥站	
	泰安站	
中心突出	蚌埠南站	
	济南西站	
	沧州西站	
中心凹陷	徐州东站	
	南京南站	
	无锡东站	

表 8-11　京沪高铁沿线站点地区天际线高度起伏一览表

天际线案例	平均高度（m）	中心高度（m）	最高点高度（m）	最低点高度（m）
天津南站	30	40	80	6
上海虹桥站	20	30	30	15
泰安站	60	70	90	20
沧州西站	40	80	80	20
蚌埠南站	30	80	80	15
徐州东站	50	20	80	15
南京南站	40	0	90	10
无锡东站	30	0	80	0

总体来看，高铁站点地区的天际线有突出中央、强化核心、整体均质、起伏较少和与周边环境匹配不佳的特点，在基本起到突出强化城市门户空间作用的同时，整体仍然略显呆板。有的城市的高铁站点地区的人工天际线和原有自然山水背景轮廓不匹配、不协调，如泰安站站前广场周边的高层建筑对最重要的城市级景观——泰山产生了遮挡，这是对城市整体的景观眺望体系的破坏[③]。

8.5　京沪高铁沿线站点地区的空间开发强度

京沪高铁沿线站点地区的开发强度与站点的区位以及周边地区的功能定位有密切关系。目前，京沪高铁沿线站点地区的开发程度差异较大，其中定远站、德州东站、丹阳北站等站点周边的开发建设较为滞后，尚未进行成片的开发建设，而北京南站、天津西站等城中站周边地区又因处于城市已建成地区，高铁站点带动下的新开发项目较少。因而本书主要针对天津南站、沧州西站、济南西站、泰安站、徐州东站、蚌埠南站、南京南站、镇江南站、常州北站、无锡东站、苏州北站、昆山南站、上海虹桥站等新近建设并已经形成一定规模的城市高铁站点地区进行开发强度的分析。

本书研究的站点地区可分为三类功能：廊坊站、天津南站、泰安站、镇江南站、常州北站、昆山南站等站点周边地区的开发以居住功能为主；沧州西站、苏州北站、上海虹桥站等站点周边地区的开发建设以商业、商务办公功能为主；济南西站、徐州东站、蚌埠南站、南京南站、无锡东站等站点周边地区的开发以多功能综合型为主。本书基于站点地区开发主要功能特征和空间开发强度的关联性，按照不同功能类型对其开发强度进行具体分析。

8.5.1　以居住功能为主的站点周边地区的开发强度

在京沪高铁沿线站点中，天津南站、泰安站、镇江南站、常州北站、昆山南站地区的现有开发建设以居住功能为主。其中，泰安站、常州北站和昆山南站与城市建成区关系密切，其站点地区的开发建设既受高铁站点的影响，也受到来自城市向外扩张的强大带动力的影响；天津南站、镇江南站与城市建成区中心距离较远，其周边地区的开发建设则以相对独立的新城建设模式为主。

以居住功能为主的站点周边地区多呈现出相对均质化的连片开发建设态势，平均容积率较高。高铁站点周边地区的居住小区以高层与小高层建筑为主，甚至有不少高度超过 100 m 的高层小区（表 8-12）。由于站点周边地区配套设施不健全、与主城区交通不便捷等原因，站点周边地区的住宅实际开发远超当下的需求量。以常州北站为例，其周边居住功能的开发量非常大，居住小区出现了部分空置现象。泰安站周边地区的居住区虽然尚未呈片区状连续开发，但是由于紧邻城市建成区，在基础设施和公共服务实施上能有所依托，居住品质和生活环境能够得到一定的保证，其新建居住区的入住率较高。

表 8-12　居住功能主导的典型站点片区开发强度一览表

站点名称	站点周边 500 m			站点周边 500—1 000 m			站点周边 1 000 m 之外		
	容积率	建筑密度（%）	建筑高度（m）	容积率	建筑密度（%）	建筑高度（m）	容积率	建筑密度（%）	建筑高度（m）
天津南站	—	—	—	0.6—0.8	35—40	20	1.0—1.2	20—25	50
济南西站	1.0—1.2	20—25	50	1.0—1.2	20—25	50	0.6—0.8	35—40	20
泰安站	1.0—1.2	20—25	50	0.6—0.8	35—40	20	0.8—1.0	25—30	40
镇江南站	1.0—1.2	20—25	50	0.3—0.6	40—50	10	—	—	—
常州北站	0.6—0.8	35—40	20	0.8—1.0	30—40	35	1.0—1.2	20—25	50
无锡东站	—	—	—	—	—	—	1.2—1.5	15—20	75
昆山南站	0.6—0.8	35—40	20	0.8—1.0	30—40	35	0.6—0.8	35—40	20

从开发强度的空间分布来看，居住主导型的高铁站点周边地区大致可以分为以下几种类型：组团式分布、梯度式分布以及圈层式分布。其中，组团式分布的形成多是受到建设时序的影响，不同类型的居住组团逐一开发建设导致了各个片区开发强度的差异，如天津南站与常州北站地区。梯度式分布则多是由于受到城市规划与城市设计的强力控制而形成的较为规则的分布状态，如济南西站地区。圈层式分布则多是受到级差地租的影响而形成，地块开发强度随着土地价格的差异和开发需求的不同而改变，越是区位较好的地段，其开发强度越高，如泰安站地区（图 8-25）。

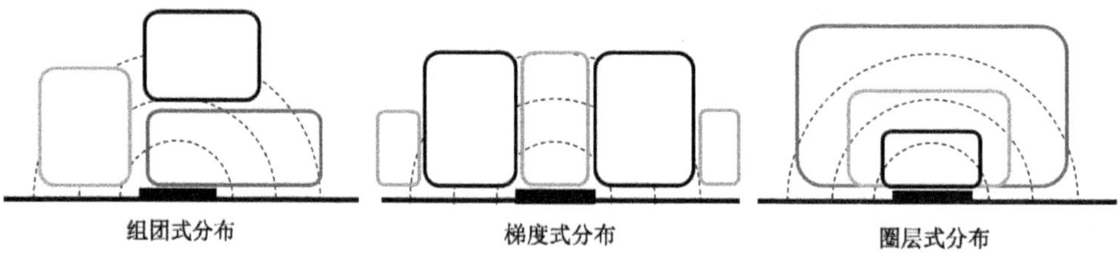

图 8-25　居住功能主导的站点周边地区开发强度分布模式图

8.5.2　以商业、商务办公功能为主的站点周边地区的开发强度

在京沪高铁沿线站点中，沧州西站、苏州北站、上海虹桥站周边地区的开发建设均以商业、商务办公功能为主导，其空间开发强度如表 8-13 所示。其中，沧州西站位于市区外围，与城市建成区有一定的距离，其现有商务办公主要集中在站前轴线北京路的两侧，基本为 24 层左右的高层办公楼，在空间上呈现出“一层皮”的开发模式，商业、商务办

公地块的腹地缺少其他功能性用地的支撑；苏州北站距离城市中心区较远，大片站点周边地区的现状为老旧的乡镇工业企业，其现有开发建设主要集中在站点核心区范围内，沿高铁线路东西向排列，除商务办公功能外，其他配套功能的开发建设量较少；上海虹桥站是火车站和机场一体化建设的交通综合体，为了避免对机场的影响，车站周边地区的商务办公楼的高度控制在 35 m 以内，采用了基本将地块满铺布局的高建筑密度开发模式，建筑密度达到 60% 以上，容积率为 3.0 左右，开发建设强度较大。

总体来讲，在政府和市场的共同作用下，以商业、商务办公为主要功能的京沪高铁沿线站点周边地区的开发建设推进比较快速，物质空间建设基本成型，但其相关配套功能的建设以及空间的使用情况差别巨大。沧州西站周边地区的商务办公开发凭借地处京津冀经济区的地理优势，依托京津两地商务办公资源外溢招商引资，目前开发的商务办公楼盘已有企业入驻，但空间存量依然巨大；苏州北站周边地区的商业、商务办公建设目前尚未完成，周边大量的原有建设有待更新。

表 8-13　商业、商务办公功能主导的典型站点片区开发强度一览表

站点名称	站点周边 500 m			站点周边 500—1 000 m			站点周边 1 000 m 之外		
	容积率	建筑密度（%）	建筑高度（m）	容积率	建筑密度（%）	建筑高度（m）	容积率	建筑密度（%）	建筑高度（m）
沧州西站	2.0—3.0	35—40	100	—	—	—	2.0—3.0	35—40	80
枣庄站	0.5—0.7	35—40	20	—	—	—	—	—	—
苏州北站	2.0—3.0	35—40	80	2.0—3.0	35—40	80	—	—	—

从开发强度的空间分异来看，该类站点地区的开发强度普遍呈现出中心—外围式的差异，具体有两种模式：一是中心地区高强度开发，外围地区开发强度递减，如沧州西站、苏州北站地区；二是中心地带进行低强度的商业、商务办公开发，保证其空间使用品质，外围布局开发强度较高的住宅等其他用地，如枣庄站地区（图 8-26）。

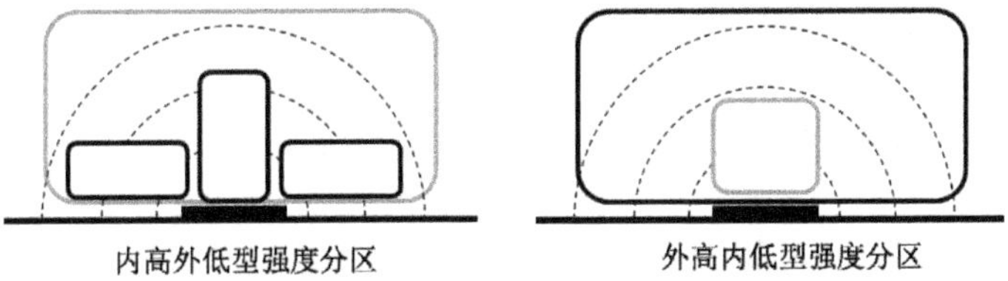

图 8-26　商业、商务办公功能主导的站点周边地区开发强度分布模式图

8.5.3　多功能综合型站点周边地区的开发强度

在京沪高铁沿线站点地区中，济南西站、徐州东站、南京南站、蚌埠南站、无锡东站周边地区开发建设的功能均较为综合，其开发强度见表 8-14。其中，济南西站和蚌埠南站的开发建设情况较好，徐州东站、南京南站和无锡东站的建设相对滞后。这类站点周边地区所依托的城市基础较好，多为区域性中心城市，因而高铁站点地区在规划中的定位也相对较高，如城市副中心、新城区的中心区等。

表 8-14　多功能综合型开发的典型站点片区开发强度一览表

站点名称	站点周边 500 m				站点周边 500—1 000 m				站点周边 1 000 m 之外			
	主要功能	容积率	建筑密度（%）	建筑高度（m）	主要功能	容积率	建筑密度（%）	建筑高度（m）	主要功能	容积率	建筑密度（%）	建筑高度（m）
徐州东站	居住	1.2—1.5	15—20	75	商务办公	0.8—1.0	30—40	35	居住	0.8—1.0	30—40	35
滁州站	商业	0.6—0.8	45—60	20	—	—	—	—	—	—	—	—
南京南站	商业	—	—	—	商务办公 + 居住	1.2—1.5	15—20	75	居住	0.6—0.8	35—40	20
宿州东站	—	—	—	—	商务办公 + 居住	0.3—0.8	25—60	20—50	居住 + 物流	0.6—0.8	35—40	20
蚌埠南站	居住	1.2—1.5	15—20	75	教育 + 居住	0.6—0.8	60—65	35	教育	0.2—0.4	10—20	20
上海虹桥站	商务办公	0.6—0.8	45—60	20	商务办公 + 居住	0.8—1.0	30—40	35	文化会展	0.6—0.8	60—65	35

从开发强度分布的空间规律来看，这类片区的开发强度普遍较高，但是从中心到外围，随着功能从商业、商务办公逐渐向居住与生活服务转变，地块容积率总体略有下降，而建筑密度则有明显的下降。济南西站位于城市西部，周边建有济南山东省会大剧院、济南文化艺术中心等城市级文化设施，同时周边集聚了商业、商务办公等服务设施，居住功能的开发建设量也较大，不论是拆迁安置房还是商品房，多以高层住宅为主。该片区南侧以商务办公与住宅功能为主，开发强度较高，容积率多为 4 以上。徐州东站、南京南站和无锡东站周边地区以整体项目带动站点周边地区开发的模式虽然在整体定位上较为明确，但是由于投资较大、运作整体性强等原因，现有开发建设速度较慢，总体开发强度不高。蚌埠南站周边地区在原有的蚌埠经济开发区的基础上建设，在当地大学城、产业园区的基础上，整合了城市的文化、商业、交通和居住等功能，现状建设完成度较高。但大多数功能与高铁站点联系度不高，仍然采用低强度低密度的较为粗放的发展模式，只有站前核心区少数地块进行了高强度开发。

从开发强度的空间分异来看，该功能部分类型地区开发强度的分布并未形成较为明显的内外圈层空间分异，而是随着内部功能变化呈现出开发强度组团式分异特征。如蚌埠南站地区的高等院校组团，其空间开发强度相比于周边地块呈现出断崖式下降；上海虹桥站地区的国际会展中心巨大的建筑体量，陡然提升了所在片区的开发强度；徐州东站、南京南站等特殊功能相对较少，采用商住混合开发模式，其开发强度呈现出较为规律的中心—外围式分布。

8.6　京沪高铁沿线站点地区的交通联系分析

高铁站点地区的联系涉及两个空间尺度，一是高铁站点地区与城市其他对外交通节点间的联系，这是其作为城市综合交通枢纽功能的重要体现；二是站点地区的公共交通体系，这是其与所依托的城市交通联系的重要方式，也是作为城市交通门户作用的重要支撑。

8.6.1 高铁站点与城市其他对外交通方式的联系

高铁站点作为城市对外交通枢纽之一，与城市其他对外交通节点具有一定联系。京沪高铁沿线 23 个站点（定远站除外）与其所在城市的汽车客运站和其他铁路站点、附近高速公路出入口和机场等城市对外交通枢纽的空间距离如表 8-15 所示。总体来看，在与城市其他对外交通的联系上，高铁站点与汽车客运站、高速公路出入口关系紧密，与其他铁路站点和机场联系较为薄弱。

表 8-15 京沪高铁沿线站点与其他城市对外交通关系列表

站点名称	衔接的高铁线路	汽车客运站	最近高速公路（到出入口距离）	城市其他铁路站点（距离）	最近机场（距离）
北京南站	京津城际铁路、京沪铁路等	永定门长途汽车站（400 m）	京开高速（3 km）、京沪高速（6.5 km）	北京站（6 km）、北京西站（5.5 km）、北京东站（10 km）、北京北站（9 km）	北京南苑机场（13 km）、北京首都国际机场（29 km）、北安河机场（32 km）
廊坊站	京沪铁路	廊坊长途汽车站（650 m）	京沪高速（11 km）	—	—
天津西站	津秦客运专线、津保铁路（在建）、京沪铁路	天津西站客运站（一体化）	城市外环路（5 km）	天津站（4.5 km）、天津北站（4 km）、天津南站（14.5 km）	天津滨海国际机场（17.2 km）
天津南站	环渤海城际铁路（预留）	—	津晋高速（4.5 km）、津沧高速（3.5 km）	天津站（15.5 km）、天津西站（14.5 km）、天津北站（18 km）	天津滨海国际机场（27 km）
沧州西站	—	沧州高铁汽车站（一体化）	京沪高速（5 km）	沧州站（9.5 km）	—
德州东站	青太客运专线（在建）	德州综合客运站（一体化）	京沪高铁（7 km）	德州站（10 km）	—
济南西站	京济联络线、胶济铁路、胶济客运专线、石济客运专线	长途汽车西站（500 m）	京沪高速（2 km）	济南站（9 km）、济南东站（12.5 km）	济南遥墙国际机场（35 km）
泰安站	—	泰安高铁汽车站（一体化）	京沪高速（2 km）	泰山站（7 km）	—
曲阜东站	鲁南城际铁路（规划）	曲阜高铁汽车站（一体化）	京沪高速（5 km）	曲阜站（4.5 km）	—
滕州东站	滕费城际铁路（规划）	滕州东站客运换乘中心（一体化）	京沪高速（7.5 km）	滕州站（7.5 km）	—
枣庄站	—	—	京沪高速（3 km）	枣庄西站（5 km）	—

续表 8-15

站点名称	衔接的高铁线路	汽车客运站	最近高速公路（到出入口距离）	城市其他铁路站点（距离）	最近机场（距离）
徐州东站	徐州东—徐州联络线、徐兰客运专线、徐连客运专线、徐宿淮盐城际铁路	徐州汽车客运站（一体化）	京沪高速（1 km）	徐州站（9 km）、徐州西站（10.5 km）、徐州北站（9 km）	徐州观音国际机场（33 km）
宿州东站	—	—	南洛高速（5.5 km）	宿州站（24 km）	—
蚌埠南站	合蚌高速铁路	蚌埠综合客运站（一体化）	蚌宁高速（12 km）	蚌埠站（7.5 km）	—
滁州站	—	滁州汽车客运总站（100 m）	沪蓉高速（10 km）、滁马高速（5 km）（在建）	滁州北站（13 km）	—
南京南站	沪汉蓉铁路、沪宁城际铁路、宁杭城际铁路、宁安高速铁路	南京汽车客运南站（一体化）	沪蓉高速（0 km）、宁宣高速（2 km）	南京站（13 km）	南京禄口国际机场（27 km）
镇江南站	—	镇江南徐汽车客运站（200 m）	扬溧高速（2 km）	镇江站（5 km）	—
丹阳北站	—	—	沪宁高速（4 km）	丹阳站（7.5 km）	—
常州北站	—	新北汽车客运站（200 m）	沪宁高速（2 km）	常州站（8 km）、常州东站（10 km）	—
无锡东站	锡虞城际铁路（规划）	无锡汽车东站（5.5 km）	锡张高速（7 km）、沪蓉高速（7 km）	无锡站（15 km）、无锡新区站（13 km）	无锡苏南硕放国际机场（11 km）
苏州北站	通苏嘉城际铁路（规划）	—	常台高速（4.5 km）	苏州新区站（13 km）、苏州西站（12 km）、苏州站（11 km）、苏州园区站（11 km）	无锡苏南硕放国际机场（22 km）
昆山南站	沪宁城际铁路	昆山汽车客运中心（1.5 km）	沪蓉高速（2.2 km）	昆山站（1.5 km）	—
上海虹桥站	沪宁城际铁路、沪杭高速铁路、沪湖城际铁路（规划）	上海虹桥国际机场客运站（一体化）	沪渝高速（0 km）、沈海高速（0 km）	上海站（14 km）、上海西站（11 km）、上海南站（11 km）	上海虹桥国际机场（一体化）、上海浦东国际机场（46 km）

在京沪高铁沿线的 24 个站点中，除天津南站、枣庄站、宿州东站、定远站、丹阳北站、无锡东站、苏州北站、昆山南站 8 个站点外，其余高铁站点均与城市汽车客运站或一体化建设，或紧密相邻，形成了高铁站点与汽车客运站联运的对外交通枢纽。这类联运枢纽实现了短途市内区域交通与长途跨省市区域交通的高效衔接，为高铁城市周边县乡镇居民提供了便捷的公共交通服务，避免了城市内远距离的交通换乘。

在京沪高铁沿线的 24 个站点中，除廊坊站、德州东站、滕州东站、宿州东站、蚌埠南站、定远站、滁州站、无锡东站 8 个站点外，其余站点 5 km 范围内都设有高速公路出入口，其中 10 个站点 3 km 范围内设有高速公路出入口，特别是在南京南站、上海虹桥站，高速公路与城市高架衔接延伸至高铁站站房。虽然大多数站点周边存在高速公路出入口，但部分高速公路匝道与通站道路并未充分衔接，匝道至高铁站点的线路复杂或未建设完善。典型的为天津南站与津晋高速以及津沧高速匝道至高铁站点的连接，匝道与高铁站点之间缺乏直通的城市道路，降低了高速公路与高铁站点的可达性。

在与城市内部其他铁路站场的联系方面，从京沪高铁沿线站点来看，除昆山南站外，高铁站点与其他城市站点相距都在 5 km 以上，大多数在 9 km 以上，这可能与高铁站点拉开城市发展框架、形成新的空间节点的预期有关。在与机场的联系方面，除上海虹桥站作为高铁站点与机场联运的枢纽外，其他高铁站点与飞机场的距离都在 10 km 以上。不过，虽然高铁站点与机场距离远，但两者之间往往有专线公共交通进行联系，例如济南西站与济南遥墙国际机场之间有专线公交直达、南京南站与南京禄口国际机场之间有轻轨和机场大巴等衔接，从而形成飞机加高铁的交通组合，进一步提高区域交通网络效率。

8.6.2 高铁站点地区与所在城市的交通联系

京沪高铁沿线所有站点地区与城市中心区都有主干路相连，其中济南西站、南京南站、常州北站、无锡东站、苏州北站、昆山南站、上海虹桥站 7 个站点建设了与城市中心区相连的快速路。在大城市及特大城市站点中，仅天津南站缺乏城市快速路，与城市外环西路匝道相距 6 km，并缺乏直接的道路交通联系，导致天津南站站点地区难以依托中心城区而只能依靠站点西侧的张家窝镇镇区。

地铁、快速公交、普通公交等公共交通是衔接高铁站点地区内部以及与城市其他功能区块的重要支撑系统。在京沪高铁沿线的 24 个站点中，北京南站、天津西站、天津南站、南京南站、无锡东站、苏州北站、上海虹桥站 7 个站点已设有地铁站点，此外济南西站、徐州东站等站点相衔接的地铁线路在建设中。这些高铁站点与城市地铁站相连通，形成了高铁与地铁结合的联运枢纽，使城市大运量快速公共交通与对外交通实现无缝衔接，极大提高了交通效率。同时地铁线可以为高铁站点地区带来大量人流，进一步强化站点地区的交通优势，从而支撑站点地区的开发。调查表明，除发展较晚的苏州北站外，这些与地铁连通的高铁站点地区的开发建设力度均较大。

京沪高铁沿线站点所在城市的快速公交系统（BRT）建设较少，其中仅枣庄站和常州北站有通达的 BRT 线路，济南的 BRT 1 号线延伸至济南西站段正在建设中。在常规公交方面，所有城市高铁站点都设有公共汽车站点，其中南方的江苏段城市高铁站点的公交线路和站点密度显著高于北方的安徽和山东等区段，公交联系最弱的是安徽的滁州站和宿州东站。公交密度与各站点的高铁班次密度呈现出一定的相关性，即高铁班次越多的城市，其公交也越发达。

根据各个高铁站点地区地铁、快速公交、普通公交开通情况的统计，对各站点的公交便捷程度进行分类：公交发达程度以途经站点地区公交数量作为衡量标准，小于 5 条为不发达、大于 5 条小于 10 条为较发达、大于 10 条为发达；快速公交作为介于快速轨道交通与常规公交之间的新型公共客运交通，快速公交途经的站点地区给公交发达程度提升了一个等级；将在建地铁或快速公交线路的高铁站点地区计入已有地铁或快速公交的分类中。

可以发现，高铁站点地区公共交通的发展两极分化极其严重，北京南站、南京南站、上海虹桥站等大城市及特大城市高铁站点地区的公共交通发达，在开通地铁的同时拥有发达的公交网络，而大部分中小城市尤其是定远、丹阳等小城市高铁站点地区的公共交通不发达，公交线路少（表 8–16）。

表 8–16　京沪高铁沿线站点地区公共交通发展情况分类

	公交不发达	公交较发达	公交发达
有地铁	天津南站	—	北京南站、天津西站、济南西站、徐州东站、南京南站、常州北站、无锡东站、苏州北站、上海虹桥站
无地铁	沧州西站、德州东站、曲阜东站、滕州东站、宿州东站、定远站、滁州站、丹阳北站	枣庄站、蚌埠南站	廊坊站、泰安站、镇江南站、昆山南站

8.7　京沪高铁沿线站点地区开发建设的空间效应分析与评价

8.7.1　京沪高铁沿线站点地区空间利用的总体特征与规律

从京沪高铁沿线总体分析，高铁站点地区的空间利用与所在城市以及站点的等级、站点在不同空间尺度的区位、站点所处的宏观区域等呈现一定的关联性，其规律如下：

（1）分级规律：各站点地区的空间利用与其所在城市能级、规模和站区等级具有一定的关联性，即所在城市能级越高、规模越大、站点地区等级越高，站点地区的用地规模越大、开发强度越高，功能的多元化程度和站点地区在城市中的定位也越高。

（2）分类规律：各站点地区的空间利用与其在所在城市的区位具有一定的关联性，距离所在城市越远，站点地区的规划功能越复杂和高端，规划的空间规模也越大。

（3）分段规律：按照京沪高铁穿越的国土区域，可以分为北方区段（徐州以北）、皖东区段（徐州至滁州）、江南区段（南京至上海），高铁站点地区的空间利用呈现出明显的区段性特征，与各区段的经济发展、文化特征具有较强的关联性，总体呈现出站点地区与城市的距离越往北越远，站点地区的空间尺度越往北越大，站点地区的空间景观越往北越宏大、对称，站点地区的活跃度则越往南越高。

上述分级、分类与分段规律只是其现阶段呈现出的概率性的特征规律，并不是客观的、必须遵守的“约束性规律”。随着高铁站点地区开发的进一步推进和站点地区成熟度的提升，可能会演化和呈现出新的特征性规律，这也为累积和总结高铁站点地区的客观性、约束性规律提供了基础。

如果将上述三个规律统一起来看可以发现，各高铁站点地区总体上均为高强度的开发模式，但是也呈现出一定的差异性特征。就目前的阶段性发展来看，总体表现为所在城市规模越大、等级越高，站点本身在交通枢纽中的地位越高，其与城市的空间区位关系和交通联系越紧密，随之站点地区的功能越高级化和多元化、站点开发建设的成熟度越高，站点地区与站点关联的空间范围越大，站点地区空间结构的独立性越低。

8.7.2　基于节点—场所理论模式的高铁站点地区功能评价

高铁站点地区作为交通枢纽地区，具有节点和场所的双重属性。1996 年贝尔托利尼

（Bertolini）[④] 提出节点—场所模型（图 8-27），他认为交通枢纽地区节点价值与场所价值的平衡发展可以产生协同效应，场所“增值”可以通过改善节点交通来实现，同时，场所价值高可以保证增加铁路站和铁路系统的使用率。这个模型的核心就在于强调节点价值与场所价值的协同发展，从而充分发挥节点的交通功能以及场所的城市功能。

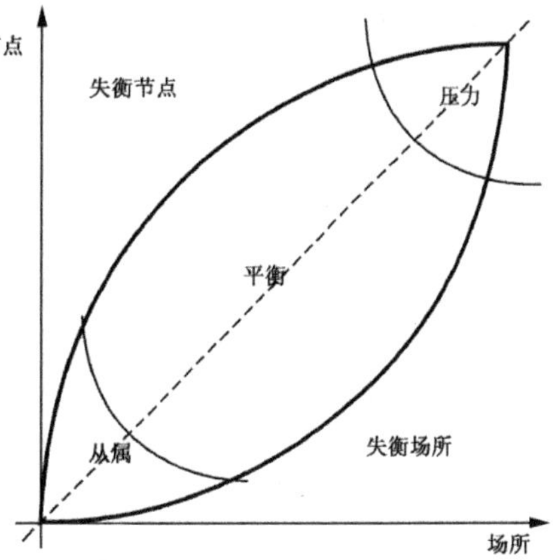

图 8-27 节点—场所模型

本书根据节点—场所模型，考虑到数据的可获取性，以途经高铁站点的日车次数量作为节点交通功能的衡量指标，以高铁站点地区已开发的用地面积作为场所城市功能的衡量指标（表 8-17），在对 16 个重点研究的站点地区数据进行离差标准化的基础上，建立京沪高铁沿线高铁站点地区的节点—场所模型。

表 8-17 京沪高铁沿线站点日车次数量及站点地区已开发主体功能用地面积

	天津南站	沧州西站	济南西站	泰安站	枣庄站	徐州东站	宿州东站	蚌埠南站
日车次量（次）	72	90	241	89	73	204	59	105
已开发用地面积（hm^2）	116.5	19.5	114.8	161.2	34.0	133.3	69.2	129.6
	滁州站	南京南站	镇江南站	常州北站	无锡东站	苏州北站	昆山南站	上海虹桥站
日车次量（次）	46	402	55	76	87	100	200	451
已开发用地面积（hm^2）	7.7	159.8	79.0	143.6	144.3	17.4	152.1	269.7

根据京沪高铁沿线高铁站点地区的节点—场所模型可以发现，滁州站、苏州北站、沧州西站、枣庄站、宿州东站五个站点地区的节点价值和场所价值发展处于低水平的相对均衡状态，济南西站、徐州东站、昆山南站、蚌埠南站四个站点地区处于较高水平的相对均衡状态，南京南站、上海虹桥站两个站点地区处于高水平的相对均衡状态。镇江南站、天津南站、常州北站、无锡东站、泰安站五个站点地区呈现场所价值相对过度发展的状态（该模型仅通过站点日车次量对节点价值进行评价，并不能全面、准确表达出站点交通功能的发展情况）（图 8-28）。

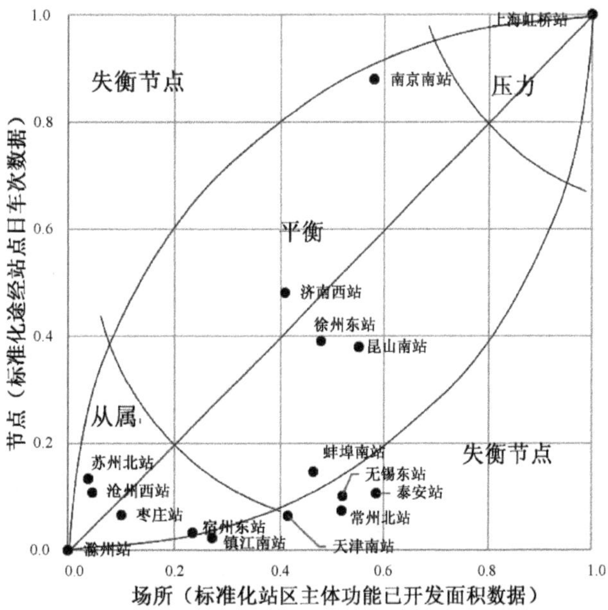

图 8-28 京沪高铁沿线高铁站点地区的节点—场所模型

8.7.3 基于问卷调研的京沪高铁沿线站点地区空间使用主体特征

通过对高铁旅客以及高铁站点地区居民的访谈以及问卷调查，研究分析京沪高铁沿线站点地区空间使用主体的行为特征与主观感受，进一步深入了解站点地区的发展情况与问题。

1）高铁旅客特征

统计发现，高铁旅客主要集中为企事业中高层管理人员、企业职工以及事业单位员工，占受访者的 55% 以上，其中企事业中高层管理人员达到 11%。高铁旅客从事的行业主要集中在工业、金融和房地产等商务服务业以及电子信息业，占比分别达到 23%、14%、14%，其他行业的人员也较多，占比为 20%。对其高铁出行频率进行分析发现，企事业中高层管理人员、个体户、商业等服务人员（包括旅游业服务人员）高铁出行频率高，这三类人员超过 30% 的填卷者平均每月出行次数都在 4 次以上（图 8–29）。

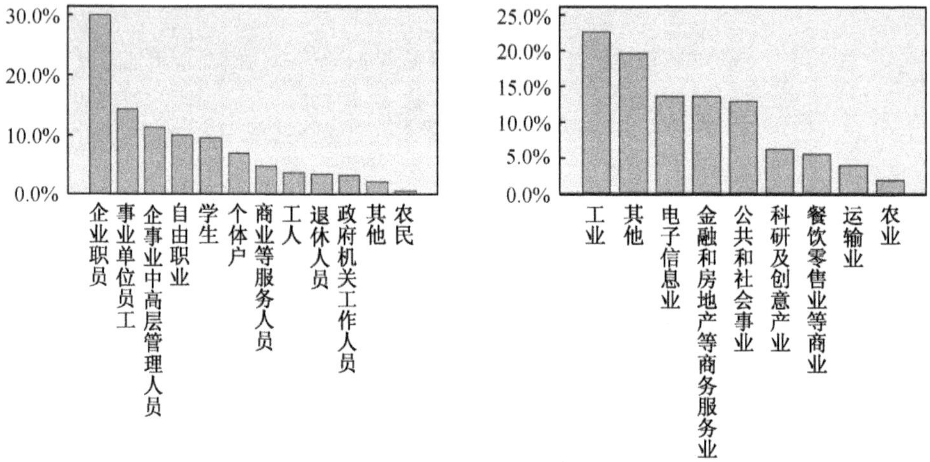

图 8–29　高铁旅客职业与从事行业问卷统计表

出租车和私家车等小型汽车在现阶段是高铁旅客从城市其他地区到达高铁站点的主要交通工具。根据问卷统计，通过出租车、私家车和公交车到达高铁站点的旅客占比分别为 30%、27%、29%，乘坐小型汽车这一交通方式的占比达到 57%。对于已开通地铁的高铁站点，搭乘地铁也是高铁旅客到达这些站点的重要交通方式，这些高铁站点的旅客有 25% 以上都乘坐地铁到达高铁站点，南京南站甚至达到 50%。

2）高铁站点地区居民特征

考虑到高铁站点周边地区的建设情况，研究团队对廊坊站、济南西站、徐州东站、蚌埠南站、常州北站、昆山南站六个高铁站点周边地区进行了详细调研并发放问卷。

六个高铁站点周边地区居民总体呈现出外来人口多、收入水平中等的特征。在这些高铁站点周边地区中约 48% 的居民为非本地户籍，其中廊坊站、常州北站、昆山南站三个站尤其明显，受访者中非本地户籍居民占比分别达到 73%、71%、65%。六个高铁站点周边地区居民主要为企业职员和事业单位员工及工人，多从事工业、金融和房地产等商务服务业以及电子信息业，其中廊坊站、徐州东站、常州北站、昆山南站四个站点周边地区居民大量从事工业，其原因主要为这些站点所在区域工业发达，如昆山南站所在的昆山经济技术开发区。同时，昆山南站周边地区居民也大量从事电子信息业，这也与昆山经济技术开发区电子信息业发达息息相关。六个高铁站点周边地区居民处于中等收入水平，23% 的居民年收入在 3 万元以下，61% 的居民年收入在 6 万元以下。其中徐州东站站点周边地区居民的收入水平与其他五个地区存在较大差异，其年均收入在 15 万元以上的居民占六个城市受访者总量的 54%。这是由于徐州东站利用金龙湖优质景观资源吸引了周边徐工集团等大型企业的中高层管理人员定居。

六个高铁站点周边地区居民主要通过购买商品房来获取住房，占比为 47%；租房也比较多，占比为 25%；拆迁安置获取住房的占比为 13%。离工作地点近是居民选择到站点周边地区定居的主要原因，交通便利、房价便宜、拆迁安置等也是居民择居的重要原因。从这些居民上班的交通方式来看，步行上班是最主要的方式，占受访者的 32%，其他乘坐电动车、私家车及公车上班的居民占比都约为 20%，上班所需时间 70% 以上都小于 20 min。

在对周边设施满意情况的调查中发现，超过 30% 的受访者对高铁站点周边地区的医疗设施不满意，受访者对娱乐消费场所、日用品购买场所也多不满意。对教育设施的不满意情况较少，主要为徐州东站和蚌埠南站站点周边地区的居民，这两个站点周边地区都相对缺乏基础教育设施尤其是优质中小学。

8.7.4 京沪高铁沿线站点开发建设对区域与城市空间的影响

京沪高铁沿线站点的开发建设对区域和城市空间均产生了显著的影响，在区域层面主要对区域经济和城镇、人口的集聚格局产生了影响，对于城市而言则对其功能、空间结构和形态等产生了直接的影响。

1）对区域空间的影响

对区域的影响主要体现在：首先是依托高铁网络的带动，沿线地区间、城际间联系得到强化或者在不同地区、城际之间建立或者带动建立了新的连接，缩短了联系的时距与降低了空间联系的综合成本；其次是对区域经济、人口发展与空间格局产生了影响，沿线不同城市间、沿线城市与所在区域之间由于和高铁站点地区的关系不同，或者所依托高铁站点的不同，进而在经济、人口的发展速度和区域占比等方面产生了新的差异。通过分析高铁开通以来沿线城市与所在区域经济比重的变化，可以在一定程度上反映这一特点（表 8-18）。

表 8-18 京沪高铁沿线城市 GDP 占比情况一览表（2007—2015 年）

站点所属省市	2007 年（%）	2008 年（%）	2009 年（%）	2010 年（%）	2011 年（%）	2012 年（%）	2013 年（%）	2014 年（%）	2015 年（%）
北京	16.7	16.1	16.5	16.3	16.1	16.0	16.0	16.2	16.3
天津	9.1	9.8	10.2	10.6	11.2	11.5	11.8	11.9	12.2
河北	4.2	4.3	4.0	4.1	4.2	4.1	4.1	4.0	4.0
山东	11.6	11.9	11.5	11.3	11.1	11.1	11.1	10.9	11.3
安徽	2.4	2.4	2.3	2.4	2.5	2.6	2.7	2.8	2.6
江苏	34.2	34.5	35.0	35.5	35.9	36.6	36.6	36.3	35.8
上海	21.8	21.1	20.4	19.8	19.0	18.1	17.7	17.9	17.9

从京沪高铁沿线城市国内生产总值（GDP）的比例分布上来看，京沪高铁通车以来，沿线大区域内各个城市的经济比重有所变化。北京、上海两个特大城市占全线城市 GDP

的份额有所下降，天津则有明显上涨；江苏、安徽、山东所属的京沪高铁沿线城市所占GDP 的份额略有上涨；河北省所属城市所占比例则出现了一定程度的下滑。

从京沪高铁沿线城市占所在省的 GDP 的比例来看，各省出现了不同的发展变化趋势。如廊坊和沧州占河北省 GDP 的比例有相对明显的上升（表 8-19），这可能与高铁带动下这两市与京津关系密切、成为京津日常通勤圈节点城市有关。

表 8-19　河北省京沪高铁沿线城市 GDP 占全省比重一览表（2007—2015 年）

城市	2007 年（%）	2008 年（%）	2009 年（%）	2010 年（%）	2011 年（%）	2012 年（%）	2013 年（%）	2014 年（%）	2015 年（%）
廊坊	6.5	6.6	6.7	6.6	6.6	6.8	6.8	7.4	7.5
沧州	10.8	10.7	10.4	10.8	10.5	10.6	10.6	10.6	11.5
总计	17.3	17.3	17.1	17.4	17.1	17.4	17.4	18.0	19.0

在山东省内，高铁沿线城市总体占全省比重略有上升（表 8-20），各城市的占比升降变化不明显，这说明京沪高铁对山东区域格局的改变效应尚未发挥出来，也可能与山东沿海发展优势的挤压效应太强有一定关系。

在安徽省内，除滁州略有增长之外，各个京沪高铁沿线城市的 GDP 占全省的份额均有所下降，这几个城市的 GDP 比例总和在全省也略有下降（表 8-21）。这可能与安徽全省格局中合福高铁、沿江高铁等的开通，导致包括京沪高铁在内的京沪沿线集聚度整体下降有关。

表 8-20　山东省京沪高铁沿线城市 GDP 占全省比重一览表（2007—2015 年）

城市	2007 年（%）	2008 年（%）	2009 年（%）	2010 年（%）	2011 年（%）	2012 年（%）	2013 年（%）	2014 年（%）	2015 年（%）
德州	4.6	4.5	4.4	4.2	4.3	4.5	4.5	4.4	4.4
济南	9.9	9.8	9.9	10.0	9.7	9.6	9.5	9.4	10.0
泰安	4.8	4.9	5.1	5.2	5.1	5.1	5.1	5.1	5.2
曲阜	0.7	0.6	0.6	0.6	0.6	0.6	0.6	0.6	0.6
滕州	1.6	1.6	1.6	1.6	1.6	1.7	1.6	1.7	1.6
枣庄	3.6	3.5	3.5	3.5	3.4	3.4	3.3	3.3	3.5
总计	25.2	24.9	25.1	25.1	24.7	24.9	24.6	24.5	25.3

表 8-21　安徽省京沪高铁沿线城市 GDP 占全省比重一览表（2007—2015 年）

城市	2007 年（%）	2008 年（%）	2009 年（%）	2010 年（%）	2011 年（%）	2012 年（%）	2013 年（%）	2014 年（%）	2015 年（%）
宿州	5.9	5.9	5.7	5.6	5.6	5.6	5.6	5.8	6.0
蚌埠	5.6	5.5	5.3	5.2	5.1	5.2	5.2	5.5	5.0
定远	0.7	0.7	0.7	0.7	0.7	0.7	0.7	0.7	0.7
滁州	5.9	5.9	5.7	5.6	5.6	5.6	5.6	5.8	6.0
总计	18.1	18.0	17.4	17.1	17.0	17.1	17.1	17.8	17.7

就江苏省而言，除徐州外，京沪高铁所经过的均是苏南地区较为发达的地市。京沪高铁开通以来，部分地市占全省 GDP 的比重总和有小幅回落，而徐州、南京 GDP 占江苏全

省的比例有明显的增长（表 8-22）。在苏南的几个地市中，无锡、苏州、昆山下降幅度明显，镇江、常州稳中有升。京沪高铁沿线城市占江苏全省 GDP 的比例总体有小幅度下滑，其原因可能与高铁开通之后不久，恰逢金融危机和发展转型，苏南地区的发展要素向苏北转移，同时苏南本身增速减缓和处于转型探索之中有关系，导致作为苏北当时唯一高铁城市的徐州 GDP 占比明显提升，也导致外向型经济发展较早的苏南东部地区 GDP 占比下降，而依托高铁相关要素向苏南西部转移，带动南京、常州、镇江等城市 GDP 占比上升。

表 8-22 江苏省京沪高铁沿线城市 GDP 占全省比重一览表（2007—2015 年）

城市	2007 年（%）	2008 年（%）	2009 年（%）	2010 年（%）	2011 年（%）	2012 年（%）	2013 年（%）	2014 年（%）	2015 年（%）
徐州	6.5	6.5	6.9	7.1	7.2	7.4	7.4	7.6	7.5
南京	12.6	12.2	12.3	12.4	12.5	13.3	13.4	13.6	13.7
镇江	4.6	4.6	4.9	4.8	4.7	4.9	4.9	5.0	5.1
丹阳	1.4	1.4	1.4	1.4	1.5	1.5	1.5	1.6	1.5
常州	7.2	7.1	7.3	7.4	7.3	7.3	7.3	7.5	7.4
无锡	14.8	14.3	14.5	14.0	14.0	14.0	13.5	12.6	12.1
苏州	21.9	21.7	22.5	22.3	21.8	22.2	21.8	21.1	20.5
昆山	4.4	4.9	5.1	5.1	5.0	5.0	4.9	4.6	4.4
总计	73.4	72.7	74.9	74.5	74.0	75.6	74.7	73.6	72.2

2）对所在城市空间的影响

京沪高铁沿线站点地区的开发建设，对所在城市功能、结构、形态的影响主要表现在以下方面：

在功能方面，高铁站点地区的建设和植入，明显提升了城市能级、扩张了城市功能类型，提高了城市的辐射影响力。特别是对于原来地位比较低、交通枢纽作用比较小的城市而言，高铁站点地区对城市功能的提升作用格外显著。

在空间结构方面，高铁站点地区的开发建设直接改变了城市布局结构，对于中小城市而言，促进其形成一城多区的布局结构，对于大城市而言，则是改变了中心体系的架构，在城市的边缘地区形成了新的城市中心节点，或者强化和提升了高铁站点所在原城市门户地区的功能和在城市中心体系中的能级。这一点，通过站点所在行政区在整个城市相关指标中的占比情况可以间接反映出来（表 8-23）。

表 8-23 站点所在行政区在全市的 GDP 占比变化情况一览表

编号	城市	所在市辖区	2007 年度或 2008 年度 GDP（亿元）		高铁建设前所在区在全市的 GDP 占比（%）	2015 年度或 2014 年度 GDP（亿元）		高铁通车后所在区在全市的 GDP 占比（%）
			所在市辖区 GDP	城市总体 GDP		所在行政区 GDP	城市总体 GDP	
1	天津	西青区	199.3	5 050	3.9	964.70	17 200	5.6
2	沧州	运河区	79.0	1 465	5.4	188.00（2012 年）	2 812	6.7
3	济南	槐荫区	131.8	2 563	5.1	387.00	6 280	6.2
4	泰安	岱岳区	99.6	1 226	8.1	364.50	3 292	11.1
5	枣庄	薛城区	68.8	926	7.4	286.30	2 215	12.9

续表 8-23

编号	城市	所在市辖区	2007 年度或 2008 年度 GDP（亿元）		高铁建设前所在区在全市的 GDP 占比（%）	2015 年度或 2014 年度 GDP（亿元）		高铁通车后所在区在全市的 GDP 占比（%）
			所在市辖区 GDP	城市总体 GDP		所在行政区 GDP	城市总体 GDP	
6	徐州	鼓楼区	51.4（2008 年）	2 007	2.6	59.70	5 250	1.1
7	宿州	埇桥区	160.8	424	37.9	305.80	1 126	27.2
8	蚌埠	龙子湖区	14.6（2008 年）	486	3.0	72.50	1 108	6.5
9	滁州	南谯区	26.3	436	6.0	68.90（2014 年）	1 214	5.7
10	南京	雨花台区	125.0（2008 年）	3 284	3.8	406.60	9 600	4.2
11	镇江	丹徒区	105.0	1 207	8.7	323.56（2014 年）	3 252	9.9
12	常州	新北区	258.0	1 881	13.7	900.21（2014 年）	4 902	18.4
13	无锡	锡山区	291.1（2008 年）	4 420	6.6	620.70（2014 年）	8 205	7.6
14	苏州	相城区	276.4（2008 年）	6 701	4.1	578.30（2014 年）	13 761	4.2
15	上海	闵行区	976.0	12 189	8.0	1964.70	25 300	7.8

注：高铁沿线县级市与行政区划调整过的城市不在统计范围之内。

通过统计站点所在的行政区通车前后在全市 GDP 中占有的份额可以发现，大部分站点所在行政区在高铁开通后的几年中，占全市 GDP 的份额均有所上升。无论是大城市还是小城市，高铁所在区域的经济发展均明显快于其他几个区域。但徐州东站、宿州东站、上海虹桥站所在行政区占全市GDP的比重有所下降，苏州北站所在的相城区增幅也不明显。

此外，在城市形态方面，高铁站点地区的植入，对中小城市的空间形态拉伸作用最为显著，显著牵引原来的团块状城市走向带状、哑铃状等新的形态，并以站点设施和站区周边大体量建筑、道路等丰富了城市的门户型、标志性景观节点，形成了新的城市开发“高度”。对于大城市而言，高铁站点地区的开发建设虽然对其整体城市形态的牵引作用不显著，但是多数站点布局在城市边缘地区，也在一定程度上拓展了城市的外缘，拉伸形成了外向拓展的“触角”，形成了城市边缘区新的门户景观，并连接了城市外围片区与中心城区，带动形成了中心城区与外围建设用地带状连绵发展的新态势。

本章注释

① 凯文·林奇 . 城市意象 [M]. 方益萍，何晓军，译 . 北京：华夏出版社，2001.

② 毛一凡 . 国内非区域核心城市高铁站区空间结构及形态要素研究 [D]：[博士学位论文]. 武汉：华中科技大学，2010.

③ 许闻博，王兴平. 高铁站点地区空间开发特征研究——基于京沪高铁沿线案例的实证分析 [J]. 城市规划学刊，2016（1）：72–79.

④ Bertolini L. Nodes and places：Complexities of railway station redevelopment[J]. European Planning Studies，1996，4（3）：331–345.

长三角一体化进程的重要事件一览表

附表 1　长三角的一体化进程回顾

时间	相关内容
1982 年 12 月 22 日	国务院发出《关于成立上海经济区和山西能源基地规划办公室的通知》，决定成立上海经济区，这是长三角经济圈的最早雏形
1983 年 3 月 22 日	上海经济区规划办公室正式成立。上海经济区范围：以上海为中心，包括苏州、无锡、常州、南通、杭州、嘉兴、湖州、宁波、绍兴 10 个城市
1983 年 8 月 18 日	上海经济区规划工作第一次会议在上海召开，建立经济区省市长会议制度
1984 年 12 月 6 日	安徽省首次作为经济区成员参会
1986 年 7 月 10 日	同意《上海经济区发展战略纲要》，通过《上海经济区章程》，江西（1985 年）、福建（1987 年）先后加入
1988 年 6 月 1 日	国家计划经济委员会通知，撤销上海经济区规划办公室
1988 年 7 月	上海经济区最后一次会议在上海召开，处理善后工作，长三角一体化进入停滞阶段
1990 年 4 月	党中央、国务院宣布开发开放浦东，两个月后，江苏率先提出“坚决支持、主动服务、迎接辐射、促进发展”十六字方针，呼应浦东开发开放
1992 年	上海、无锡、宁波、舟山、苏州、扬州、杭州、绍兴、南通、常州、湖州、嘉兴、南京、镇江 14 个城市组织成立长三角十四城市协作办（委）主任联席会
1993 年	上海正式提出包括江苏、浙江和上海两省一市的长三角大都市圈发展构想
1997 年	泰州加入，15 市成立长三角城市经济协调会，长三角经济圈概念首次明确提出
2002 年 12 月 3 日	上海成功申办 2010 年世博会，为长三角区域合作提供新内容，注入新活力
2003 年 8 月 19 日	台州加入，成员城市扩大到 16 个，成为真正意义上的经济圈，签订《关于进一步推进经济合作与发展的协议》和《进一步加强经济技术交流与合作的协议》等协议
2004 年 11 月 2 日	长三角城市经济协调会由每两年一次改为一年一次
2007 年 5 月 15 日	国务院总理温家宝在上海举行长三角地区经济社会发展座谈会
2007 年 5 月 30 日	《长三角区域大通关建设协作备忘录》签署
2008 年 9 月 7 日	国务院通过《关于进一步推进长江三角洲地区改革开放和经济社会发展的指导意见》
2010 年 6 月 22 日	国务院批复《长江三角洲地区区域规划（2009—2020 年）》

表格来源：课题组根据邹卫星、周立群的《区域经济一体化进程剖析：长三角、珠三角与环渤海》一文中表 1 整理得到。

附表 2　长三角区域一体化大事记

年份	大事件
1982	国家领导人提出“以上海为中心建立长三角经济圈”，范围包括上海、南京、宁波、苏州、杭州
1985	国家经贸委牵头成立上海经济区，长三角经济圈的概念扩大至五省一市：上海、江苏、浙江、安徽、福建、江西
1992	由上海等 14 个市经协委发起成立长三角十四城市协作办（委）主任联席会； 贯穿江苏、上海、浙江的高速公路开工，北侧入沪快速通道——苏通大桥进入规划
1993	上海正式提出推动长三角大都市圈发展的构想，由江苏、浙江、上海两省一市组成，新的长三角经济圈实行强强联手
1997	浙江修通嘉兴到上海的高速公路
	长三角城市经济协调会第一次会议在扬州举行，目标为“建设成为具有高度竞争力的经济共同体”

续附表 2

年份	大事件
1999	长三角城市经济协调会第二次会议在杭州举行，主题为“生态、文化、经济”
2001	长三角城市经济协调会第三次会议在绍兴举行，主题为“共建大旅游圈”
2002	8 月，在上海举办主题为“长三角的一体化”的长三角区域经济互动发展研讨会； 10 月，无锡、上海两地公交公司率先实现公交卡“一卡两刷”
2003	长三角城市经济协调会第四次会议在南京举行，主题为“‘世博经济’与长三角经济联动发展”； 2 月，浙苏沪三地工商部门签订“在投资准入、市场秩序、信用信息方面的一体化框架”协议； 苏浙沪签署《关于进一步推进经济合作与发展的协议》《进一步加强经济技术交流与合作的协议》； 政府部门在上海发布《长三角人才开发一体化共同宣言》； 江浙沪三地交通部门在南京签署《长江三角洲道路运输一体化共同宣言》； 签署教育合作协议，实现大学生学分互认、联合办学，相互开放毕业生就业市场； 3 月，上海金融机构向江苏、浙江企业发放贷款； 5 月，苏嘉杭高速公路浙江、江苏交界收费站打破行政界限，实现合二为一； 7 月，“长江三角洲旅游城市 15+1 高峰论坛”在杭州举行； 8 月，浙苏沪实现电子政务信息和信用体系信息共享
2004	我国首部由交通部牵头制订的区域性交通规划纲要——《长三角地区现代化公路、水路交通规划纲要》出台。 长三角城市经济协调会第五次会议在上海举行，主题：完善充实常设机构；设立专项资金；建立长三角城市经济协调会专项资金、修改长三角城市经济协调会章程、调整充实常设机构等提案，签署《长江三角洲地区城市合作协议》。 1 月，上海与江苏的高速公路连接通道将由 2 条增至 7 条，分别为沪宁、沪嘉浏、三号线、沪苏、沪青平、沪崇苏越江通道东线和西线。上海与浙江的高速公路连接通道将由 1 条增至 4 条，包括沪杭、亭枫、申嘉杭、杭浦线。浙江计划投资 71 亿元兴建沪杭高速公路复线（杭浦高速公路）及杭州湾跨海大桥。 3 月，长三角最大的“旅游超市”项目启动。 3 月，江浙沪工商局在上海联合签署《长三角地区消费者权益保护合作协议》，长三角地区消费者实现异地维权。 3 月，上海举行长三角联合师资招聘会。 3 月，上海与江苏昆山实现公交直达，长三角公交一体化拉开序幕。 5 月，浙江加快申苏浙皖高速公路建设。 11 月，江浙沪旅游市场促进会成立，通过《苏浙沪旅游市场促进会（上海）宣言》。 长三角旅游城市“15+1”高峰论坛，签署《长三角旅游城市合作宣言》。 江浙沪中小企业合作和发展论坛，签署《江浙沪中小企业合作和发展协议书》。 11 月，国家发改委正式启动“长三角都市圈区域规划”
2005	6 月，江浙沪三省市运输管理部门召开长三角地区道路货运发展研讨会，并发布了《长三角地区道路货运一体化发展共同宣言》； 7 月，国家发改委有关领导和专家、江浙沪及长三角 16 个城市代表在扬州对长三角经济一体化中所涉及的产业和布局问题进行专题研讨； 8 月，上海市社会团体管理局会同上海市社会服务局与江苏、浙江两省民间组织管理局在上海国际会议中心举办了首届“长三角民间组织——行业协会与区域经济发展合作交流论坛”； 9 月，“2005 长江三角洲旅游城市高峰论坛”在无锡举行，24 个城市共同签署《无锡倡议》； 10 月，长三角城市经济协调会第六次会议在南通召开，主题为“促进区域物流一体化，提升长三角综合竞争力”，通过《长江三角洲城市经济协调会章程修正案》； 12 月，上海浦东国际机场扩建工程全面开工，上海国际航空枢纽建设迈入全面推进的新阶段； 上海轮胎橡胶集团在江苏如皋建立分厂

年份	大事件
2006	3 月，“长三角区域能源专题规划工作会议”在江苏省镇江市举行，上海市、江苏省、浙江省发改委，以及长三角地区 15 个地级市发改委完成长三角能源规划研究和草案编制工作； 6 月，2006 年长三角双休日旅游经济创新发展高峰论坛在湖州安吉召开； 9 月，长三角港口管理部门合作联席会议成立，规定了合作原则等多方面的内容； 10 月，2006 年上海国际“都市圈交通论坛”在上海召开，提出构建都市大交通格局、打造“3 h 经济圈”； 10 月，泛长三角“属地申报，口岸验放”区域通关新模式正式启动，跨关区通关作业程序转变为“一次申报、一次放行”，消除因关区设置而造成的物流障碍； 10 月，“长三角文化周系列活动”在上海开幕，集中体现区域性的文化交流与合作； 11 月，长三角城市经济协调会第七次会议在泰州举行，主题为“研究区域发展规划提升长三角国际竞争力”，签署《长江三角洲地区城市合作（泰州）协议》，讨论并通过关于“交通卡互通”“高校毕业生就业合作”“长三角资料信息中心筹建”等提案； 12 月，“长三角物流园区合作与发展高层论坛”在沪举行，提出加强合作，避免低水平重复建设，加快形成差异化竞争的新格局； 12 月，“加强区域科技合作，推进新农村建设研讨会”在上海举行，以区域科技合作为主线，整合长三角新农村建设资源，实现优势互补，促进社会主义新农村建设联动发展，是长三角科技合作的创新之举
2007	4 月，第三次长三角对外宣传联席会议在上海召开，苏浙沪积极利用上海 2007 年世界特奥会和 2010 年上海世博会的机遇，积极合作、全方位展示长三角形象，扩大国际影响力； 5 月，江苏、浙江、上海两省一市签署《长三角区域大通关建设协作备忘录》； 5 月，国务院总理温家宝在上海举行长三角地区经济社会发展座谈会； 6 月，浙江、江苏、上海两省一市政府共同签署《长三角科技资源共享服务平台共建协议书》，中国中小企业协会长三角地区服务中心在上海宝山区成立； 7 月，沪杭两市政府签署《进一步深化沪杭合作交流备忘录》，加强举办世博会、重大基础设施建设、科技创新、重点产业、资源节约和环境保护、服务领域以及社会领域七方面的合作； 9 月，2007 长江三角洲旅游城市高峰论坛在南京举行，议题为《2007 长三角旅游城市区域合作南京宣言》《宁杭生态旅游带合作发展行动纲要》； 10 月，长三角地区科协合作联盟在上海成立，合作内容包括举办长三角科技论坛、加强三地学术团体交流、加强长三角技术服务网络建设、搭建长三角科普资源开发与共享平台等； 11 月，江苏、浙江、上海两省一市政府与中国人民银行在上海共同签署《推进长江三角洲地区金融协调发展支持区域经济一体化框架协议》，长三角地区金融协调发展工作正式启动； 12 月，长三角城市经济协调会第八次会议在常州举行，主题为“推进长三角地区协调发展”，签署《长江三角洲地区城市合作（常州）协议》，商定在港口、旅游、交通、环保、信息等方面深化合作； 12 月，2007 年江浙沪文化厅局长联席会议通过《江浙沪文化交流与合作行动计划》，共同签署《2008 年文化交流与合作项目意向书》
2008	1 月，长三角首个区域性标准、国内旅游业首个统一标准《旅游景区（点）道路交通指引标志设置规范》实施，长三角打造“无障碍旅游区”起步； 4 月，首届长三角金融论坛在南京举行，意在打破“银政壁垒”，共建“信用长三角”； 5 月，杭州湾跨海大桥、苏通大桥先后通车，上海至宁波、南通分别从 4 h 缩短至 2 h； 7 月，沪宁城际铁路开工，预计 2010 年世博会前通车，上海至南京最快 1 h 可到达； 8 月，国务院常务会议审议通过《进一步推进长江三角洲地区改革开放和经济社会发展的指导意见》，两省一市的“长三角一体化”正式提升至国家战略层面； 9 月，宁杭铁路有限责任公司组建，预计 2011 年建成投运，届时南京、杭州两地只需 60 min 即可到达； 10 月，首届长三角地区政法综治工作协作发展论坛在南京召开，三地签署《长江三角洲地区政法综治工作协作交流框架协议》，标志着三地今后将在社会矛盾化解、流动人口管理等方面推进协作交流； 10 月，沪苏浙高院共同签署《长江三角洲地区人民法院司法工作协作交流协议》，决定建立三地法院司法交流协作联席会议制度，进一步加强长三角地区的司法协作

续附表 2

年份	大事件
2009	长三角城市经济协调会第九次会议在湖州举行，主题为“贯彻国务院指导意见精神，共同应对金融危机，务实推进长三角城市合作”，包括“长三角世博会主题体验之旅”“协调会自身建设”“长三角金融合作”“长三角医疗保险合作”和“长三角会展合作”等专题和课题，签署《长江三角洲地区城市合作（湖州）协议》
2010	长三角城市经济协调会第十次会议在嘉兴举行，成员城市由 16 个扩容为 22 个，主题为“用好世博机遇、放大世博效应，推进长三角城市群科学发展”，包括“长三角医疗保险合作”“长三角金融合作”“长三角会展合作”“长三角园区共建”专题和“长三角异地养老合作”“长三角现代物流业整合和提升”课题，签署《长江三角洲地区城市合作（嘉兴）协议》
2011	长三角城市经济协调会第十一次会议在镇江举行，主题为“高铁时代的长三角城市合作”，商定在农业、港口、旅游、交通、环保等方面进一步深化合作，签署《长江三角洲地区城市合作（镇江）协议》
2012	长三角城市经济协调会第十二次会议在台州举行，主题为“陆海联动，共赢发展长三角城市经济合作”，在陆海重点产业发展、陆海基础设施建设、陆海资源要素配置、生态环境保护等方面展开讨论，细化合作内容，并就城市合作与协同发展、产业聚集与创新转型、港口联盟与物流体系、多元发展与合作共赢、资源利用与生态保护等子话题进行探讨，签署《长江三角洲地区城市合作（台州）协议》

表格来源：课题组根据有关资料整理绘制。

附表 3　历次南京都市圈市长峰会概况

会议	年份	地点	主要内容	达成协议
第一次	2007	南京	主题为起航，确定“共享、共建、同城化”的目标	《第一届南京都市圈市长峰会备忘录》《南京都市圈共同发展行动纲领》
第二次	2008	南京	主题为“交通基础设施与公共服务一体化”，探讨都市圈基础设施和公共服务一体化问题，加速推进《南京都市圈综合交通发展规划》落实	《第二届南京都市圈市长峰会备忘录》
第三次	2009	南京	主题为“交通基础设施与旅游一体化”，成立综合交通发展协调委员会和旅游发展协调委员会，加快芜湖、马鞍山等都市圈重要战略区域同城化研究，着手都市圈“十二五”经济社会发展战略规划研究	《第三届南京都市圈市长峰会备忘录》
第四次	2010	南京	主题为“共建、共享、同城化”，推动都市圈农副产品产销一体化，重点为都市圈综合交通体系对接、公共事业一体化和宁镇扬同城化，“南京都市圈物流发展协调委员会”揭牌，启动“南京都市圈农副产品信息交换平台”	《第四届南京都市圈市长峰会备忘录》《南京都市圈农副产品产销对接合作框架协议》《南京农副产品物流中心与南京都市圈农产品基地产销协议》《南京栖霞区—镇江句容市全面合作协议》《南京六合区—扬州仪征市全面合作协议》
第五次	2011	南京	主题为“加强规划衔接、共绘发展蓝图”，启动《南京都市圈区域规划》编制，共谋同城化发展，成立“南京都市圈发展规划协调委员会”	《第五届南京都市圈市长峰会备忘录》、南京与都市圈其余七市签订一揽子双边与多边协议
第六次	2012	南京	主题为“共同的规划、共同的明天”，部署《南京都市圈区域规划》编制工作	《第六届南京都市圈市长峰会备忘录》，宁镇扬重点领域合作协议，南京与淮安，滁州双边合作协议，南京马鞍山教育合作协议

表格来源：课题组根据历次南京都市圈市长峰会的主要内容整理绘制。

附表 4　历次长三角城市经济协调会概况

会议	年份	地点	主要内容	通过协议或章程
第一次	1997	扬州	目标为“建设成为具有高度竞争力的经济共同体”，确定由杭州市牵头的旅游专题和由上海市牵头的长三角区域经济合作的突破口	《长江三角洲城市经济协调会章程》
第二次	1999	杭州	主题为“生态、文化、经济”，加强区域科技合作、推进国企改革和资产重组、研究筹建国内合作信息网和进一步深化旅游商贸专题	—
第三次	2001	绍兴	主题为“共建大旅游圈”，抓住机遇、发展大旅游	—
第四次	2003	南京	主题为“‘世博经济’与长三角经济联动发展”	《关于以承办世博会为契机，加快长江三角洲城市联动发展的意见》
第五次	2004	上海	主题：完善充实常设机构；设立专项资金；建立长三角城市经济协调会专项资金、修改长三角城市经济协调会章程、调整充实常设机构等提案	《长江三角洲地区城市合作协议》
第六次	2005	南通	主题为“促进区域物流一体化，提升长三角综合竞争力”	《长江三角洲城市经济协调会章程修正案》
第七次	2006	泰州	主题为“研究区域发展规划提升长三角国际竞争力”，讨论并通过关于“交通卡互通”“高校毕业生就业合作”“长三角资料信息中心筹建”等提案	《长江三角洲地区城市合作（泰州）协议》
第八次	2007	常州	主题为“推进长三角地区协调发展”，贯彻十七大精神，推进长三角地区协调发展，商定在港口、旅游、交通、环保、信息等方面深化合作	《长江三角洲地区城市合作（常州）协议》
第九次	2009	湖州	主题为“贯彻国务院指导意见精神，共同应对金融危机，务实推进长三角城市合作”，包括“长三角世博会主题体验之旅”“协调会自身建设”“长三角金融合作”“长三角医疗保险合作”和“长三角会展合作”等专题和课题	《长江三角洲地区城市合作（湖州）协议》
第十次	2010	嘉兴	主题为“用好世博机遇、放大世博效应，推进长三角城市群科学发展”，成员城市由16个扩容为22个，包括“长三角医疗保险合作”“长三角金融合作”“长三角会展合作”“长三角园区共建”专题和“长三角异地养老合作”“长三角现代物流业整合和提升”课题	《长江三角洲地区城市合作（嘉兴）协议》
第十一次	2011	镇江	主题为“高铁时代的长三角城市合作”，商定在农业、港口、旅游、交通、环保等方面进一步深化合作	《长江三角洲地区城市合作（镇江）协议》
第十二次	2012	台州	主题为“陆海联动，共赢发展长三角城市经济合作”，在陆海重点产业发展、陆海基础设施建设、陆海资源要素配置、生态环境保护等方面展开讨论，细化合作内容	《长江三角洲地区城市合作（台州）协议》

表格来源：课题组在罗小龙《长江三角洲地区的城市合作与管治》一书中的表 5-1 的基础上整理绘制。

附表 5　历次南京都市圈发展论坛概况

会议	年份	地点	参与者	会议主题
第一次	2003	南京	南京市人民政府、江苏省发改委、江苏省社科院、江苏省城市发展研究院、企业部门	南京都市圈互动发展
第二次	2004	芜湖	南京市人民政府、南京财经大学、安徽省社科院、江苏省城市发展研究院、芜湖市人民政府、企业部门	南京商圈的建设和发展
第三次	2005	镇江	镇江市人民政府、南京市人民政府、南京财经大学、安徽省社科院、江苏省城市发展研究院、企业部门	汽车暨装备制造业互动发展

续附表 5

会议	年份	地点	参与者	会议主题
第四次	2006	马鞍山	马鞍山市人民政府、南京市人民政府、南京财经大学、安徽省社科院、江苏省城市发展研究院、企业部门	创新型都市圈建设与新型工业化
第五次	2007	扬州	扬州市人民政府、南京市人民政府、安徽省社科院、江苏省城市发展研究院、江苏省各城市代表、专家学者	文化产业的创新与互动
第六次	2008	滁州	南京市人民政府、安徽省社科院、江苏省城市发展研究院、南京财经大学、苏皖两省专家学者、都市圈各城市政府官员	合作分工、共建共享、创新发展
第七次	2009	南京	安徽省社科院、江苏省城市发展研究院、南京财经大学、都市圈各城市政府代表、苏皖两省专家	南京都市圈现代服务业发展
第八次	2010	南京	安徽省社科院、南京市人民政府、南京财经大学、都市圈各城市政府代表、苏皖两省专家	长三角城市创新、和谐、共赢发展
第九次	2011	南京	安徽省社科院、南京市人民政府、南京财经大学、都市圈各城市政府代表、苏皖两省专家	南京都市圈产业升级与城市转型
第十次	2012	南京	南京财经大学、安徽省社科院、国内外专家学者、都市圈各城市政府代表	城市化和城市可持续发展

曹小曙，闫小培 .20 世纪走廊及交通运输走廊研究进展 [J]. 城市规划，2003，27（1）：50–56.

曹小曙，等 . 穗深港巨型城市走廊空间演化研究 [M]. 北京：商务印书馆，2006.

陈高华 . 元史研究新论 [M]. 上海：上海社会科学院出版社，2005.

陈雯，陈顺龙，等 . 厦漳泉大都市区同城化：重塑发展格局 [M]. 北京：科学出版社，2012.

褚葆一 . 当代美国经济 [M]. 北京：中国财政经济出版社，1981.

崔功豪 . 长江三角洲城市发展的新趋势 [J]. 城市规划，2006（S1）：41–43.

丁成日 . 城市规划与空间结构——城市可持续发展战略 [M]. 北京：中国建筑工业出版社，2005.

丁成日 . 城市增长与对策：国际视角与中国发展 [M]. 北京：高等教育出版社，2009.

丁睿，李海旗 . 成都经济区“同城化”规划建设工作的思考 [J]. 四川建筑，2010，30（4）：51–53.

董超 .“流空间”的地理学属性及其区域发展效应分析 [J]. 地域研究与开发，2012，31（2）：5–8，14.

段德罡，刘亮 . 同城化空间发展模式研究 [J]. 规划师，2010，28（5）：91–94.

段进 . 国家大型基础设施建设与城市空间发展应对——以高铁与城际综合交通枢纽为例 [J]. 城市规划学刊，2009（1）：33–37.

段七零，毛建明 . 基于引力模型和 0–1 规划模型的省域经济区划——以江苏省为例 [J]. 经济地理，2011，31（8）：1239–1245.

高津利次 . 日本高铁的历史与未来 [J]. 甘霖，译 . 国际城市规划，2011，26（6）：6–15.

高鑫，修春亮，魏冶 . 城市地理学的“流空间”视角及其中国化研究 [J]. 人文地理，2012（4）：32–36，160.

高秀艳，王海波 . 大都市经济圈与同城化问题浅析 [J]. 企业经济，2007，324（8）：89–91.

官卫华，姚世谋 . 基于交通走廊的城市群区域空间成长研究 [M]// 中国城市规划学会 . 规划 50 年：2006 中国城市规划年会论文集（上册）. 北京：中国建筑工业出版社，2006.

何塞・乌雷尼亚，菲利普・梅内拉特，马迪・加门迫亚 . 从国家、区域和地方视角看高速铁路对沿线大城市的挑战 [J]. 黄勇，译 . 国际城市规划，2011，26（6）：30–41.

侯雪，刘苏，张文新，等 . 高铁影响下的京津城际出行行为研究 [J]. 经济地理，2011，31（9）：1573–1579.

胡刚 . 共同开发：城市组合的途径 [J]. 现代经济探讨，2006（11）：49–52.

胡天军，申金升 . 京沪高速铁路对沿线经济发展的影响分析 [J]. 经济地理，1999，19（5）：101–104.

黄英婉 . 沈抚“同城化”背景下沈阳装备制造业产业转移初探 [J]. 现代商业，2008（15）：124–125.

焦张义，孙久文.我国城市同城化发展的模式研究与制度设计[J].现代城市研究，2011(6)：6–10.
金本良嗣，德岡一幸.日本の都市圏設定基準[J].応用地域学研究，2002（7）：1–15.
凯文·林奇.城市意象[M].方益萍，何晓军，译.北京：华夏出版社，2001.
李春利.轨道交通出行率影响道路拥堵[EB/OL].（2013–09–07）.http：//auto.ifeng.com/fangtan/20130907/100061 2.shtml.
李恒鑫.城际铁路对城市圈同城化的促进作用[J].综合运输，2010（4）：36–40.
李仁涵.我国大都市交通圈发展模式的研究——以上海大都市为例[D]：[博士学位论文].上海：同济大学，2007：12–17.
李王.城市经济圈同城化效应的国内比较及启示[J].特区经济，2010（3）：143–144.
连井环.沈抚同城化政府协调机制建设的对策研究[D]：[硕士学位论文].沈阳：东北大学，2008.
梁成柱.高速铁路对京津冀经济圈要素流动的影响[J].河北学刊，2008，28（4）：228–230.
卢丹.沈阳、抚顺房地产业同城化的设想[J].建筑设计管理，2008（2）：22–23.
鲁瑞虎.武广高铁对其湖南省沿线区域空间结构重组的影响研究[D]：[硕士学位论文].长沙：湖南师范大学，2012.
罗小龙.长江三角洲地区的城市合作与管治[M].北京：商务印书馆，2011.
曼纽尔·卡斯特.网络社会的崛起[M].夏铸九，王志弘，等，译.北京：社会科学文献出版社，2003：504–526.
毛一凡.国内非区域核心城市高铁站区空间结构及形态要素研究[D]：[博士学位论文].武汉：华中科技大学，2010.
牟勇.合（肥）淮（南）同城化：内涵、效应、障碍与实现[J].消费导刊，2009（21）：124.
秦广庆.同城化背景下广佛产业合作协调机制研究[D]：[硕士学位论文].广州：广东商学院，2010.
秦尊文.武汉孝感同城化问题研究[J].中国地质大学学报（社会科学版），2009，9（4）：13–16.
桑秋，张平宇，罗永峰，等.沈抚同城化的生成机制和对策研究[J].人文地理，2009（3）：32–36.
沙蓉，刘加昆.地区同城化公共政策体系优化整合与滇中城市圈协调机制构建[J].云南财经大学学报（社会科学版），2010，25（6）：51–56.
上海市城市综合交通规划研究所.上海市第四次综合交通调查总报告[R].上海：上海市城市综合交通规划研究所，2010.
深圳市规划局.深圳2030城市发展策略[Z].深圳，2005.
沈建法.城市跨界发展与融合：港深案例研究[J].城市规划，2013，37（6）：20–25.
沈丽珍.流动空间[M].南京：东南大学出版社，2010.
宋林飞.当前长三角发展面临的十大理论与实践问题[J].学海，2006（3）：16–19.
宋煜.国内同城化战略的实施回顾及个案剖析[D]：[硕士学位论文].上海：同济大学，2008.
唐启国.关于宁镇扬同城化示范区提升为国家战略的思考[J].城市，2010（12）：17–20.
王德，郭玖玖.北京市一日交流圈的空间特征及其动态变化研究[J].现代城市研究，2008（5）：68–75.
王德，宋煜，沈迟，等.同城化发展战略的实施进展回顾[J].城市规划学刊，2009（4）：74–78.
王靓.世界城市启示录：城市融合必须多建轨道交通[N].东方早报，2007–08–06.

王兰，王灿，陈晨，等 . 高铁站点周边地区的发展与规划——基于京沪高铁的实证分析 [J]. 城市规划学刊，2014（4）：31-37.
王兰 . 高速铁路对城市空间影响的研究框架及实证 [J]. 规划师，2011，27（7）：13-19.
王馨 . 都市圈同城化渐行渐近 [N]. 南京日报，2008-04-30.
王兴平，冯淼，顾惠 . 城际创新联系的尺度差异特征分析：以长三角核心区为例 [J]. 东南大学学报（哲学社会科学版），2015，17（6）：108-116.
王兴平，赵虎 . 沪宁高速轨道交通走廊地区的职住区域化组合现象——基于沪宁动车组出行特征的典型调研 [J]. 城市规划学刊，2010（1）：85-90.
王兴平 . 就业—居住—公共服务耦合式家庭城镇化道路研究 [C]. 贵阳：第十五届中国科协年会产城互动与规划统筹研讨会，2013.
王兴平 . 危机与希望：新型城乡关系与新江南水乡的塑造 [M]// 陈小卉，等 . 城镇化 . 北京：中国建筑工业出版社，2014.
王振 . 长三角地区的同城化趋势及其对上海的影响 [J]. 科学发展，2010（4）：101-109.
吴传钧 . 中国经济地理 [M]. 北京：科学出版社，1998.
吴昊 .C 篇：京津城际铁路对京津地区经济社会发展的作用 [J]. 铁道经济研究，2009（4）：15-19.
吴瑞坚 . 广佛同城化的协调机制研究——基于集团理论视角的分析 [J]. 探求，2010（6）：12-15.
吴学彬 . 高铁建设背景下的同城化现象研究 [D]：[硕士学位论文]. 成都：西南交通大学，2011.
伍业春 . 武广高速铁路对沿线城市体系发展的影响研究 [D]：[硕士学位论文]. 成都：西南交通大学，2009.
谢彬 . 中国铁道史 [M]. 上海：上海中华书局，1929.
邢铭 . 沈抚同城化建设的若干思考 [J]. 城市规划，2007，238（10）：52-56.
许景，王兴平 . 长三角开发区群的空间结构及产业分工 [J]. 城市规划学刊，2010（4）：28-35.
许闻博，王兴平. 高铁站点地区空间开发特征研究——基于京沪高铁沿线案例的实证分析 [J]. 城市规划学刊，2016（1）：72-79.
宣文俊 . 长江三角洲地区区域协调的重大体制与机制的创新 [J]. 上海经济研究，2008（11）：50-58.
阎泽 . 同城化环境和语境下的天津城市文化建设 [J]. 天津职业院校联合学报，2010，12（1）：131-135.
严宽，于川江 . 长三角同城化的后世博效应研究 [J]. 城市，2010（11）：58-61.
杨海华，胡刚 . 广佛同城化的生成机制和合作模式研究 [J]. 南方论丛，2010（2）：88-89.
杨海华 . 同城化视角下的区域合作研究：广佛同城化例证 [J]. 广州城市职业学院学报，2011，4（2）：20-24.
姚宪辉 . 通勤出行行为研究 [D]：[硕士学位论文]. 北京：北京交通大学，2008.
殷铭，汤晋，段进 . 站点地区开发与城市空间的协同发展 [J]. 国际城市规划，2013，28（3）：70-77.
于涛，陈昭，朱鹏宇 . 高铁驱动中国城市郊区化的特征与机制研究——以京沪高铁为例 [J]. 地理科学，2012，32（9）：1041-1046.
曾群华，邓江楼，张勇，等 . 都市圈、城市群与同城化的概念辨析 [J]. 中国名城，2012（5）：4-11.
曾群华 . 新制度经济学视角下的长三角同城化研究：以上海、苏州、嘉兴为例 [D]：[博士学位论文]. 上海：华东师范大学，2011.

张萃 . 高速铁路对城镇体系发展影响的研究 [D]：[硕士学位论文]. 天津：南开大学，2009.
张洁梅 . 长三角一体化与区域合作机制的构建 [J]. 惠州学院学报（社会科学版），2007，27（5）：75–78.
张楠楠，徐逸伦 . 高速铁路对沿线区域发展的影响研究 [J]. 地域研究与开发，2005，24（3）：32–36.
张晓莲 . 美国城市郊区化与都市区发展 [J]. 城市问题，2001（4）：60–62.
张学良，聂清凯 . 高铁时代城市与区域发展——高速铁路建设与中国区域经济一体化发展 [J]. 现代城市研究，2010（6）：7–10.
张云霞 . 高速路网催生“同城效应”上海人苏州扫墓上午搞定 [N]. 姑苏晚报，2009–03–22.
赵渺希，刘珺，陈晨 . 长吉区域一体化的城际轨道交通出行表征 [J]. 城市观察，2012（5）：86–95.
郑良海，邓晓兰，侯英 . 基于引力模型的关中城市间联系测度分析 [J]. 人文地理，2011（2）：80–84.
中国公路交通史编审委员会 . 中国古代道路交通史 [M]. 北京：人民交通出版社，1994.
钟春洋 . 宁波都市经济圈同城化的战略思考 [J]. 宁波经济（三江论坛），2010（11）：22–25，32.
周孝文 . 高速铁路对区域经济协调发展的促进作用 [J]. 铁道经济研究，2010（6）：19–22.
周一星 . 城市地理学 [M]. 北京：商务印书馆，1999.
朱京海，方志刚 . 沈抚同城化大气污染控制对策研究 [J]. 环境保护科学，2009，35（4）：108–110.
朱凯 . 中国创新型都市圈的特征与演化路径研究——基于南京都市圈的实证分析 [D]：[博士学位论文]. 南京：东南大学，2015.
Alain B. Labor Markets，Urban Structures and Transport[C].Beijing：World Metropolitan Development Forum，2012.
Bertolini L. Nodes and places：Complexities of railway station redevelopment[J]. European Planning Studies，1996，4（3）：331–345.
Bertolini L. Station Areas as Nodes and Places in Urban Networks：An Analytical Tool and Alternative Development Strategies[C]. Amsterdam： European Regional Science Association Conference，2008：35–57.
Blum U，Haynes K E，Karlsson C. The regional and urban effects of high–speed trains [J].The Annals of Regional Science，1997，31（1）：1–20.
Bonnafous A. The regional impact of the TGV[J]. Transportation，1987（14）：127–137.
Campos de R. Some stylized facts about high–speed rail：A review of HSR experience around the world[J]. Transportation，2009（16）：19–28.
Chapman K. People，Pattern and Process [M]. London：Edward Arnold，1979：334.
Gordon P，Kumar A，Richardson H. Gender differences in metropolitan travel behavior [J]. Regional Studies，1989（23）：499–510.
Gutierrez J，Urbano P. Accessibility in the European union：The impact of the trans–European road network [J]. Journal of Transport Geography， 1996，4（1）：15–25.
Huang P C. The Peasant Family and Rural Development in the Yangzi Delta，1935—1988[M]. Stanford：Stanford University Press，1990.
Kingsley E. Labor markets and regional transportation improvements：The case of high–speed trains [J].

The Annals of Regional Science, 1997（31）: 57–76.

Kwang S K. High–speed rail development and spatial restructuring: A case study of the capital region in South Korea [J]. Cities, 2000（4）: 251–262.

Mackiewicz A R. Towards a new definition of topological accessibility [J].Transportation Research B, 2003（1）: 47–79.

Moshe G. Development and impact of the modern high–speed train: A review [J].Transport Reviews, 2006（5）: 593–611.

Pol P M J. The economic impact of the high–speed train on urban regions [C]. ERSA Conference Paper from European Regional Science Association, 2003.

Sands B. The development effects of high–speed rail stations and implications for California[J]. Built Environment, 1993, 19（3/4）: 257–284.

Sasaki K, Ohashi T, Ando A. High–speed rail transit impact on regional systems: Does the Shinkansen contribute to dispersion[J]. The Annals of Regional Science, 1997, 31（1）: 77–98.

Tim L. Analysis of the Economic Impacts of Florida High Speed Rail[R]. Berlin: InnoTrans, UiC, CCFE_ CER_GEB and UNIFE, 1998.

Vickennan R. High–speed rail in Europe: Experience and issues for future development [J].The Annals of Regional Science, 1997, 31（1）: 21–38.

图片来源

图 1-1 源自：作者根据 http：//en.wikipedia.org/wiki/High-speed_rail_by_country 数据整理绘制 .

图 1-2 源自：作者根据 2002—2011 年《中国城市统计年鉴》计算得到的数据绘制 .

图 1-3、图 1-4 源自：作者自绘 .

图 1-5 源自：作者根据相关资料绘制 .

图 1-6 源自：作者根据长三角城市经济协调会成员城市扩容资料绘制 .

图 1-7 至图 1-9 源自：作者自绘 .

图 1-10 至图 1-12 源自：作者根据铁道部官网售票系统信息整理绘制（搜索日期为 2016-02-15）.

图 1-13、图 1-14 源自：作者自绘 .

图 2-1、图 2-2 源自：作者自绘 .

图 2-3 源 自：Klaus S，Michael W. New Time：Space Maps of Europe[C]. Fakultät Raumplanung der Universität Dortmund，1993.

图 2-4、图 2-5 源自：作者自绘 .

图 2-6 源自：纽约昼夜人口对比 .http：//www.godeyes.cn/，2009-08-14.

图 2-7 源自：作者根据 Kzaral.Tokyo-Kanto Definitions 图件改绘，http：//zh.wikipedia org/wiki.

图 2-8 源自：作者根据日本总务省统计局国势调查数据绘制 .

图 2-9 源自：日本国土交通省“大都市交通调查（首都圈报告书）”.

图 2-10 源自：作者根据日本统计局历年人口统计数据计算绘制 .

图 2-11 源自：日本国势调查（平成 22 年）日本统计地图——关东大都市圈市区町村别昼间 · 夜间人口密度 .

图 2-12、图 2-13 源自：日本总务省统计局国势调查资料 .

图 2-14 源自：作者根据日本首都圈铁路图改绘 .

图 2-15 至图 2-17 源自：日本国土交通省“大都市交通调查（2010 年）”.

图 2-18 源自：筑波快线官网 .http：//www.mir.co.jp/en.

图 2-19 源自：Bigmorr. 新幹線の路線図，维基百科 .

图 2-20 源自：日本国土交通省《鉄道輸送統計年報》.

图 2-21 源自：日本運輸政策研究機構《新幹線旅客輸送量の推移》.

图 2-22 源自：国土交通省“第 5 回（2010）全国幹線旅客純流動調査”.

图 2-23 源自：作者根据国土交通省《鉄道輸送統計年報（平成 24 年）》相关数据计算绘制 .

图 2-24 源自：美国中央情报局网站 . https：//www.cia.gov/library/publications/the-world-factbook/fields/2085.html，2014-04-20.

图 2-25 源自：作者根据相关资料整理绘制 .

图 2-26 源自：作者根据相关资料整理绘制 [底图来自国家测绘地理信息局网站，审图号为 GS（2016）1600 号].

图 3–1 源自：作者根据中国公路交通史编审委员会 . 中国古代道路交通史 [M]. 北京：人民交通出版社，1994 中的图 1–5、图 2–2、图 2–3 改绘 .

图 3–2 源自：中国运河史 .http：//www.chinabaike.com.

图 3–3 源自：作者根据中国公路交通史编审委员会 . 中国古代道路交通史 [M]. 北京：人民交通出版社，1994 中的图 4–2 改绘 .

图 3–4 源自：作者根据江苏省志资料改绘 .

图 3–5 源自：作者根据中国公路交通史编审委员会 . 中国古代道路交通史 [M]. 北京：人民交通出版社，1994 中的图 5–1 改绘 .

图 3–6 源自：作者根据中国公路交通史编审委员会 . 中国古代道路交通史 [M]. 北京：人民交通出版社，1994 中的图 6–1 改绘 .

图 3–7 源自：作者根据中国公路交通史编审委员会 . 中国古代道路交通史 [M]. 北京：人民交通出版社，1994 中的图 7–1 改绘 .

图 3–8 源自：作者根据中国公路交通史编审委员会 . 中国古代道路交通史 [M]. 北京：人民交通出版社，1994 中的图 8–1 改绘 .

图 3–9 源自：作者根据《江苏省志・交通志・公路篇》资料绘制 .

图 3–10 源自：作者根据中华民国公路全图（民国三十年）改绘 .

图 3–11 至图 3–19 源自：作者自绘 .

图 3–20 源自：作者根据 Hall P，Pain K. The Polycentric Metropolis：Learning from Mega–city Regions in Europe [M]. London：Earthscan，2006 及测算结果绘制 .

图 3–21 至图 3–38 源自：作者自绘 .

图 3–39 源自：作者根据铁道部火车票官网 .https：//kyfw.12306.cn/otn/leftTicket/init 信息整理绘制 .

图 3–40 至图 3–49 源自：作者自绘 .

图 4–1 源自：作者根据上海市、江苏省、浙江省第二次经济普查年鉴整理绘制 .

图 4–2、图 4–3 源自：作者根据上海市、江苏省、浙江省 2010 年人口普查资料整理绘制 .

图 4–4 至图 4–20 源自：作者自绘 .

图 4–21 源自：作者参考王世福，赵渺希 . 广佛市民地铁跨城活动的空间分析 [J]. 城市规划学刊，2012（3）：23–29 并结合调查结果归纳改绘 .

图 4–22 至图 4–24 源自：作者自绘 .

图 5–1 至图 5–16 源自：作者自绘 .

图 5–17、图 5–18 源自：百度图片 .http：//image.baidu.com/.

图 5–19 至图 5–21 源自：作者自绘 .

图 6–1 至图 6–8 源自：作者自绘 .

图 6–9 源自：《江苏省沿江城市群城际轨道交通网规划（2012—2020 年）》.

图 6–10 至图 6–13 源自：作者自绘 .

图 7–1 源自：作者自绘 .

图 7–2、图 7–3 源自：作者根据调研资料整理绘制 .

图 7–4 源自：作者根据相关资料整理绘制 .

图 7–5 源自：陶岸君 . 中国高速铁路运营线路图 [EB/OL]. [2016–03–30]. http：//vdisk.weibo.com/s/vj0MoSUn–YW6.

图 7–6 源自：朱凯 . 中国创新型都市圈的特征与演化路径研究——基于南京都市圈的实证分析 [D]：[博士学位论文]. 南京：东南大学，2015.

图 7-7 至图 7-9 源自：作者依据调研问卷绘制 .

图 7-10 源自：作者参考三市总体规划资料绘制 .

图 7-11 至图 7-15 源自：作者自绘 .

图 7-16 源自：作者参考中科院南京地理与湖泊研究所《宁镇扬同城化发展规划》内容绘制 .

图 8-1 至图 8-4 源自：作者自绘 .

图 8-5 至图 8-8 源自：作者根据谷歌（Google）历史卫星图再结合实地调研进行制图测量绘制 .

图 8-9 至图 8-17 源自：作者根据站点地区规划以及 Google 卫星图再结合实地调研进行制图测量绘制 .

图 8-18 至图 8-23 源自：作者自绘 .

图 8-24 源自：作者根据站点地区规划以及 Google 卫星图再结合实地调研进行制图测量绘制 .

图 8-25、图 8-26 源自：作者自绘 .

图 8-27 源自：Bertolini L. Station Areas as Nodes and Places in Urban Networks：An Analytical Tool and Alternative Development Strategies[C]. Amsterdam：European Regional Science Association Conference，2008.

图 8-28 源自：作者自绘 .

图 8-29 源自：作者根据问卷统计数据绘制 .

表格来源

表 1-1、表 1-2 源自：作者根据有关资料整理 .

表 1-3 源自：作者根据《中国城市统计年鉴（2012）》等相关数据整理 .

表 1-4 源自：作者根据有关资料整理 .

表 1-5 源自：作者根据各城市统计年鉴和铁道部官网数据整理 .

表 1-6 源自：作者根据张学良，聂清凯 . 高铁时代城市与区域发展——高速铁路建设与中国区域经济一体化发展 [J]. 现代城市研究，2010(6)：7-10 中的表 1 整理 .

表 1-7 至表 1-9 源自：作者根据实地调查情况整理 .

表 2-1 源自：《2010 中国新型城市化报告》.

表 2-2 源自：Terry G.The High Speed Rail Revolution： History and Prospects [Z]. London，2010 中的表 4.

表 2-3 源自：陈雪明 . 美国城市化和郊区化历史回顾及对中国城市的展望 [J]. 国外城市规划，2003（1）：54 中的表 4.

表 2-4 源自：2010 American Community Survey；2004 American Community Survey.

表 2-5 源自：纽约大都会运输局 .http：//web.mta.info.

表 2-6 源自：日本总务省统计局平成 22 年国势调查 .

表 2-7 源自：日本总务省统计局国势调查资料 .

表 2-8 源自：佚名 . 中国城市轨道交通系统 [EB/OL].[2014-04-10]. http：//zh.wikipedia.org/wiki.

表 2-9 源自：作者根据王德，宋煜，沈迟，等 . 同城化发展战略的实施进展回顾 [J]. 城市规划学刊，2009（4）：74-78 整理 .

表 2-10 源自：作者根据有关资料整理 .

表 2-11 源自：作者根据王德，宋煜，沈迟，等 . 同城化发展战略的实施进展回顾 [J]. 城市规划学刊，2009（4）：74-78 中的表 5 整理 .

表 3-1 源自：作者根据《江苏省志・交通志・公路篇》资料整理 .

表 3-2 源自：作者整理 .

表 3-3 源自：作者根据刘建华 . 近代沪杭间内河航运研究（1895—1937）[D]： [硕士学位论文]. 杭州：杭州师范大学，2011 中的表 1-2 整理 .

表 3-4 源自：作者根据《中国统计年鉴》整理 .

表 3-5、表 3-6 源自：作者整理 .

表 3-7 至表 3-16 源自：作者根据历年《中国统计年鉴》整理 .

表 3-17 至表 3-32 源自：作者整理 .

表 4-1 至图 4-8 源自：作者整理 .

表 5-1 源自：作者根据近年出台的相关区域协作措施整理 .

表 5-2 至表 5-4 源自：作者整理 .

表 6-1 源自：作者根据 2011 年各城市统计年鉴计算整理 .

表 6-2 源自：作者根据有关规划资料整理 .

表 6-3 源自：作者根据相关资料整理 .

表 6-4 源自：罗小龙 . 长江三角洲地区的城市合作与管治 [M]. 北京：商务印书馆，2011 中的表 5-5.

表 7-1 源自：作者根据各市统计年鉴整理 .

表 7-2 源自：作者根据有关规划资料整理 .

表 7-3 源自：王兴平，冯淼，顾惠 . 城际创新联系的尺度差异特征分析：以长三角核心区为例 [J]. 东南大学学报（哲学社会科学版），2015，17（6）：108-116.

表 7-4 源自：作者根据有关资料整理 .

表 7-5 源自：作者根据有关城市总体规划资料整理 .

表 8-1 至表 8-3 源自：作者整理 .

表 8-4 源自：作者根据站点地区规划以及卫星图进行制图测量整理 .

表 8-5 源自：作者根据站点地区规划以及谷歌（Google）卫星图再结合实地调研进行制图测量整理 .

表 8-6 源自：作者整理 .

表 8-7 源自：作者根据各站点地区规划图整理 .

表 8-8 源自：作者整理 .

表 8-9 源自：作者根据站点地区规划以及 Google 卫星图再结合实地调研进行制图测量整理 .

表 8-10、表 8-11 源自：作者整理 .

表 8-12 至表 8-14 源自：作者根据站点地区规划以及 Google 卫星图再结合实地调研进行制图测量整理 .

表 8-15、表 8-16 源自：作者利用百度地图再结合相关资料整理 .

表 8-17 至表 8-23 源自：作者根据铁道部官网信息整理 .